古代歷史文化 研究輯刊

十一編

王明蓀 主編

第12冊

元代的縣級官府與官員

洪麗珠 著

國家圖書館出版品預行編目資料

元代的縣級官府與官員／洪麗珠 著 — 初版 — 新北市：花木
蘭文化出版社，2014〔民103〕
目 2+280 面；19×26 公分
（古代歷史文化研究輯刊 十一編；第 12 冊）
ISBN：978-986-322-571-3（精裝）
1. 地方政府　2. 元代
618　　　　　　　　　　　　　　　　103000944

ISBN-978-986-322-571-3

9 789863 225713

古代歷史文化研究輯刊
十一編　第十二冊　　　　　ISBN：978-986-322-571-3

元代的縣級官府與官員

作　　者　洪麗珠
主　　編　王明蓀
總 編 輯　杜潔祥
副總編輯　楊嘉樂
編　　輯　許郁翎
出　　版　花木蘭文化出版社
社　　長　高小娟
聯絡地址　235 新北市中和區中安街七二號十三樓
　　　　　電話：02-2923-1455／傳眞：02-2923-1452
網　　址　http://www.huamulan.tw 信箱 hml 810518@gmail.com
印　　刷　普羅文化出版廣告事業
初　　版　2014 年 3 月
定　　價　十一編 24 冊（精裝）新台幣 46,000 元

元代的縣級官府與官員

洪麗珠　著

作者簡介

洪麗珠，2011 年於清華大學歷史研究所取得博士學位。專長領域為蒙元史、政治制度史、宋遼金元史。2012 年迄今任中央研究院歷史語言研究所國科會計畫博士後研究人員，參與史語所《元典章》校點出版工作以及法律史研究室史料讀書會。

提　　要

　　蒙元一朝為異族入主，在統治漢地的規制上，北方承襲金、南方接續（南）宋，治理地方的架構並沒有本質性的改變，但是在名稱、層級、人事與運作上卻相對複雜。最基層的官府性質與角色亦未有根本性的變動，運作制度則有很大的不同，並且影響到元朝政治力如何扎根的問題。

　　比較明顯的改變例如由縣升級的州（不領縣）數量大增，這是宋、明所看不到的現象，縣級州的問題背後與蒙元的質素有關；又州縣屬性分投下、非投下地區，無論是官員的派任、與上級的關係、遷轉慣例等都因而有特殊變化；達魯花赤監臨與圜座制度改變了縣級官府的權力運作；官員的任用管道多元，出身與養成背景的不同，影響到個人的政治行為、社會活動，也影響到被治理的地區。凡此數例，即可以發現元代縣級官府與官員的特別之處。而縣官扮演著落實中央意志到地方，以及傳遞社會訊息到中央的角色，這些外在環境與內在人事的變遷，必然使其具備特有的時代性，從而在接續宋、明之間，元代一向被忽視的歷史角色也可以得到應有的關注。

　　透過研究小區域、大區域縣級官員的族群比例，可以呈現地方治理的文化背景；而觀察不同出身的各級州縣官員在遷轉上的常態，對於了解元代的制度延續、變化、特性與影響有重要的幫助；官員在常規縣政與個人想法上的實踐，具體成為他們的種種政治、社會活動，可以顯示出在制度中「人」的具體性，或者說人是怎麼面對制度、回應制度。

　　如果要與前代比較，元代州縣官的升遷，「私」的力量明顯凌駕於上，官員的選拔來源很多，擅長經術失去前代的優勢。宋代的官員從初仕官開始，就有立足點的平等，往上升遷的前景雖然需要人脈、治績、運氣，但是希望無窮。而元代的官員有許多先天的不平等，例如族群就決定了仕宦上是否有地理限制以及是否被某些官職排除，根腳也決定了官運，三品以上的中央高官有許多更是怯薛的禁臠，從正史中罕見由州縣官升遷上來的高官顯貴就可以證明。

　　或許可以這樣說，宋代幕職州縣官頂多是職位上的「卑微」，但他們無論如何是昨日備受尊榮的簪花進士，更可能是明日的達宦，制度上保障與尊重了他們的官體。元代的州縣官不僅位低職卑、權力分割，同僚更是魚龍雜處、升遷則大多渺茫，更常被上官視作奴僕驅使，犯了各種公、私罪過則杖、笞加身，毫無官員尊嚴可言，本質趨於「卑賤」，這些任官環境的變化所帶來的種種效應，對於深入蒙元王朝的地方治理實況，是很重要的窗口。

目
次

第一章　序　論

　　「縣」在近世中國毫無疑問是最基層的地方官府，朝廷命官也只到縣層級為止。中央集權雖是近世以來的大趨勢，地方治理實際上卻還是必須透過層層的分權機制，並結合所謂「非正式結構」的社會力量才能完成。臨民治理在現代以前的交通與通訊條件下，中央的如臂使指只能是一種理想，因此縣級官員雖扮演中央意志的執行者，但實際上在常規縣務與個人理念善政上，都有不小的自主空間。在政治上，縣級官員在自己的轄區內是最高的統治者，管理著眾多縣吏與百姓，是呼風喚雨、受人敬重的牧民官，所謂「親民之官，民命之所由寄也」，〔註1〕但是在縣級以上的政治空間，卻處於最低階的官員位置，被州、府、路等上司卑視與驅使，朝廷遠、上司近，事上是縣級官員在政治上最大的挑戰之一。縣級官員上承中央政府的意志，下撫字地方的百姓，在征服王朝的環境下，角色並無根本變化，維持著中國歷史上地方治理的基調。但是面對的制度挑戰與人事變遷，縣級官員在公私兩領域的自處之道就有很不同的變奏。

第一節　選題意義

　　縣級官員之所以可以稱為一個群體，在於處於同一個政治架構之中，即使背景不同，權力架構上面臨著類似的處境，因應制度也有共通的政治行為。但是，個別的官員對政治環境的感受與判斷不同，政治心理與行為也會產生

〔註1〕 《大元聖政國朝典章》（景印元本，台北：國立故宮博物院，1976））吏部卷之8，頁3下，〈差使留除長官〉。【以下簡稱元典章】

差異。因此，群體性的觀察與個別性的研究，是本文的兩個觀察面。

由縣級官吏組成的官府是一個有機體，其運作有規則可循，但是人的差異會讓它產生各式各樣的變化。例如縣級官府最常面對的主要事務，不外乎刑名與錢穀，刑名有法條可循，錢穀有額定標準，罪責較重的案件雖然不是縣級官府可以裁決，但是立案審理的第一手資料，對於有裁決權的上層機關，具有決定性的影響，案由中哪些部分被疏漏、那些部份被詳載，對判決至爲關鍵，因此雖無裁決權，卻有影響結果的力量。再說錢穀，額定的賦稅在執行催收上，必然會有因人、因地、因時而異的彈性，對於民眾來說，干擾生活的程度就有很大的不同。作爲地方治理的「前線」，如果欠缺「自主空間」，必然窒礙難行，因此在這層意義上，縣級政府並非只是中央意志的執行單位，官員在中央權力的空隙中可以施展的自主性，遠過於制度所賦予，在征服王朝之下也不例外。正因爲這種被忽略的自主空間，在大環境的變遷之下，基層的官員想延續文化上、政治上、個人理念上的「道」，就有賴於此一條件，研究異族治理下的縣級官員群體的特有意義也在此展現。

元朝爲異族入主，在統治漢地的規制上，北方承襲金、南方接續南宋，治理地方的大架構並沒有本質性的改變，只是多了一些層級或者更改名稱。同樣地，縣的性質與角色亦未有根本性的變動，但征服王朝不可避免的會帶來或多或少的異質影響，除了制度上的差異，具有不同文化背景的族群使機構的人事相對複雜化。蒙古元朝影響下的地方治理，組織結構性的論述已經不乏研究，人事的具體變化，則還有待來者，一般認爲中央政治的影響越到基層越不顯著，縣級官員如何平衡貫徹中央與個人意志，是征服王朝地方治理上的重要課題，蒙元政權如何透過正式結構影響社會，此一群體扮演著關鍵角色。

元人胡祇遹（1227～1293）曰：「辦事愛民，莫親於縣令」，指出縣官的臨民特性；〔註2〕今日俗謂：「上有千條線，下有一根針」，描述的就是縣級官府整合了來自上層各方面的資訊與政令，傳達與落實到民眾身上的角色。當然，就基層性來說，縣級官府比不上村舍與坊里，但是元代村社、坊里的組織具有差役性質，也未有支領政府薪水的證據，對於地方政府推行賦役、教化、治安、勸農等工作有所協助，但並非官吏，只是百姓的一員。〔註3〕縣級

〔註2〕 李修生等編，《全元文》（南京：鳳凰出版社〔原江蘇古籍出版社〕，1998～2004），第 5 冊，頁 587，胡祇遹〈精選縣令〉。

〔註3〕 陳衍德，〈元代農村基層組織與賦役制度〉，《中國社會經濟史研究》，第 4 期

官員權不重卻可制人；官雖微卻不見得言輕，這個群體是所有官員中直接帶著政治權力接觸社會的一環，這些官員的個人性格、理念、社會活動、人生關懷等，不僅影響到縣政的執行，也會直接影響到百姓。因此，縣級官員的出身、族群、遷轉問題、政治行爲、社會活動，不僅可以呈現出元代地方治理上的特色、官府對社會控制力的變化，也可以觀察征服王朝之下，透過群體與個人對外在環境變遷的共通反應與差異，呈現出征服王朝對於近世中國的微觀影響。

　　本文的選題意義可以彙整爲以下幾點：

　　（一）縣級官員雖然低階，唐宋以來在升遷上具有頗爲重要的地位。如「不歷州縣，不擬臺省」，〔註 4〕是眞正的「治民」之官，因此新除縣令，皇帝往往親詢治民之策，以表重視。宋代在拔擢官員時，不歷州縣也被視爲資歷上的重大缺點，〔註 5〕皆顯示州縣官是升遷中的一種重要「過程」，也是擔任中央高官的人才訓練營，在元代卻有很明顯的轉變，也使縣級官員的研究成爲體現蒙元政權特殊性的重要題材。州縣經歷對於升遷不再具備明顯正面作用，循資遷轉成爲基本原則，因此起官的品級越低，通常就決定了升遷的極限，輾轉州縣成爲常態。就實際的例子來說，七品縣尹終其一生可以路判官（六品至五品）致仕，已經算是不錯的發展，除非具有特殊背景，或者透過職官充吏、特別人脈的舉荐等才有可能擺脫跨越循資超擢，因此縣級官員要仕至三品以上地方、中央官員實屬罕見，縣尹之下的縣官遷轉前途更是不佳。亦即州縣官大多輾轉於地方五品以下的宦海，平行遷調也很常見，往往熬到白首，得一知州致仕已須滿足。在這樣的變遷之下，縣級官員無論在角色上、心態上都必然深受影響。升遷上的發展受限，可能會有兩種不同的效應，負面上官員無望於高昇，易於因循苟且，導致縣政的敗壞；正面上可能因爲功名利祿的牽絆降低，個人理念的實踐高於升遷的掛念，社會參與因此強化。故透過觀察縣級官員群體的出身、族群、仕宦歷程可以論證元代政治特質對於基層地方治理在結構性、本質上的影響，而透過個人研究，也可以呈現縣級官員在大環境的變遷之下，心態與政治行爲的變化。

（1995），頁 10～15。全晰綱，〈元代的村社制度〉，《山東大學學報》（社科版），第 6 期（1996），頁 35～39，54。

〔註 4〕　《新唐書》卷 45，頁 1176，〈選舉志下〉。

〔註 5〕　李心傳，《建炎以來繫年要錄》（北京：中華書局，1988），卷 98，頁 368-1，〈紹興六年二月〉。

（二）縣級官員中士人的政治行為與心態，〔註6〕是本文特別關注之處，也是史料上較可能進行個人研究的對象。士人（Literati）這個身分團體（status group）有貧有富，但是宋代以來，無論在政治、經濟、法律、社會聲望方面，都享有不少特權或優待，可以說是社會上最享尊榮的一群人。〔註7〕他們也習慣以文化上的身分認同與共同意識互通聲氣、相互標榜，在異族統治的時期，更因其群體意識激發出某些特有現象。〔註8〕蒙元是中國歷史上族群最多元的時代，士人群體的地位無論是在政治、社會或文化上，都面臨嚴重挑戰。「士」與「大夫」之間的關係弱化；從唯一的「道統」轉變為「諸教」，〔註9〕在「由夏入夷」的危機感與陌生而多元的文化衝擊下，士人群體倍受考驗，尤其是仕宦不顯，失去了「先天下之憂而憂」的立場，卻保有「士大夫」精神的縣級官員。本文的研究基礎正是元代在史料內容上的特色，有學者指出元人文集中出現大量的「序」，是非科舉社會下士人之間凝聚團體意識的平台，也是特有的文化現象。〔註10〕這些豐富的碑銘記序的主角許多都是仕途發展有限的士人，輾轉於州縣，他們受固有的意識指導，其政治行為與心態是對外在政治環境的回應，透過個案的觀察，不僅有助了解元代地方治理的實況，更可以對蒙元統治的扎根問題提供一些回應。

（三）中國歷史的發展，雖然政治上逐步走向中央集權、專制國家，卻又有「天高皇帝遠」的既有印象。美國學者韋斯特（Elizabeth Endicott-West）曾指出，交通與通訊的落後，使「中央集權」在中國歷史呈現的是迷思多於實際，〔註11〕言下之意即為元朝是地方分權的架構，證據就是達魯花赤的任命權歸屬，以及遍佈南北的投下地區形同半自治的「國中之國」。這是針對學

〔註6〕 么書儀，《元代文人心態》（北京：新華書店，1993）指出，「文人」是指具有專門知識作為專業或謀生手段的讀書人、表現出某種社會理想與自我價值實現者。「文人」一辭較容易引起渾淆，參見該書首〈幾點說明〉，本文採用「士人」取代「文人」。

〔註7〕 蕭啓慶，〈元代的儒戶：儒士地位演進史上的一章〉，收入氏著《元代史新探》（台北：新文豐出版公司，1983），頁1~4。

〔註8〕 蕭啓慶，《元代的族群文化與科舉》（台北：聯經出版公司，2008），〈序論〉，頁i。

〔註9〕 蕭啓慶，〈元代的儒戶：儒士地位演進史上的一章〉，頁40~41。

〔註10〕 Chen, Wenyi "Networks, Communities, and Identities: On the Discursive Practices of Yuan Literati"（PhD diss., Harvard University, 2007）。

〔註11〕 Endicott-West, Elizabeth., *Mongolian Rule in China：Local Administration in the Yuan Dynasty*, p126。

者竇德士（John W. Dardess）的「中央集權」論而發。究竟元朝的權力架構是集權或分權，已有許多討論，〔註12〕蒙古的氏族公產與漢地的中央集權之間，本就存在制度精神上的矛盾，即使是地方分權，蒙古的分封與漢族王朝的分封也有本質上的不同，蒙古貴族基本上並不參與治國，主要是經濟權力的分享。再者，「權力」是抽象的，難以用封閉式的固定比例來看待，制度上的中央集權，不代表地方力量（官府或社會）的弱化。

　　宋代以來地方意識興起問題，引起了許多西方學者的注意，例如狄百瑞（Theodore de Bary）等認為，地方上的官民透過共同參與某些公共事務，例如書院、義倉的建設，建立起了國家與社會之間的一個共同體，由士人所領導的地方團體象徵的正是地方意識。〔註13〕但是這些象徵地方意識的團體，並非與政府站在對立面，他們彌補的往往是政治網所疏漏的空隙，是協助統治的力量。而蒙元以征服王朝入主，挑戰了傳統的地方政治秩序，「地方」對蒙古統治者來說，建立在文化多元的意識上，但是當被統治者習慣的是由一元文化所領導的地方時，對抗此種多元價值就成為鞏固地方意識的動力。因此學者李弘祺認為，元代的征服與統治，對於宋代以來的地方意識的發展，具有強化的作用。〔註14〕而透過對元代縣級官員的研究，觀察他們與地方菁英的互動，期望也可以回應此一討論範疇。

　　總之，本文以日本地域社會論者所謂最小的政治空間——縣、縣社會為對象，透過接觸民眾生活較多的臨民官員，觀察政府力量如何透過官員呈現，縣級官員又如何藉種種政治行為回應制度。

第二節　概念界定

　　本文研究的對象是縣級官府中的官員，先整理縣級官府的數量、分布地區、縣級官員的主要職責；另外根據數量眾多的官員樣本統計族群比例，進

〔註12〕Robert Hartwell ,"Demographic, Political, and Social Transformations of China, 750~1550," *Harvard Journal of Asiatic Studies* 42.2：365~442（December 1982）。李治安，〈元代行省制的特點與歷史作用〉，《歷史研究》，第 5 期（1997），頁 82～99。蕭啓慶，〈元朝的區域軍事分權與政軍合一——以行院與行省為中心〉，收入氏著《元代的族群文化與科舉》，頁 271～296。

〔註13〕*Neo Confucian Education: the Formative Stage*, edited by Wm. Theodore de Bary and John Chaffee,（Berkeley: University of California Press, 1989）

〔註14〕李弘祺，〈什麼是近世中國的地方？兼談宋元之際「地方」觀念的興起〉，宣讀於《中國近世的地方文化與教育》會議（台灣大學東亞文明中心主辦，2005）。

行區域性對比，討論數據可能代表的意義；進一步利用官員的背景與遷轉資料進行系統分析，了解不同出身的縣級官員在遷轉上的差異。這是群體研究的部分。

在個案討論方面，根據史料選擇某些縣級官員，觀察他們的施政、個人理念與社會活動，史料是當時人對於這些官員的期待與評價，同時也反映書寫者的「心理」，與其說是縣級官員的政治、社會行為，不如說是這些士人的意志投射；征服王朝入主所帶來的第一步就是制度的變遷，人的政治、社會行為會屈從制度、更會反抗制度，這些都可以歸結為人對於制度的回應，更是了解征服王朝特殊性與延續性的重點，因此，最後將設計一、二專題，針對制度與人之間的課題進行總結性的討論。

在此先對相關的概念與詞彙進行定義與釐清。首先，所謂的縣級官府，不單指「縣」，而是把不轄縣的州也包含在內，所謂「州無屬縣，得親治民」。〔註15〕元朝地方行政機構在行省以下為路、府、州、（司）縣，其間的從屬關係頗為紊亂，雖皆被視為管民機關，但路、府、轄縣之州並不真正臨民。除了特殊地區的路不領府、州、縣（如嶺北行省的和寧路），大多都有下轄行政單位，雖名為治民，管理的對象還是官府。府則有領州、縣，或只領州、只領縣的狀況，大部分的屬府（隸屬於路的府）都只領縣，建置基本上與路相同，只是品秩略低、人員略簡，較不同之處在於府沒有依戶口分上、中、下。根據學者張金銑的研究，主要的大府都已升格為路，餘下的府無足輕重。〔註16〕州往上的隸屬關係可分為直隸州（直隸於省）與屬州（隸屬於宣慰司、路、府），往下則領縣或不領縣，不領縣的州許多都是由縣升格，除了官員編制不同之外，臨民性與縣無異，只是官員名稱不同，品級稍高。

另外錄事司也視作縣級官府，錄事司是元朝特殊的都市制度，管理的是路治所在的城市，對總管府來說，錄事司的地位跟所領的州、縣相同，以南方的鎮江路為例，錄事司就設在丹徒城內。《元史》稱「若城市民少，則不置司，歸之倚郭縣」，〔註17〕亦即錄事司分擔的是倚郭縣本應管理的城市居民。鎮江路的總管府，錄事司與丹徒縣的官署都設在丹徒縣城中，但是丹徒縣尹不過問城中事務，倚郭縣與錄事司的職權區域劃分相當明瞭。日本學者

〔註15〕 蘇天爵著，陳高華、孟繁清點校，《滋溪文稿》（北京：中華書局，1997），卷10，〈江北淮東道提刑按察使董公神道碑銘〉，頁159。
〔註16〕 張金銑，《元代地方行政制度研究》（合肥：安徽大學出版社，2001），頁216。
〔註17〕 《元史》卷91，頁2317，〈百官七〉。

愛宕松男曾經針對錄事司進行研究，認為元統元年進士錄所載都市出身者的籍貫，都以錄事司呈現，反映了在州縣制度中，市制已經確立成為一種等同於州、縣地位的行政建置。〔註18〕所以論及縣級政府，也必須將錄事司列入。

　　元代官員的籍貫與任官地點，一向存在南、北問題。元人程鉅夫指出：

> 北方之賢者間有視江南為孤遠，而有不屑就之意。故仕於南者，除行省、宣慰、按察諸大衙門，出自聖斷選擇而使，其餘郡縣官屬指缺，願去者半為販繒屠狗之流、貪汙狼藉之輩。〔註19〕

這段話指出兩種現象：第一、江南的中上層地方官員，大多由北人出任，州縣官則是北方人眼中的劣缺；第二、願意前往江南任州縣官者，許多是北方官場汰選過的失敗者，素質頗差。也就是說至少元初北方人才大多不願意南仕，但南人卻仕宦受阻，造成江南路以下的地方官素質普遍低落。日本學者植松正曾經就江南三行省（江浙、江西、湖廣）宰執的出身進行統計分析，總共收集了574位行省宰執，根據氏族、本貫、出身、履歷、敘任年次等，統計宰執族群比例。第一期（1273～1306）外族（蒙古、色目）約佔五成三，漢族（漢人、南人）約佔四成五，其中南人約一成二。第二期（1307～1332）外族約佔七成，漢族約三成，南人幾乎付之闕如。第三期（1333～1368）外族則佔五成三，漢族四成六，值得注意的是，第三期時漢族中可以確定為南人宰執者，人數超過漢人，但漢族123人裡有45人無法確認籍貫，這使第三期的數據誤差可能性較大，難以證明南人宰執多於漢人。總體說來，南人在行省宰執中的比例從元初到元末確有上升的趨勢，〔註20〕這是行省層級的高官族群統計。以縣級來說，根據筆者對鎮江路下諸縣的統計，錄事、縣尹與縣主簿等縣級官員中，漢族群佔有絕對數量優勢，南人的比例在後期略有提高，但是籍貫不明的樣本太多，故同樣無法論證南人在縣級官員中數量已經超越漢人，反倒是符合程鉅夫所言，以北方漢族治南人的現象相當明顯。〔註21〕

〔註18〕愛宕松男，〈元代的錄事司〉，《日本學者研究中國史論著選譯》（北京：中華書局，1993），頁616～617。
〔註19〕《全元文》，第16冊，頁87，程鉅夫〈通南北之選〉。
〔註20〕植松正，《元代江南政治社會史研究》（東京：汲古書院，1997），頁185～221。
〔註21〕洪麗珠，〈元代鎮江路官員族群分析〉，《元史論叢》第10輯（2005），頁251～277。

圖一　南人、漢人區域圖

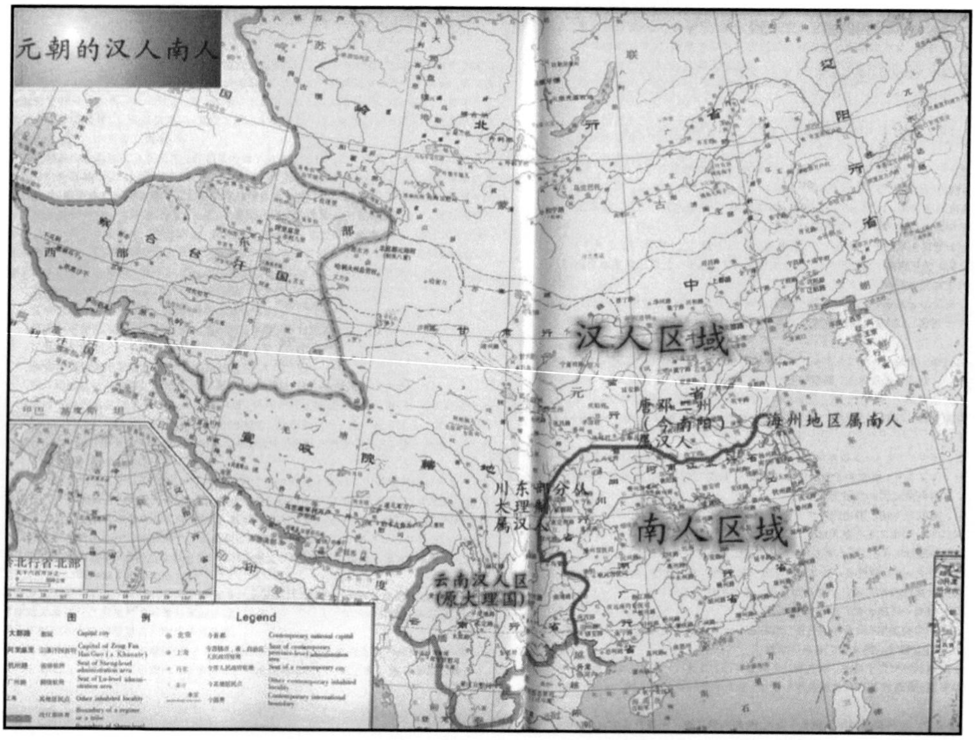

註：此圖轉引自網路 http://tieba.baidu.com/f?kz=387835105

　　要討論元代縣級官員的族群比例，光以小區域的鎮江路作爲樣本並不足夠，鎮江路只能代表江南菁華地區的縮影，必須進一步的針對大區域收集更廣泛的數據，才有意義，因此本文將大量的利用元人文集、元明方志等，統計與對比南、北兩大區域的縣級官員族群比例，討論其與鎮江路所呈現的結果有何差異，統計結果詳見第三章。其中所論南、北劃分，雖是地理用語，但是在元代還兼有族群意義，所謂的南、北，是以南人居住與漢人居住的州縣爲準。關於「漢人」、「南人」的區域，雖尚有爭議，但元史學界基本上已有共識。〔註22〕前輩學者錢大昕認爲漢、南人的區域以「宋、金疆域爲斷」，〔註23〕但其中大理國所在的雲南，以及宋、蒙戰爭區域的四川，因爲征服較早，在元代鄉試應取人數之分配上，屬於漢人區域，因此，所謂南方包含江

〔註22〕蒙思明，《元代社會階級制度》（北京：中華書局，1980），頁 34～36。

〔註23〕錢大昕，《十駕齋養新錄》卷 9，〈趙世延楊朵兒只皆色目〉，頁 277，收入孫顯軍、陳文和點校，《嘉定錢大昕全集》（南京：江蘇古籍出版社，1997），第七冊。

南三省（浙江、江西、湖廣）、河南江北行省南部（以淮河爲界），其餘皆視
爲北方區域，即爲漢人區域。〔註24〕

　　最後，對於蒙元政權的特質進行簡要說明，作爲理解漢人、南人所處政
治社會環境的基礎，也是縣級官員爲何會成爲漢族士人主要仕宦舞台的背
景。蒙元的特質可以歸納爲三項：征服王朝、少數統治及族群等級制。

一、征服王朝

　　1949 年史學家魏復古（Karl A. Wittfogel）與馮家昇合著的《遼代社會史》
（History of Chinese Society：Liao），提出「征服王朝」（dynasties of conquest）
之理論，指的是不同民族之間征服與被征服的關係，元朝即被認爲是典型的
征服王朝。征服王朝的概念用在文化上，可以擺脫單向的文化影響概念（同
化）。不同文化接觸時，雙向的「涵化」（acculturation）是較爲合理的文化互
動模式，「征服王朝」的理論正是建立於涵化之上，在此一理論中，兩種文化
的完全聚合（merging），僅僅是許多歷史可能性的一種，但是兩個社會完全混
合（amalgama-tion）或融合（fusion）有實際上的困難。〔註25〕正因爲是征服
王朝，所以才有少數統治與族群等級制之基調與政策。

二、少數統治

　　元朝是一個標準的少數統治王朝，根據估計，西元十三世紀初，蒙古人
口不足百萬，移居中原者不逾幾十萬，漢族保守估計則多達六千萬，實際甚
至可能近億，兩者相差極爲懸殊。〔註26〕統治階層爲確保蒙古族群永久掌控
統治地位，不得不採取相應的政策，主要表現在任官上的限制。中央的重要
官職以蒙古、色目人優先，某些職位與漢、南人幾乎是絕緣的，例如中書左
右丞相、御史大夫等，有元一代唯有史天澤曾經擔任右丞相；〔註27〕擁有漢
人血統但被視爲蒙古人的太平則曾任左丞相及非國姓不授的御史大夫，皆是
特例。此外，根據學者蒙思明的考述，舉凡各級官署之長官、一般高級行政

〔註24〕蕭啓慶，〈元朝南人進士分布與近世區域人才升沉〉，收入氏著《元代的族群
　　　　文化與科舉》，頁 179。
〔註25〕王承禮主編，《遼金契丹女眞史譯文集》（長春：吉林文史出版社，1990），頁
　　　　8〜9。
〔註26〕見蕭啓慶，〈內北國而外中國〉，收入氏著《元朝史新論》，頁 45。
〔註27〕《元史》卷 155，頁 3661，〈史天澤傳〉。

人員、管轄軍政與武器之官吏等職位皆對漢人，尤其是南人限制頗多，甚至有完全排除的情形，例如有元一代沒有任何漢人、南人曾知樞密院事；地方上的達魯花赤「原則上」限於蒙古、色目人。〔註28〕

漢人、南人入仕的途徑更是狹隘。元代入仕的途徑大體有四種：怯薛、科舉、承蔭、吏員。怯薛與承蔭基本上屬於「根腳家庭」出身者的專利。側身「根腳家族」者除了早期幫助忽必烈建國有功的漢軍世家以外，大多以蒙古、色目人為主，這些家族出身的子弟，佔據中央到地方的重要職位，葉子奇（1327～1390？）曾形容道：

> 仕途自木華黎王等四怯薛大根腳出身，分任省、臺外，其餘多是吏員，至於科目取士，只是萬分之一耳，殆不過粉飾太平之具。〔註29〕

葉子奇出身南人，敘述或許因為憤懣而不免誇大，但是根腳家族在仕宦上的優越性是無庸置疑的。一般漢族士人入仕的途徑主要是吏和科舉，但是科舉出身的機會在元代並不穩定，進士出身者也很少身登極品大臣，保舉則端賴貴人援引，胥吏的前程更是大多有限。〔註30〕總之，在蒙古統治者刻意設限之下，漢人、南人的任官機會不僅減少，而且如沒有特殊人脈或者背景，即使出仕也不免輾轉州縣，這正是導源於蒙元少數統治的特質。

三、族群等級制

族群等級制是為了維持少數統治基調的政策。「蒙古人居首，色目人次之，漢人又次之，而南人最劣」，〔註31〕實質上並非族群隔離政策，主要表現在法律地位與任官機會上的不平等。從律令中常可以明顯發現不同族群的差別待遇，〔註32〕另外更設置大宗正府處理蒙古、色目人「犯奸盜詐偽」者，〔註33〕「凡議重刑，必決於蒙古大臣」，〔註34〕皆有變相保護犯罪之蒙古人的作用。另外還有一些針對漢、南人的限制，例如「禁民間私藏軍器」，〔註35〕雖為普遍性

〔註28〕蒙思明，《元代社會階級制度》，頁37～46。
〔註29〕葉子奇，《草木子》（北京：中華書局，1997）卷4下，頁82，〈雜俎篇〉。
〔註30〕蕭啟慶，〈元代科舉與菁英流動——以元統元年進士為中心〉，收入蕭師著《元朝史新論》，頁157～159。
〔註31〕蒙思明，《元代社會階級制度》（北京：中華書局，1962），頁37。
〔註32〕《元史》卷87，頁2187，〈百官志三〉。
〔註33〕《元史》卷102，頁2610，〈刑法志一〉。
〔註34〕《元史》卷205，頁4578，〈鐵木迭兒傳〉。
〔註35〕《元史》卷5，頁83，〈世祖本紀二〉。

的禁令，但是主要是針對漢人（當時南宋還未亡）。至元十六年（1279）再次議禁「漢兒人」持有弓箭。〔註36〕對於漢人集結圍獵的行為，政府更是無法容忍，至元廿七年（1290），下令「嚴漢人田獵之禁」，〔註37〕成宗亦詔諭「漢兒人」不得聚二十人以上，執弓箭圍獵；甚至因水旱災而無法從事農作之百姓，同樣被禁止圍獵行為。〔註38〕仁宗時則全面禁止了漢人的畋獵活動，並且下令「敕漢人、南人、高麗人宿衛，分司上都，勿給弓矢」，〔註39〕皆是使漢、南人不習武事，保持文弱化為主要考量，無論君主是否有儒治傾向，對族群之間的基本態度未曾改變。總之族群等級制是因應征服王朝統治的實際需要而設，目的在於保障蒙古、色目族群在法律地位上的優越性，尤其是蒙古人，並且配合以若干對漢人、南人特有禁令，從而達到消極的預防與積極的保障作用。

除了以上三個基本特質之外，蒙元還有兩大政治傳統，影響到元朝的立國制度：即「家產制」（patrimonialism）與「氏族公產制」。諸王的分封源於公產制，「黃金氏族」的成員皆有權分封，從而發展為投下制度，因而有投下州縣的出現。〔註40〕諸王對政治的主要影響在於選君時，但是隨著忽里台大會制度在元朝的式微，諸王在政治上的影響力也隨之弱化。家產制係指政府為皇室機構之延伸，大臣多具備皇室家臣身分，與皇帝具有私屬性的主從關係，皇帝對大臣擁有絕對的權威，而大臣必須對皇帝絕對效忠。同樣的投下封君所派任的地方官員，往往也與投下主具有主從關係，因此投下州縣的某些官員，除了是官僚體系的一員，也與投下主有私屬關係。在漢地原有的官僚制（bureaucracy）下，官員主要經由科舉制度而產生，源於儒家經典中選賢與能的觀念，官員輔助皇帝治理天下，並非皇帝的奴僕，君臣關係屬於「公」的性質，與「家產制」南轅北轍。這兩種精神截然不同的制度，在元代被硬生生的鑲嵌在一起，成為特殊的「官僚家產制」（bureaucratic-patrimonialism）。在此一制度之下，不同層級的官員之間的關係有時頗為複雜，官員的遷轉規則也受到雙重制度的影響。

〔註36〕《元典章》中，兵部卷之2，頁2下，〈禁斷軍器弓箭〉。

〔註37〕《元史》卷16，頁339，〈世祖本紀十三〉。

〔註38〕《元典章》上，聖政卷之2，頁14下～15，〈賑飢貧〉。

〔註39〕《元史》卷24，頁548，558，〈仁宗本紀一〉。

〔註40〕洪金富，〈從投下分封制度看元朝政權的性質〉，《中央研究院歷史語言研究所集刊》第58期（1987），頁483～907。

第三節　研究回顧

　　關於元朝地方統治的研究，最具系統的專書，首推 Elizabeth Endicott-West 的《蒙古在中國的統治：元朝的地方行政》（Mongolian Rule in China：Local Administration in the Yuan Dynasty），〔註41〕主旨在於釐清元朝的中央化、系統化以及控制的有效性問題，她從達魯花赤這個層級切入，理由是達魯花赤為建立在中國官僚體制中的蒙古制度，此一機構幾乎牽涉到元朝政府的各個層面，故透過達魯花赤的研究來展現元朝地方政府的歷史面貌。Endicott-West 透過此一著作，反駁學者陳恆昭（Paul Heng-Chao Ch'en）所認為達魯花赤為名義上的首腦，實際的掌權者是總管，〔註42〕以及蕭啓慶師視達魯花赤為監督者的看法，〔註43〕指出達魯花赤為軍、民政兼管的掌權者，並且作為基層官吏與高層官員之間的橋樑。〔註44〕

　　另外也論述元朝制度沿襲自北魏、遼、金。例如北魏的三個郡守中一個名額皆由鮮卑族人出任，對統治族群採保障名額的作法與蒙元以蒙古人出任達魯花赤的用意是一樣的。行台（regional administration）也是北方王朝常用的組織，北魏時為軍事區域的高級機構，這種依賴軍事分支機構的政治型態被金、元所沿用。金的行台尚書省是元朝行中書省的前身，以行省取代行樞密院，亦是軍政合一，元朝借用了北魏、遼、金的經驗，加上蒙古習慣而形成其地方制度。

　　書中的重要論點是從達魯花赤的任命權歸屬，看出中央試圖加強對地方掌控卻成效不彰，藉此反駁 John W. Dardess 所主張的元代體制為中央集權的看法，而認為元代應以地方分權為主。但 Endicott-West 之著作既然討論中央集權與地方分權問題，在權力架構上，達魯花赤似乎不如行省具備指標性，〔註45〕且關於達魯花赤實際掌控民政的論述說服力不足，加上所謂的達魯花

〔註41〕Elizabeth Endicott-West, *Mongolian Rule in China：Local Administration in the Yuan Dynasty*（Cambridge, Mass: Harvard University Press, 1989）。

〔註42〕Paul H.C. Ch'en, , ***Chinese legal tradition under the Mongols : the Code of 1291 as reconstructed,*** （Princeton, N.J.: Princeton University Press, 1979）。

〔註43〕Hsiao, Ch`i-ch`ing, *The military establishment of the Yuan dynasty,*（Cambridge, Mass：Harvard University Press，1978）。

〔註44〕Elizabeth Endicott-West, *Mongolian Rule in China：Local Administration in the Yuan Dynasty*，pp.25-63。

〔註45〕蕭啓慶，〈元朝的區域軍事分權與政軍合一──以行院與行省為中心〉，刊載於《中華民國史專題第五屆討論會：國史上的中央與地方》（台北：國史館，2000

赤任命問題，有歸屬權爭議的多在投下地區，投下分封本就是蒙古氏族公產精神的產物，蒙古傳統的影響較爲明顯，難以說明是全國性的分權。無論如何，此一著作對於地方各層級達魯花赤的歷史發展、職權、派任，以及投下達魯花赤的任命權問題，中央與地方的權力關係，吏與里正等基層團體的功能，以及政府透過這些團體與社會之間的適應與衝突問題，都有深入的探討，對於本文的啓發與幫助相當大。

　　日本前輩學者植松正之大作《元代江南政治社會史研究》，〔註46〕則以元成宗大德以前江南的行政與社會經濟層面爲研究對象，以江南經濟政策、投下問題、江南行省宰相、路長官的任用、少數民族的統治以及個案研究爲主要內容，其中路長官的任用已經初步涉及地方統治的文化問題，但是其時間的涵蓋較短，並且著重制度面的討論。在經濟政策方面，植松正教授所處理的問題是以桑哥專政時期的土地括勘與戶口鈔數爲主，重點在於說明元朝在江南地區的經濟管理所造成的賦稅過重問題，與南宋末賈似道的公田政策有繼承關係，並且也成爲明代蘇、松重賦的遠因。在投下領的研究中，呈現出北方重戶口、南方重田土的不同經濟策略，顯示元朝無法克服南北懸隔的實情，在行政上，亦存在兩種統治原理，即一般行政系統與投下系統。其指出了一般管民官與投下官之間的衝突，以及即使保存蒙古賜田制度的投下領，亦難以擺脫必須憑藉漢族富民與胥吏之力經營與徵稅的事實。〔註47〕

　　在當地官人的意識與行動問題研究中，以江南三行省宰相五百七十四人進行統計，結果顯示蒙元初期曾有任用南宋降將出任行省宰相之例。桑哥專政時期，畏兀兒人得到大量的起用，南人豪民亦得到任用。但是大德期間誅殺豪民之後，不再任用南人，蒙古、色目、漢人官員獨占南中國高層官位，導致南中國官僚素質日益低下。〔註48〕在路總管等地方官的任用上，則指出元朝初期並非如同以往學界所認爲，摒除南人任官機會，反而積極勸誘任用南宋之地方官、科舉出身者，至大德年間則因爲要杜絕豪民、親緣關係、官位世襲等弊病，對南中國豪民進行鎮壓。此外，延祐開科與其說是應讀書人

　　　年12月），頁745～771。李治安，〈元代行省制的特點與歷史作用〉，《歷史研究》（1997年第5期），頁82～99。
〔註46〕植松正，《元代江南政治社會史研究》（東京：汲古書院，1997）。
〔註47〕植松正，《元代江南政治社會史研究》，頁23～181。
〔註48〕植松正，《元代江南政治社會史研究》，頁185～221。

之要求，不如說是爲了實際的行政人才之需要。〔註 49〕在元朝早期面對北方
叛王的挑戰，朝廷利用南中國豪民的財富與勢力，爲元廷鞏固江南的統治，
當成宗時政權安定之後，南人豪民在政治上的擴張遂遭到整肅。〔註 50〕在少
數民族的統治問題上，則從中國歷史的脈絡著眼，認爲元朝雖然身爲征服王
朝，但是在少數民族的統治態度上也跟歷代漢族王朝相同，無法不把少數民
族的問題作爲本身的政治課題來解決。〔註 51〕

　　大陸學者張金銑教授新作《元代地方行政制度研究》，〔註 52〕是第一部全
面探討元朝地方行政制度的專著，重點放在金元之際以及整個元朝的行政組
織與職權上的沿革與轉變，並且涉及運作機制的討論，是目前爲止在元朝制
度史範疇中，較爲系統化的著作。此一作品對於本文是很好的參考資料，彌
補元朝在行政體制範疇中系統研究的缺乏。以元朝的行省、路、府、州、縣
爲骨幹，重點式的探討行政機構的建置、職權、管理體制、運作方式等問題。
全書共可分爲三大部分，首先論述蒙古統治中原體制、漢人世侯以及金元之
際中原政區和機構問題，再者討論行省制度的建置沿革、分布、形成、職權、
管理體制以及運作方式，最後則研析路、府、州、縣的建置、職權、地方考
課、監察制度、圓署制度及各項制度的利弊。作者盡可能吸收前人的研究成
果，補充以往元朝地方制度史上的不足，描繪出較清晰的元代地方行政機構
運作圖像。雖然其中或多或少討論到蒙元政治文化對於地方行政制度建立與
運作的影響，但是基本上還是限於制度的描述與比較。

　　李治安教授的〈元代縣官研究〉一文，則從縣級官府的建置概況、圓議
連署、權力運作、官吏選用管理等方面，討論元代縣官的基本面目，也初步
指出蒙古統治對於各地縣級官府帶來怎樣的影響。〔註 53〕雖然名爲縣官研
究，但內容著重於機構運作、職權行使、違法亂紀等，是從上而下的俯瞰，
略於縣官個人對於制度的回應與社會參與的面向，但是也提供了許多可貴的
資料與啓發。

　　日本學者大島立子的〈元朝の湖廣行省支配──溪洞民對策の中心──〉

〔註 49〕植松正，《元代江南政治社會史研究》，頁 222～270。
〔註 50〕植松正，《元代江南政治社會史研究》，頁 297～335。
〔註 51〕植松正，《元代江南政治社會史研究》，頁 452。
〔註 52〕張金銑，《元代地方行政制度研究》（合肥：安徽大學出版社，2001）。
〔註 53〕李治安，〈元代縣官研究〉，《中國社會歷史評論》第 1 卷（1999）。此文後來
　　　　收入氏著《元代政治制度研究》（北京：人民出版社，2003），第二章第四節。

一文，〔註54〕是關於元朝地方統治較為早期的作品，論述蒙元在征服南宋之後，所面對的南方少數民族問題。在宋統治之下，湖廣地區溪洞民的治理即相當棘手，蒙元以遊牧民族在平服與治理溪洞民的過程中，遭遇許多氣候、地理環境、統治方式的難題。湖廣地區溪洞民的歸順大約完成於成宗時，除了軍事上的行動以外，並採取編戶屯田的方式，安定歸順之後的溪洞民。值得注意的是元朝在治理少數民族的態度上，與漢族王朝並無差異，溪洞民在蒙古的統治下，並沒有停頓漢化的腳步，但是另一方面，由於當地的地理環境險惡，終元之世，叛亂迭起，顯見元廷對於溪洞民的治理與掌控，並不穩固。

　　John Dardess 教授之〈Confucianism, Local, and Centralization in Late Yuan Chekiang 1342～1359〉，〔註55〕以及日本學者伊藤正彥〈元末一地方政治改革案──明初地方政治改革の先驅〉，〔註56〕兩者皆以浙江地區由士人階層所領導的政治改革為主題。Dardess 教授以浙東地區由儒士所領導的政治革新為主題，其指出此波改革運動是以儒家思想實踐為目標，由地方儒學菁英與地方官僚聯手，地方官僚藉由改革運動提昇政治聲望，儒者則希望藉此加強專業儒學的傳承。而此一運動的背景原因則在於元代儒者很難藉由政治參與來直接從事政治改革，因此才透過與地方官僚的合作實現自己的理想。改革的訴求為對人民應負的賦役進行公平的重新分配，除了以財政專才解決技術問題，也以儒家思想整治道德問題。

　　伊藤正彥教授以浙東士人趙偕為對象，趙偕在元朝晚期提出以「公論」作為施政的依據，以收取天下人心，確保國家支配的正當性，並且提倡地方基層官員應以有德階級為最佳人選，所謂的有德階級，指的即是受儒家教育出身的讀書人。這兩篇研究，都是從人出發，透過地方菁英對於政府施政的回應，以及地方官員與地方士人的互動，展現一元文化對於多元政治環境的抗衡。

〔註54〕　大島立子，〈元朝の湖廣行省支配──溪洞民對策の中心──〉，《東洋學報》第 66 卷第 1，2，3，4 號（1985），頁 133～156。
〔註55〕　John Dardess, "Confucianism, Local, and Centralization in Late Yuan Chekiang 1342-1359," in *Yuan Thought,* ed. by Hok-lam Chan and Wm. Theodore de Bary（New York：Columbia University Press, 1982），pp.327-374。
〔註56〕　伊藤正彥，〈元末一地方政治改革案──明初地方政治改革の先驅〉，《東洋史研究》第 56 卷第 1 號（1997），頁 97～126。

在農村管理方面，有大陸學者楊訥的〈元代農村社制研究〉，探討元代社制與金代農村組織沿革與轉變，並且說明社長的職權與性質，「社」的功能主要在於勸農，但是除此以外，社長還常常肩負處理農村事務與徵收賦稅的保證者角色，分擔地方政府的公務，通常由地主所擔任，以致地主成為政府頗為依賴的農村統治輔助階層，但是社長並非官職，擔任社長可以免去雜役，顯然社長本身就是一種職役。〔註57〕學者仝晰綱之〈元代的村社制度〉，亦以社組織為主題，其中再度探討了農村社長的身分定位，其附和楊訥教授之看法，認為社長為無給職之職役。〔註58〕

對本文具有概念性啓發作用的，還有么書儀《元代文人心態》一書，其主旨在於針對某些著名、有代表性的元代讀書人，如何在改朝換代、異族入主的環境下，面對文化危機與出處抉擇。作者的專業在於元代文學，擅於處理抽象的情感，其所選擇的對象為幾個著名個案，基本上不存在出仕困境的問題，突顯是否出仕新朝的掙扎，以及不同抉擇之下的心態變化與理由探尋，因此其對象與論證主旨與本文並不相同。

相關研究中最新的為大陸學者蘇力所出版的博士論文《元代地方精英與地方社會——以江南地區為中心》，〔註59〕本書以元代江浙、江西兩行省的地方精英為重點，探討地方人士在公共建設、興學、民事訴訟、賑濟等方面的角色，是針對特定區域地方精英在協助官府治理與建立家族影響力的較全面研究，與本文較為不同之處在於其空間限於江南地區，研究對象為地方人士，目的則在於彌補宋、明、清之間精英群體研究的缺漏。

以上的專著與論文，皆與本文的論述主軸較有關係，不僅是重要的參考資料，也是啓發觀念的來源，其中不乏全面性的研究與深入性的探討。但整體來說，時間上元代中晚期的地方治理相當罕見，縣級官府與官員的論題也不多。州、縣層級的研究，在宋、明史範疇中早已受到很大的重視，元代研究者有必要彌補此一缺口，而透過縣級官員的群體與個人的研究，一方面呈現元朝州、縣治理在中國歷史上的延續關係，一方面透過官員的政治與社會行為突顯異族統治所帶來的特殊影響。

〔註57〕 楊訥，〈元代農村社制研究〉，《元史論集》（南京：人民出版社，1984），頁226～254。

〔註58〕 仝晰綱，〈元代的村社制度〉，《山東師大學報》第6期（1996），頁35～39。

〔註59〕 蘇力，《元代地方精英與地方社會——以江南地區為中心》（天津：古籍出版社，2009）。

　　此外，Endicott-West 強調達魯花赤在政策執行上的關鍵角色，也可以透過縣級官府的政治運作與官僚互動來觀察。而關於元代晚期地方自發性改革運動的相關研究，顯示南方士人在地方治理上扮演的社會角色，以及政治參與方式的轉換，讓人不僅思考是否可以透過縣級官員活動的研究，對於這些課題有所回應。根據唐宋變革的理論，元朝繼承南宋之後，士人轉向地方化，故蒙古統治者要有效治理江南，就必須借重這些地方士人的力量，他們或許任職基層，或許蟄居家鄉，因政治前景不佳，故轉而強化地方事務的參與，也就是一元文化如何在多元政治環境下延續的方式，是本文想探究的議題。

　　另外有一些著作，雖與本文主旨沒有直接關係，但對於本文的討論框架有所啓發。施堅雅（G. William Skinner）教授的大區域（Macroregions）理論，從經濟體系的研究出發，將十九世紀中後期的中國分成九大自然區域（physiographic regions），每一個區域體系之間關係薄弱，並各自發展出一個都會系統，但是每一個區域系統的發展程度並不一致，有的都會化程度較高，例如長江下游，嶺南、東南沿海，有的地區都會化程度較低，例如華北、長江中上游、雲貴等。施堅雅教授更提出了一個史料方法上的問題，即史料集中於發達區，但發達區並不能代表普遍的中國概況，因此爲了得到均衡的視野，需注意空間與時間的結構。〔註60〕元代省的劃分相當粗略，同一省份中經濟發展、社會環境、地理狀況、族群分布等，往往有所差異，因此在探討問題的同時，也必須將區域差異的因素列入考量。

　　郝若貝（Robert Hartwell）教授採用了施堅雅教授的大區域及核心與邊緣的概念，套用在中古到近世的社會變革研究上，〔註61〕導引出許多後續的地區性研究，也讓後學者在研究歷史的過程中，注意到必先對生態各異、發展階段不同的各區域之內在動力有所注意。

〔註60〕 G. William Skinner, "Regional Urbanization in Nineteenth-Century China"in *The City in Late Imperial China*, edited by G. William Skinner（Stanford：Stanford University Press, 1977），PP.211-249. Barbara Sands and R.H. Myers, "The Spatial Approach to Chinese History：A Test," *Journal of Asian Studies,* 45:49（1986），PP.721-743. Daniel Little and J. Escherick, "Testing the Testers：A Reply to Barbara Sands and R. H. Myers' Critique of G. William Skinner's Regional Approach to China, " *Journal of Asian Studies,* 48:1（1989），PP.90-99。馬若孟（R. H. Myers）、墨子刻（Thomas Metzger），〈漢學的陰影〉，《食貨》，10：10.11（1981），頁 29-41。

〔註61〕 Robert Hartwell, "Demographic, Political, and Social Transformations of China,750-1550," *Harvard Journal of Asiatic Studies* 42.2（1982），pp.365-442.

　　日本前輩學者內藤虎次郎所提出的唐宋變革理論，引起了學界相當熱烈
的後續討論，劉子健、郝若貝、韓明士（Robert Hymes）等皆對於所謂的唐宋
變革進一步延伸，認為南、北宋之間也有一次劇烈變革，那就是中央菁英地
方化的論點，並且這些地方化的菁英，進一步成為明清的地方士紳。〔註62〕
其中韓明士教授除了研究兩宋期間菁英地方化的問題，更針對元代撫州地區
的士人家族的婚姻網路與世系進行統計，以與南北宋作比較，其結論為由撫
州地區士人家族擇偶的地域範圍越來越狹隘的狀況來看，菁英地方化的趨勢
在元代依然持續進行。〔註63〕但是柏文莉（Beverly J. Bossler）教授卻持不同
看法，其認為南北宋之間沒有韓明士所強調的變化，會有這種錯覺，純粹是
一種史學焦點的轉移，也就是寫傳記的對象有了轉變，屬於史料問題。〔註64〕
關於南北宋之間是否有所謂菁英的地方化，目前還無法有定論，但是這些學
者在討論近世的菁英地方化問題時，幾乎皆忽略元朝。蒙元作為中國近百年
的統治者，在歷史鎖鏈上自有其角色，韓明士教授已經開始注意到此一研究
範疇中的缺乏，以小範圍的家族作為研究對象，難免有代表性是否足夠的爭
議。本文並非家族研究，而是希望透過縣級官員的制度框架、仕宦困境、遷
轉範圍與社會活動的觀察，與此一近世政治社會文化史的重要議題有所對話。

　　瞿同祖先生的《清代地方政府》是研究基層官府必須參考的典範著作，
〔註65〕其範圍為清代，政治環境與時代條件與蒙元截然不同，但是其討論方
式對於研究官員在機構中的政治行為具有很好的啟示。他運用社會學的方法
研究中國政治制度史，以清代地方政治活動或政府體制中的個人及其慣常行
為為重心，探討中國傳統社會政治生活中的實際面，注重非正式的私人性的
因素對傳統地方政府體制和政治行政過程的影響，並運用大量豐富而生動的

〔註62〕 James T. C. Liu, *China Turning Inward：Intellectual-political Changes in the Early Twelfth Century*,（Cambridge, Mass：Harvard University Press, 1988）。Robert Hartwell, "Demographic, Political, and Social Transformations of China,750-1550*,"* *Harvard Journal of Asiatic Studies* 42.2（December 1982）, pp.365-442。Robert P. Hymes, *Statesmen and Gentlemen :The Elite of Fu-Chou, Chiang-hsi, in Northern and Southern Sung*（Cambridge：Cambridge University Press, 1986）。

〔註63〕 Robert P. Hymes, "Marriage, Descent Group, and the Localist Strategy in Sung and Yuan Fu-Chou ," in *Kinship Organization in Late Imperial China, 1000-1940*, ed. by Ebrey, Patricia B. and Watson, James L.（Berkeley：California University Press, 1986）, PP.95-136。

〔註64〕 Beverly J. Bossler, *Powerful Relation：Kinship, Status, and the State in Sung China (960-1279)*（Cambridge, Mass.：Harvard University Press, 1998）。

〔註65〕 瞿同祖著，范忠信、晏鋒譯，《清代地方政府》（北京：法律出版社，2003）。

史料，揭示了在許多行政場合國家法律並未被執行的事實以及政治上的「潛規則」現象，正是人的政治行為研究，可以說是所謂「活的制度史」的具體範例。〔註66〕

　　還有一些與本文各章主題較為相關的研究，在此暫不討論，留待各章節之中介紹。

第四節　史料介紹

　　正史、政書、法律文書、元人文集、元明清方志皆為史料來源。除了《元史》之外，《大元聖政國朝典章》是本文最重要的史料基礎之一，不僅補充《元史》在制度面的規定，更提供許多生動的資料。《元典章》並無完整的點校本，史料的利用上難度較高，前輩學者亦鄰眞教授曾有〈元代硬譯公牘文體〉一文，〔註67〕對於入門解讀《元典章》頗有幫助；日本學界則出版了《元典章》刑部的校本；洪金富教授之《元代臺憲文書匯編》則完整收集了與元代監察機構相關的史料進行點校，《匯編》對於元代政書中難以閱讀的文書傳遞流程，做了新穎的編排，對於利用《元典章》有所啓發與幫助。〔註68〕

　　重要的法律文書《通制條格》亦頗多硬譯公牘，大陸學者黃時鑒在 1986 年對《通制條格》進行了點校，為史料的運用上提供了很大的方便。陳得芝、邱樹森教授等人則將元太祖至元順帝之間共一百五十餘年間，官僚與平民的表、奏、疏、議、上書、封事、對策等資料，匯輯成《元代奏議集錄》上下兩輯，按人物的時代先後編排，對於研究元代政治社會文化問題，助益頗大。〔註69〕

　　元代的地方志現存者數量不多，而且有些為殘本，其中以《至順鎮江志》最為完備，編者俞希魯曾任縣尹，親身擔任臨民官者，由其角度所編纂的地

〔註66〕鄧小南，〈走向「活」的制度史──以宋代官僚政治制度史研究爲例的點滴思考〉，收入包偉民主編，《宋代制度史研究百年 1900～2000》（北京：商務印書館，2004），頁 13。

〔註67〕亦鄰眞，〈元代硬譯公牘文體〉，《元史論叢》（北京：中華書局，1982）第一輯，頁 164～178。

〔註68〕洪金富，《元代臺憲文書匯編》（台北：中央研究院歷史語言研究所，2003），第四部，頁 203～244。（按：本文出版之際，已有《元典章》點校本問世。）

〔註69〕陳得芝、邱樹森、何兆吉點校，《元代奏議集錄》（杭州：浙江古籍出版社，1998）。

方志，實爲可貴，且有校點本的出版，使《至順鎮江志》的利用更爲方便。〔註70〕張鉉的《至正金陵新志》也是公認的名志，〔註71〕提供了集慶路（南京）轄下州、縣的史料足資參考。《延祐四明志》作者袁桷主要在中央爲官，但其所著地方志考證精確、材料豐富爲學界所公認，而《至正四明續志》作者王元恭則曾爲慶元路總管，亦爲地方長官。《永樂大典方志輯佚》輯錄了失傳已久的方志殘卷，其中宋元及其以前方志約一百八十餘種，包含大德七年（1303）完書的《大元大一統志》殘卷。〔註72〕熊夢祥之《析津志輯佚》是元代少見的北方志書，也是從《永樂大典》中輯出，是一部元末人記述元大都的書，從中可以見到元大都和金中都官署、水道、坊巷、廟宇、古跡、風俗等資料，也是目前發現最早專寫北京地方史的著作。〔註73〕

因爲元代方志的不足，明、清的方志就顯的相當重要，例如天一閣藏明代方志等，有許多元代州、縣官題名，小傳事蹟，可以彌補元代方志數量過於稀少，以及南北區域不均衡的問題。

元人的詩文集可以提供的資料至爲重要，《全元文》的編輯完成，對於元人文集的使用增加許多閱讀上的便利，更有甚者，其中還收錄了散載於明、清地方志中的碑記等，對於元史研究者來說是必備工具。除了「文」之外，元人的「詩」更能看出深刻的心境表達，因此《元詩選》、《元詩選癸集》以及元人文集中的詩詞唱酬，是研究可以生動化的關鍵。

由吏出職爲元代縣級官員除了廕之外最重要的來源，與這樣的背景相應的莫過於《習吏幼學指南》的刊行。〔註74〕因此《吏學指南》對於本文來說是非常重要的史料，在第五章將以專節探討此著作所謂「居官必任吏」的時代意義。

最後，介紹一本受到忽視卻相當珍貴的總集：明人葉翼輯錄的《餘姚海隄集》。葉翼之祖父葉恒（生卒年不詳，生活於元中後期），字敬常，鄞縣人，天曆間由國子生釋褐，授餘姚州判官（餘姚在元中期以前爲餘姚縣，後升爲州，不領縣），終於鹽城縣尹。餘姚任上築堤捍海、民賴其利，至正末在地方

〔註70〕俞希魯編纂，《至順鎮江志》（點校本，南京：江蘇古籍出版社，1999）。

〔註71〕趙心愚，〈試論元代方志在中國方志史上的地位〉，《西南民族學院學報》哲學社會科學版，第 2 期（2003），頁 97～100。

〔註72〕馬蓉等點校，《永樂大典方志輯佚》，（北京：中華書局，2004）。

〔註73〕熊夢祥，《析津志輯佚》（標點本，北京：古籍出版社，1983 初版）。

〔註74〕徐元瑞著、楊訥點校，《吏學指南（外三種）》（杭州：浙江古籍出版社，1988）。

人士的要求下，詔封「仁功侯」，立廟祭祀。葉恒子葉晉爲南臺掾，輯錄當時各族名士爲其父所作序記詩文爲集，後燬於火。明宣德中，葉恒孫葉翼重新收輯散佚以成。《餘姚海隄集》紀錄葉恒出任餘姚州判官，親自率領鄉老籌劃修築海隄的詳細經過。葉恒認爲跟中央政府申請經費修海隄，手續往來曠日費時，於是與地方人士自籌經費，有田者計畝出糧，有力者擔任勞役，並上報紹興路總管府，以修隄抵免徭役，得到同意。這是一份相當可貴的資料，主角是縣級官員，他的政治與社會生活可以說是某一類型基層官員的縮影，修築海堤就結果來說，對於其升遷幫助並不大，但是藉由結合社會意志影響決策，卻是一種低階官員發揮影響力的方式，並且也突顯基層官員在施政上的自主性。

在四卷《餘姚海隄集》中，可以發現許多元代著名士人的序記詩文，針對葉恒事蹟發表看法與評價。例如歐陽玄、危素、楊維禎、張翥、劉仁本、回族文人吉雅謨丁（馬元德）、烏斯道、畏吾人王嘉閭、貢師泰、柳貫、余闕、王禕、黃溍、戴良、西域愛里沙、金哈剌等等，皆是當代名人。此文集的可貴之處在於完整紀錄縣級官員在地方上的重要治績，而且迄今未被特別注意。再者，這些名人爲葉恒所寫的序記詩文，除了三篇收入《安雅堂集》、《俟菴集》與《丁鶴年集》中，兩首詩收入《此山詩集》與《元詩選癸集》外，其餘的序記詩文大多沒有收入這些士人自己的詩文集中，目前可以在《全元文》中見到部分。《餘姚海堤集》中葉恒終其一生只是縣級官員，與許多具有全國性聲望的官員與士人可能沒有直接的交情，但是透過築堤事蹟，從中央到地方的各族士人與官員藉此凝聚聲氣，顯示士人對於儒學何以致用的焦慮感，討論與附和同一件事情，成爲一種管道。

第五節 章節安排

本文除了序言與結論之外，核心章節分爲四部分，介紹如下：

一、沿革與變遷

第一節數字上的官府，分爲縣密度與官員數量、官吏的戶口負擔：以鎮江路爲例、投下州縣三小題。先簡要統計元代縣級州的數目與分布狀況，討論影響縣級州數量之原因，再比較縣的數量在宋、元、明的變化以及意義；

並以具體的例子爲樣本，呈現元代縣級官吏的治理負擔，比較南、北的差異；最後整理投下州、縣的分布，討論其存在的特殊性。這是透過數據呈現元代縣級官府編制上的分布與變化，作爲縣級官府與官員研究的基礎資料。

第二節編制與職能，分爲人事編制、考課與職務二小題。首先整理元代縣級官府的組織、人員編制的延續與創新；再討論縣級官員的考核與主要職務。

第三節選拔、待遇與困境，分爲官員選拔；俸祿；時代性困境三小題。就縣級官員的來源條件、待遇與升遷進行說明，以了解縣級官員的背景與面臨的特有環境。

二、縣級官員群體

本章透過大量蒐羅縣級官員史料，初步建立元代縣級官員名錄，並根據這些資料探討親民官的族群比例、縣級官員的升遷問題以及相關的意義。

第一節小區域的官員族群比例與遷轉，是以單一史料爲據，分爲長官、正官、佐貳官三類，以小區域樣本進行分析，制表統計，根據數據討論族群成份以及遷轉問題。

第二節大區域官員族群分析，廣泛的收集任職於南、北縣級官府的官員資料，同樣分爲三類，並就任官地所在，分爲制作南、北官員數據表。除了呈現南、北縣級官府中官員族群成份的差異，對比單一區域的統計結果，更重要的是比較元朝政府對於南、北縣級官府的用人取向及其政治意義。

第三節縣級官員的遷轉是本章的核心所在，根據縣官任官資料，探討元代縣級官員的出身與其仕宦遷轉之間的關係，以及縣級官員的遷轉狀況中出現哪些慣性與特色，可能具有什麼意義。比較重要的發現是，縣級官員的遷轉或許可對元史學界監察御史品級的爭論提供線索。

三、牧民之道

本章透過詞訟、錢穀（賦役）、官員的犯罪、興學、神奇教化等種種政治行爲，觀察元代縣級官員的各種角色與意義。

第一節縣政，分爲詞訟與刑案、錢糧賦役、官員的違法亂紀三小題。首先討論蒙元的法律原則「各從本俗」，以及其對於縣官處理詞訟與刑獄的重要性，並透過具體的案例呈現縣級官員處理涉及文化衝突詞訟的態度，以及刑

案審理中關於驗屍技術的重視所突顯的「治民之道」。錢糧賦役作爲治理的要務，也成爲觀察縣級官員如何在執行征服王朝政策與仁政之間取得平衡的窗口。最後則從縣級官員所犯公罪、私罪的懲處，討論元代「刑及大夫」的狀況以及貪贓問題的背景。

　　第二節興學教化，分爲廟學復興運動、從先賢祠到鄉賢祠、官員的神奇三小題。興學校是牧民官除了賦役、訴訟之外特別在意的治績。復興儒學的數量與時間形成遍及大江南北、縱貫有元一代的運動，主事者有官員也有地方人士，顯示社會上在政治變遷之下維持原有發展基調的力量。先賢祠到鄉賢祠是透過儒學復興運動所延伸的討論課題，藉由上虞縣先賢祠所祭祀的鄉賢名宦資料，探討元代在宋、明之間地方化問題所扮演的角色。而官員的「神奇」則是地方官在興學之外所採用的特殊教化治理，其中所隱含的文化、社會、政治意義耐人尋味。

　　第三節儒吏地方官的治理之道，是以元代特有的儒吏考選制度作爲出發點，討論儒、吏合流的學術、政治意義；儒吏論中關於「致君澤民可用律」的觀點；並透過具體的例子，觀察儒吏地方官如何「致治」。更重要的是儒吏合流對於後世的可能影響。儒吏的問題在元史學界除了前輩學者劉元珠曾經注意之外，一直缺乏研究，因此本節特別針對儒吏制度的出現，以及當時人對於此一制度的回應、儒吏官員的政治行爲進行考述，給予此一制度應該擁有的重視。

四、變奏下的基調

　　這一章主要在呼應前言所提到的論文主旨選題意義，第一、縣級官員在大環境的變遷之下，心態與政治行爲的「轉化」；第二、關注輾轉州縣的士人；第三、縣級官員與地方人士的自主性活動，由此設定三個表面不相屬的主題，目的則都在呈現士人與官員如何回應外在政治環境的變遷，作爲對全文的補充與回顧。首先是探討《吏學指南》一書所說居官必任吏的時代意義；再者，透過《餘姚海隄集》，分析一群士人因爲一位縣級官員與地方人士合作的公共工程，透過記、詩、跋、序來呈現特殊時代下的集體意志；最後，以縣級官員中最低階的捕盜官——縣尉、巡檢爲主角，探討從「從捕盜官到牧民官」的行爲、心態意義。

　　本章之所以定名爲變奏下的基調，含意在於政治變遷之下，官員自有其對應的「不變之道」。

第二章　沿革與變遷

　　元代的地方行政制度有行省、道、路、府、州、縣，行省政令布於下，路、府、州、縣有請於省，皆須經由宣慰司道，宣慰司道基本上取代的是南宋諸路。〔註1〕元代的路則為統領府、州、司、縣的中級地方機關。

　　說來簡單，但是實際的上下隸屬關係頗為複雜，以三十三個府來說，有隸於路、宣慰司，亦有隸於中書省。至元後期行省建置完備之後，即不再有隸屬於中書省的府。〔註2〕府則有兼領州、縣，或單領州、單領縣的狀況，亦有不領州、縣的府，大部分的屬府都只領縣。府的機構建置基本上與路相同，只是品秩略低、人員略簡。與其他地方行政官府較不同之處，府沒有依戶口分上、中、下。

　　州依照對上的隸屬關係，可分為直隸州（隸屬於中書省或行省者）與散州（隸屬於宣慰司、路、府者），地位通常高於縣，有領縣與不領縣的州，後者與縣一樣都是屬於親民官府，本文稱之為「縣級州」，功能與縣無異，只是官員編制不同。江南地區許多州在元代中期由縣升格，多不領縣，本文的州、縣所指的州就是這一類。另外，還有比較特別的領有州、縣的州，例如陝西行省的開成州，領有廣安州與開成縣，原因是至元時期安西王封於秦、蜀，立開成府，等同路，倚廓的廣安縣遂升為州，至治三年（1323）開成府降為州，故開成州形成領有一州、一線的狀況。〔註3〕

　　總之，本文中所謂的縣級官府包含縣與縣級州，「州縣」所指亦同。縣級

〔註1〕　張金銑，《元代地方行政制度研究》，頁199～205。

〔註2〕　張金銑，《元代地方行政制度研究》，頁215。

〔註3〕　《元史》卷60，〈地理三・陝西等處行中書省〉，頁1428。

州清單詳見【附表一】

第一節　數字上的縣級官府

　　本節將透過數據呈現元代縣級官府編制上的分布與變化，作爲縣級官府與官員研究的基礎資料。元代的研究常常需要兼顧特殊性與延續性，因此關於縣級州與投下州縣的分布與數量問題，是屬於蒙元的特色；而縣的數量與縣官吏的治理負擔變化，則是延續性的觀察。第一部分先簡要統計元代縣級州的數目與分布狀況，討論影響縣級州數量之原因，再比較縣的數量在宋、元、明的變化以及意義；第二部分以具體的例子爲樣本，呈現元代縣級官吏之基本負擔，以及南、北縣級官吏治理負擔的比較；最後則整理投下州、縣的分布，論其特殊性。

一、縣密度與官員數量

　　下表爲轄縣州與縣級州之比例與分布概況：

表一　各類州數與縣級州比例

行　　　省	總 州 數	直 隸 州	散（屬）州	縣 級 州
中書省	99	8	91	36（ 36%）
嶺北行省	0	0	0	0
遼陽行省	12	0	12	12（100%）
陝西行省	39	27	12	18（ 46%）
甘肅行省	7	2	5	7（100%）
四川行省	36	0	36	13（ 36%）
雲南行省	54	0	54	37（ 69%）
小計（漢人區域）	247	37	210	123（ 50%）
河南江北行省	35	1	34	1（ 3%）
江浙行省	28	2	26	26（ 93%）
江西行省	22	9	13	12（ 55%）
湖廣行省	30	13	17	20（ 67%）
小計（南人區域）	115	25	90	59（ 51%）
總計	362	62	300	182（ 50%）

※本表係根據《元史・地理志》卷58～63，頁1345～1540。

　　據【表一】，元代總計有 362 個州，其中縣級州佔一半，且縣級州大多為散州。漢人區域與南人區域的縣級州比例相近，其中江浙行省幾乎都是縣級州，原因是這些州大多是元成宗時期由縣升格。南人區域州的分布較為平均，北方州的分布明顯不均，腹裏州數多達 99 個，根據學者李治安的研究，這種現象應與中原地區的投下分封制度有關。蒙元征服初期，原本中原地區的投下封地與漢世侯轄區重疊，重在「分民」，不在「裂土」，行政上則是透過漢軍世侯進行間接統治。李壇之亂後，中央眾建路、州，力圖劃一食邑，擁有較多封戶的諸王、貴族、功臣盡可能獨佔一路或一州。因為是以方便劃分為前提，而非以戶口多寡做為行政建置之標準，因此投下路、州的轄戶常常不符合行政上的戶數標準，這應是腹裏州數明顯較多的主因。〔註 4〕嶺北行省的地方行政單位只有一個路，甘肅行省沒有縣，七個州都是縣級州，設州的原因也與分封有關，而非戶口增加、政務加劇的結果。因此，元代許多州的設置，可以說與分封制度有密切關係。

　　如果與宋代的州相比，元代的州「縣級化」的狀況相當明顯，這一點可以由縣級州的數量佐證。州本是由秦漢以來的郡演變而來，但是到了元代，一般所謂的「郡長官」指的是路總管，〔註 5〕而上州正官稱為「州尹」，中、下州稱為「知州」，宋代以來帶有中央官性質的「知州」，在元代文獻中成為區分州等級的稱呼。〔註 6〕元代有一半的州不領縣，與縣的正官職能無異，顯示元代的州相較於宋代，在地方行政體系中的定位有所變化，州可以是管轄縣的層級，也可以因應分封或者治理需要而以州為名、以縣為實，故元代的縣數應該包含縣級州。

　　縣的數量方面，據《元史‧地理志》總計有 1125 個，原南宋治下地區（浙江、江西、湖廣、四川）有 452 個縣，〔註 7〕相較於南宋滅亡（1276）前夕的 698 與南方新附時的 733 等數據要少許多。〔註 8〕梁方仲曾根據《元史》指出元代的總縣數為 1110，另據《新元史》為 1131，其中 1110 這個數據並未能在《元史》中索得，未知所據。〔註 9〕大陸學者馬玉臣在探討宋代

〔註 4〕 李治安，《元代分封制度研究》（天津：古籍出版社，1992），頁 108～111。
〔註 5〕 宋濂，《宋濂全集》卷，頁，〈元故翰林待制雷府君墓誌銘〉
〔註 6〕 《元史》卷 91，〈百官七‧諸州〉，頁 2317～2318。
〔註 7〕 此處數據為筆者根據《元史‧地理志》各卷所統計。
〔註 8〕 馬玉臣，〈從縣的密度與官民對比看宋代冗官〉，《河北大學學報》（哲學社會科學版），第 6 期（2005），頁 14。
〔註 9〕 梁方仲編著，《中國歷代戶口、田地、田賦統計》（上海：人民出版社，1980

的縣密度與冗官問題時，引用了《元史・世祖本紀》之數據，指出縣之總數為 1165，但時間 1293 年誤植爲「至元十三年」，實際應爲「至元三十年」。〔註 10〕另《元史・地理志》平宋（1276）之後的縣數爲 1127。〔註 11〕究竟哪一個數據較爲可靠，難以深究，可以確定的是元代的縣數大致上與北宋相差不大，北宋縣數在崇寧元年（1102）數量最多，爲 1265 個，元豐初年（1078）最少，亦有 1135 個，但北宋國家領土面積爲 250 萬餘平方公里，元代採州縣治理的幅員有 754 萬餘平方公里，國土面積相差三倍以上，縣的數目卻差異不大，因此有學者以此論證宋代的縣面積相對較小，縣的密度大，故有「官冗」問題。〔註 12〕無論如何，難以據此推論元代縣級官府的單一治理面積高於北宋三倍，或者地方官府的治理負擔較重，元代的縣密度畢竟有區域上的不平衡，從縣級州的分布就可看出端倪。另外，平均的縣轄人口數量，遠比幅員大小更關鍵。

明代的州數根據統計約爲 255，縣數則爲 1168，清代大致亦爲相近的數目，〔註 13〕與元代相較，州數減少而縣數則相差不大。對照中國歷代王朝，元代以州縣制度治理的區域面積最大，但是縣的數量並未相應有明顯的增加，只能初步說明元代的縣級官府所需要管轄的平均單位面積較廣，但實際單位面積則有很大的區域差異。元代的縣級官吏治理負擔如何，以及元代地方管理是否較爲粗疏，或許要進一步觀察戶口與官吏數量之比例，才能略窺究竟。

在中國歷史的發展上，宋代以後中央集權的趨勢越來越強，是普遍被學界接受的觀念，但是政府下達政治力於社會，則不能僅靠官方力量，因此有所謂的胥吏、地方菁英，乃至明清的士紳、商紳等階層。就縣級官府來說，宋元明清大趨勢上人口不斷增加，社會狀況日益複雜，但是縣的數量並未增多，因此縣在施展政府權力之際，往往有許多無法觸及的空間存在，而吏與地方菁英（包含士人、富商、地主等），就成爲官府權力擴散到這些空間的重要介質，因此，宋以後雖然有日漸集權的趨勢，但是就政府與社會之間的關

初版），頁 178，甲表 48、49 中縣數據《元史》爲 1110、《新元史》爲 1131。

〔註 10〕馬玉臣，〈從縣的密度與官民對比看宋代冗官〉，頁 14。《元史》卷 17，頁 376，〈世祖十四〉。

〔註 11〕《元史》卷 58，頁 1345～1346，〈地理一〉。

〔註 12〕馬玉臣，〈從縣的密度與官民對比看宋代冗官〉，頁 14～15。

〔註 13〕何朝暉，《明代縣政研究》（北京：北京大學出版社，2006），頁 11～12。

係來說，集權則必須透過更多分權的機制才能達到目的。官吏與戶口比，可以是一種參考數據，但是只能平面的呈現官吏治理負擔。

元代的官員數額，根據《元典章》之記載，共有 26698 員（含學職 4208 員），但不含蒙古官員之數，僅分列色目、漢人官員，〔註14〕依照官方文書習慣，南人應該是計入漢人官員之中，不過因為蒙古官員數據的保密，元代官員總數究竟為多少，無法確知，亦或已經計入色目官員數量之中。相較於前代，北宋徽宗時官員數量最多，宣和元年（1119）直逼 5 萬，一般時期平均在 2～3 萬之譜，南宋官員最多時期在寧宗崇寧年間，超過 4 萬，而大多數時期都超過 3.5 萬員以上，因此北宋之戶／官比例大約在 500～600 上下；南宋則大致維持在 300～400 上下。元代的戶數為 13,867,219，以上述官員總額來計算，官戶比大約是在 500 左右，如果計入數量不明的蒙古官員，實際上應該較低。初步看來，元代的官員數量較兩宋少，但是官戶比與北宋、南宋的差距不大。較為不同的是，元代的南、北戶口分布極度不均，元代的江南三省（江浙、江西、湖廣）戶口超過一千一百餘萬戶，佔了總戶口數的 80%，〔註15〕這就劇烈的影響到南、北官員實際所負擔的戶口數。雖然南、北戶口數量之巨大懸殊，原因之一為北方某些諸王分地的戶口未計入，但是這些偏遠地區的戶口數稀少，基本上無損於江南三省戶數密度遠高於北方諸省的事實。

在總官數與戶口數的比較之後，元代縣級官吏在治理上的負擔如何，必須從地方志取材。下一小節根據有較完整數據與官吏配置名單的元代地方志，作為計算官吏與戶口數量比例的樣本，並用為對照組進行比較。雖無法成為普遍性的樣本，但可以是江南地區的一個寫照。

二、官吏的戶口負擔：以鎮江路為例

此小節根據方志統計幾個縣級官府的官吏與戶口數目之比例。《至順鎮江志》的完備性是無可取代的元代方志，其中有清楚的官吏編制、職稱，以及戶口數細目。《元史》中鎮江路（下路）戶數為 103,315，人口為 623,644，〔註16〕與南宋理宗時期相當，〔註17〕但是鎮江路錄事司與三個縣的官吏編

〔註14〕《元典章》上，吏部卷之 1，頁 27 上，〈內外諸官員數〉。

〔註15〕梁方仲編著，《中國歷代戶口、田地、田賦統計》，頁 178，甲表 48、49。

〔註16〕《元史》卷 62，志 14，〈地理五〉，頁 1495。

〔註17〕〔元〕俞希魯，《至順鎮江志》（點校本，南京：江蘇古籍出版社，1999）卷 3，頁 83～86，〈戶口〉。

制與所轄戶口類別，則必須從方志中才能得知：

表二　鎮江路錄事司、丹徒、丹陽、金壇縣各類戶口數量

機構＼戶口	錄事司	丹徒縣（中）	丹陽縣（中）	金壇縣（中）
土著戶	9469	28462	29024	32516
土著口	48537	119257	188949	185835
僑寓戶	3399	299	120	37
僑寓口	8978	781	604	192
漢人戶	3251	286	102	32
漢人口	7999	706	539	163
客戶	1394	879	776	2704
客口	1394	879	776	2704
單貧戶	1392	707	1121	884
單貧口	3867	2053	3128	2429
僧戶	69	125	74	62
僧口	521	1178	396	308
道戶	35	20	15	71
道口	175	74	89	232
總戶	19009	30778	31232	36306
總口	71671	124928	194481	191863

※《至順鎮江志》中缺客戶之口數記載。客戶爲暫居其地無恆產者，因此將其戶數權作口數計算。以上數據係根據《至順鎮江志》，卷3，〈戶口〉。

　　就戶口分類來看，僑寓戶可能包含蒙古、色目人寓居鎮江路者，漢人戶則獨立於僑寓戶之外。單貧戶的意涵是否與今日的低收入戶類似，難以確知，如果就戶口的分類原則，理論上應與賦稅的負擔有很密切的關係，因此單貧戶是不是代表被減免賦稅的類別，頗令人好奇。比較疑惑的是僧戶、道戶之外，所謂的儒戶是否被納於某一項目之下？爲何不獨列？亦或在地方管理上，儒戶的權力義務與一般民戶類似，但是儒戶是免役戶，如果不獨列，要如何管理？這是《至順鎮江志》中戶口分類上無法理解的問題。

　　據【表二】，鎮江路總戶口數爲 117,325、口數爲 582,943（其中客戶口數失載，只能約略估計），戶數較《元史》所載略多，口數卻少了四萬餘。再以縣級官府之官吏員數與戶口數進行對比：

表三 鎮江路錄事司、丹徒、丹陽、金壇縣官吏數量

官吏 ＼ 官府		錄事司	丹徒縣（中）	丹陽縣（中）	金壇縣（中）
官員與首領官	達魯花赤	1	1	1	1
	錄事&尹	1	1	1	1
	判官	1			
	主簿		1	1	1
	尉		1	1	1
	巡檢		3	3	3
	典史（首領官）	1	1	1	1
	小計	4	8	8	8
學職	儒學教諭		1	1	1
	醫學教諭		1	1	1
	書院山長			3	
	小計	0	2	5	2
胥吏與皂隸	書狀	1	1	1	1
	承發兼架閣	1			
	承發		1	1	1
	架閣		1	1	1
	貼書	12	14	14	14
	郵長		1	1	
	攢典			1	1
	祇候	8	10	10	10
	司獄禁子	3	4	4	4
	小計	25	32	33	32
總計		29	42	46	42
戶數		19009	30778	31232	36306
口數		71671	124928	194481	191863
戶／每官吏比		655	962	679	864
口／每官吏比		2471	2974	4228	4568

※【表三】係根據《至順鎮江志》卷13、卷15～17統計。

【表三】官吏包含縣級官府之官員、首領官、學職，以及一般胥吏、皂隸，具有賦役性質的戶役、力役、傭役及雜役等，不計入官吏數目之中，官員以常設為準。據【表三】管理丹徒城中居民的錄事司，平均每名官吏管理戶數 655，人口為 2471；丹徒、丹陽與金壇三縣，等級相同，官吏規模類似，但是倚郭的丹徒縣因為有錄事司之分工，因此口數／官吏比遠低於丹陽、金壇二縣，後二縣每官吏所負擔的治理人口為 4000 人以上。縣城因為人口密集度高，也是工商業中心，因此確實需要較低的戶口／官吏比，才足以應付理應較為複雜的民政。丹陽、金壇縣所治理的主要對象為土著戶，雖然人口較多，但是僑寓、客戶等較少，涉及到的事務一般較為單純，因此即使每一官吏所治理的人口高達四千人以上，也難以斷定實際上的負擔較重，但是數字上的人力配置確實不均衡，官吏數量固定化，顯示戶口多寡對於官吏員額並未有直接的影響，因此地方政府是否可以有效管控地方，在元代或許會因為人口分布的極度不均而產生明顯的差異。另外，也可以看出在地方治理上吏職的重要性，官員的數量相較來說，或許只能擔起分派任務與決議地方事務的角色，真正的執行者還是數量為官員數倍之多的吏，以及沒有列入統計的役職。但是從地方志中，看不出縣級官府是否聘有臨時性的吏職，例如像清代的貼寫，可雇用至上百名之多。〔註 18〕矛盾的是，宋元以降人口與民政事務越來越複雜，但是正式編制的縣級官吏數量卻沒有增加，甚至胥吏的部分還有減少的趨勢，因此顯現在處理地方事務中，勢必有一群受到史料忽視的編制外人員。

從宋代的縣級官府角度來說，此一官吏比數據或許會有爭議，有曰縣官真正統治的是「吏」，而非「民」，真正治民的是「胥吏」，因此提出「地方治理負擔」的實質是否要包含「官」的質疑。這種說法本身可能引起的質疑更複雜，例如治民的定義？縣官是否都不親自執行事務？地方耆老、士人等社會菁英是否也算負擔治理責任者？因此，本文還是先回歸到元代的官吏關係來討論，元代的吏是參佐、幕賓的角色，並非單純的聽命行事者，同僚色彩高於階層區分，故計算負擔的治理人口時，縣級官吏數合計，在元代有其合理性。事實上，地方「官」亦有轉任中央「吏」（例如省掾）的狀況，通常是更好的前景，擺脫地方上升遷較為阻滯的困境，中央吏員出職的品級較高，〔註 19〕因此官、吏之

〔註 18〕 瞿同祖，《清代地方政府》，頁 154。

〔註 19〕 許凡（王敬松），《元代吏制研究》（北京：勞動人事出版社，1987），頁 52～56。

間的階級與功能並不懸隔，官與吏的觀念也需要修正，這正是元代官吏制度的重要特色。

　　除了江南地區的鎮江路之外，不另外統計北方縣級官府之戶口／官吏比。主因有三：第一、北方沒有完備的地方志可以依據；第二、北方的單位戶口數遠遠不及南方同級官府所轄戶口數；第三、北方同單位區域的州、縣機構密度通常高於南方。舉例來說，同是下路的懷慶路（中書省），其戶數約34000餘，下轄1司、2縣、1州（轄二縣），在縣級官吏的編制上，有1司、4縣，還多了一個轄縣州分擔事務。且腹裏地區的官員配置也較多，例如縣尉、巡檢就分色目、漢人，分輪警捕，〔註20〕胥吏的編制推論至少與南方州、縣相等，因此懷慶路的戶口／官吏比絕對遠遠低於鎮江路。以最基本的數字計算，懷慶路的5個縣級官府大約有官吏150員左右（以鎮江路為準，縣基本編制為32員、錄事司為25員），實際上應該更高，其每一官吏管轄戶數僅有200餘，相較於鎮江路的縣級官府，治理負擔在數據上有3～4倍之差異。即使是真定路（中書省）這樣的劇路，戶數有135,000，人口有240,670，但管轄這些戶口的縣級官府有1司、9路轄縣、3府轄縣、18個州轄縣，總共31個縣級官府，每一官吏所需負擔的戶數不到100戶，不僅明顯低於懷慶路，與鎮江路的官吏負擔相比，更是懸殊。

　　數量統計可以作為參考，但是不可否認的是，史料上的戶口數字往往不很精確，數據的意義推論也需要謹慎，與前、後代相較，能呈現的僅是一種表面性的變遷。就明代來說，以萬曆六年（1578）的戶口數為準，每州、縣平均治理戶數為7464。〔註21〕元代如以平宋時的1127縣為例，加上182個縣級州，平均分擔的治理戶數為10,593，而不同區域的差異應會更大，例如鎮江路下的縣級官府，所轄的戶數就在2萬～3萬戶之譜，遠高於平均數。再看北宋，元豐初年的戶數為14,852,684，〔註22〕縣數為1,135，其平均縣轄戶數為13,086。從這些數據來看，宋、元、明呈現出數據上平均治理戶數的下降，但這是否代表治理口數的降低，則必須看每戶人口究竟要以多少人計算，但大致上戶數多，口數應該也會較多。另外，數據不能論證明代縣的實質治理負擔減輕，除了戶口問題，治理負擔也要看事務的性質與發生頻率，明清以

〔註20〕《元典章》下，新集吏部，頁3上，〈縣尉巡檢於正從九品內選注〉。
〔註21〕何朝暉，《明代縣政研究》，頁13。
〔註22〕梁方仲編著，《中國歷代戶口、田地、田賦統計》，頁124。

降地方事務確有更為繁雜的傾向。但是，以現今社會的狀況來說，所轄的戶口數多寡，確實構成治理官府負擔的主要原因之一，因此可以透過這些數字，了解元代縣級官府的密度在中國地方治理上是否異常的變動，以及同一時代不同區域的差異。元代的縣在數字上與前後代相較，缺少劇烈的變化，延續發展的現象較為明顯。整體說來，南、北人口分布的極端不均衡，導致縣級官府的戶口負擔差異巨大，這是最顯著的變化。

三、投下州、縣的分布

投下州、縣是元代所特有。蒙古原有政治文化的主軸之一為氏族公產制（Feudalism），公產制主要的內容即為分封，源於草原家產分配與黃金氏族共權的原則，成吉思汗及其繼承者以宗王、貴戚、功臣為授封對象，將征服的土地與民戶作為軍事或行政服務的交換。〔註23〕韋伯認為封建的關係是家產制結構的邊緣性個案，透過分封企圖將支配者與封臣關係定型化與固定化，從恭順關係中解放出來，發展出權利與義務的秩序。〔註24〕元代在漢地的州、縣建置與發展，也受到了蒙古原有政治文化的影響，主要表現在五戶絲食邑、投下封地、宗王出鎮等三個方面。元代的分封制度，學界已經有相當豐富的研究，〔註25〕因此僅就食邑、投下地區的州、縣進行整理，呈現其概況與區域分布，詳見【附表二：投下州縣表】

元代州、縣可分為一般州、縣與投下州、縣，投下州、縣的長官（達魯花赤）本由各位下自行派任，因此這些達魯花赤大多與領有封地的蒙古諸王、公主后妃、勳臣具有私屬關係，並不以族群為唯一選拔條件。忽必烈規定達魯花赤須用蒙古、色目人，投下州、縣達魯花赤由投下主保舉之後，在形式上必須由中央政府任命，這使得投下達魯花赤具有兩重法律身分，一為投下主私屬、一為朝廷命官。〔註26〕為了符合中央大方向的政策，達魯花赤的選

〔註23〕李治安，《元代分封制度研究》（天津：古籍出版社，1992），頁1。

〔註24〕韋伯著，康樂、簡惠美譯《支配社會學 I》，頁159。

〔註25〕村上正二，〈元朝に於ける投下の意義〉，《蒙古學報》，第1號（1940）；〈モンゴル朝治下の封邑制の起源〉，《東洋學報》，44卷第3號（1961）。岩村忍，〈五戶絲與元朝的地方制度〉，《東方學報》，32冊（1962）。洪金富，〈從「投下」分封制度看元朝政權的性質〉，《歷史語言研究所集刊》58：4（1987），頁843～907。李治安，《元代分封制度研究》（天津：古籍出版社，1992）等，都是相當具有代表性的作品。

〔註26〕李治安，《元代分封制度研究》（天津：古籍出版社，1992），頁81。

擇也多了族群的規定。李治安先生曾經以《元史・食貨志・歲賜》為本，輔以〈本紀〉，整理了〈五戶絲食邑分封一覽表〉，[註27] 但表文未按時間順序，內容只依照史料記載摘錄，在元代投下州、縣的分布地點與分封時間上，較為混亂，因此本文以〈五戶絲食邑分封一覽表〉為基礎，再度搜羅散見於《元史》其他各卷的相關資料，依照時間先後，作成【附表二】。

元代在漢地以中原五戶絲戶與江南戶鈔兩種形式分封，可以整理為四期，第一次在窩闊臺丙申年（1236），分封區域在中原，分封單位範圍較大，諸王、公主后妃基本上以一路、一州等行政單位為範圍，勳臣則除了木華黎等大功臣之外，主要以戶數為準，如萬戶、千戶、百戶。憲宗蒙哥則進行過三次分封，亦以中原地區為主。第一次在壬子年（1252），多為畸零戶，對象主要為小功臣，李治安先生認為，這一次的分封戶口，是以「擄掠民」為主，並非是一般民戶的分封，[註28] 因此呈現地點零散、數量零星的狀況。次年（癸丑年，1253）又有一次對象有限的小型分封，是對忽必烈與蒙哥次子的分封。第三次仍以戶口數為分封標準，時間在丁巳年（1257），數量從千戶到數千戶不等，對象遍及宗王、后妃公主與功臣。

忽必烈時期的分封區域在於新附的江南，尤其是至元十八年（1281）的分封規模最大。由於江南地區人口稠密度遠高於北方，因此雖然分封江南戶鈔主要以一路、一州、一縣為主，但是實際戶鈔數，很少與該行政區域內所有戶數相當，戶鈔數通常少於該行政單位的實際戶數。但亦有分封戶數高於行政單位戶數的狀況，是以另撥他地部分戶口彌補之作法。根據《元史・食貨志・歲賜》，北方五戶絲戶的分封，實際可以得到的戶數往往少於表面數字，而且差距頗大，江南戶鈔是否也會有類似的情況則不得而知，但江南分封的戶鈔數基本上應該只是計算歲賜鈔的基準。總之，至元十八年的分封數量相當龐大，少則一千餘戶，大多有數萬戶之譜。接下來的陸續幾次分封，都是以小功臣投下為對象，戶口數較少，分封地點集中於幾處，顯然是將一路戶口拆封給數位小功臣。

元代中期的分封只限於江南戶鈔，分封時間點通常是新任大汗對宗王、后妃公主、功臣的拉攏，以宣示蒙元大汗對於氏族公產精神維持的責任。成宗時的分封以江西行省為主，尤其是袁州路戶口被拆封給忽必烈的四大斡耳

〔註27〕李治安，《元代分封制度研究》，頁 146～168。
〔註28〕李治安，《元代分封制度研究》，頁 121～129。

－35－

朵。皇慶與延祐是仁宗愛育黎拔力八達在位時期的年號，眾所皆知仁宗是一位有明顯儒治傾向的皇帝，他曾經試圖削弱諸王在分地內的權力，尤其是達魯花赤的任命權，最終因爲被指違背共享天下的傳統而失敗。〔註29〕諸王分地內的主要長官，由宗王的親信侍從充任，違反漢地官僚制的政治觀念，公器淪於私，但是削弱諸王在分地內的權力，卻又違背了蒙古原有政治精神，因此無論是何種立場，面對任何變動，「世祖成憲」都是彼此的盾牌，因爲忽必烈所立下的雙重體制，基本上已經成爲對立的意識形態集團的政治底線。〔註30〕因此，仁宗朝的分封看似與當時的儒治走向有所違背，實際上相應於仁宗與諸王之間的政治衝突，或許可以呈現不得不的調和作法，蒙古勳貴的支持，無論如何是蒙元少數統治的基柱。

在元朝中期之後，分封已經不再出現，顯示氏族公產的發展已經達到極限。

第二節　編制與職能

在說明元代縣級官府的編制與官員職能之前，必須具有一基本認知：即南北州、縣因爲宋、金統治的不同，以及蒙古征服戰爭的進程，其性質在元朝初期具有顯著差異。以北方來說，大世侯轉換成路級長官，擁有行省、萬戶、兵馬都總管之稱，建立路級政府，中、小世侯成爲州、縣長官，擁有千戶、節度使、刺史、令、尹等官稱，建立州、縣政府。因此路、州、縣官員，除了官僚制中的上級與下屬之關係，出任知州、縣令者，有時是路、府世侯的僮僕皂吏，具有私領域上的主從關係。〔註31〕立國中原以及平定江南之後，州、縣的人事才漸漸步向制度化，但縣級官員與路、府的關係，多少受到此種背景的影響，因此縣級官員的地位遂有卑賤化的趨勢。

一、人事編制

大蒙古國時期，中原地區的州沿用金朝的制度，忽必烈立國中原之後，

〔註29〕蕭啓慶，〈元中期政治〉，收入傅海波（Herbert Franke）、崔瑞德（Denis Twitchett）編《劍橋中國遼西夏金元史》（北京：中國社會科學出版社，1998），頁 597。

〔註30〕洪麗珠，〈肝膽楚越──蒙元晚期的政爭（1333-1368）〉，（新北市：花木蘭文化出版社，2011）。

〔註31〕張金銑，《元代地方行政制度研究》，頁 101。

才正式對於州、縣制度進行改制與定型。《元史・百官志》：

> 諸州……至元三年（1266），定一萬五千戶之上者爲上州，六千戶之
> 上者爲中州，六千戶之下者爲下州。江南既平，二十年（1283），又
> 定其地五萬戶之上者爲上州，三萬戶之上者爲中州，不及三萬戶者
> 爲下州。於是陞縣爲州者四十有四。縣戶雖多，附路、府者不改。
> 〔註32〕

從中可以知道北方州定制爲至元三年，南方州爲至元廿年，南方州之戶數基本上無論是哪一級都是北方州的數倍，所謂「縣戶雖多，附路、府者不改」，所指似爲倚郭縣，除此之外戶口只要足額，縣即升爲州。江南地區這樣的縣級州很多，功能與縣相同，只是編制、名稱與官員品級不同。

　　元代地方職官一般分爲三大類，首官、佐貳官與首領官（胥吏之首）。以路來說，首官就是達魯花赤與總管，佐貳官有同知、治中、判官與推官。〔註33〕達魯花赤是監治官，一般稱爲長官；總管爲管民官，稱爲正官，長官、正官的品秩相同。州的首官類同（上、中、下州分別爲 4B、5A、5B）。佐貳官分別有同知（6A、6B、7A）、判官（7A、7B、8A），下州判官兼捕盜之事（類同縣主簿兼尉）。一般官員之下，有管理吏的首領官，例如知事、吏目、提控案牘等，依照州的等級或皆有或刪減。〔註34〕

　　另外一個縣級官府爲錄事司，是蒙元特有的都市制度，管理路治所在的城市，對總管府來說，錄事司的地位跟所領的州、縣相同。錄事司本有錄事（8A）、司候、判官各一員，路、府所在城市置一司，二千戶以下的城市不設判官。至元廿年，增設錄事司達魯花赤一員，裁司候，判官則兼捕盜之事。若城市民少，城中民戶就歸倚郭縣管，不另外設司。杭州城曾經設立四個錄事司，後省爲左、右兩司。上都與大都兩京城中則設巡警院取代錄事司管理城市。〔註35〕蘇天爵（1294～1352）曾經描述與路、府同城的司、縣官員之煩難：

> 郡之錄事司及附郭之縣，則尤任其煩勞者也，蓋上有憲府、郡治之
> 按臨，下有達官、朝使之迎候，繼以賦役訟訴之煩，加以民庶飢寒

〔註32〕《元史》卷91，〈百官七・諸州〉，頁2317。
〔註33〕張金銑，《元代地方行政制度研究》，頁209。
〔註34〕《元史》卷91，〈百官七・諸州〉，頁2318。以上 A、B 所指爲正、從之品秩，以簡化行文。
〔註35〕《元史》卷91，〈百官七・諸路總管府・錄事司〉，頁2317。

之苦，茲其所以不易爲也。然而制其煩簡之宜，達乎通變之道，獨
不在夫有能有爲者乎！〔註36〕

蘇天爵所言爲眞定城中錄事司與縣衙官員的難爲，因爲眞定縣城中，不僅有
總管府，燕南河北道的肅政廉訪司也設在此。城中比錄事、縣尹等級高的官
員隨處皆是，甚至可能還要看上級單位中吏的臉色，加上又是南來北往之大
小官員必經之點，公務上的迎往送來不僅是精神負擔，更是經濟負擔，更遑
論賦役、訴訟、恤政等等日常事務的處理，也必須花費許多時間。因此出任
重要州縣的官員，其實有許多難言之苦。

日本學者愛宕松男較爲強調錄事司在財賦上的角色，他指出錄事司反映
出元代對於都市的特殊看法，蒙元政府對於農業地區的土地稅模式並不熟
悉，所以徵稅是以戶口爲單位，在財政掠奪的意義上，控制都市對於蒙古人
來說，最容易達到其要求，因都市正是戶口集中的地方。〔註37〕這種說法突
顯都市在蒙元政治架構中的特殊性質，以及錄事司制度所體現的征服王朝特
質。

縣亦依照戶口分上、中、下。江淮以北，六千戶以上爲上縣、二千戶以
上爲中縣，不及二千戶爲下縣。江淮以南，三萬戶以上爲上縣，一萬戶以上
爲中縣，不及一萬戶爲下縣。縣官的編制爲「達魯花赤一員，尹一員，丞一
員，簿一員，尉一員，典史二員」，中、下縣不設丞，下縣中「民少事簡」之
地則簿尉合一。〔註38〕典史爲首領官，屬於流外職，縣尉可以說是縣衙中最
低階的官。縣達魯花赤（6B、7A、7B）與縣尹品秩相同，縣丞類推應爲 7B、
8A，主簿則爲 8A、8B。關於縣尉品級，《元史》中同樣未直接說明，有學者
認爲上、中、下縣皆是從九品，〔註39〕但所據史源查無相關記載。〔註40〕《元
典章・吏部・職官》中有〈縣尉巡檢於正從九品內選注〉的條目，說明縣尉
應是正九品，〔註41〕但這是元中期的資料，無法確知初期是否相同。如果對
照設置於鄉野的巡檢，從流外職循資遷轉爲從九品，〔註42〕大德十年更正式

〔註36〕《滋溪文稿》卷30，頁 515～516，〈題諸公贈眞定錄事司監野先明道詩後〉。
〔註37〕愛宕松男，〈元代的錄事司〉，《日本學者研究中國史論著選譯》，頁 610～611。
〔註38〕《元史》卷 91，〈百官七〉，頁 2318。
〔註39〕李治安，《元代政治制度研究》，頁 179。
〔註40〕李治安，《元代政治制度研究》，頁 179，註 1 之史料來源爲《元史》、《事林廣
記》，但其中卻無縣尉爲從九品之資料。
〔註41〕《元典章》下，新集吏部，頁 3 上，〈縣尉巡檢於正從九品內選注〉。
〔註42〕《元史》卷 82，〈選舉二〉，頁 2041。

入流爲正九品，〔註43〕縣尉至少也應爲正九品較爲合理。

二、考課與職務

　　縣尹與縣級州尹都是所謂的「親（管）民官」，因此考課的標準相同，元人有所謂「四善具、五事備」之說，〔註44〕四善所指爲身、言、書、判，這應是任官條件，與官員職能較無直接關係。五事一般所指爲戶口增、田野闢、詞訟簡、盜賊息、賦役均，〔註45〕據《元典章》：

> （中統五年）諸縣尹品秩雖下，所任至重，民之休戚繫焉。往往任用非其人，致使恩澤不能下及，民情不能上通，掊克侵凌爲害不一。今擬於省併到州縣內，選差循良廉幹之人，以克縣尹，給俸公田，專一撫字吾民，布宣新政。仍擬以五事考較而爲升殿。戶口增、田野闢、詞訟簡、盜賊息、賦役平，五事備者爲上選，內三事成者爲中選，五事俱不舉者黜。〔註46〕

五事考課應是源自金代之六事（第六事爲「軍民和」），並且在元代歷朝不斷重申，至元後期則「第一考對官品加妻封號；第二考令子弟承蔭敘仕；第三考封贈祖父母、父母品格，不及封贈者量遷官品，其有政績殊異者，不次陞擢。」據稱元朝晚期更增加「興學校」作爲第六事，〔註47〕但回溯史料來源，似乎沒有明確證據。〔註48〕

　　可以肯定的是，「興學校」在元代早已成爲一種普遍受到鼓勵的地方官員政績。在元人文集中記載州、縣官員興學的資料相當多，從元初開始，地方官下車伊始，最常與同僚、地方人士一起推動的事務，就是修建州、縣廟學，提振學風等。大部分的地方官，在善政的表現上，很少沒有興學校這一項，這突顯了興學教化是當時人觀察縣級官員惠政的側重面，制度上的五事反倒成爲應有之義，而官員或許也會因個人理念，不以考課內容爲限。事實上，上述至元後期所謂「其有政績殊異者，不次陞擢」，也鼓勵了五事考課之外的

〔註43〕《元史》卷21，〈成宗四〉，頁467。

〔註44〕王惲，《秋澗先生大全文集》（四部叢刊），卷89，〈烏臺筆補・論州縣官經斷罰事狀〉，頁25上。

〔註45〕徐元瑞著、楊訥點校，《吏學指南（外三種）》，頁30，〈五事〉。

〔註46〕《元典章》上，聖政卷之1，頁5-6，〈飭官吏〉。

〔註47〕張金銑，《元代地方行政制度》，頁241。

〔註48〕陶安，《陶學士集》（四庫全書），卷17，〈重修蛾眉亭記〉，頁2上。

惠政。詞訟簡、盜賊息等，是五事中地方官會特別努力的項目，這可能是因為戶口增、田野闢、賦役平三項較難在每一年的歲終考課有明顯的成績，尤其賦役平與官方的現實需求之間存在矛盾，實際上它可能代表的是賦役徵收執行的績效，而非所謂的輕徭薄賦，因此對某些官員來說，執行政務與理念上存在衝突。元人吳澄（1249～1333）對於五事考課，有這樣的看法，他認為只要考查「簡訟、均役」二事即可，其餘三事只是此二事的效果，〔註49〕總之，無論是五事、六事抑或二事考課，都是觀察縣級官員制度職能的標準。考課之外的作為，則可以視為個人的活動，也是比較能展現縣級官員個人特質的部分。

縣丞只設在上縣，根據元人記載，縣丞做為貳令，「事長必盡禮，遇吏卒必以誠，不拘於勢，酌中可否，使上下勿為嫌。」〔註50〕更生動一點，平日長官裁決訴訟時，縣丞就是負責於「於公堂讀法」的人。〔註51〕主簿是佐貳官中相當關鍵的人物，因為縣丞只設於上縣，因此在大部分的縣衙中，佐貳官就是主簿，事少民簡的縣份簿尉合一，主簿就要如同州判一般兼管捕盜。雖然元廷曾下令簿尉分離，但事實上簿尉合一的狀況還是常見，因此主簿是大部分縣尹最重要的左右手，也是縣務的靈魂人物。另有一制度上的特殊性，元代的學職入流，初仕官即為主簿，這是許多士人遂行牧民理念的第一個位置，因此元人文集對於主簿的注意與描寫就特別豐富。主簿有圓坐的權力，縣尹雖為一縣之尊，制度上卻不能專斷自為，佐貳官可以「參裁可否」，守令外出或未到任時，還必須代理主持縣務。〔註52〕

縣尉在職務上則有一些不同於前代的改變，元初本有署押縣事的權責，至元八年（1271）規定「不須署押縣事，止令專一巡捕勾當」，〔註53〕且下縣也增設縣尉，盡量使簿、尉分離，區隔民政與治安職能。根據考古資料，在成都路的彭州所轄之崇寧縣（今四川郫縣），發現了一方至元十八年（1281）所鑄造的縣尉司印，〔註54〕證實了腹裏、江南之外的偏遠縣份，已經獨立設

〔註49〕吳澄，《吳文正集》（元人文集珍本叢刊），卷35，〈廉吏前金谿縣尹李侯生祠記〉，頁。

〔註50〕朱晞顏，《瓢泉吟稿》（四庫全書），卷4，頁1，〈送歸安縣丞沙德潤序〉。

〔註51〕沈夢麟，《花谿集》（元人文集珍本叢刊），卷1，〈送歸安縣丞趙千頃序〉，頁16下。

〔註52〕張金銑，《元代地方行政制度》，頁265。

〔註53〕《元典章》上，吏部卷之3，頁46上，〈縣尉專一巡補〉。

〔註54〕張道遠，〈郫縣發現元代崇寧縣尉司印〉，《四川文物》第4期（1998），頁63

置縣尉司。大德八年（1304）不僅重申縣尉「專一巡捕」的職責，且還討論是否腹裏、江南地區再添縣尉一員。〔註55〕在儒家的政治理念中，民安自然盜息，故民政與治盜分離，常被批評是一種本末倒置的作法。〔註56〕但在草原民族的概念中，盜賊與定居的農民管理，似乎可以是兩個不同的治理領域，又或者元代的盜賊問題特別嚴重，以至於必須有專職的捕盜官。總之，制度上縣尉的職權專一化，與巡檢並稱捕盜官，民政空間較宋代有明顯的限縮，但制度的職能與縣尉實際上是否具有民政角色，並不一定衝突，從縣尉的活動，可以發現其常常突破制度職務，扮演著不僅是捕盜官更是牧民官的角色，在第五章中將有專節探討捕盜官與儒尉的議題。

　　吏員並非本論文主要的探討對象，但是吏員出職為縣級官員的重要來源，居官先任吏的情況普遍，加上歲貢儒吏的制度，使元人透過儒吏觀，對於吏職的內涵、儒學與吏事的結合，儒吏任官之後的治理風格都有許多描寫，吏的本質也有了不同於宋代的轉變。在征服王朝的統治之下，儒家中心觀受到挑戰，吏的地位產生了根本的改變，對於一向批判胥吏並與之保持距離的儒士來說，胥吏在政治上的受重視，是一種亟需接受的現實，尤其是有心於仕宦者。業儒者原本就是以出仕為主要目標，科舉入仕是儒士的專利，更是備受尊崇的出身，但是當由吏入仕取代了科舉取士成為主流途徑，儒士就面臨重新檢視「吏」之定位的必要。有些儒士選擇不出仕，成為朝政的在野批評者與觀察家，但是有更多的士人選擇由吏進入仕宦生涯，吏士合一讓原本自滿而具有地位偏見的儒家知識分子有了真正了解吏的機會，對於儒士看待胥吏的心態，以及胥吏社會角色的改變都有影響。〔註57〕在第五章中將從「吏道」與「儒道」的交會探討士人意識在不同時代環境上的轉變與延續。

　　再看縣吏，縣級官府的主要吏員通常為司吏、典史。典史始創於元朝，明清沿襲設置。負責管理其下的胥吏與皂隸。主要的職能是「主簿書案牘之首尾」，〔註58〕所謂簿書指的是戶籍、賦稅等方面的公文表冊的管理以及執行，也要輪流執掌衙門印信，〔註59〕其他瑣事更不在話下，故謂「典史雖微，

～64。
〔註55〕《元典章》上，吏部卷之3，頁46上，〈下縣添設縣尉〉。
〔註56〕《全元文》，第31冊，頁31，張瑾〈譙縣創建尉廳記〉。
〔註57〕劉子健著、劉靜貞譯，〈宋人對胥吏管理的看法〉，《食貨月刊》復刊第14卷第2期（1984），頁135。
〔註58〕許凡，《元代吏制研究》，頁5～16。
〔註59〕《元典章》上，吏部卷之6，頁40上，〈典史不得權縣事〉。

親臨百姓，應辦錢糧一切事務，至甚繁重。」〔註60〕在實際的治理上，常常可見縣官、縣吏、學職協力之例，可見縣級官府的管理民務，很難單靠官員本身，縣政的職能劃分，實際上也有許多交錯與模糊的地帶。

第三節　選拔、待遇與困境

本節將就縣級官員的來源條件、待遇與升遷進行說明，以了解縣級官員的背景與面臨的特有環境。

一、官員選拔

州縣官員的選拔，在還未統一南北之前，制度上相當混亂，官員的選擇主要因應蒙古征服戰爭過程中的立即需求。地方各級長官即為大、小軍事菁英，或者其拔擢之將校、民兵領袖與地方人士，職責上也不分軍、民政，並有世襲的狀況。例如有李伯甫者，本為萬戶張柔手下千戶賈文備之分司吏員，賈文備任其為淶水縣令，後因年老，又以其子代其勞。〔註61〕故曰：「國朝開創，棋布諸路，分選勳舊帥臣世之，其守令之員，不必請於天子，聽諸帥擇才而使之」。〔註62〕再者，因為沒有俸祿制度，因此州、縣官員的經濟來源，往往為私占民籍、強徵賦役：

> 太宗（七年，1235）……州縣之官或擢自將校，或起由民伍，率昧於從政。甚者，專以掊克聚斂為能，官吏相與為貪私以病民。……
> 東平將校，占民為部曲戶，謂之**宅寨**，擅其賦役，幾四百所。〔註63〕

這皆是制度未立之前的現象。州、縣官員因為征服戰爭而衍生的世襲問題，是跟北方漢軍世侯的政治生態有關，因此州、縣官的制度性選拔與遷轉，也必須是在漢軍世侯解除軍權、廢除世襲之後才能真正落實。因此，忽必烈在李璮之亂後，除了有旨命中書省次第建立選法之外，至元二年「始罷州縣官世襲」。〔註64〕

在此之後，不斷訂立針對州、縣官員選拔、考核與升遷的規定：

〔註60〕《元典章》上，吏部卷之6，頁41上，〈典史〉。
〔註61〕《全元文》第5冊，頁16～17，敬鉉〈李伯甫政績〉。
〔註62〕《全元文》第5冊，頁23～24，敬鉉〈淶水縣長官李君宣化之碑文〉。
〔註63〕《元史》卷159，列傳46，頁3736，〈宋子貞〉。
〔註64〕《元史》卷159，列傳46，頁3737，〈宋子貞〉。

　　凡選舉守令：至元八年（1271），詔以戶口增、田野闢、詞訟簡、
盜賊息、賦役均五事備者，爲上選。九年，以五事備者爲上選，陞
一等。四事備者，減一資。三事有成者爲中選，依常例遷轉。四事
不備者，添一資。五事俱不舉者，黜降一等。二十三年（1286），
詔：「勸課農桑，克勤奉職者，以次陞隊。其怠於事者，答罷之。」
二十八年，詔：「路府州縣，除達魯花赤外，長官並宜選用漢人素
有聲望，及勳臣故家，并儒吏出身，資品相應者，佐貳官遴選色目、
漢人參用，庶期於政平訟理，民安盜息，而五事備矣。」〔註65〕

從這一連串的規定可以看到，在地方首長的選拔方面，除達魯花赤之外，主
要由薦（聲望）、廕（根腳）、吏（要術），並強調選用漢人、儒吏。佐貳官的
層級，則提出色目、漢人參用，這反映出在地方治理上，已經由征服型態轉
向安定治理的方向，因此需要可使「政平訟理、民安盜息」的人才，而漢族
士人是最具備治理漢地條件的群體。在考核上，定出了五事之標準，並且對
於考核結果也有明確的賞罰。

　　「戶口增」理論上在承平時期是一種必然的趨勢，除非有突發性的天災、
人禍與地理問題，但是戶口增似乎沒有規定具體的數量，因此大部分的時間
中，所謂的戶口增，可能是著重在戶籍管理的責任上，所謂「民籍增益，進
丁入老，批注收落，不失其實」，〔註66〕這也是治理的基礎。田野闢則重點在
勸農，元代的路府州縣長官都掛有「兼勸農事」的職銜，〔註67〕田野闢項目
其實不在於多開墾了新的土地，而在於勸課農桑與水利興修。事實上戶口增
與田野闢是賦役平的基礎，詞訟簡、盜賊息是民眾安居樂業的前提。因此吳
澄才會認爲簡訟、均役才是重點，其餘三事只是此二事之效應，顯示詞訟與
賦役在官員與被治理的民眾之間，是關連性最強而影響最具體的項目。

　　縣級官府的達魯花赤，通常是由廕出身，據《元典章》：

　　至元七年六月，尚書省准，中書省咨，⋯⋯擬總管府達魯花赤應合
承襲之人，於下州達魯花赤內敘用；散府諸州達魯花赤應繼之人，
於縣達魯花赤內敘用外；司、縣達魯花赤應繼之人難議定奪若奉，
特旨令承襲者不拘此例，都省擬得縣達魯花赤應繼之人，亦驗根腳

〔註65〕《元史》卷82，志32，頁2038，〈選舉守令〉。
〔註66〕徐元瑞著、楊訥點校，《吏學指南（外三種）》頁154。
〔註67〕《元典章》上，吏部卷之5，頁1下，〈兼勸農事署御〉。《全元文》第3冊，
　　　　頁316，元世祖〈勸農桑詔至元七年二月〉。

輕重，於縣尉、巡檢內敘用。〔註68〕

此一規定與《元史》之內容相符。〔註 69〕路的達魯花赤子弟承廕充散府、諸州達魯花赤；散府、諸州達魯花赤子弟則充司、縣達魯花赤；諸縣達魯花赤子弟則由從九品的補盜官敘起。這基本上解釋了州、縣達魯花赤的來源，也說明了縣尉、巡檢從廕出身者的來源。

在元朝晚期曾經發布關於守令選拔的規定，主要著重在「舉」，這應是為了糾正由廕出身看背景、由吏出身視資歷的缺點，後兩途並不以是否適任為首要考量，官吏的素質也因此良莠不齊。故順帝至正年間下詔：在內如六部、司農司、集賢翰林國史、太常禮儀院、祕書崇文、國子都水監、侍儀司；在外如宣慰司、廉訪司、各路府達魯花赤、總管到任三個月內，舉「才堪守令者一人」，而州、縣、司的長官如達魯花赤、知州、縣尹、錄事，也必須在到任三月內，舉一人自代原職，由行省斟酌的注用。〔註70〕

事實上早在寧宗（懿璘質班 Rinchinbal，1332 在位）時，朝廷即有過類似規定：「監察御史、肅政廉訪司官并內外三品以上正官，歲舉才堪守令者一人，申達省部，先行錄用。如果稱職，舉官優加旌擢，一任之內，或犯贓私者，量其輕重黜罰。」〔註71〕希望透過連坐舉官方式，多少確保地方民政官員的品質。至正十六年更重申舉守令之規定，並曰：「不拘蒙古、色目、漢、南人，從中書省斟酌用之，或任內害民受贓者，舉官量事輕重降職。」元代晚期會有這樣的改變，可能與中期以前王惲（1227～1304）等對於關注吏治的官員之呼籲有關，他曾經針對選法敗壞，尤其南方的州、縣官不得其人的問題提出建議：

> 夫親民之官，守令為急。竊惟選法自近年大壞後，府、州、司、縣官例多阿權通賄，僥倖而得，其南選尤濫，至目之曰：海放。……莫若將素有聲迹資品實至者，令三品官入狀舉保，量短長之材，授小大之任，然後明察臧否，精覈殿最，得人者行進賢之賞，謬舉者坐不當之罰，舉官自然精詳，受保者惟恐有累，如此則官得其人，庶事修舉。〔註72〕

〔註68〕《元典章》上，吏部卷之2，頁12上，〈達魯花赤弟男承廕〉。
〔註69〕《元史》卷7，頁129，〈世祖四〉。
〔註70〕洪金富點校，《元代臺憲文書匯編》（台北：中研院歷史語言研究所，2003），第三部《南臺備要》，頁167，〈守令〉。
〔註71〕《元史》卷37，頁811，〈寧宗〉。
〔註72〕，《秋澗先生大全文集》卷90，頁4上，〈便民三十五事‧議保舉〉。

這是王惲在元代中期以前擔任提刑按察使時提出的建言，而在元代晚期被落實。薦舉的方式，在本質上不僅可以被習慣官僚制的漢人所接受，這是在科舉大行以前選拔官員的途徑，而也可以揉入統治者用人重根腳、關係的文化，因此薦舉比科舉更容易被統治族群所接受，這或許是元代晚期面對地方吏治敗壞的危機，卻又無法更改祖宗家法的狀況底下，所能夠實行的最佳方案。

　　以上所論爲州、縣達魯花赤、令尹、錄事等長官階層的選拔。在縣級官府中的佐貳官如判官、主簿等，與選拔守令的規定差異不大，只是特別強調「參用色目、漢人」，廳與吏依然是主要來源。另根據元人程端學（1278～1334）所說，主簿是由學官入流的初仕官：

> 士之以校官進而受一命之寵者，難矣哉！律：二十五始得仕，由鄉校薦之郡，郡試其文移憲覆覈，率二三年爲直學，典餼廩之出納。又二三年，上之行省若大府，行省若大府類其名，復三四年授一諭。……又十數年，升正若長。正三年始上之都省部，又三年始授一命，爲州教授。州教授三年始升之郡，郡教授三年始入流爲縣主簿。士而至於州教授，年且致仕矣。故得州教授者十三四，得郡教授者十二三，得縣主簿者十不一二，有終身不得者焉。夫以奔走雜塵，鞅掌焦勞三四十年，而所就若此，豈非難哉？〔註73〕

程端學所論爲由學官入流的困難，但是也提供了一個資訊，即學官入流的第一官職，通常是主簿。一方面這符合主簿一職的文政需求，再者是因爲縣級官府中最低階的縣尉，元代被規範爲「專一捕盜」，因此學職入流似乎不適合由縣尉敘起，但是在簿尉合一的縣份，則教授初仕即爲簿尉。後來爲了解決學官淹滯選曹，以及官吏遷轉候缺時間的漫長，將巡檢升爲九品官，而聽任學官轉注巡檢，因此儒士捕盜官的狀況也因而大增。〔註74〕朝廷以學官借注巡檢，提供了士人仕宦上的另外一種管道，對儒學官來說，或許有「棄文從武」的委屈，但是從朝廷的角度來說，這是對學職可以快速入流的一種優待。

　　縣尉、巡檢的來源與任官條件，在元代通常被並論，《元史》無明確規定，從《元典章》則可窺知一二：

〔註73〕《全元文》，第 32 冊，頁 151～152，程端學〈送花教授秩滿序〉。
〔註74〕申萬里，〈元代學官選注巡檢考〉，收入《中央民族大學學報》第 5 期（2005），頁 73～79。

> 縣尉、巡檢名役雖微，所係實重。近年以來，多係廕授子弟，年皆
> 幼，既不閑習弓馬，焉知警捕方略？中間及有年邁之人，精神衰憊、
> 手足癱瘓，被堅乘馬尚且不能，何以示其軀鑠哉。〔註75〕

這是至治元年（1321）二月的資料，顯示英宗（Šudibala，1304～1323）以前，
廕任為縣尉、巡檢的重要來源，而另外也規定，可以由「通事、譯史、奏差
人內委用」，〔註76〕這是由吏選拔的證據。

　　而根據大陸學者針對山西地區的各級民政官府的研究，山西的縣級官員
主要有幾種背景：初仕官者通常是廕、吏、科舉、國子監生，非初仕者則是
各地遷轉而來的流官。〔註77〕可惜文章並未能針對山西地區州、縣官員的來
源盡可能進行量化，而只是每種背景略舉一二例子，難以說明何種背景為主
流，不過這亦是因為史料不足所致。

　　總之，元代在政治制度上最重要的莫過於取消了宋代以來以科舉為主流
的選官制，深刻的影響元代的政治、社會、文化。縣級官員失去不歷州縣、
不擬臺省的光環，在遷轉上極度受限，直接影響到官員的為官之道。

二、出宰不嫌官俸薄

　　程鉅夫曾說道：

> 仕者有祿，古今定法，無祿而欲責之以廉，難矣！江南州、縣官吏
> 自至元十七年以來並不曾支給俸錢，真是明白放令喫人肚皮、椎剝
> 百姓。〔註78〕

顯然俸祿制度俱在，卻常有未遵行之問題。其中所指的俸錢，是元代州、縣
官員俸祿的一部份而已，除了俸鈔之外，還有職田。據《元典章》記載，最
晚在至元中期即有清楚的俸祿制度，〔註79〕但實際上可能更早。中統元年
（1260）忽必烈曾詢問某官員曰：「卿俸幾何？」並因為該官員薪俸太微薄，
而想要為他增俸，官員拒道：「秩宜然，不可以臣而紊制。」〔註80〕這是已有

〔註75〕《元典章》下，新集吏部，頁 3 上，〈縣尉巡檢於正從九品內選注〉。

〔註76〕《元典章》下，新集吏部，頁 3 上，〈縣尉巡檢於正從九品內選注〉。

〔註77〕瞿大風，〈元代山西路府州縣的設治選官〉，《內蒙古工業大學學報》社會科學
　　　　版，第 15 卷第 1 期（2006），頁 57。

〔註78〕陳得芝、邱樹森等輯點，《元代奏議集錄》（杭州：浙江古籍出版社，1998），
　　　　頁 214，陳鉅夫〈吏治五事·給江南官吏俸錢〉。

〔註79〕《元典章》上，戶部卷之 1，頁 1～7，〈祿廩〉。

〔註80〕《元史》卷 153，列傳 40，〈賈居貞〉，頁 3623。

「制度」的証明。以下根據《元典章》中州、縣官員的俸祿標準整理如下：

表四　州官吏俸祿表

官　職	上　州	中　州	下　州
達魯花赤	鈔五十兩、田十頃	鈔四十兩、田八頃	鈔三十兩、田六頃
州尹	鈔五十兩、田十頃		
知州	鈔五十兩、田十頃	鈔四十兩、田八頃	鈔三十兩、田六頃
同知	鈔二十五兩、田五頃	鈔二十兩、田四頃	鈔十八兩、田四頃
判官	鈔十八兩、田四頃	鈔十五兩、田三頃	鈔十三兩、田三頃
提控案牘	鈔十兩	鈔十兩	
都目		鈔八兩	
吏目			鈔八兩、米八斗
司吏	鈔七兩、米七斗	鈔七兩、米七斗	鈔七兩、米七斗

表五　縣官吏俸祿表

官　職	上　縣	中　縣	下　縣	錄事司
達魯花赤	鈔二十兩、田四頃	鈔十八兩、田四頃	鈔十七兩、田四頃	鈔十五兩、田三頃
縣尹	鈔二十兩、田四頃	鈔十八兩、田四頃	鈔十七兩、田四頃	
縣丞	鈔十五兩、田二頃	鈔十三兩、田二頃		
主簿	鈔十三兩、田二頃	鈔十三兩、田二頃		
縣尉	鈔十二兩、田二頃	鈔十二兩、田二頃		
簿尉			鈔十二兩、田二頃	
錄事				鈔十五兩、田三頃
錄判				鈔十二兩、田二頃
典史	鈔七兩、米七斗	鈔七兩、米七斗	鈔七兩、米七斗	鈔七兩、米七斗
司吏	鈔六兩、米六斗	鈔六兩、米六斗	鈔六兩、米六斗	鈔六兩、米六斗

　　上述兩表顯示的並非是通例，事實上南、北官員的職田有不同規定，據《通制條格》：

> 官員職田，江淮閩廣地土不同，合依中原遷轉官每俸鈔五貫給公田
> 一頃。都省議得：比及通行定奪以來，比附腹裏官員職田體例，於
> 無違礙係官荒閑地內減半撥付。〔註81〕

〔註81〕黃時鑒點校，《通制條格》（杭州：古籍出版社，1985）卷 13，〈祿令・俸祿

亦即南方官員的職田較北方減半，這應是以任職地而非籍貫爲準，主要的原因是否與南方田土較爲肥沃有關，無法確知。要了解州、縣官員的俸祿是厚是薄，可以與當時糧食價格進行對照。先排除通貨膨脹的因素，根據元代賑濟貧民標準，每月「大口三斗，小口半之」，這應該符合基本生存需求，但是較一般人的需求略少，僅供裹腹。十斗爲一石，而米價較爲便宜時爲一石15貫（中統鈔，即15兩），較貴時一石25貫（即25兩）。〔註82〕如果照賑濟標準略增爲每口月用米5斗的需求，每月每人大約平均需要8～12貫（兩）不等的糧食費用（此價格標準是官方糴米之價，或許低於市價），對照【表四】、【表五】的資料，似乎官員的俸鈔還有不少餘裕，但是如果計入家人所需支出，那麼俸鈔必然捉襟見肘了。因此元人才會說職田是決定官員收入厚薄之關鍵，鄭介夫曾就有無職田對於官員俸祿收入的影響，有過很詳細的說明：

> 十口之家，除歲衣外，日費飲膳非鈔二兩不可。……九品一月之俸，僅了六日之食，而合得俸鈔，又多爲公用捐除，若更無職田，老贛何以仰給？……六品以下之無職田者，反不如一小吏也。

縣級九品官員一月俸鈔爲12兩，僅能購米一石，以一口每月用米平均5斗計算，十口之家，每月需要5石（50斗），與鄭介夫所說，每日2兩（貫）僅能供應6日之說法剛好符合，而這還是最基本的生活支出。因此沒有職田的官吏，如果沒有私產，生活上顯然會相當困苦，鄭介夫認爲這是造成貪污的主因之一。規定上說「親民之官該俸十兩者，給職田二頃」，南方給一頃。以巡檢爲例，有職田者還可以收一百餘石，足供十口之家數年的生活所需，故「隨朝三品、四品之官（無職田），反不如外任九品簿尉之俸」，〔註83〕道理即在於此。

學官雖無職田，但有學糧，以縣學教諭爲例，「月請糧米一石五斗，鈔一兩五錢」；山長爲「月請糧米三石，鈔三兩」，〔註84〕學官眞正倚以維生的，同樣是糧米而非俸鈔。而元代官員退休的俸祿，則爲致仕官職俸祿的一半，因此如果朝廷欲優遇即將退休之官員，常常在退休之前提升品級，隨即致仕，目的不在升官，而在增加退休俸。

職田〉，頁141。

〔註82〕《元史》卷96，頁2476，〈食貨四・賑恤〉。

〔註83〕《元代奏議集錄》下，頁87～88，鄭介夫〈上奏一綱二十目〉。

〔註84〕《廟學典禮》卷2，頁32，〈學官職俸〉。

整體觀之，元代的官員俸鈔相當微薄，光是應酬往來消耗就所剩無幾，因此可以說是作爲官員的公務特別費支出，且元代以鈔作俸，易於受到物價波動的影響，因此職田的實物收入，才是地方官員養家活口的來源。根據日本學者的研究，一個中縣的達魯花赤、縣尹，月領 18 兩（貫）、職田 4 頃，可維持的還只是相當於腹裏地區中等百姓之家的生活水準。〔註 85〕更遑論職田有土地肥瘠之別，任官南方職田減半，或有職田之名而未眞正配給職田的情況，亦大有人在，而職田的收穫以年爲基準，前後任官員對於職田租米歸屬常常有所爭議，〔註 86〕這些潛在的問題都使職田的收入產生不確定性，因此李治安先生認爲元朝官員貪贓的主要原因之一就是「低俸制度」。〔註 87〕這當然與蒙元原有政治文化中缺少官僚制的俸祿觀念有密切關係，且因爲雙重體制的基調，元代的地方官僚層層堆疊，卻未收效於改善縣級官員治民的負擔上，基本上還是得倚賴大量吏員協助治理。而縣級官府的吏員並無職田，以上州、上縣的首領官爲例，月俸爲鈔 7 兩、米 7 斗，其俸鈔以米價最便宜時大約可買米不足 5 斗，每月可得米約 12 斗，3 口之家的月用米還嫌不足，而這是不考量其他支出的計算法。因此州、縣官府裡面即使是首領官，俸祿亦不足以養家，更遑論養廉，而首領官之下的一般胥吏情況更可想而知。因此元代官吏的貪贓狀況一向受人詬病，顯然從俸祿制度就可見一斑。當然俸祿的厚薄並不必然造成官吏的貪贓，厚俸的朝代也不乏貪官污吏，但如果薪俸收入連基本的生活所需都難以支應，更遑論公門酬酢等支出，家無恆產者必然得從其他方面想辦法。

三、共通的時代性困境

基層官員的苦處，通常不脫官卑職繁的問題。而前一節關於俸祿的討論，也可以理解到元代基層官員薪俸之微薄，以及是否可以眞正得到職田的收入，對於其生活的重大影響。但是這不能說是元代縣級官員的「特有困境」，薪俸的實質厚薄牽涉到規費的有無、物價的高低、公私開支項目等，因此元

〔註85〕 大島立子，《元朝官僚俸祿考》，《祝賀楊志玖教授八十壽辰中國史論集》（天津，天津古籍出版社，1994）。

〔註86〕 黃惠賢、陳鋒主編，《中國俸祿制度史》（武昌：武漢大學出版社，2005），頁 372。

〔註87〕 李治安，〈論元代的官吏貪贓〉，《南開學報》哲學社會科學版第 5 期（2005），頁 32～41。

代或許制度上低俸，但是還不足以證明官員的俸薄是異於其他朝代的問題。

但是官場上下關係內涵上的轉變，則可以視爲特有現象。官員失職受罰，是歷代爲官者都會面臨的規範，但是元代對官員的處罰之所以可視爲低階官員的困境之一，與縣級官員的背景、任官制度的變化、升遷的渺茫、官場文化的異質化有密不可分的關係，挑戰著官員的任官意願與尊嚴。胡祇遹（1227～1293）曾經提到：

> 牧養小民，培植根本，縣令之任也。即今縣令率皆庸流，又貴賤相遇之禮未有定制，州尹、府尹、本路總管得以喜怒詈辱捶扑之，故有志有爲之士，皆賤之而不欲得。前代省掾外除，復注縣令，今皆恥爲之，良以此也。此弊不可不革，宜有定禮。〔註88〕

他指出的是元代官場上下關係的暴力化現象。這是受到縣級官員在元初以來由上級長官的僕僮皁隸擔任，以及蒙古家產制中上下關係的私屬性影響。事實上，元代官場上的暴力事件並不罕見，同級官員互毆、上司向下屬拳腳相向的事件，屢有所聞，〔註89〕一般被認爲影響到了明代的政治文化。在《元典章》中有使臣毆打縣官致死的案例：

> 至大四年八月，……使臣忽赤兀歹等爲河東軍人勾當將利津縣尹成克孝打傷身死。……勾提忽赤兀歹等到官取問，間欽遇詔書，釋放了當。〔註90〕

這位忽赤兀歹的身分或許特殊，作爲中央派出的官員，毆打地方品官致死，後來還是釋放了事。事件的結果可能僅是個案，但是顯示出低階官員的雙重性弱勢，除了傳統上既有的位卑之外，在元代更因爲族群、職權限制（無法單獨管轄軍民相涉案件），使縣級官員在官場上的困境更爲明顯。除了上司暴力相向之外，更有軍官毆打縣尹的案例：

> 至元五年七月……據平陽路夏縣奧魯李大并弟李三毆本縣官鄭縣令，李大招不合於本官，面上打訖一拳，李三於口打訖一拳，……議得李大即係毆品官，比凡人加等各擬五十七下。〔註91〕

李大兄弟是軍人，毆官原因似乎是與縣官有所爭執，這個案例帶出了一個外在問題，即地方上因爲軍、民政分離，因此縣級官員不僅有上司，還有當地

〔註88〕《全元文》，第 5 冊，頁 542～543，胡祇遹〈銓詞〉。
〔註89〕《元典章》下，刑部卷之 6，頁 6，〈縣尉與達魯花赤互相毆詈〉。
〔註90〕《元典章》中，兵部卷之 3，頁 8 下，〈使臣拷打站官〉。
〔註91〕《元典章》下，刑部卷之 6，頁 2 下，〈軍毆縣令〉。

管軍官以及不受民政官府管轄的軍人所衍生的治理挑戰。政治風氣的暴力化，對於品位低、職務繁的官員衝擊最大。而基層官員通常是以漢人為主，尤其是漢族士人，所謂「士可殺、不可辱」，罰俸、降級、甚至殺身，這都是制度性懲罰，是在特定的狀況底下才會遭遇，從另一方面來說，也是一種客觀保障。但是暴力相向所呈現本的是私領域行為，無法預估其發生與後果，如果還是出於有權力關係的上司或同僚，那麼對於縣級官員來說，是莫大的傷害，受暴者不僅是身體上，往往更是尊嚴上的羞辱，對士人來說，大違儒家的禮制觀念。元人趙天麟曾說：

> 設其誤用而罪著，則或降之下職，或屏之遠方，或黜之而不齒，或賜之以自裁，皆可也。今國家立統以來，百官犯罪，上自宰輔，下及守令，𢬵付之理，官而例於小民，以鞠訊之，有械繫之於市井者，有鞭笞之於官署者，有梟其首以儆戒退邁者，有醢其軀以薰蒸天地者，甚非尊上卑下、崇禮厚俗之方也。〔註92〕

其中所指涉的，是對於犯罪官員（包含失職與違法）的審問與懲處，與對一般民眾無異，違反「刑不上大夫」之義，用羞辱身體或精神的方式，使官體大失，對於淳化民風有負面影響，但這畢竟還是屬於國家制度面的處罰。而上司一言不合則拳腳相向，卻是體制外的個人行為，對於官員自尊與體面的羞辱更大，在這樣的官場文化中，越是下級官員，承受的壓力越大。因此元代的縣級官員，面對的不僅僅是官職上的卑微，更是尊嚴與心理上的卑賤化。因此胡祇遹認為，在宋代從中央省掾外除州、縣，是升遷上的重要經歷，但是在元代，卻「皆恥為之」，因為「上之輕士也日驕，士之媚上也日卑，日屈日諂，惟恐不善逢迎，以致乎齟齬而不能入」，那麼可以在這樣的官場中適應良好的可能只剩下「苟能富我貴我，惟君欲之隨」的「小人」了。〔註93〕這不僅反映出官場文化的變遷、基層官員地位的變化、士人對於縣級官員價值觀的改變，也是吏治問題的根源之一。

　　事實上胡祇遹對於體罰官吏，並非完全反對，基本上與宋代對吏的歧視心態類似，這可以從其對於官與吏的處罰方式看法不同得知：

> 甘心鞭扑者，縣吏之素習也；顧惜廉隅避責罰者司縣之官也，……
> 今後稽遲違錯，罪專在吏者責吏，在判署者責判署官，罪均者均責

〔註92〕　《元代奏議集錄》，上，頁376，趙天麟〈論百官犯罪刑罰〉。
〔註93〕　《全元文》第5冊，胡祇遹〈銓詞〉，頁542～543。

之，吏則受杖，官則罰俸、降等、追官、解見任，庶幾令行而禁止。
〔註 94〕

他對於懲處的方式，具有很清楚的官、吏區分，根本上承襲了宋代官爲君子、吏爲小人的觀念。言下之意，會因爲愛惜自己的尊嚴而避免犯錯的是官員，事實上他心目中的官員圖像，還是宋代科舉出身的士大夫。在元代這有一個根本上的邏輯問題，元代的官、吏之間並無宋代的懸隔，許多儒士基於現實環境，都是由吏入仕，昨日的吏即可能是今日的官，昨日的儒吏可能就是今日的士大夫，當吏時就會「甘心鞭扑」，當官時就會「頗惜廉隅」，這顯然頗爲矛盾。

元成宗時曾經下令禁止諸王、駙馬動不動就杖責州縣官吏的行爲，違者「罪王府官」。〔註 95〕這所指應是投下州、縣。顯示出投下主制度上雖然只有達魯花赤的推薦權，但是對於其投下州、縣官員，即使沒有眞正的私屬關係，也可以因自己的喜怒，擅用違背官僚制的「家法」，這是對「國法」的侵害，成宗的目的可能是希望透過此政策限制諸王、駙馬等在投下地區的權力，但是對於違背者的處置，卻只是罪及王府官，禁止的效果顯然不會太大。

除了因爲官場文化的變遷，導致縣級官員的卑賤化之外，升遷上與宋代有極大差異，也是州、縣官員必須面對的主要困境。在宋代科舉是主流的入仕途徑，也是最受人尊重的正途，以北宋來說，有半數的文官曾經有過幕職州縣官的經歷。〔註 96〕日本前輩學者早已指出，宋代縣令是移任中央官的必經關口。〔註 97〕因此科舉入仕之後，是否經歷過基層地方官的實務訓練，在官場上很受看重，幕職州縣官雖然位低，卻不受輕視，這大約是受到唐代「不歷州縣、不擬臺省」的觀念影響。〔註 98〕正因爲出身的主流一元化，在遷轉過程中，州、縣可以說是培養未來高官的人才庫，對於民情的理解、刑名財賦的掌握、駕馭胥吏的手段，都是在州、縣階段才能習得。但元代的州、縣經歷在仕宦中喪失原有的磨練意義，因爲入仕來源的轉變以及異族統治的基調，「州縣經驗」與高升之間失去連鎖關係，地位也就遠遠不如以往。縣級

〔註 94〕《全元文》，第 5 冊，胡祇遹〈又責吏不責官之弊〉，頁 545。
〔註 95〕《元史》卷 21，頁 451，〈成宗四〉。
〔註 96〕彭慧雯，〈北宋幕職州縣官之研究〉（台北：國立師範大學歷史系碩士論文，2005）。
〔註 97〕礪波護，〈唐代的縣尉〉，收入劉俊文主編，《日本學者研究中國史論著選集》第四卷、六朝隋唐，頁 588～589。
〔註 98〕《新唐書》卷 45，頁 1176，〈選舉志下〉。

官員在升遷地位上產生了逆轉，初仕官的品級，基本上很容易預測出前程是否光明，循著正常的遷轉方式，光是在各地縣級官府之間的歲月，就足以耗掉人的一生，州縣經驗不再是重要的過程，而是官場的泥濘。

　　族群、根腳是決定是否可以升任高官的主要因素，再者如果可以得到有力人士的推荐，較有可能破格拔擢。而像通事、譯史一類吏員，在多元民族朝代中升遷也較為順利，蕭啓慶師曾指出：「譯職人員於任滿之後，以下品及中品職官出職者，幾乎各近半數，長期滯留下品者不到十分之二。」〔註99〕所以通事、譯史考滿之後，通常不願意應注縣尉、巡檢這種九品官，〔註100〕因為他們或許有更好的選擇性，且從九品敘起可以升至中級以上官員的機會較為微渺，中央吏員對於由縣級官員出職，更是敬謝不敏。

　　筆者認為元代的中下級官員，在升遷上帶有某種「封閉性遷轉」的性質，初仕官的品級是計算往後升遷的重要基準，排除特殊狀況，通常範圍都在三品之內。例如七品縣尹升遷範圍大約在五品之下；八品主簿的前程大約止於六品；九品的縣尉、巡檢，其升遷則基本上侷限於七品之下，升到縣尹者，已算是前途不惡，也是少數個案。下一章將以足夠的史料論證縣級官員的遷轉問題。

〔註99〕蕭啓慶，〈元代的通事和譯史——多元民族國家中的溝通人物〉，收入氏著，《元朝史新論》（台北：允晨文化公司，1999），頁383。

〔註100〕《元典章》下，新集吏部，頁3上，〈縣尉巡檢於正從九品內選注〉。

第三章　縣級官員群體

　　群體研究可以突顯某種共通的現象，進而呈現政治、社會或文化意義；個案討論則可以彌補群體研究流於泛泛的缺點，反映出更具體的歷史事實。本章透過大量蒐羅縣級官員史料，初步建立元代縣級官員名錄，並根據這些資料進一步探討地方治理的族群現象、縣級官員的升遷問題以及相關的意義。通常某些族群是可以由名字來判別，因此，缺乏族群、籍貫資料者，如可由其名字判斷應非漢族，則列入「族不詳」（即難以確定為蒙古或色目族群者）；而由名字可判斷應是漢族卻無籍貫者，則列為貫不詳（即難以斷定為漢人或南人者）。第一節以小區域樣本進行群體分析，以最完備的《至順鎮江志》為本，將錄事司、丹徒、丹陽、金壇四縣級官府之達魯花赤、錄事與縣尹、錄事司判官與主簿（含同知、州判、簿尉）分別製表，並針對族群成份以及具有遷轉資料者進行考述。

　　第二節則廣泛的收集任職於南、北縣級官府的官員，以達魯花赤（縣級州、錄事司、縣）、正官（縣級知州、錄事、縣尹）、佐貳官（縣級同知、州判、錄事判官、主簿）三大類為主，並分別就任官地所在，分為南、北官員表。一方面除了可以呈現南、北縣級官府中官員族群成份的差異，彌補小區域群體討論的侷限。更重要的是比較元朝政府對於南、北縣級官府的治理取向及其政治意義。其中縣尉、巡檢的職務性質與背景在元代有其特性，在第五章將有專節議題，在此先略而不論。

　　第三節則是本章的核心所在，根據所收集到的資料，探討元代縣級官員的出身與其仕宦遷轉之間的關係，以及縣級官員的遷轉狀況中出現哪些慣性與特色，可能具有什麼意義。

本章涉及較多統計數據與遷轉品級的討論，爲簡化行文與避免混淆，先說明幾項規則：

1、官員的品級分爲職品與資品，職品總共九品十八級，資品應是類似宋代寄祿之用。兩者之間一般情況下接近或相同，即使有差異，也只在一級，例如官職爲從七品、資品爲正七品之類，通常資品如史料沒有特別記載，難以得知，因此討論中如果沒有特別注明，那麼就是根據官職而論的職品。

2、爲簡化行文，敘述中品級常會以數字與英文字母簡示，例如正七品爲7A、從六品爲 6B，以此類推，《元史・百官志》與《大元聖政國朝典章・官制一・內外文武職品》，上、中、下縣之達魯花赤、縣尹（知縣），分別爲 6B、7A、7B；縣級州知州（州尹）與達魯花赤分別爲 4B、5A、5B。

3、統計數據爲任次，而非人次，故會有同一人但因爲經歷不同官職而被計入不同的數據表中。

4、依照長官（包含縣級州、錄事司、縣達魯花赤）、正官（包含縣級知州、錄事、縣尹）、佐貳官（包含縣級州同知、州判、錄事判官、縣丞與主簿）三類分別討論統計，第一節爲小區域，故不需分南、北；第二節爲大區域，共分爲六表，每一類各有南方與北方之表。

5、爲簡化表格，以特定的英文字母取代某些詞彙，例如：蒙古（M）、色目（S）、漢人（H）、南人（N）。官職簡稱：達魯花赤（D）、知州、州尹（Z，僅限縣級州尹）、縣尹（I）、錄事（L）、同知（T，限縣級州同知）、州判與錄事判官（P，僅限縣級州判官）、縣丞（C）、主簿（B）、縣尉（W）。這些代號只使用於附表或正文中簡表內，文字敘述部分不採用。

6、數據統計的時間分期：第一節只分初期、中期與期不詳，因核心史料《至順鎮江志》涵蓋的時間只到中期末，寫者所補充的一、二例元末官員，不計入統計數據，但不影響作爲遷轉問題的討論個案。第二節大範圍的縣官群體，分期標準就依照任該職的時間點，分爲初期（世祖 1260～1294）、中期（成宗到文宗 1295～1332）、後期（順帝 1333～1368）、期不詳。

7、第三節的表名，南方、北方所指爲官員的任官地而非官員之籍貫，表內的漢人、南人身分才是依照官員籍貫。南、北之區分，在河南江北行省較爲複雜，按照錢大昕先生的定義：「河南省唯江北淮南諸路爲南人。」〔註 1〕

〔註 1〕 錢大昕，《十駕齋養新錄》卷 9，〈趙世延楊朵兒只皆色目〉，頁 277，收入孫顯軍、陳文和點校，《嘉定錢大昕全集》第七冊。

所謂江北淮南諸路包含江北河南道（襄陽路、蘄州路與黃州路）；淮西江北道
（盧州路〔和州、無爲州、六安州〕、安豐路〔濠州〕與安慶路）；江北淮東
道（揚州路〔眞州、滁州、泰州、通州、崇明州〕、淮安路〔海州、泗州、
安東州〕與高郵府）；山南江北道（中興路、峽州路、安陸府、沔陽府、德
安輔〔隨州〕與荊門州）。〔註2〕因此籍貫與州縣所在爲上述行政區者，就定
義爲南人、南方州縣。

　　以上七點則例，特此說明。

第一節　小區域的官員族群與遷轉：鎮江路

　　先就單一地區的縣級官員族群成份進行分析。鎮江路的三個縣與一個錄
事司，具有較完整的官員名錄，可以一窺江南菁華地區縣級官員的族群成份
爲何。因爲有遷轉資料者不多，因此在族群比例分析之外，先根據有完整遷
轉史料的例子進行簡要討論。爲免族群稱呼引起誤解，文中稱「漢人」，所指
爲族群等級制中的定義；「漢族」則包含漢人與南人。

　　鎮江路所在屬於施堅雅教授所謂下揚子江區域中的核心地區（Macroregional
core），〔註3〕在宋代稱爲丹徒，1080～1290 爲人口快速成長期（Rapid Development）
，元代到明代中期人口成長趨緩，進入均衡時期（Equilibrium）。〔註4〕不僅是
產糧的菁華區，更有舟楫之利，〔註5〕鎮江路下有一司、三縣（中），皆設有
達魯花赤爲監。以單一小範圍地區的官員名錄做爲分析對象，通常其背景資

〔註2〕　蕭啓慶，〈元朝南人進士分布與近世區域人才升沉〉，收入氏著《元代的族群
　　　　文化與科舉》（台北：聯經出版公司，2008），頁 182～183。

〔註3〕　G. William Skinner, "Regional Urbanization in Nineteenth-Century China"in *The
　　　　City in Late Imperial China*, edited by G. William Skinner（Stanford：Stanford
　　　　University Press, 1977）, pp.211-249。關於施堅雅教授的理論，學界迴響熱烈，
　　　　相關文章有：Barbara Sands and R.H. Myers, "The Spatial Approach to Chinese
　　　　History：A Test," *Journal of Asian Studies,* 45:49（1986）, PP.721-743。Daniel Little
　　　　and J. Escherick, "Testing the Testers：A Reply to Barbara Sands and R. H. Myers'
　　　　Critique of G. William Skinner's Regional Approach to China, " *Journal of Asian
　　　　Studies,* 48:1（1989）, pp.90-99。馬若孟（R. H. Myers）、墨子刻（Thomas Metzger）
　　　　〈漢學的陰影〉，《食貨》，10：10.11（1981），頁 29-41。

〔註4〕　Robert M. Hartwell, "Demographic, Political, and Social Transformations of China,
　　　　750-1550", p.375, 430。

〔註5〕　《元史》卷 65，頁 1633，〈河渠二〉，「鎮江運河全藉練湖之水爲上源，官司
　　　　漕運，供億京師，及商賈販載，農民來往，其舟楫莫不由此。」

料、遷轉履歷都不甚完整，因此以鎮江路為例，主要重點放在族群成份。

一、長官：達魯花赤

達魯花赤在元代地方行政上的特殊性，不言而喻。通常是由蒙古、色目族群出任，其作用是蒙古雙重體制下的實際需求。就治理上的問題來看，地方管民與管軍的官府互不統屬，因此發生軍、民糾紛時，除了是職權問題也常附加族群爭議，往往「管軍官不肯問，而管民官不敢問」，不僅小民受害，在新附的江南地區甚至有「臨江之兵，揮刃以擬總府；吉州之兵，奮拳以歐府官」之脫序亂象，因此達魯花赤原本扮演的角色即在於「兼管軍民」，〔註6〕尤其是路級長官。偏重蒙古、色目人不完全只是族群歧視，在軍、民官權力交錯的問題上，漢族確實較難以勝任。

縣級達魯花赤的族群成分在這樣的背景下，其實可以預見。為了與大區域的狀況進行對比，因此根據《至順鎮江志》中鎮江路錄事司、丹徒縣（中）、丹陽縣（中）、金壇縣（中）官員名錄進行統計，詳細題名與背景資料參見【附表三】。共有 74 任縣級達魯花赤，比例如下：

表六　鎮江路縣級長官族群比例

	初　期	中　期	總　計	比　例
蒙古、色目	24	47	71	96%
蒙古	3	11	14	19%
色目	19	33	52	70%
族不詳	2	3	5	7%
漢人、南人	3	0	3	4%
漢人	1	0	1	1%
南人	0	0	0	0%
貫不詳	2	0	2	3%
小計	27	46	74	100%

〔註6〕 程鉅夫，〈民間利病〉，收入陳得芝、邱樹森、何兆吉輯點，《元代奏議集錄》
　　　 上，頁 215。

圖一　鎮江路縣級長官族群比例圖示

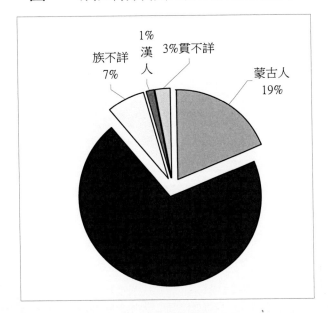

在鎮江路所轄縣級達魯花赤的族群比例上，不意外的是以蒙古、色目人佔了絕大多數。漢族 3 個任次中，有 2 任是同一個人，故實際人次是 2 個漢族長官，皆為征服戰爭中的特例。元代中期就完全見不到漢人、南人的蹤影。其中名為張振者，先後擔任丹陽、金壇兩縣達魯花赤，疑為南宋降官或者具有特殊身分，即使張振為南人，也不構成南人仕進上的指標意義。

對照達魯花赤應由蒙古人出任的制度來看，色目人在縣級達魯花赤佔有很高的比例，確定為蒙古人出身者，不足二成，即使族不詳者都是蒙古人，色目人也高達七成。因此鎮江路縣級長官的族群成份，顯示忽必烈定下的族群任官制在現實上難以落實，蒙古族群的數量顯然無法支應大批基層官員的需求，以色目人填補還是可以達到族群制衡的政治效果。值得一提的是，在中期末，有三位進士出身的色目達魯花赤：薩都剌、獲獨步丁與哲理野台，這些進士擔任達魯花赤，在時期上與遷轉上有何意義，在此或可先稍作討論。

出現進士達魯花赤的時期是相應於延祐之後定期開科取士的背景。薩都剌（1272？～1348？）為泰定四年進士，〔註7〕根據其職品遷轉狀況，先

〔註7〕　薩都剌之生卒年並無定論，有一說為生於至元九年（1272），卒於至正十五年（1355），年八十四，參見《雁門集》卷1，頁1；卷14，頁392。又有推測生於 1300 左右，卒于至正七、八年間（1347～1348），年不過中壽，參見張

授從七品應奉翰林文字，再以將仕郎之資品（8A）外調錄事司達魯花赤，職品亦爲正八品。至順三年（1332）遷南台掾史，這是職官充吏的遷轉方式。元統二年（1334）任燕南廉訪照磨（9A），三年（1335）調閩海福建廉訪司知事（8A），至元三年（1337）就任燕南廉訪經歷（7B）。〔註8〕其中外調鎮江路錄事司達魯花赤在職品上略有下降，因此曾被記載爲「左遷」，並謂原因爲任南台御史時彈劾權貴所致，〔註9〕此一說法與其仕宦經歷不符。就職品來看，薩都剌之遷轉爲7B（內任）－8A（外任）－充史－9A－8A－7B，充史開始多爲監察體系，頗無秩序，且任官又以職官充吏，也未達到加速遷轉的效果，最終以從七品的首領官致仕，仕宦頗不順遂。

再看至順元年（1330）進士獲獨步丁，其先歷鎮江錄事司達魯花赤（8A），再遷吉安路幕，也是職官充吏的遷轉模式，至正九年（1349）任平江路經歷（7B），路經歷通常爲蒙古、色目人擔任的吏職，爲首領官之長，終於廣東廉訪僉事（5A），〔註10〕這是以職官充吏再出職的例子，遷轉狀況較佳，但是否與菁華區至偏遠區有關，則不確知。而蒙古人哲理野台（哲禮野臺）爲天曆二年（1329）江浙鄉試右榜第一，從學於黃溍，與獲獨步丁爲同科進士，隔年（1331）授丹徒縣達魯花赤（7A），後陞湖廣行省理問官（4A），〔註11〕爲三人中仕宦狀況最高者，從正七品到正四品之間的遷轉如非失載，則是明顯的跳昇。

再看【附表三】中拜降之例，至元廿二年（1285）由七品達魯花赤一路步步高升，歷路治中（5A）、廉訪副使（4A）、回到中央任工部侍郎（4A），再升工部尚書（3A），至大二年（1309）終於資國院使，已是從一品，這是

旭光，〈薩都剌生平仕履考辨〉，收入《中華文史論叢》第2期（1979），頁331～352。桂栖鵬則主張卒年應在後至元四年與六年間（1338～1340），見〈薩都剌卒年考〉，收入桂氏，《元代進士研究》，頁169～180。

〔註8〕 貴中孚，《嘉慶丹徒志》（嘉慶十年刊本）卷42，頁3下～4下，俞希魯〈送錄事司達魯花赤薩都剌序〉。《雁門集》卷10，頁273，〈溪行中秋玩月并序〉。

〔註9〕 顧嗣立編，《元詩選》（秀野草堂本，台北：世界書局，1982）下，戊集，頁1上，〈薩經歷都剌〉。

〔註10〕《至順鎮江志》卷16，頁625。《柳待制集》卷11，頁23上，〈鎮江路錄事司題名記〉。朱德潤，《存復齋續集》，頁18上～20上，〈善政詩序〉。

〔註11〕王鏊，《正德姑蘇志》卷5，頁7上，〈科第表〉。金涓，《青村遺稿》，頁2上，〈送楊仲彰歸東陽詩卷序〉。黃溍，《金華黃先生文集》（四部叢刊），卷40，頁2上，〈陳子中墓碣〉。顧清纂修，《正德松江府志》卷25，頁11下，〈科貢〉。

少見的超陞，即使資國院使爲贈官，拜降的遷轉也是異數。以三位進士來看，其初任官職品與終任皆限於三個品級之內，相對順遂的哲理野台爲蒙古人，從正七品到正四品，而獲獨步丁則從七品到正五品。薩都剌可說陷於低階的泥濘之中，而獲獨步丁與薩都剌同爲進士，同樣有職官充史的經歷，但兩人最終品差異頗大，目前可知的是前者有善政被宣揚，不知是否是助力之一。〔註12〕

　　色目人拜降的昇遷則要看他的背景，父親以軍功著起家，其父「忽都，勇冠軍伍，天兵定中原，因從征冒陣略地，以積功領南宿州軍，分鎮鄆縣，後家于大名路。」拜降成年後「從丞相阿术公征襄、樊。……復從丞相阿答海鎮揚州。」因通蒙古語而受到忽必烈的重視，稱爲「黑鬚使臣」。〔註13〕派爲金壇縣達魯花赤之後，因屢有政績而一路高升。從拜降的背景來看，其超陞就很容易理解，與三位進士不可同日而語。哲理野台至正四品；獲獨步丁由職官充吏至正五品；薩都剌終身遷轉於七品之下。單就蒙古、色目族群而論，顯示族群與進士出身對遷轉的影響不明顯，關鍵在家世背景，進士出身者固然有機會升至中品以上，但是職官充吏再出職、善政宣揚等輔助似也扮演某種角色。職官充吏能否順利出職，或者候官時間長短，都牽涉到許多外在因素，因此如果缺乏根腳，人際網絡與官場善政等就成爲遷轉的努力方向。

　　鎮江路下縣級長官只有以上四位具有遷轉資料，在此只是概略討論，後面章節將會有更進一步的探討。

二、正官：錄事、縣尹

　　【附表四】爲鎮江路錄事與丹徒、丹陽、金壇三地縣尹的背景與遷轉資料。其中吳舉、薛觀皆爲《至順鎮江志》失載，根據其他史料補充，統計如下：

表七　鎮江路縣級正官族群比例

	初　期	中　期	後期&時期不明	總　計	比　例
蒙古、色目	0	0	0	0	0%

〔註12〕 朱德潤，《存復齋續集》，頁18上～20上，〈善政詩序〉。
〔註13〕 袁桷，《清容居士集》卷26，頁4下～10下，〈玉呂伯里公神道碑銘〉。

漢人、南人	25	52	2	79	100%
漢人	10	27	0	37	47%
南人	3	4	1	8	10%
貫不詳	12	21	1	34	43%
小計	25	52	2	79	100%

圖二 鎮江路縣級正官族群比例圖

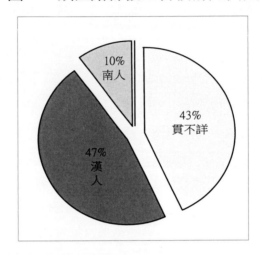

由以上表、圖可以發現，錄事與縣尹是漢族的天下，這與正官主要負責實際的民政有關。值得注意的是，在鎮江路的縣級官府，不僅沒有蒙古、色目錄事與縣尹，南人也在這職務上取得較爲明顯的發展。但是數據上貫不詳的漢族比例相當高，因此，目前顯示「漢人」任職縣級正官的任次高出南人許多，但是數據的隱性誤差率很高。

這些縣尹、錄事具有遷轉資料者依然不多。僅就有限的幾個例子來討論，據【附表四】，董守思出身真定漢軍世家，歷江南地區州判、縣尹，後陞轉腹裏威州知州，已是正五品，再歷南方無錫州知州，終於廉訪僉事（5A）。董守思升遷上並未突破初仕官品往上三等以上。再看焦簡，由丹陽縣尹升至從五品知州，其祖爲金朝千戶，父德裕因楊惟中薦仕元朝，屢有戰功，後拜福建行省參知政事，〔註14〕家世頗優。薛觀由州教授出職，仕至縣尹，學官出身是南人常見的仕宦模式。趙良輔的次子趙彝續絃妻爲許有壬之妹，兩家爲世

〔註14〕《元史》卷153，頁3618，〈焦德裕父用〉。

交與姻親，因此有許有壬爲良輔所撰寫之墓誌銘。[註15] 他由臺掾出職，歷縣尹、路推官（6B）、路治中（5A）、兩任知州、建昌路同知（5A），後以潭州路同知（4B）致仕。從六品到正五品的升遷如按制度是需要 6 考、亦即 18 年的時間，實際上究竟需不需要這麼久，與個人的際遇有關。據稱趙良輔一生仕宦「四十年」，在治中之後就輾轉於正五品職官，直到致仕才贈四品。因此趙良輔從七品到五品的遷轉相當漫長，許有壬也爲其抱屈。墓誌銘上說他在平江路推官任上，善政卓著，這剛好介於他由從六品到正五品的升遷之間。宋或由臺掾吏職出身，先任金壇尹，再任祁門尹，卒於祁門任上，贈路判官，[註16] 出職之後僅限於縣級正官的發展。趙良輔與宋或皆爲臺掾出職，良輔因爲仕宦期較長，且有家世與善政的光環，因此雖無過人超拔，但升遷也算循序漸進，而宋或相較之下仕宦發展就遜色許多。

以上數人中，只有薛觀爲南人，從這些例子來觀察，初仕官職由七品開始，可以到達五品的三人（董守思、焦簡、趙良輔）家族都具有軍功與官宦等背景，但是即使像趙良輔一樣浮沉宦海四十年，依然無法取得突破性的遷轉，箇中原因令人好奇。而南人、家世不顯者如薛觀在升遷上就更爲有限。

就任期來說，南宋的歸附較晚，故列入統計的初期時間，只有中期的一半，如果把初期的官員任次乘上兩倍，會發現初期與中期的官員任次相當接近，兩個時期官員每任的時間大約在二到三年左右。

縣尹、錄事等爲民政首長，是地方行政體系中臨民性最高的正官，從鎮江路的族群成分來看，完全看不到蒙古、色目人的蹤影，顯示蒙元王朝至少在南方地方治理上不得不依賴漢族的事實與策略。

三、佐貳官：錄事判官、主簿

再看佐貳官的族群。錄事司的佐貳官爲判官，丹徒、丹陽、金壇三縣爲中縣，佐貳官有主簿與縣尉，元代縣尉因爲專一捕盜，職責與來源有其特殊性，之後的章節將有專篇整理與討論，在此佐貳官僅就主簿與錄事判官爲統計對象。【附表五】共輯得 76 任佐貳官，統計如下：

[註15] 許有壬，《至正集》（元人文集珍本叢刊）卷 52，頁 10，〈趙公墓誌銘〉。亦收入《全元文》第 38 冊，頁 385～388。

[註16] 戴表元《剡源戴先生文集》（四部叢刊）卷 17，頁 1～2 下，〈宋氏墓表〉。

表八　鎮江路縣級佐貳官族群比例

	初　期	中　期	總　計	比　例
蒙古、色目	1	7	8	11%
蒙古	0	0	0	
色目	1	7	8	11%
族不詳	0	0	0	
漢人、南人	24	44	66	90%
漢人	8	17	25	34%
南人	8	10	16	22%
貫不詳	8	17	25	34%
小計	25	51	76	100%

圖三　鎮江路縣級佐貳官族群比例圖

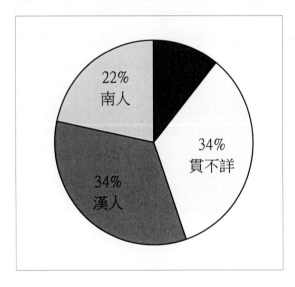

　　圖表顯示，沒有任何蒙古人出任縣級佐貳官，但是相較於正官族群成份，佐貳官的色目人數量就相當明顯的增加。這些色目人的背景不詳，究竟要如何看待在縣級佐貳官突然增加的色目族群呢？日本學者舩田善之提供了一種可以思考的角度。舩田氏指出元朝的族群等級制，使元史學界習慣以蒙古、色目／漢人、南人，這樣的對立觀察方式切入，他透過「色目」一辭

在元代史料中的意義，重新討論「色目人」的概念為何，並以此探討在官吏
階層中，某些官職因為由蒙古、色目人擔任，故被視為歧視漢人、南人的任
官政策，但是元代任官的最高原則是根腳，因此色目人的地位在任官上不必
然比漢人、南人高，與其視為牽制，不如說是「參用」，無論是漢人、南人
高官都曾經提出任官以「參用」為原則，真正的目的在於使廣闊的版圖與多
民族的統治能夠順利。因此如果說「根腳」與「參用」才是任官的主要原則，
那麼色目人與漢人、南人的任官差別就不是以歧視為出發點，而是一種集團
主義的用人方法。〔註17〕大德年間曾經針對福建地區州、縣官員多色目、南
人，因此朝廷下令「自今以漢人參用」。〔註18〕顯然地方官員的族群成份是
會常常上報，使中央可以掌握，並且依照狀況進行修正。

　　因此，看到縣級佐貳官族群成份相較於正官，突然出現一群色目人時，
如果從族群制衡看，治理漢族，無論是哪一個官職，都應該要用非漢族人士；
如果任官是採用族群「等級」原則，那麼應該是蒙古人任長官、色目任正官、
漢族任佐貳官。因此在縣級政府中，以制衡或等級的角度來看，就會出現矛
盾，用「根腳」與「參用」的原則來看，確實較為合理。佐貳官是三、四品
中級官員子弟廕任的主要職位，因此這些色目人的出身可能是任子，而在這
樣低階的職官任用色目人，「參用」的合理性確實高於「族群等級」與「族
群制衡」原則，只是為何縣級正官沒有參用各族，又成為難以解釋得通的部
分。

　　另外一個現象是，南人佐貳官比例有明顯上升，但貫不詳的漢族數量依
然頗高，因此漢人、南人之間的真正比例難以確知。可以肯定的是，就鎮江
路的例子來看，縣級正官、佐貳官頗有以漢人治南人的色彩；而南人則層級
越低，任官比例越高。南人的比例上升，有一個很主要的原因，縣級佐貳官
是學官、吏員出職的主流，而學官與吏正是南人入仕的重要管道。

　　據【附表五】有仕宦資料者：王璽、王昕、杜世學、程燧、阿老瓦丁、
艾去病、謝思齊與杜淵，其中只有王璽、王昕與程燧有遷轉過程。王璽在主
簿之後被辟為南臺宣使，由職官充吏，〔註19〕出職之後陞南臺御史，雖然只
是由從八品到正七品，如果要透過循資遷轉，須歷七考，王璽最後仕至浙東

〔註17〕 舩田善之，〈色目人與元代制度、社會──重新探討蒙古、色目、漢人、南人
　　　　劃分的位置〉，收入《蒙古學信息》第 2 期（2003），頁 7～16。
〔註18〕 《元史》卷 20，頁 428，〈成宗本紀三〉。
〔註19〕 《元史》卷 82，頁 2048，〈選舉二‧選取宣使奏差〉。

廉訪司僉事（5A），〔註20〕可說是佐貳官升遷品級上的極限了，雖然沒有突破往上三品的侷限，監察御史職品也只是正七品，但是在元代縣級官員的遷轉中，職官充吏再出職後，常見轉任監察體系官員，轉而成為考核縣官者，這種昇遷途徑有何意義，尚待探討。

王昕為儒吏出身，由令史出職為主簿，再以職官充吏為行省掾，再度出職即任七品縣尹，這段過程與王璽相似，後仕至六品的路推官。〔註21〕程燧為任子，歷兩任主簿，充勾當官之後陞為縣尹。〔註22〕在上述三人之中，程燧為南人，由廕顯示其父或祖應為三、四品中級官員，他的升遷跟王璽、王昕兩個漢人模式類似，仕宦終品較低，但是比起同樣是南人的杜世學與艾去病，程燧的升遷算不錯。杜世學脫學職為主簿，最終又回到學職系統；〔註23〕艾去病曾為南宋低階武官，入元由巡檢、縣尉、三任主簿而到縣丞，〔註24〕輾轉於縣級佐貳官，無法更上一層樓。顯示「無根腳」、「南人」是陞遷上的兩大阻礙，而「職官充吏再出職」、「轉換任官體系」，是縣官常見的遷轉路徑，是否具有特別作用？有待進一步討論。色目人阿老瓦丁的遷轉則局限於一路，先後任主簿、達魯花赤、縣尹，入仕背景不詳，可能是廕，由達魯花赤轉任縣尹，並不是常見的例子。

在佐貳官到正官的過程中，職官充吏途徑常常出現，這原本是一種縮短循資考核的方法，但是最後是否已經形成一種佐貳官到正官的遷轉「慣例」？就目前的例子來看，充吏再出職的效果頗為明顯，因此或許應該跳脫宋代的官、吏觀念來看待這種現象，亦即職官充吏並非仕宦生涯的「中挫」，負面感是來自宋代以來對吏的價值觀，但當職官充吏實質上成為遷轉的捷徑時，就是一種躍進，而可以充吏的職官，如果沒有特別人際關係，或許就必須具有多重能力，例如出職前程較佳的行省令史、通事、知印等有出身吏員，規定

〔註20〕《至正金陵新志》卷6，頁43下；56下，〈官守志二〉。

〔註21〕林景熙，《霽山先生文集》（知不足齋叢書）卷4，頁10下～12上，〈王氏家譜記〉。鄧文原，《巴西鄧先生文集》（北京圖書館古籍珍本叢刊），頁3下，〈送王明之推官北上序〉。《宋元學案補遺別附》卷2，頁68下。

〔註22〕陶安，《陶學士先生文集》（北京圖書館古籍珍本叢刊）卷14，頁20下～21，〈送程推官序〉。宋本，〈績溪縣尹張公舊政記〉，《國朝文類》（四部叢刊）卷31，頁316～318。

〔註23〕《剡源戴先生文集》卷13，頁5下～7上，〈送杜孟傳之石門洞序〉。《延祐四明志》卷2，頁28〈職官考上〉。

〔註24〕《至順鎮江志》卷19，頁759，〈仕進〉。《至正金陵新志》卷6，頁83上，〈題名〉。

其中半數要由正從八品文資官內選取，這些官員除了必須無過之外，也要具備某些長才，例如簿書、文字、語言等能力，〔註25〕因此充史的職官也必須經過考選，並非屈就，由此可看到一條主簿一類佐戴官→充史（省掾）→出職的路徑。而從治理的角度來看，職官候缺過久以及遷轉過程太漫長，可能引發政治、社會的不良效應，甚至影響官員的心理，因此透過職務內容較需人力密集的吏職來吸納人才，充史官員也可以習得多重專業之術，縮短候缺時間，使他們有機會加速遷轉，這是雙贏而務實的作法。但職官充吏的考選，正突顯元代縣級官員遷轉上的特殊之處與困局，輾轉州縣是一般人最常面對的仕宦前景。

第二節　大區域官員族群

以上小區域樣本的代表性自然有所疑義，基本上只能作為下揚子江菁華區域的代表。而南、北大範圍的縣級官員在族群上會呈現什麼樣的比例，以及其中的意義，是本節的重點。

統計資料來自文集、地方志、碑刻等，以元代政治地理區分作為南、北定義。南方縣級官府所在，包含江浙、江西、湖廣三省，以及河南江北行省原屬江北河南道、淮西江北道、江北淮東道、山南江北道的諸路所轄州、縣。因大範圍的縣級官員題名、背景、遷轉、史源等資料過於龐大，共有 1,500 餘人，表格頁數高達 150 頁，放入附表會造成論文格式的失衡與混亂，因此不作附表，只依據這些資料作統計數據表與圖示，個案討論再註明出處。

一、長官：達魯花赤

共輯得 108 人任職於北方的縣級達魯花赤，其中有唐兀氏闊闊出在元代中期歷仕三個縣級州（武州、建州、利州）長官，〔註26〕故計為 110 任次。統計結果參見【表九】、【圖四】。非漢族與漢族的比例為 9：1。齊覺生先生曾經根據札奇斯欽教授的研究，統計《元史》中縣達魯花赤的種族（族群），其中漢族比例約 21%（包含漢人、南人）、蒙古為 33%、色目亦約 33%，餘為族群不明者。〔註27〕這是早期因為史料使用不便所產生的數據，在此列出與寫

〔註25〕《元典章》上，吏部卷之 6，頁 16 上，〈職官補充吏員〉。
〔註26〕《元史》卷 134，頁 3265，〈闊闊出傳〉。
〔註27〕齊覺生，〈元代縣的達魯花赤與縣尹〉，《政治大學學報》第 23 期（1971 年），

者的統計結果作對照。

表九　任職北方的縣級長官族群比例

	初　期	中　期	後　期	期不詳	總　計	比　例
蒙古、色目	17	28	35	19	99	90%
蒙古	2	0	2	1	5	5%
色目	5	12	11	13	41	37%
族不詳	10	16	22	5	53	48%
漢人、南人	6	3	0	2	11	10%
漢人	6	1	0	2	9	8%
南人	0	0	0	0	0	0%
貫不詳	0	2	0	0	2	2%
小計	23	31	35	21	110	100%

圖四　任職北方的縣級長官族群比例圖

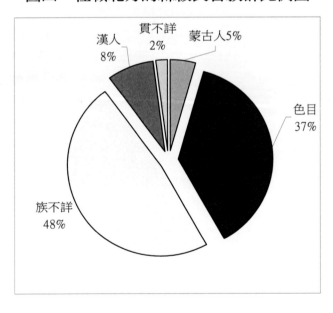

頁 277～298。其分類系依照史料中所稱之種族或族群分類，較為紊亂，例如
女真、契丹被個別獨立計算，漢人與南人混計為漢族，高麗與尼波羅等族同
計。另外因為史料單一，故其數據有記載上的偏頗問題難以克服。

在 110 任次中，有 80 任屬於投下州、縣達魯花赤，可見北方投下地區分布眾多。這些人的背景極有可能是大小投下主之近侍、家人、幕賓等，遷轉規定也與一般地區有所差異。投下州、縣的達魯花赤派任，在忽必烈行漢法的背景下，常常牽涉到中央與地方權力的對抗。窩闊台時期，投下主可派任投下達魯花赤，但不預其餘有司官員。中統時期投下主曾一度可推薦達魯花赤以外的民政官員，並在封地內任意遷調，惟禁止調至一般州縣。元仁宗（Āyurparibhadra，1311～1320 在位）時期曾干預投下達魯花赤的派任，但效果不彰。〔註 28〕新征服的江南地區投下主亦可自派達魯花赤，但必須遵守三年遷調一次的規定。限期遷調基本上可避免世襲、私人權力網扎根等違反官僚制精神的結果，理論上也會削弱投下主透過達魯花赤控制地方的力量，實際上遷轉狀況如何，將在第三節進一步討論。另外，投下達魯花赤原則上禁止漢人、南人出任，但卻無法真正貫徹，朝廷曾經針對非蒙古、色目的投下達魯花赤進行免職，也屢次重申非蒙古人不得任投下達魯花赤的禁令，但顯然效果不佳。〔註 29〕

在北方目前沒有發現有投下達魯花赤調到一般州縣，像闊闊出歷三地長官都在一般州似乎投下州縣的達魯花赤遷調與一般州縣各自獨立。同時，投下地區顯然也沒有實行如同南方的三年遷調制，因此這些投下達魯花赤的仕宦經歷都顯得單純，有 54 任的仕宦履歷只有一任、一地，這應該不是史料失載的問題，僅見卜顏帖木兒（1291～？）任鄒平縣達魯花赤，三年代歸，〔註 30〕除此之外投下州縣還沒有發現三年輪調或去職的例子，卜顏帖木兒或有個人理由，或為遵循制度，目前為止只能說在北方，投下州縣三年輪調的例子相當罕見。

108 個達魯花赤中沒有南人，這除了是族群限制，也有地域問題，南人北仕即使是在縣尹以下的基層官員都少見。北方縣級長官由漢人擔任的例子集中於征服南宋以前，如耶律淵、〔註 31〕李世和、〔註 32〕線曲律不花、〔註 33〕

〔註 28〕《元典章》上，吏部卷之 3，頁 9 下～10 上，〈改正投下達魯花赤〉。

〔註 29〕 Elizabeth Endicott-West, *Mongolian Rule in China–Local Administration in the Yuan Dynasty*, pp50。

〔註 30〕 劉敏中，《中庵集》卷 14，頁 5 下，〈鄒平監縣卜顏君去思碑〉。

〔註 31〕《古今圖書集成》卷 582，頁 5008 上，〈氏族典〉。

〔註 32〕 李賢，《大明一統志》卷 2，頁 36 下。

〔註 33〕《嘉靖真定府志》卷 4 頁 28；卷 24，頁 36。

斡勒天祐、〔註 34〕何抄爾赤、〔註 35〕兒念四，〔註 36〕六人皆爲元初漢人達魯花赤，其中四任爲投下達魯花赤，這除了是征服戰爭中的過渡現象，有一個頗爲巧合的特點，這些漢人長官任職州、縣多爲拖雷家族封地，拖雷家族與漢地、漢人關係較早發展。中期唯一的漢人寧從周亦是拖雷家族封地的達魯花赤。〔註 37〕元代後期的北方縣級官府已不見漢人蹤影，顯示此一象徵征服王朝特性的制度，雖然未完全貫徹任用蒙古人，卻頗爲堅持漢族不得出任的大原則。美國學者 Elizabeth Endicott-West 指出，在嶺北與蒙古本部皆沒有派任達魯花赤，顯然此一體制是爲了蒙古本部之外的區域而設。〔註 38〕

再看南方縣級官府的達魯花赤。共收集了 169 人、183 任次。數據參見【表十】、【圖五】。

表十　任職南方的縣級長官族群比例

	初 期	中 期	後 期	期不詳	總 計	比 例
蒙古、色目	14	64	64	33	175	96%
蒙古	3	8	13	7	31	17%
色目	7	33	37	19	96	52%
族不詳	4	23	14	7	48	27%
漢人、南人	3	2	1	2	8	4%
漢人	1	2	1	1	5	3%
南人	1	0	0	0	1	0%
貫不詳	1	0	0	1	2	1%
小計	17	66	65	35	183	100%

〔註 34〕《萬曆章丘縣志》卷 10，頁 18 下。
〔註 35〕《萬曆泰和志》卷 9，頁 7 下。
〔註 36〕《古今圖書集成》卷 46，頁 424 中，〈氏族典〉。
〔註 37〕《嘉靖眞定府志》卷 4，頁 30。
〔註 38〕Elizabeth Endicott-West, *Mongolian Rule in China – Local Administration in the Yuan Dynasty,*（Harvard University Press，1989）,pp？。

圖五　任職南方的縣級長官族群比例圖

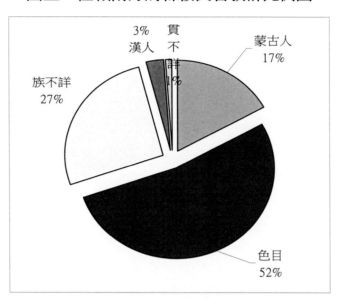

唯一的南人達魯花赤林純子爲宋朝的華亭鎮監，因爲降城有功，才授永春縣達魯花赤，〔註 39〕是朝代鼎隔之際的特例，也因爲數據太小，無法顯示比例。不過南人在特有政治情勢下亦可出任達魯花赤，這其實不由使人思考達魯花赤的設置原意，除了監視、鎮守，是否還有其他的考量。〔註 40〕對照【圖四】、【圖五】，蒙古人在南方州縣任長官的比例增多。其中族不詳的例子雖多，但就命名的習慣來判斷，族不詳者爲色目人的可能性較高，北方的族不詳也一樣。因此蒙古人監邑於江南的比例比北方顯著提高，但是整體說來，色目人扮演的才是主角。從大分類來看，南方州縣的漢族達魯花赤只佔 4%，族群天平完全傾斜於蒙古、色目一端，這是否顯示元廷對於江南管理的相對陌生與加強掌控的企圖有關？目前收集到的任職南方的官員樣本數高出北方很多，但族群比例上漢族卻少了一半以上，少數的漢人長官如耶律惟一爲契

〔註39〕《元詩選癸集》乙，頁 69 下。
〔註40〕札奇斯欽譯註，《蒙古祕史新譯並註釋》（台北：聯經出版公司，1979），頁 409
～410，〈第二六三節〉，其中提到在征服花剌子模（回回）後，成吉思汗在各
個城市裡設達魯花赤，並且委任兩位熟於城市體制與管理的回回父子與達魯
花赤共同治理。似乎顯示達魯花赤的設置，可能不能只從族群猜忌的角度出
發，對於城鎮生活模式在管理上的陌生感，或許也是促使蒙古統治者設置特
定官員參與治理的非族群因素。

丹族；〔註41〕劉忽里罕就命名習慣推測應為女眞人；〔註42〕曹忙古台、張蒙完得、徐忽都不花都不是漢族的命名，〔註43〕這些人或是女眞、契丹，或是採用非漢族名的漢人，也可能是用了漢姓的外族。嚴格說來，雖然對蒙元統治者來說，都是有姓漢人，但是對長期受南宋治理的江南地區的百姓來說，契丹、女眞人亦是非我族類。

　　再看南方的投下達魯花赤。169 人中有 45 位投下達魯花赤。首先是觀察投下達魯花赤是否有調任一般州縣的例子，桑哥哈剌赤在成宗（鐵穆耳，1294〜1307 在位）時歷任魏王阿木哥慶元路封地內兩縣達魯花赤，是屬於同一投下區不同州縣遷轉的例子；〔註44〕色目人馬合末（木）則先任職於北方投下州縣，再任職南方投下，都屬於拖雷家族的封地。〔註45〕忽都魯沙在元中期遷轉於杭州路與婺州路下的縣份，都是一般縣；〔註46〕馬潤、〔註47〕羅里、〔註48〕貫阿思蘭海涯、〔註49〕帖謨（木）補化、〔註50〕廉阿年八哈、〔註51〕亦憐眞與六十都是跟忽都魯沙相同的狀況。〔註52〕但阿的迷實卻在成宗時期先任投下達魯花赤（慶元路定海縣），再轉任非投下達魯花赤（婺州路武義縣），〔註53〕蒙古人眞寶先任一般州縣主簿，調投下地區縣達魯花

〔註41〕《古今圖書集成》卷 582，頁 5008 上，〈氏族典〉。
〔註42〕《萬曆金華府志》卷 13，頁 4。
〔註43〕《萬曆金華府志》卷 12，頁 48 下。《弘治徽州府志》卷 4，頁 75 下。
〔註44〕《延祐四明志》卷 3，頁 11 下；頁 14 下。
〔註45〕雷鶴鳴修，《光緒新樂縣志》（中國方志）卷 5，頁 4 上〜5 下，〈達魯花赤馬合末去思碑〉。《嘉靖眞定府志》卷 4，頁 31，〈官師志〉。《萬曆南昌府志》卷 15，頁 51 下，〈名宦傳〉。
〔註46〕張鉉，《至正金陵新志》卷 6，頁 54 下。《萬曆杭州府志》卷 16，頁 22 下。《萬曆金華府志》卷 13，頁 35。
〔註47〕袁桷，《清容居士集》卷 26，頁 16，〈漳州路同知馬公神道碑銘〉。虞集，《道園學古錄》（四部叢刊），卷 15，頁 6 下，〈桐鄉阡碑〉。
〔註48〕俞希魯，《至順鎮江志》卷 16，頁 654；卷 9，頁 250。張鉉，《至正金陵新志》卷 6，頁 68、70、85。
〔註49〕《環谷集》卷 4，頁 19，〈送權茶提舉貫公子素詩卷序〉；卷 7，頁 9 下，〈提舉貫公像贊〉；頁 10，〈靜樂公圖贊〉。《篁墩文集》卷 39，頁 10，〈書李雲陽先生進思堂記後〉。
〔註50〕《萬曆南昌府志》卷 17，頁 331，〈科第〉。
〔註51〕《純白齋類稿》卷 18，頁 18，〈廉侯遺愛傳〉。《萬曆金華府志》卷 13，頁 20。
〔註52〕《純白齋類稿》卷 19，頁 10 下，〈達魯花赤亦璘眞儒林公去思碑銘〉。《王忠文公集》卷 13，頁 10，〈義烏縣去思碑〉。《夷白齋稿》卷 12，頁 1，〈平江路達魯花赤西夏六十公紀績碑頌〉。
〔註53〕《延祐四明志》卷 3，頁 12。《萬曆金華府志》卷 13，頁 19 下。

赤，又轉任一般地區監縣。〔註 54〕投下達魯花赤不可調一般地區，主要原因是投下達魯花赤的派任與一般州、縣不同，前者憑藉私屬關係，把一般州縣與投下地區的用人加以區隔，可以兼顧氏族公產制與官僚制的精神，保障投下主的權力同時不干擾官僚制的運作。就普遍的原則來看，南方投下州、縣與北方的規範相同，投下與非投下官員基本上不互調，阿的迷實與眞寶的例子則是投下州縣與一般州縣之間平行遷調的特例，原因爲何？有一種可能，即南方的封地偏重於投下主財賦上的享有，官員的派任權不如北方投下區，主要在中央，因此未嚴守投下與非投下地區不得遷調互通，不過目前沒有看到一般地區的州縣長官調任投下州、縣的例子。

最後想稍微討論一下進士出身的投下達魯花赤。進士派任投下達魯花赤的例子，在北方州縣有唐兀人安住、〔註 55〕八（拔）思溥化；〔註 56〕任職南方的偰直堅、〔註 57〕邁赫磨德、〔註 58〕鐸護倫（1302～？）、〔註 59〕道同、〔註 60〕袁州海牙、〔註 61〕馬合謀（？～1362），〔註 62〕以及上述曾任南、北投下州縣的馬合末，這些人都是右榜進士。投下達魯花赤原則上是由投下主保舉，在經過形式意義較大的中央行使同意權而任命，如果是尊重蒙古政治傳統的大汗，通常不會去駁回投下主的保舉。但是假如有心於強化中央權力的君主，就可能在行使任命權時趁機剝奪投下主的派任權，同時也會引發中央與地方、官僚制與家產制兩重的爭議。有趣的是，這些進士出身者，是透過漢式官僚體制考選出來的人才，並且由官僚制的中央機構授職，但是擔任投下達魯花赤，卻顯示這些進士與投下主之間似已具有私人關係，假如具備

〔註 54〕《弘治建寧府志》卷 14，頁 14 下。《萬曆政和縣志》卷 6，頁 3。

〔註 55〕張古，《嘉靖内黄縣志》（天一閣藏明代方志續編）坤，頁 28 上～30 下，楚惟善〈安住去思碑銘〉。李輅修，趙本、吳驥纂，《正統大名府志》卷 5，頁 726。

〔註 56〕傅淑訓修，《萬曆平陽府志》（順治二年修補本）卷 6，頁 31。

〔註 57〕《金華黃先生文集》卷 25，頁 1 上～5 下，〈哈剌普華神道碑〉。《圭齋文集》卷 11，頁 12 上，〈高昌偰氏家傳〉。劉詵《桂隱先生集》（元人文集珍本叢刊）卷 4，頁 2 下～3 上，〈三節六桂堂頌〉。

〔註 58〕董壽民，《懶翁詩集》（續修四庫全書）卷上，頁 22 下，〈送樂平州同知子邁赫磨德赴省試〉。《至正四明續志》卷 2，頁 4 下，〈職官〉。

〔註 59〕蕭啓慶，《元代進士輯考》（台北：中央研究院，2012），元統元年榜，〈鐸護倫〉條，頁 70。

〔註 60〕蕭啓慶，《元代進士輯考》，元統元年榜，〈道同〉條，頁 69。

〔註 61〕徐璉，《正德袁州府志》（天一閣藏明代方志選刊）卷 8，頁 11 下～12 下，〈人物志〉。

〔註 62〕汪集纂，《嘉靖進賢縣志》（中國方志）卷 5，頁 6 上，〈職官志〉。

後者的身分，那麼他們就無須透過科舉考試來取得任官資格，除非他們本身
對於科舉出身有特別的認同，因此這些以進士而授投下達魯花赤的例子，可
能有兩種意義，首先是中央侵奪投下地區官員任命權的事實，又或是這些蒙
古、色目人士對於科舉選士的文化意義有個人喜好。這些進士都是泰定以後
選拔的，早在仁宗時期就曾發生中央與地方爭奪投下職官派任權的問題，因
此這些進士出任投下達魯花赤的例子，或許可以視為漢族官僚制與文化滲透
被視為蒙古原有政治文化代表的投下分封制度。

二、正官：縣級州尹、錄事、縣尹

　　任職北方縣級官府的正官共收集得到 388 人，任次為 443 任。統計結果
參見【表十一】，本表不作圖，因統計數據非常單純。

表十一　任職北方的縣級正官族群比例

	初　期	中　期	後　期	期不詳	總　計	比　例
蒙古、色目	1	0	1	0	2	1%
蒙古	0	0	0	0	0	0%
色目	1	0	1	0	2	1%
族不詳	0	0	0	0	0	0%
漢人、南人	126	114	122	79	441	99%
漢人	124	112	112	79	427	96%
南人	2	2	10	0	14	3%
貫不詳	0	0	0	0	0	0%
小計	127	114	124	79	443	100%

　　任職北方縣級正官的族群成份相當單純，無蒙古人，僅有兩位色目正官。
唯二的色目人分別為玉律徒與廉答失蠻，玉律徒曾由管州儒學教授岳傑為其
撰寫「德政記」，其云玉律徒出身「高唐族宗」，在管州任內修學育才、勸課
農桑、斷案如神，政績卓著。〔註63〕廉答失蠻則為落籍中山府之儒化色目人，
據《武鄉縣志》云：「（廉）答失蠻，中山人。中書左丞嫡孫也。久客江淮，
得南儒性理之學，至正初由監生擢武鄉令，居官立身皆本平日所學，且能扶

〔註63〕《全元文》第 28 冊，頁 59～60，岳傑〈管州知州玉律徒德政記〉。

弱鋤強，有不茹不吐之風，邑民思之，建遺愛碑於儀門外，入名宦」，〔註64〕兩人都是儒化色目人無疑這樣的統計數據顯示，北方州、縣民政治理幾乎完全依賴漢人。

　　南人北仕的例子不多，共有 11 人、14 任次。初期有劉瑄爲河南廬州路人，是邊緣性「南人」；〔註65〕薛文曜以丹陽人任職於陝西奉元路，是否與安西王府有私人關係，不得而知。〔註66〕中期有撫州王方貴爲學官出身；〔註67〕桐城人劉讓爲進士。〔註68〕後期有安慶人馮三奇、〔註69〕安慶人虞執中（兩任）、〔註70〕撫州劉傑、〔註71〕平江路俞焯皆爲進士，〔註72〕元末建寧路雷燧亦爲進士，出身科第世家。〔註73〕臨江路簡正理由吏出身（三任）、〔註74〕鎮江蘇霖爲書法名家。〔註75〕其中王方貴任職之「江陽」，疑爲四川境內。目前可知南人北仕的確例爲 10 人，其中六人爲進士：劉讓累官五品州尹，任職於大都路；馮三奇授縣尹後回降中央八品國子助教，與修三史；虞執中歷兩任縣級正官後南歸；劉傑仕至路總管、集賢學士、工部尚書，官正三品，是進士升遷上發展相當不錯的例子；俞焯則輾轉州縣；雷燧

〔註64〕《古今圖書集成》氏族典第 373 卷，368 冊，〈廉答失蠻〉，頁 2～2。
〔註65〕《萬曆章丘縣志》卷 10，頁 8 下。
〔註66〕《全元文》第 28 冊，頁 277，〈宣聖廟碑〉。
〔註67〕《大明一統志》卷 79，頁 31。《嘉靖撫州府志》卷 13，頁 21 下。
〔註68〕陳勉修，《弘治桐城縣志》（北圖古籍）卷 2，頁 19 下。
〔註69〕《玩齋集》卷 4，頁 38 下，〈題朱教授送行詩卷〉。《大明一統志》卷 14，頁 34 上。
〔註70〕歐陽玄，〈重建明倫堂記〉，收入明萬曆 22 年《望江縣志》卷 12；亦收入《全元文》34 冊，頁 555～556。
〔註71〕劉傑撰，〈帝舜廟碑〉自署「賜同進士出身承德郎僉嶺南廣西道廉訪僉事」，見《北圖石刻》第 50 冊，頁 127。《秘書監志》，頁 164。虞集〈送鄉貢進士孔元用序〉云：「劉良輔，墨莊公是、公非子孫，當汴梁極盛時，皆文學知名大家云」，收入《道園類稿》卷 21，頁 15 上。
〔註72〕俞焯，〈延禧萬壽觀記〉，收入《全元文》第 45 冊，頁 100～101。盧熊《蘇州府志》（中國方志）卷 13，頁 26，〈貢舉提名〉。《存復齋文集》卷 9，頁 5，〈俞元明參軍雪中以詩招飲就和韻〉。
〔註73〕夏玉麟，《嘉靖建寧府志》卷 15，頁 89 上，〈選舉〉。《宋濂全集》第 1 冊，《鑾坡前集》卷 3，頁 390～394，〈雷待制墓誌銘〉。《閩書》卷 93，頁 2802，〈英舊志〉。《陶學士集》卷 2，頁 15 上，〈至正戊子下第南歸與同貢黃章仲珍、雷燧景暘同舟仲珍賦詩因走筆次韻〉。
〔註74〕《成化河南總志》卷 6，頁 56 下。《嘉靖臨江府志》卷 7，頁 14 下。《萬曆南陽府志》卷 15，頁 11。
〔註75〕仇遠，《山村遺集》附錄，〈仇山村贈盛元仁〉。《濟南金石志》卷 2，頁 34。

在元朝只仕至縣尹，後出仕明朝爲翰林編修，其餘非進士南人的升遷皆不顯。從整體比例上來看，南人北仕的例子只佔 3%，而中後期的北仕南人由進士出身的比例很高，這是不是代表進士出身是南人任職於北方州縣的重要條件？又或者是進士出身者在授官上的地理限制較寬？就政治發展的背景來說，這些後期北仕的南人進士，極有可能是因爲戰亂流寓北方，因此才會任職於北方州縣。無論如何，南人任職於北方至少在州縣正官層級確實屬於較少見的狀況。

從統計結果來看，北方州縣正官族群比例上的最大特色就是以漢人爲主，雖然制度上並沒有明確規定南人不可於北方任官。但實際上此一懸殊的比例，證實了南人仕北的困難度極高，也就是說漢人的仕宦市場遍及大江南北，而南人受到限縮，這種狀況不僅使南人出仕的機會減少很多，候官無缺的窘境也會常常發生。葉子奇曾提到，在都求仕者（南人），北人目爲「臘雞」，常被拿來取笑。〔註 76〕因此在元朝，南人北游求仕的情況很多，希望建立在北方的人脈，或者冒籍。從第一節到此，已經可以發現南人在縣級官員這個層級的任官機會依然較小，比起漢人遍仕南北，南人在北方州縣頗有族群排除之困境，無怪乎「南人無奈北風寒」之感。〔註 77〕

再看任職南方縣級官府的正官。目前共輯得 478 人，其中趙崇籙號稱「七任縣尹」，後以瀏陽知州致仕，〔註 78〕瀏陽亦爲縣級州，故光此一人就有 8 任次，總計任次爲 610。因爲統計結果與任職北方的正官族群狀況，同樣單純，因此【表十二】亦不圖示。

表十二　任職南方的縣級正官族群比例

	初 期	中 期	後 期	期不詳	總 計	比 例
蒙古、色目	0	0	3	1	4	1%
蒙古	0	0	0	0	0	0%
色目	0	0	3	1	4	1%
族不詳	0	0	0	0	0	0%

〔註 76〕《草木子》卷 3 上，頁 49，〈克謹篇〉。臘雞是南人饋北人之物。
〔註 77〕《元詩選》二集辛，頁 1206，南湖先生貢性之〈書所見〉。
〔註 78〕《永樂大典》卷 6701，頁 9 下，〈江州志〉。

漢人、南人	104	197	186	119	605	99%
漢人	39	100	61	61	260	43%
南人	65	97	125	58	345	56%
貫不詳	0	0	0	0	0	0%
小計	104	197	189	120	610	100%

【表十二】在漢族與非漢族的對比上，與【表十一】非常相似，沒有蒙古人、罕見色目人。即少數的色目正官中例如唐兀人卜元吉爲學官出身，曾任慶元路翁洲書院山長，後出職任慶元路錄事，時期不詳，卜元吉爲寓居四明地區的儒化色目人。〔註79〕後期的剌馬丹（218）爲元統元年進士，授錄事司達魯花赤，再轉任縣尹，爲長年寓居金華的色目儒士；〔註80〕坊蒙爲達魯花赤轉任縣級知州，政績卓著。〔註81〕與北方類似的是，這些極少數的色目人通常具有儒化背景。

南、北正官族群背景上最大的不同在於漢人與南人之間的比例消長。任職北方縣級正官的有 96%爲漢人；任職南方的比例則南人由 3%大幅提升到56%，漢人降爲43%，南人成爲官員出身中的多數，這對於彌補鎭江路縣級正官數據誤差率過大有很明顯幫助，因爲目前所輯得的官員籍貫都很清楚。在單一區域資料中，貫不詳者比例過高，因此漢人、南人之間孰多孰少無法確定，而全國性資料中漢人的比例與鎭江路頗爲接近，但南人的比例確定高於漢人，漢人治南的色彩相對淡了許多，雖然南人並沒有取得壓倒性的比例，但至少已經過半，與漢人分庭抗禮、不相軒輊。

科舉出身者常見於縣級官員，依據筆者統計，任職北方的縣級正官有進士33 人，漢人27 人、南人6 人；任職南方正官的進士有64 人，色目1 人、漢人 4 人（一人疑爲鄉貢進士），其餘 59 人皆爲南人。呈現南人進士主要任職南方州縣，漢人進士則主要任官北方的現象。

〔註79〕《延祐四明志》卷2，頁29 下。《乾隆浙江通志》卷195，頁16 下。
〔註80〕徐一夔，《始豐稿》卷1，頁17 上，〈清隱軒記〉。田琯，《萬曆新昌縣志》（天一選刊）卷10，頁8 下，〈選舉志・元科甲〉，其中誤作馬剌丹。《民國天臺縣志稿》卷2，頁16 下，〈職官表〉。
〔註81〕趙汸，《東山存稿》卷3，頁1，〈送休寧監邑坊侯秩滿序〉；卷4，頁18，〈休寧監邑坊公閲雨記〉。顧瑛輯，《玉山璞稿》卷2，頁30，〈崑山知州坊侯平賊詩〉。

三、佐貳官：縣級州同知、州判、縣丞、主簿、錄事判官

任職北方的佐貳官共輯得 101 人、124 任次。比例大約為漢族 9 成，非漢族 1 成。參見【表十三】、【圖六】

表十三　任職北方的縣級佐貳官族群比例

	初 期	中 期	後 期	期不詳	總 計	比 例
蒙古、色目	1	5	6	0	12	10%
蒙古	0	0	1	0	1	1%
色目	0	4	3	0	7	6%
族不詳	1	1	2	0	4	3%
漢人、南人	44	31	16	21	112	90%
漢人	43	31	13	18	105	85%
南人	0	0	3	1	4	3%
貫不詳	1	0	0	2	3	2%
小計	45	36	22	21	124	100%

圖六　任職北方的縣級佐貳官族群比例圖

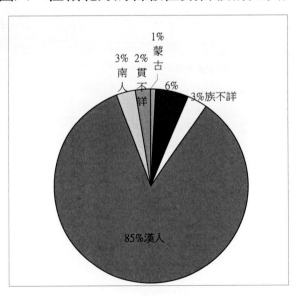

北方官府的佐貳官以漢人為主，高達 85%，漢族與非漢族比例與鎮江路

的佐貳官統計結果非常接近。族不詳者依照名字推測爲色目人的可能性較高，有背景的色目佐貳官主要由蔭或儒學、科舉出身。例如馬祖謙爲國子生中試授官，馬祖常之弟，後任達魯花赤；〔註82〕廉惠山海牙出身儒化色目家族，進士出身，具有根腳與科舉雙重背景，由州同知後升遷相當順遂；〔註83〕師孛羅亦爲進士，父親仕至路總管，如果不由科舉，也有機會可由蔭入仕，但其仕宦狀況相當隱晦；〔註84〕苫思丁背景不詳；〔註85〕丑閭爲色目進士（1305～？）；〔註86〕孫徹徹篤爲中書省掾，由吏出職爲縣級州同知；〔註87〕埜仙只知爲唐兀氏，其餘背景不詳。〔註88〕七名色目佐貳官有 4 人爲進士。其餘族不詳者疑似色目人，可能是任子。唯一的蒙古佐貳官爲囊加歹，進士出身，顯然是無根腳的蒙古人，其升遷狀況相當有限，〔註89〕顯見國族身份並不能勝過出身根腳。

　　任職北方的佐貳官與正官的漢人、南人比例非常相近，但與鎮江路的佐貳官族群成份有很大的不同。鎮江路的縣級佐貳官也因爲貫不詳的比例太高，誤差率大，難以判讀。全國性資料蒐集，已預先排除無效樣本（即除了名字與所任官職之外無其他資料者），故貫不詳者很少。結果顯示北方縣級官府佐貳官以漢人爲主，南人只零星見於後期，應爲流寓人士。如薛彌充是鄉試出身，其時間與朝廷爲避兵士民詔定流寓鄉試科相符，〔註90〕故薛彌充極有可能爲南方流寓北方任官的例子。齊泰是以南方河南人任職於北方河南；〔註91〕羅文節則任職區域遷轉於雲南、四川偏遠縣份；〔註92〕吳孟銘是

〔註82〕　《滋溪文稿》卷 19，頁 18，〈元故奉訓大夫昭功萬戶府知事馬君墓碣銘〉。《石田文集》卷 1，頁 18，〈寄六弟元德宰束鹿〉。

〔註83〕　《元史》卷 145，頁 3447～3448，〈廉惠山海牙傳〉；卷 125，頁 3070～72，〈布魯海牙傳〉。

〔註84〕　《柳待制文集》卷 10，頁 21 下～24 上，〈師氏先塋碑銘〉。

〔註85〕　《嘉靖尉氏縣志》卷 2，頁 6 下。

〔註86〕　蕭啓慶，《元代進士輯考》，元統元年榜，〈丑閭〉條，頁 62、64。此榜有兩位「丑閭」，一爲哈剌魯氏，一爲唐兀氏。此爲事蹟不詳之哈剌魯丑閭。

〔註87〕　《圭塘小稿》卷 8，頁 4 下，〈彰德路同知林州事孫承事去思之碑〉。

〔註88〕　《成化河南總志》卷 4，頁 39。《嘉靖歸德府志》卷 4，頁 58。

〔註89〕　王贈芳等修，《道光濟南府志》（新修方志叢刊）卷 39，頁 41，〈選舉〉。所撰文〈善士郭英助文廟禮器記〉收入《全元文》第 54 冊，頁 18。

〔註90〕　《元史》卷 92，頁 2345～2346，〈百官八‧選舉附錄〉。《弘治八閩通志》卷 54，頁 15 下。

〔註91〕　《嘉靖河南通志》卷 26，頁 9 下。《隆慶登封縣志》卷 5，頁 3 下。

〔註92〕　《宋文憲公全集》卷 11，頁 5，〈元故文林郎同知重慶路瀘州事羅君墓誌銘〉。《麟原後集》卷 10，頁 5，〈羅瀘州子父志節狀〉。

平江人（今蘇州）薦授於陝西，主要是依靠私人關係。〔註93〕從這些例子來看，無論是正官或佐貳官，南人要在北方任職，通常多少具有特別原因與背景，也就是說在任官機會上，縣級官員就對南人採用了單向地理任官限制的色彩，因此連入仕機會都少了很多，更遑論升遷。

如果要論證任官的單向地理限制現象，就要再觀察南方佐貳官的族群成份。目前共收集到281人、331任次，統計如下：

表十四　任職南方的縣級佐貳官族群比例

	初　期	中　期	後　期	期不詳	總　計	比　例
蒙古、色目	2	16	23	9	50	15%
蒙古	0	2	3	1	6	2%
色目	1	7	6	7	21	6%
族不詳	1	7	14	1	23	7%
漢人、南人	38	141	66	36	281	85%
漢人	12	32	11	16	71	22%
南人	25	107	54	20	206	62%
貫不詳	1	2	1	0	4	1%
小計	40	157	89	45	331	100%

圖七　任職南方的縣級佐貳官族群比例圖

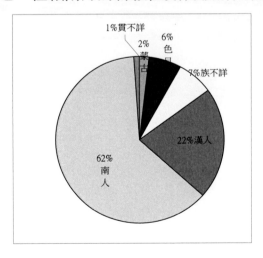

〔註93〕《嘉靖宣平縣志》卷3，頁11下。《乾隆浙江通志》卷129，頁33下。

　　南方縣級佐貳官的漢族與非漢族的統計結果，與鎮江路頗為接近，證明鎮江路下的佐貳官族群狀況並未悖離南方整體的趨勢，較為不同的是大區域有少數蒙古人佐貳官：啟德背景不詳；〔註94〕赫德爾為進士，遷轉於江南地方政府，官至行省參政；〔註95〕168 亦速歹（?～1365）為進士，只有任新昌州同知的履歷，據說坐貧以死；〔註96〕真寶由主簿轉任投下縣達魯花赤，可能是由廕；〔註97〕捏古思、阿臘鐵木兩人廕任的可能性也很高。〔註98〕族不詳者依照命名猜測多為色目人，因此色目人的比例也與鎮江路亦相近。而南人與漢人的比例，則顯示了與南方縣級正官類似的現象，且南人的比例出現明顯優勢，漢人佐貳官的比較降到只剩22%。

　　綜而言之，即使在縣級官府的層級，達魯花赤的族群、組成依然扮演著指標性，突顯蒙元征服王朝的特殊性，即使在後期都未能有明顯轉變。而中後期出現許多進士出任投下州縣達魯花赤的狀況，對照元代歷次中央與投下主爭奪官員派任權的事件，顯示氏族公產制與漢地官僚制的競爭，中央以官僚制所產生的人選派到代表公產制精神的投下州縣，是一個必須注意的現象。而正官與佐貳官的族群比例，顯示在基層的民政治理上，蒙元朝廷不得不依靠漢族，但南、北最大的差異在於北方對南人有排除性，南方則由南人與漢人分庭抗禮。無論是正官或者佐貳官，北方的縣級官府對於南人都存在一種單向的地理限制，南人要任職於北方通常有特別的背景，即使是基層官府，南人仕宦於北的比例相當低，與漢人南仕的比例相比，極為懸殊，因此，即使沒有明文規定，但是顯然的實際上北方的仕宦市場基本上是把南人排拒於外，而對於漢人來說，大江南北都是機會，事實上南人出仕的競爭對手主要不是蒙古、色目人，根本就是同為漢族的北方人。

〔註94〕《嘉靖吳江縣志》卷17，頁2下。
〔註95〕《至正四明續志》卷2，頁11下；卷7，頁22下，程端禮〈重修奉化州學記〉。《山居新話》，頁20下～21上，〈江浙參政赫德爾公〉。陳榮仁《闽中金石略》卷10，頁3下，〈僧家奴等道山亭燕集聯句〉。陳善《萬曆杭州府志》卷9，頁43上。
〔註96〕蕭啟慶，《元代進士輯考》，元統元年榜，〈亦速歹〉條，頁58。劉仁本〈贈僧鉉二首〉，收入《羽庭集》（四庫全書）卷3，頁3上。原註云：「癸酉進士伊蘇達實，蒙古人也。仕至松江長，廉介自守，僑四明」，竟坐貧以死，而無所歸。
〔註97〕《弘治建寧府志》卷14，頁14下。《萬曆政和縣志》卷6，頁3。
〔註98〕《元史氏族表》，頁8、頁32。

第三節　官員的遷轉

縣級官員的遷轉，在元代具有非常明顯的特殊性，並且影響到這些官員的政治心態與行爲，這一點將在第五節以專題討論。在上述幾節中，已經有初步涉及到遷轉的討論，筆者個人也存有許多疑惑，因此本節要透過例子的排比觀察元代縣級官員的遷轉，希望可以解釋幾個問題：第一、達魯花赤的遷轉問題；第二、特定出身對於遷轉的影響明不明顯；第三、監察體系的官職在遷轉過程中扮演著什麼角色。

在此先就通則性規定簡單說明，討論中涉及更細部規定時再視需要補充。元代不以科舉爲主要的取士管道，在制度大致確立之後，縣級官員的來源主流有承廕與吏。承廕者當然需要特定的背景，通常是父祖爲中、高級官員，其敘品標準爲「從一品、二品子，正七品敘；正三品子，從七品敘；從三品子，正八品敘；正四品子，從八品敘；從四品子，正九品敘；正從五品子，從九品敘外。據六品、七品子已後定奪，注流外職事。」〔註99〕此處所敘應爲資品，通常資品與職品或一致，或資品略高於職品，差距一般不會太大。例如元代中後期縣級官員范文忠，其致仕職品爲從五品（餘姚知州），資品爲正五品（奉議大夫）；〔註100〕又有劉輝，同爲餘姚知州致仕，其資品（奉訓大夫）與職品同爲從五品。〔註101〕一般說來，可以明確知道資品的狀況較少，而職品可由官職得知，因此只能主要以職品來討論。承廕的標準是五品以上職官子弟才有廕官權，六、七品子弟只能廕爲流外職，如巡檢或錢穀官（倉官、庫官），但是在巡檢入流由九品敘起，〔註102〕以及學官借注巡檢的制度確立之後，〔註103〕是否六、七品職官子弟還可以廕爲巡檢則不確知。總之，州同知、州判、縣尹、錄事、縣丞、錄事判官、主簿等，是中、高級官員子弟入仕的主要官職群體。

縣級官員群體也是由吏出職的主要對象，要出職爲縣級官員，通常是「有出身的吏」，出職爲縣級官員之後，又屢見透過職官充吏再度出職，這是一種

〔註99〕 《元典章》上，吏部卷之2，頁10上，〈品官廕敘体例〉。
〔註100〕 《金華黃先生文集》卷38，頁3，〈奉議大夫餘姚州知州致仕范公墓誌銘〉。
〔註101〕 《玩齋集》卷10，頁1，〈奉訓大夫紹興路餘姚州知州劉君墓誌銘〉。
〔註102〕 《元典章》下，新集吏部，頁3上，〈縣尉巡檢於正從九品內選注〉。《元史》卷21，頁467，〈成宗四〉。《元史》卷82，頁2041，〈選舉二〉。
〔註103〕 申萬里，〈元代學官選注巡檢考〉，收入《中央民族大學學報》第5期（2005），頁73～79。

突破循資的遷轉模式。元代吏員可以分爲兩大類，即「有出身吏員」與「司吏」，前者通常爲令史、通事、譯史、知印、宣使、奏差等，月日考滿就可以出職爲官，出職後升遷品秩基本上不受限；後者指路府州縣吏員，通常只能出爲流外職（無資品），而且有最高品秩的限制。〔註104〕由於有出身吏員的出職與升遷前程較佳，因此司吏通常希望先尋求成爲有出身吏員，比出爲流外職再尋求升遷機會要佳，一般是透過歲貢方式。而縣級官員爲了不陷入輾轉州縣的泥沼，也會透過職官充吏（有出身吏員）的方式，尋求更好的前景。職官充吏再度出職並無次數限制，但所充之吏有職位的極限，省掾已經是最高的吏職，故職官充省掾之後重新出職，就不再有吏職可充。省掾在至元十一年（1274）即規定由「正從七品文資職官并臺、院、六部令史內，從上名轉補。」〔註105〕因此縣尹、州同知、州判官等七品文資職官就常見透過轉充省掾的方式重新出職，免除職官循資的漫長年歲。除以上兩大管道之外，另有薦授與科舉出身者。

達魯花赤的性質特殊，因此的承廕原則也有個別規定：「總管府達魯花赤應合承襲之人，於下州達魯花赤內敘用；散府諸州達魯花赤應繼之人，於縣達魯花赤內敘用」。〔註106〕故州、縣達魯花赤由廕出身者，是來自於諸路、諸府、諸州達魯花赤之承廕子弟，其廕制頗具封閉與世襲性質，但是在由廕出仕後，遷轉上就不再具有初仕之明顯封閉性，達魯花赤調任一般官員有多例可循。錄事司、縣達魯花赤的子弟，則「驗根腳輕重，於縣尉、巡檢內敘用」，說明到了縣級達魯花赤層級，其子弟已脫離封閉性達魯花赤廕制的保障。

根據元代授官規定，進士初授官通常爲七品，理論上至少授縣尹、中州判官或下州同知，或者授以七品資品任八品錄事、縣丞。宋代進士初仕官幕職州縣官，目的是歷練，任官者也把州縣官視爲重要的墊腳石，所謂「不歷州縣、不擬臺省」。在元代，縣級官員在遷轉上的角色丕變，通常是循資遷轉的起點，並且往往是無根腳、缺乏人脈的官員在仕宦上的泥沼，輾轉州縣成爲常態，縣級官員的品級通常可以預見其仕宦的終點何在。

〔註104〕許凡，《元代吏制研究》，頁 52。
〔註105〕《元史》卷 83，〈選舉三・補用吏員〉。
〔註106〕《元典章》上，吏部卷之 2，頁 12 上，〈達魯花赤弟男承廕〉。

一、達魯花赤的遷轉

達魯花赤的遷轉原則上不受三年一考的規範。其中關於投下達魯花赤任用與考核有較爲清楚的規定：第一、必須選用蒙古人；第二、每三年一次將解由送吏部，經過給由申覆的過程才能再度復任，也就是說投下達魯花赤可以不斷連任。〔註107〕這兩項規定時間在至元廿年。第一項的族群限制似乎很難落實，從朝廷屢次下令革罷漢人、南人達魯花赤，而且是投下與非投下地區兼有，就可以知道。〔註108〕第二項的考核則有地區性差異與彈性，例如腹裏與江南州郡內的投下達魯花赤雖有三年遷調的規定，但只要不在同一地任職，就不見得必須經過給由申覆的過程，不過其遷調必須限於同位下的地區，如果該投下主封地只有一處（一縣或一州等），就必須配合第二項給由申覆的條件，方能在同一地復任。〔註109〕這樣的規範帶有兩種意義，一爲中央政府形式上握有對投下達魯花赤的最後審核權；再者投下達魯花赤在限定區域內儘可能不斷遷調，可以避免私人勢力與利益的萌根，也含有官僚制精神對投下地區的干擾意義。而達魯花赤的承廕原則，並未特別說明是否有投下、非投下之差異，或許是一體適用。

實例上又是如何呈現的呢？首先最明顯的是無論南、北，縣級達魯花赤不僅未皆用蒙古人，而且絕大多數都是色目人，當然這不能視爲違反制度，因爲史料上被「取締」的都是漢族投下達魯花赤，選用蒙古人的同時並沒有禁止色目人。但是有一個共同的現象是，鎮江路與全國性的南方縣級達魯花赤，蒙古人的比例都比北方要高出不少，這或是刻意的安排，或是江南投下州縣的分布較少，故落實任用蒙古長官的措施較爲容易。總之，由於色目人佔有多數投下達魯花赤職位，延祐年間可能爲了對應這樣的事實，故中書省議決：「據隨路見任并各投下剗設到達魯花赤，於內多有女直、契丹、漢兒人等。省府公議得，除回回、畏吾兒、乃蠻、唐兀人員同蒙古人，准許勾當，於女直、契丹、漢兒人擬合革罷，如有根腳，合於管民官內取用。」〔註110〕因此所謂的選用蒙古人，實際上只嚴格執行了排除「漢人」的部份。

再看遷轉問題，北方的達魯花赤體整遷轉狀況頗爲「單純」，亦即有較

〔註107〕《元典章》上，吏部卷之3，頁7下，〈投下達魯花赤〉。
〔註108〕《元典章》上，吏部卷之3，頁7下，〈投下達魯花赤〉；頁8上，〈革罷南人達魯花赤〉；頁8，〈有姓達魯花赤革去〉。
〔註109〕《元典章》上，吏部卷之3，頁7上，〈投下達魯花赤遷轉〉。
〔註110〕《元典章》下，刑部卷之11，頁18下～19上，〈女直做賊刺字〉。

少調動、一生一職的現象。除了達魯花赤一職外，在北方縣級官府經歷其他職務的人不多，約僅 12 人，只佔總人數的一成，其中有 8 人的遷轉侷限於四、五品以下，如蒙古弘吉剌氏脫脫，仕至正四品；〔註 111〕忽都帖木兒至從五品；〔註 112〕曲出帖木兒仕至從四品。〔註 113〕色目人阿昔脫憐仕至正五品；〔註 114〕國子生馬祖謙最高為從五品。〔註 115〕其餘最高到正三品，如唐兀人闊闊出因家族善於治弓，以及其兄朵羅台軍功卓著，故受忽必烈青睞成為近侍，歷遷武州、建州、利州達魯花赤，仕至大寧路總管。〔註 116〕闊闊出的與其他人最大的不同，即在於出身大汗家臣，根腳特殊。

這些北方縣級達魯花赤的遷轉可歸納出兩種慣例，第一、如為投下官，其遷轉大致遵守限於投下區與同一位下的大原則；〔註 117〕第二、達魯花赤的升遷常限於監察機構，或秘書監。如弘吉剌脫脫由錄事司達魯花赤，歷南臺御史、閩海廉訪副使，終於宣慰副使，限於監察體系；〔註 118〕色目人阿昔脫憐由監縣仕至河南按察僉事。〔註 119〕這樣的慣例有何意義需要配合南方縣級長官的遷轉狀況來討論。明顯的是根腳的影響大於族群，如無特別的背景，縣級達魯花赤的遷轉無論族群由七品往上的極限通常無法突破四品以上，無論是由七品敘起的監縣或五品敘起的縣級監州，皆是如此。

除此之外，其餘將近百名北方縣級長官皆只有一任職官的記載，這不能單純視為史料失載的現象，其中不乏有史料證明終身一職，〔註 120〕致仕、辭

〔註 111〕弘吉剌脫脫終於正四品，參見《至順鎮江志》卷 19，頁 756，〈仕進人才・僑寓〉。

〔註 112〕《全元文》第 58 冊，頁 356，〈前上黨縣達魯花赤忽都帖木兒德政記〉。《全元文》第 59 冊，頁 99，〈監州忽都帖木兒禱雨獲應記〉。

〔註 113〕《秘書監志》卷 9，頁 175，〈題名一・秘書少監〉。

〔註 114〕《成化河南總志》卷 2，頁 36 下。

〔註 115〕蘇天爵，《滋溪文稿》卷 19，頁 324～325，〈萬戶府知事馬君墓碣銘〉。

〔註 116〕《元史》卷 134，頁 3265，〈朵羅台傳〉。

〔註 117〕例如忽都帖木兒由投下監縣改投下監州，都屬於宗王朮赤、子拔都大王位下。參見《全元文》第 58 冊，頁 356，〈前上黨縣達魯花赤忽都帖木兒德政記〉。《全元文》第 59 冊，頁 99，〈監州忽都帖木兒禱雨獲應記〉。後期科次不詳進士馬合末由北方投下監縣改調江南投下，皆屬拖雷妻、阿里不哥位下。參見《全元文》第 58 冊，頁 676，張樂善〈達魯花赤馬合末去思碑〉。

〔註 118〕《至順鎮江志》卷 19，頁 756，〈仕進人才・僑寓〉。

〔註 119〕《成化河南總志》卷 2，頁 36 下。《萬曆獲嘉縣志》卷 5，頁 4 下，頁 31 下。

〔註 120〕如濬州長官朮哥察兒自行辭官，見《吳文正集》卷 66，頁 8 下，〈元故濬州達魯花赤……墓碑〉。礬山監縣耶律淵任職到致仕，見《古今圖書集成》卷 582，頁 5008 上，〈氏族典〉。鄆城縣兒念四卒於任，《古今圖書集成》卷 46，頁 424 中，〈氏族典〉。契丹人蕭達任職至卒於官，《成化河南總志》卷 9，頁 30。

官、卒於官爲普遍的原因，仕宦上的一生一職現象，透露了北方縣級長官可能不採流官制遷轉，泰定四年朝廷曾下令：「罷諸王分地州縣長官（達魯花赤）世襲，俾如常調官，以三載爲考。」〔註121〕顯示不僅不是流官制，泰定以前投下達魯花赤還是維持世襲。在規定三載爲考之後，所指即爲每三年給由申覆的流程，基本上在投下地區其形式意義大過眞正的考核功能。但不應忽視的是，制度的實施雖然有時因爲諸多動態因素而流於形式，但是制度的存在所賦予的合法性無可取代。定期考核制度在中央朝廷的公益與地方投下主的私益有所衝突時，就提供了朝廷「名正言順」侵奪投下主派官權的立足點。在元代中後期出現了許多進士出身的投下達魯花赤，與上述的詔令時間頗爲吻合，正顯示了雖然投下主原則上一直擁有投下地區的長官派任權，但是朝廷則擁有隨時干預此項權力的制度性武器。

南方的縣級長官具有升遷資料者較多，約有三十餘人。其中升遷結果最佳者莫過於色目進士、汪古人金哈剌，此人仕宦經歷與家世背景頗爲特殊。〔註122〕根據蕭啓慶師之考證，其家世顯赫，但仕宦前期並不順遂，授縣達魯花赤之後浮沉於州縣十年之久，任職中樞之初亦不脫七品職官。〔註123〕後轉至東南任官，歷淮東廉訪司僉事（5A），因爲戰亂陞爲從二品武官、行省參政，據說其仕至樞密院知事，已是從一品高官，後隨順帝北去，是進士中罕見的升遷異數。〔註124〕金哈剌的仕宦是結合了家世、科舉、特殊政治情勢的產物。

有四人官至二品者，其中兩人爲蒙古進士，且皆爲根腳家族，如元統元年進士、蒙古遜都思氏月魯不花，爲赤老溫五世孫，〔註125〕舉進士後授台州路錄事司長官，丁憂之後，任職中樞，由集賢待制至工部侍郎，已是正四品，再出爲路達魯花赤，仕至南臺中丞、浙西廉訪使，已是二、三品高官。〔註126〕泰定進士變理普化爲大德名相哈剌哈孫後人，爲根腳家族之業儒後代，仕至

〔註121〕《元史》卷30，頁679，〈泰定帝二〉。
〔註122〕蕭啓慶，〈元色目文人金哈剌及其《南遊寓興詩集》〉，收入氏著《元朝史新論》（台北：允晨文化公司，1999），頁300～322。
〔註123〕歐陽玄，〈刑部主事廳題名記〉，收入熊夢祥《析津志輯佚》（北京：古籍出版社，1983），頁30，〈朝堂公宇〉。
〔註124〕《羽庭集》卷1，頁7下，〈賀金元素拜福建省參政仍兼海道防御〉。柳瑛《成化中都志》（天一續編）卷6，頁43。
〔註125〕蕭啓慶，〈元代蒙古四大家族〉，頁141～230。
〔註126〕《元史》卷145，頁3448～3451，〈月魯不花傳〉。

行省左丞。〔註127〕另一蒙古人野仙溥化為木華黎五世孫乃蠻台之子，出身宿衛，掌速古兒赤，〔註128〕至正間由正五品的縣級州達魯花赤，累遷中書參政、御史中丞，仕至正二品中書右丞。〔註129〕達里麻吉而的為回紇人、古速魯氏，曾祖即已出仕大蒙古國，父脫烈由御位下怯里馬赤備宿衛，仕至正三品，後為色目權臣桑哥所害。達里麻吉而的受到廉不魯海牙之庇護，在桑哥失勢後授正五品，並因丞相哈剌哈孫之推薦，任職中樞，已是從四品，出為縣級州長官，仕至山東道宣慰使，職品從二、資品正二。〔註130〕

　　升至三品者有唐兀氏名黃頭，其父為懷遠大將軍德慶府總管，黃頭由七品至正三品路長官，沒有突破其父之品秩。〔註131〕木薛飛疑為色目人，由正五品縣級州長官至從三品路達魯花赤。〔註132〕色目人廉壽山海牙授縣級州長官，由從五品資品任監察御史，終正三品路總管。〔註133〕廉壽山海牙的例子值得注意之處在於監察御史之職品為七品，但他卻以從五資品任職，在縣級官員的遷轉中，有什麼意義？西夏人六十由國子生歷縣級州同知、縣監、以正四品知府轉任七品監察御史，但之後卻又任四品廉訪副使，後薦為正三品路達魯花赤。〔註134〕像廉壽山海牙與六十之現象，並不少見，在其他縣級正官也屢見以高於七品任職監察御史的現象，但之後的升遷卻又似乎與監察御史的品級無關，而是循監察御史之前的官職往上敘品，頗令人疑惑，這是一個值得注意的問題。

　　回回人羅里，循資輾轉至正四品路同知。〔註135〕泰定進士畏吾人納璘不花由州判、縣長官歷數職，終正四品四川行省理問官。〔註136〕雍古人馬潤為

〔註127〕《揭傒斯全集》（李夢生校，上海：古籍出版社，1985）文集，卷4，頁315，〈送燮元溥序〉。

〔註128〕《元代奏議集錄》下，頁107，鄭介夫〈上奏一綱二十目·怯薛〉。其中指出速古兒赤所指類似《周禮》所謂「幕人、司服、司裘、内宰」。

〔註129〕《元史》卷139，頁3351～3353，〈乃蠻台傳〉。

〔註130〕危素，〈古速魯公墓志銘〉，收入《全元文》第48冊，頁498～501。

〔註131〕《道園學古錄》卷41，頁9～12，〈平江路總管府達魯花赤兼管内勸農事黃頭公墓碑〉。

〔註132〕《至正金陵新志》卷6，頁78。《弘治溧陽縣志》，卷4，頁41下。

〔註133〕《至正金陵新志》卷6，頁58下。《弘治徽州府志》卷4，頁29。

〔註134〕《全元文》第50冊，頁458～461，陳基〈平江路達魯花赤西夏六十公紀績碑頌〉。

〔註135〕《至順鎮江志》卷19，頁2，〈人材二·僑寓〉。至正金陵新志6/68，70，85。

〔註136〕《石門集》卷5，頁10上，〈送江省員外郎納文璨四川省理問〉。《吳正傳文集》卷6，頁129上，〈送納文璨江浙行省都事〉。《滋溪文稿》卷2，頁18～

祖常之父，其家族中落之後以業儒重新起家，由令史出職爲縣長官，仕至從四品路同知。〔註137〕五品則已經是州達魯花赤的職品，包含縣級州，如果由縣達魯花赤升至州達魯花赤，則是七品到五品，在此不一一舉例。從南、北縣級長官的升遷來看，如果要升至三品以上（包含三品），顯然必須具有特別的家世背景，而可以至二品以上，則幾乎都是大根腳家族出身。不具特殊背景的一般的縣級達魯花赤，無論是八品的錄事司、七品的縣或五品的縣級州，具有升遷資料者，大多只至四、五品之譜。而任職南方的縣級達魯花赤，僅有兩例符合限於投下區遷轉，一爲桑哥哈剌赤，限於慶元路內調任；〔註138〕一爲進士變理溥（普）化，遷轉於不同位下的投下區。〔註139〕另外，監察官員是縣級官員遷轉過程中最常見的職官，筆者認爲監察體系之職，在升遷上可能扮演著類似職官充吏一類轉換職官系統的作用，這必須進一步討論。

二、州縣管民官的背景與升遷

外任官員的升遷通常是循資，除了達魯花赤、回回官員（色目都包含？）與三品以上官員之外，原則上三年爲一考，規則如下：〔註140〕

表十五　外任官員循資升遷考格表

9B（3考）→8B（2考）→8A（2考）→7B（3考）→7A（2考）→6B（3考）
9A（2考）→8B（3考）→　→　→　→　→7B
→5B（3考）→5A（曾歷上州Z，2考）→4B
6A（2考）→5B（3考）→5A（未歷上州Z，3考）→4B

此考格適用於縣級官員的正官、佐貳官，有兩種路徑。因爲是循資升遷，其中品級爲資品。如果不考慮其他的遷轉特例（如從江淮調腹裏、地方調中央需要回降；菁華區調偏遠地區升級），按照上表規則，不計候官時間，從主

19，〈盱眙縣崇聖書院記〉。《吳正傳文集》卷6，頁129上，〈送納文璨江浙行省都事〉。《至正集》卷40，頁5下，〈絅齋記〉；卷71，頁14下，〈跋納文璨詩〉。

〔註137〕袁桷，《清容居士集》卷26，頁16～18，〈漳州路同知馬公神道碑銘〉。

〔註138〕《延祐四明志》卷3，頁6174-1，〈職官考下·定海縣達魯花赤〉；頁6175-2，〈職官考下·象山縣達魯花赤〉。

〔註139〕吳當，〈變仁侯及劉義民興頌序〉，收入《全元文》第46冊，頁39～40。

〔註140〕《元典章》上，吏部卷之2，頁2上，〈循行選法体例〉。

簿（8B）到下縣縣尹（7B），需要經歷 3～4 考，亦即九到十二年的歲月。此一升遷規則中，從七品到正六品、從六品到從五品似乎只有一種路徑。因此，從七品要至從五品，出現了一個頗難跨過的循資鴻溝，如果完全按照三年一考，順利的話也需要廿餘年，加上待缺，恐怕時間難以估計。這樣的循資規定，一個縣級官員在升遷上的極限何在，從其初仕官就大約可以推算，無怪乎七品以下地方官吏，不斷轉入職官充吏的路徑，省掾出職最高可授從六品，所考日月爲三十月，而按照職官選格，下縣縣尹等候循資遷轉，順利的話也需要十餘年才到從六品，因此有出身的吏職在遷轉上比低階地方官還要有前途得多。

　　由於正官遷轉較不涉及投下州、縣問題，而佐貳官與正官之間的遷轉具有連續性者頗多，因此不分南、北，正官、佐貳官一併討論。筆者所收集到的縣級正官南北共有八百餘人，具有遷轉資料者亦不在少數，但南人由縣級官員官至二品者，唯有歐陽玄。〔註 141〕漢人的例子也不算多，通常是具有特別的家世、人脈、能力或時代因素。例如元初的趙椿齡由槀城縣丞、縣尹，仕至從二品諸道宣慰使，爲朝代鼎革之際安定地方有功的漢軍出身。〔註 142〕尚野以處士應朝廷之徵，顯然本就頗有聲望，主要任職翰林院，一度出爲地方縣官，仕至集賢侍講學士。〔註 143〕董繼昇由縣尹，升至參知政事，雖然父祖不顯，但是繼昇之妻爲中書參政、追封渤海郡公吳良之女，姻親家世並不普通。〔註 144〕董守成則爲槀城董士良之子，由縣尹官至河南參政。〔註 145〕賈魯（1297～1353）由學官出身，因爲治河有功，超授正二品中書左丞。〔註 146〕于九思（1268～1341）蒙古名伯顏，劉秉忠薦入尙衣局，後轉爲中書省掾，由於在中央的人脈頗廣，仕至路總管、從二品湖南宣慰使。〔註 147〕趙時敏爲泰定進士，輾轉州縣數任之後，歷監察御史，仕至大學士，

〔註 141〕《元史》卷 182，頁 4197～4198，〈歐陽玄傳〉。《危太樸續集》卷 7，頁 3 下～13 上，〈圭齋先生歐陽公行狀〉。其爲延祐二年進士，與虞集、揭傒斯等同爲少有之南人中央儒官，主要任職於翰林院，與修三史，終於翰林承旨。

〔註 142〕姚燧，《牧庵集》卷 28，頁 6 下～10，〈荊湖北道宣慰使趙公墓誌銘〉

〔註 143〕《元史》卷 164，頁 3860～3862，〈尚野傳〉。

〔註 144〕《至正集》卷 46，頁？，〈河南江北等處行中書省參知政事吳公神道碑銘〉。

〔註 145〕嘉靖眞定府志 4/31；5/42；嘉靖槀城縣志 6/16

〔註 146〕《元史》卷 187，頁 4290～4292，〈賈魯傳〉。

〔註 147〕《金華黃先生文集》卷 23，頁 11 下～15 上，〈元故中奉大夫湖南道宣慰使于公行狀〉。

〔註148〕趙時敏的背景與上述這些人相較，較爲平凡，其父僅官至縣尹，〔註149〕看起來趙時敏才是特例。

　　除此之外，八百餘名縣級官員最高的升遷皆在三品以下，仕至正、從三品的包含南、北約有三十餘人，絕大部分是漢人。少數的南人如呂元愷爲降元守將呂師夔之子、呂文德之孫，由合肥縣尹升至撫州路總管。〔註150〕元統元年進士張兌也以南人縣級官員仕至三品路總管，〔註151〕其縣尹所在爲江浙太平路，總管職則在偏遠的湖廣辰州路，根據遷轉規定「江淮願福建兩廣升一等」〔註152〕，南人縣官可任至路總管已屬不易，而張兌其可到三品，與他願意到偏遠地區任職不無關係。孫輔臣家族在江西寧都縣頗有影響，其父孫興禮在江南訪賢中受程鉅夫所薦，其兄孫正臣爲正五品知州，元中期在寧都遭寇亂時，出粟饗軍、組義軍協助平亂，「有大德於其鄉」，受到朝廷旌表其門，〔註153〕故輔臣由南人縣尹、歷路總管至廉訪使，家族聲望是最大助力。泰定四年進士張以寧在朝中與宿儒虞集、歐陽玄、揭傒斯、黃溍等齊名，其父仕至參知政事，他本人則至從三品翰林侍讀學士。〔註154〕莆田人朱文霆爲元統元年進士，事實上其三品爲致仕贈品，實職仕至從五品路同知。〔註155〕至正二年進士劉傑，由縣丞、縣尹，歷監察御史、路總管，終至集賢學士。〔註156〕至正五年進士溫州人彭廷堅，《元史》有傳，爲州同知時忤上官意去職，朝廷詔選守令，起爲崇安縣尹，因禦寇有方，超陞爲從三品宣慰司同知。〔註157〕這是目前僅見的 7 位南人由縣級官員至三品者，值

〔註148〕杜鴻賓，《嘉靖太康縣志》（中國方志叢書），卷10，頁472～473。《燕石集》卷12，頁3，〈偃師縣尹趙君遺愛記〉。

〔註149〕《嘉靖太康縣志》卷10，頁472～473。

〔註150〕方回，《桐江續集》（四庫全書），卷4，頁9下，〈送呂才甫之官合肥〉；卷24，頁26上，〈寄撫州呂使君〉。

〔註151〕余闕，《青陽先生文集》卷7，〈張同知墓表〉，頁2下～3上。徐學謨纂修，《萬曆湖廣總志》（四庫存目），卷51，頁67下，〈獻徵〉。

〔註152〕《元典章》上，吏部卷之2，頁2下，〈循行選法体例〉。

〔註153〕《申齋集》卷9，頁3，〈元奉議大夫吉安路吉水州知州驍騎尉永豐縣子孫君墓誌銘〉

〔註154〕《明史》卷285，頁7316，〈文苑・張以寧傳〉。《明太祖實錄》卷61，頁1184。

〔註155〕宋濂，《宋濂全集》第3冊，頁1680，〈元嘉議大夫泉州路總管朱公墓誌銘〉。

〔註156〕《危太樸文集・續集》卷1，頁12上～13上。《秘書監志》，頁164。劉傑撰〈帝舜廟碑〉自署「賜同進士出身承德郎僉嶺南廣西道廉訪僉事」，見《北圖石刻》第50冊，頁127。

〔註157〕《元史》卷195，頁4419，〈彭庭堅傳〉。《陶學士集》卷5，頁12上，〈至沂

得注意的是其中有五人爲進士出身，除了張以寧父親官至參政較爲顯赫外，其餘家世皆屬一般，可見進士出身在無根腳背景情況下，升遷上亦有不錯的可能性。其餘廿餘位官至三品者皆爲北方漢族。相對於總數來說，可以由七、八品縣官升至三品以上者，實爲鳳毛麟角，尤其南人，這與學界對元代南人仕宦處境的印象相符，但重點是升遷上的現象爲何。

比較南人、漢人進士，由縣級官員敘起者，南人進士敘縣級官員者較多，約有六十餘人；漢人有二十餘人。進士出身通常由七品敘起，因此縣級官本是進士授官的主要對象，但有些進士初授官即在中央，未歷州縣，有些則授州、路級佐貳官。從人數來看，南人進士由地方縣級官敘起的狀況較多，升遷上至二品者，南人與漢人皆只有一人：一爲歐陽玄（翰林學士承旨）、一爲趙時敏（昭文館大學士），兩人皆在州、縣歷時多年才入中樞任職，最高職務皆在院館。而至三品的進士，南人、漢人相當接近，分別爲五人與六人，惟漢人皆爲正三品、南人多爲從三品。其餘無論籍貫爲何，基本上升遷範圍都集中在七品到五品之間，官至五品的約有廿餘人，大約十分之二的比例，事實上數目已不算罕見，而以徘徊於六、七品者最多。

蕭啓慶師曾針對元統元年進士的家庭背景與社會流動進行考述，指出進士以八至六品起官，位至中層官職者比比皆是，位至三品以上者亦爲數不少。〔註158〕如果將佐貳官也一併計算，進士仕至二品者有蒙古人赫德爾、〔註159〕色目人廉惠山海牙與南人貢師泰；〔註160〕三品者有南人汪澤民。〔註161〕亦即只以縣級官員來統計，由進士官至三品以上高官者，包含上述約有將近廿人，這不包括諸多由非縣級官員敘起（例如路同知、推官、判官、散府判官、州

州訪彭允誠同知〉。
〔註158〕蕭啓慶，〈元代科舉與菁英流動——以元統元年進士爲中心〉，收入氏著《元朝史新論》，頁159。
〔註159〕《山居新話》，頁20下～21上，〈江浙參政赫德爾公〉。《至正四明續志》卷2，頁11下；卷7，頁22下，程端禮〈重修奉化州學記〉。陳善《萬曆杭州府志》卷9，頁43上。陳榮仁《閩中金石略》卷10，頁3下，〈僧家奴等道山亭燕集聯句〉。
〔註160〕《元史》卷145，頁3447～3448，〈廉惠山海牙傳〉；卷187，頁4294～4296，〈貢師泰傳〉。
〔註161〕《宋濂全集》第1冊，頁378～383，〈文節汪先生神道碑銘〉。《元史》卷185，頁4251～4253，〈汪澤民傳〉。彭澤修，《弘治徽州府志》卷11，頁41上～43下，汪仲魯〈七哀辭·汪尚書〉。駱承烈編，《石頭上的儒家文獻——曲阜碑文錄》上冊，頁306。

同知、州判官等，以及中央院館職）的四色進士，通常由縣級正官、佐貳官敘起者幾乎都是漢族，尤其以南人最多，故依照這樣的數量推算，蒙古、色目、漢人進士升遷至三品以上者，其數量極有可能數倍於此。學者姚大力曾經指出，進士出身者位至行省宰執、各路總管者約爲二、三十人；省部宰臣約爲廿餘人，入相者寥寥可屬，〔註162〕不知其統計對象是否排除了某些三品職官，例如肅政廉訪司、集賢、翰林院等官職，如果統計明確的爲三品以上官員，那麼顯然有點低估了進士出身者的升遷前景。簡而言之，進士出身者在一般縣級官員的遷轉表現上頗爲突出，至少突破三等以上的例子並不少見，對於缺乏根腳或雄厚人脈的縣級官員來說，由科舉出身對於升遷的幫助就頗爲關鍵。

　　整體說來，縣級正官與佐貳官最常見的升遷極限是在五、六品左右，四品以上是七品爲起點的縣級官員明顯較難跨越的極限。某些縣級州如爲上州，其正官與達魯花赤即爲從四品，因此縣級官員的最初品級範圍頗廣，從八品到從四品之間皆有，如果排除根腳、科舉、特殊的政治情勢等，輾轉於州縣是一種常見慣例，一生仕宦浮沉於七、八品縣官者比比皆是。宋人修唐史時將「不歷州縣、不擬臺省」的觀念加以宣揚，正顯示宋人對於州縣官的認知，有地方經驗對於未來的士大夫生涯具有正面而必要的價值，所謂的州、縣經驗所指對象爲縣令、知州，即親民官，唯有親民歷練才得治民真諦，決策才不會偏離社會現實，當然價值觀是一回事，實際的升遷是一回事，宋代的幕職州縣官大部分依然浮沈於低階官海，但不可否認，州縣官是未來高官的人才庫，官卑卻不微賤。元代的縣級官員與歷代最大的不同就是來源複雜，科舉出身的重要性已經退於吏、廕之後，蒙元執政者對於各種官職沒有漢族王朝的既有認知，因此所謂具有「地方經驗」的官吏，在選擇對像上就擴大了許多，但是升遷的位置卻沒有相應的擴充，甚至有些職位具有排除性，而往上競爭的各類官與吏變多，例如有雙語或多語能力的通事、譯史一出職可能就跨過七、八品之上、省掾甚至可出爲六品，還有各種大小根腳家族出身者在升遷競賽中的優待，因此一般縣級官員最大的可能就是被壓抑於底層，只好一生輾轉州縣，以致轉換跑道。

　　縣級官員的遷轉在元代升遷相對困難。州縣經驗在元代的政治情境下，

〔註162〕姚大力，〈元代科舉制度的行廢及其社會背景〉，收入《元史及北方民族史研究集刊》第 6 輯（1982），頁 49。

當然不會翻轉為負面履歷，但是縣級官員的品級在循資遷轉的制度下，就成為一種包袱。對統治者來說，把熟悉州縣的人留在州縣任官是一種務實作法，因此縣級官員的升遷困境是多種原因所造成，而循資所歷年歲現實的考驗官員的仕宦壽命，因此其遷轉最終形成某種常見模式，即往上升遷的極限通常會在三等左右遇到瓶頸，例如七、八品的縣官，升遷上一般都止於四、五品；而五、六品者其遷轉的關卡就在二、三品。從將近一千位縣級官員的遷轉中，幾乎沒有仕至一品者（金哈剌任樞密使之例，記載上有待考證）。一品中央官員通常為中書省、樞密院、御史臺等首長，而這些機構的成立是官僚制侵奪了大蒙古國時期怯薛的軍政權，但是基本上可以進入這些機構，行使原有的軍政權者，依然是怯薛出身，而怯薛沒有被正式整合進官僚體系中，事實上才是永續其優越性的保障。故一品官員就已經是循資遷轉者可望而不可及的位置。

　　但是當然會偶有突破三等以上升遷的幸運兒，這些人所憑藉的不外乎根腳、科舉、人脈與特殊的政治情勢，因此筆者試著將縣級官員的升遷慣例稱為「分層式半封閉遷轉」，分層是是指三等為一層，而大多數的縣級官員就在三等之內經歷一生的仕宦。除了根腳、科舉、特殊人脈等等，低階地方官究竟還有什麼方式幫助升遷，突破層級鴻溝？筆者觀察到一個值得注意的現象，這是透過觀察歸納縣級官員升遷過程所得到的訊息。

三、遷轉的「關鍵」——監察官員

　　在筆者所收集到的一千五百多位縣級官員中，排除了極少數背景特別者，可以發現監察體系的官員在縣級官員的遷轉中，不斷出現在突破三品以上遷轉的官員履歷中，讓人無法忽視它的角色。更特別的是常常出現的監察御史一職在制度上為正七品，保持了位卑權重的傳統，與縣令品級差不多，但是已經低於縣級州官，卻頻繁出現在七品以上的官員遷轉過程中，而且並非降官，例如以六品任七品監察御史，但又明未影響之後品級的更上一層樓，例如六品－七品（監察御史）－四品的過程，讓人百思不得其解，因此筆者特別對於監察機構官員在元代職官遷轉中的角色進行可能的推論與探討。

　　日本學者丹羽友三郎曾指出監察御史在至元時為正七品，但是大德十一年已升至正四品，〔註163〕果真如此，那麼上述的疑惑似乎就有了合理解釋，

〔註163〕丹羽友三郎，〈元代にすける御史台に関する一研究〉，收入《三重大學法經

而且這更是元代監察官制的創舉，但是丹羽氏並沒有提出史料證明這個說法。洪金富教授也不認同，他指出大德五年時監察御史尚爲正七品，短短數年即驟改爲正四品，頗不合理，即使在至治元年以後依然有監察御史爲正七品之史料，明代延續的也是元代的制度，因此對丹羽氏之說法提出質疑。〔註 164〕這個存在於元史學界懸而未決的問題，或許可以透過縣級官員的遷轉來討論。

監察御史改爲正四品的證據是透過間接的推論，當時與監察御史同秩的殿中侍御史由正七品陞至正四品，因此丹羽氏認爲監察御史理應一併跟著升遷，說服力過於薄弱。那麼究竟如何透過縣級官員的遷轉狀況來參與這個問題呢？以五、六品官員任七品監察御史，之後的升遷卻還是循著五、六品之基礎往上的現象，筆者起初的推測來自職官充吏的制度啓示。監察機構在元代政治制度中是具有某種獨立性的官職系統，元似乎習慣以職務內容將職官區分爲不同「體系」，而跨體系任職對於升遷具有突破循資年限之作用，所以職官充吏、再度出職可以實質縮減原來所需的遷轉年資，如果把管民官員任監察官員，視爲轉換系統，加快升遷年歲的一種模式，那麼就可以解釋爲何有以高就低的現象，品級在轉換系統過程中，自然易於呈現不規則的變動。來看一些例子：

1、潘澤（1238～1292），字澤民，漢人，從學於許衡。劉秉忠薦爲戶部左藏庫佐貳。後由吏出職爲五品弘州知州，再轉興中州，品秩不變，皆爲縣級州。或許因爲在州官任上明法審刑，因此轉任七品監察御史，此時潘澤的資品至少爲正五品（奉議大夫），而後歷遼東廉訪司僉事（5A）、御史台都事（7A）、淮西廉訪副使（4A）、浙西廉訪副使（4A）品級的變化爲 5A→7A→5A→7A→4A→4A。〔註 165〕在外任官的循資遷轉中，以潘澤未歷上州知州的履歷，需要 3 考至少九年才有可能到從四品，正四品以上就沒有這樣的規定，三品以上更不拘常調。因此五品到四品之間看似差距不大，在遷轉上是一大跨越。這應該不太可能是任職時序上的錯亂，或是回降，且回降通常只有一

論叢》第 16 號（1963）；〈元代における監察官制の特色について〉，收入《三重大學法經論叢》第 17 號（1966）。氏著，《中國元代の監察官制》（東京：高文堂出版社，1994）。青木敦對於《中國元代の監察官制》有書評，參見《法制史研究》第 47 號（1996），頁 238～241。

〔註 164〕洪金富，《元代監察制度研究》（台北：台灣大學碩士論文，1972），頁 29～31。洪氏所商榷對象爲丹羽氏 60 年代之文章。

〔註 165〕姚燧，《牧庵集》卷 22，頁 12 下～16，〈浙西廉訪副使潘公神道碑〉。

級，不會從正五品降為正七品，故監察御史和都事之品級與所在遷轉位置，頗為費解。此例亦不符合轉換系統的狀況，似與任職中央與地方有關。

2、權秉忠（1250～1315），字伯庸，漢人。為提刑按察司（即肅政廉訪司前身）掾出身，出職後為汴梁路封丘縣尹（7A），歷鈞州同知（7A）、海陵縣尹（6B），拜為西臺監察御史（7A），此時其資品為正六品（承直郎），之後入為翰林待制（5A），資品依然為正六品，並兼職品為正八的國史院編修官。〔註166〕權秉忠出任西臺監察御史並無回降問題，因此是以六品就七品，但是資品並沒有改變，監察御史之後，升為五品翰林待制，但資品依然是正六品。從權秉忠的例子看到的是，職品在上下一品之內的變化，資品可以維持不動。而遷轉過程為 6B→7A→5A，從 6B 到 5A 依照規定需要 6 考至少約十八年，而監察御史又剛好位在這個考課鴻溝上，雖無法確知權秉忠從六品到正五品是否因為監察御史而縮短遷轉時間，但是以監察御史為正七品看，其位置也使遷轉過程的品級呈現不規則的波動。

3、劉事義（1260～1326，字伯宜，漢人）的例子監察官職一樣出現在遷轉的關鍵位置。他的仕宦經歷為禹城縣尹（7A）→行省都事（7B）→工部主事（7B）→監察御史（7A）→浙西廉訪副使（4A）→行臺治書侍御史（5A）→行臺侍御史（4A）→行省參政（2B）、中奉大夫（2B）。〔註167〕監察御史之前是從七品，之後忽然一躍為正四品廉訪副使，接著雖有一品的回降，但很快又恢復為四品官職，更高陞行省參政，已是從二品大員。監察御史在遷轉中的位置也頗為巧合的位在從七品到正四品之間，如果循資考課，至少需要二十餘年才有可能升遷至此。

4、潘昂霄，字景梁，漢人。由崑山縣尹（6B）→南臺監察御史（7A）→閩海廉訪僉事（5A）→南臺都事（7B）→翰林侍講學士（3B）。〔註168〕潘昂霄之家世並不顯著，從縣尹歷監察御史，即升上正五品，令人不解之處與潘澤類似。五品之後又轉為七品行臺都事，但其升遷似乎不受行台都事的職品影響，驟陞至從三品翰林侍講學士。目前為止的例子中無論是監察御史或行臺都事，其職品的較低對於往後品秩的升遷都不產生影響，但是任職的位置都剛好在升遷之前。至此似乎隱約感到，元代的職品與資品是分離的，職品在遷轉上並不重要，而是以資品為準，因此才會有職品的不規則波動，實際

〔註166〕程鉅夫，《雪樓集》卷22，頁2下～4，〈故翰林待制權君墓誌銘〉。
〔註167〕張養浩，《歸田類稿》卷11，頁1～7，〈劉氏先塋碑銘〉。參見《全元文》
〔註168〕柯九思，〈河源志序〉，收入《全元文》。

上資品沒有變動。

5、王勉（字起宗，號東巖）的例子亦可爲証。由令史出職爲建平縣尹（7A），歷浙西廉訪僉事（5A），以行臺監察御史（7A）致仕。〔註 169〕這個例子如果採用丹羽氏所謂監察御史陞爲正四品之說，那麼就毫無疑惑之處。但是如果丹羽氏所說不確，要解釋正五品轉正七品致仕的奇特現象，可以這樣推論，職品在元代類似宋代的「差遣」，也就是實際職務，而資品是寄祿、敘位之用，因此職品即使有變動，除非是左遷，否則資品通常不會受到影響，因此職品爲正七品的監察御史，之所以在遷轉過程中看似品級下降又忽然高升的現象，即在於其職品只是一種虛像，對於之後的升遷，資品與職務本身的重要性才是關鍵。

6、女眞人奧屯忽都魯的仕宦過程也可以佐證，其起家爲衡陽縣達魯花赤（6B），應爲廕出身，後來轉任同路興安縣尹（7B），遷西臺監察御史（7A），大德四年轉南臺監察御史，最後仕至廣西廉訪使，爲正三品。〔註 170〕奧屯忽都魯是由投下達魯花赤轉任非投下地區縣尹的例子，在其仕宦中兩任監察御史在升遷過程中也居於高升之前的位置，而投下上縣達魯花赤爲從六品，卻轉任從七品下縣縣尹，這是否是由投下官轉非投下官的「潛規則」，目前不清楚，但奧屯忽都魯的仕宦中，西臺、南台監察御史剛好位在從七品升正三品之間的位置。

7、烏古孫良楨（字幹卿，號約齋）爲廕任出身，其父爲元朝高官，他先廕補江陰州判官（7A）→武義縣尹（7A）→漳州、泉州、延平三路推官（6B）→西臺監察御史（7A）→西臺都事（7B）→御史臺監察御史（7A）→刑部員外郎（6B）→中書參議（4A）→中書參政（2B）→右丞→左丞（2A）。〔註 171〕不能否認的是烏古孫良楨的家世背景在其升遷上的重要性，但監察御史與都事兩職依然很巧的出現在高升之前，同樣的問題是職品亦在監察官員部分出現了波動。

8、貢師泰爲科舉出身，監察御史之職亦處於由五、六品邁向四品以上高官的關鍵點。貢師泰由進士授太和州判官（8A）→歙縣丞（8A）→紹興路推官（6B）→翰林待制（5A）→國子司業（5A）→監察御史（7A）→吏部侍郎

〔註 169〕　《畏齋集》卷 1，頁 35 下，〈壽東巖〉；卷 3，頁 8 下，〈東巖王公集後序〉；卷 5，頁 11，〈鏡波亭記〉。
〔註 170〕　《至正金陵新志》卷 6，頁 52 下。
〔註 171〕　《元史》卷 187，頁 4287～4290，〈烏古孫良楨傳〉。

（4A）→兵部侍郎（4A）→平江路總管（3A）→江浙參政（2B）→戶部尚書（3A）。〔註172〕貢師泰是少見的南人仕至二、三品高官者，監察御史所在的位置，與前面的例子具有類似的現象，目前還無法斷定監察御史、御史台都事兩職對於遷轉有幫助，但是這些類似現象也不能只用巧合來解釋。

9、再看色目人廉壽山海牙，由婺源州達魯花赤（5B）→蘭溪州達魯花赤（5B）→南臺監察御史（7A）→溫州路總管（3A）。〔註173〕他的遷轉非常單純，監察御史的位置也特別醒目。

舉例到此之後，回過頭去考慮丹羽氏的說法，以及從實例中察覺到資品與職品疑似脫節問題，或許可以有這樣一種推論。丹羽氏所說監察御史升至正四品，如果是指資品，即寄祿、敘位的憑藉，那麼可能性就比較高，從這些官員升遷過程中職品的上上下下呈現不太合理的波動，顯示職品可能已經虛級化，真正表示升遷的是資品，監察御史的職品則刻意保留正七品，是延續前代監察御史官卑職重、不畏去職之敢言傳統，故在史料所說之正七品為職品，而監察御史的祿位則為正四品，如此一來，就可以解釋官員遷轉過程中，品級忽然下降，又陡昇的奇怪曲線，而御史臺都事的問題似乎與監察御史類似，如果這樣的推論可以成立，那麼一方面可以解釋洪金富教授對於前輩學者丹羽友三郎說法的質疑，一方面也可以解釋筆者在縣級官員升遷過程中所遇到的怪現象。

因此，為何監察御史、御史臺都事這兩個職位很巧合的在縣級官員的遷轉中位在「關鍵」位置，正七品的職品常常使官員的遷轉路徑產生往下降級的表像，而為何丹羽氏提出監察御史為正四品之說，放在職品與資品分離的角度看，那麼不僅可以知道監察御史與御史臺都事在過程中並沒有真正的降級，而且如果是管民官轉任監察官員，在升遷上具有職官充吏之類轉換體系的作用，對於升遷的速度有所幫助。不僅是監察御史、御史臺都事，筆者認為資品與職品之間的不對應現象，可能不只於這兩個職務，只是目前透過縣級官員的遷轉路徑，發現這兩個官職的特別，總之，如果這樣的推論成立，這將是元代監察制度中不為人知的問題。

蒙古政權對於監察傳統可說完全陌生，而這種陌生感並不必然造成制度被矮化或忽視，亦有可能使之用全新的角度來看待監察機構的職務內容，事

〔註172〕《元史》卷187，頁4294～96，〈貢師泰傳〉
〔註173〕《至正金陵新志》卷6，58下。《弘治徽州府志》卷4，頁29。

實上沒有人能夠否定監察體系在治理上的防弊角色，以往的漢族王朝給監察御史較低的品秩，本就具有使其可以不因戀棧高位而怠忽職守，提供其發揮敢言的空間，因此元朝假如採用資品高而職品低的制度，不僅可以給予監察御史實際職權上應該有的待遇，也可以保持其位卑之表象。

第四章　牧民之道

　　縣級官員的制度性職責所轄可通稱爲縣政，但在傳統的治理狀況下，基層地方官扮演的角色遠比制度所規範要複雜許多，而這些超出職責之外的政治、社會行爲與造就官員心態的外在環境有關。

　　歷代官員在政治發展上都有類似的挑戰，例如循資遷轉考驗的是有限的生命；破格提拔需要的是不凡的人脈與機運。征服王朝的特質使元代的整體升遷管道阻礙更多，例如唐宋以來所謂「不歷州縣、不擬臺省」的原則不再適用，輾轉州縣成爲縣級官員仕宦的常態；選官制度的變遷使官吏來源紛雜，加上族群多元，無論是上下或平行的官場關係都相對複雜，因此元代縣官的政治、社會行爲就受到這些變遷的影響而顯示出時代特色。

　　縣級官員的制度性職責以考核的項目爲準，即所謂的「戶口增、田野闢、詞訟簡、盜賊息、賦役平」，元人吳澄（1249～1333）則認爲州縣官只要能「簡訟、均役」，其餘三事皆可水到渠成。〔註1〕意即縣級官員縣政的核心就在詞訟與錢穀（賦役）兩項，一般民眾主要也因爲這兩者，才能深刻感受到政府的存在與力量。在此之外，官員其他屬於非正式考核項目的「政績」，對於升遷、個人聲望、家族經營等方面或有助益，但是嚴格說來並非日常縣政，故可統稱爲善政。縣政通常是縣級官吏集體完成的工作，代表的是縣級官府的整體意志，但是善政有時候是州縣官個人的行爲，相對來說也是比較可以觀察縣官理念的部分。瞿同祖先生曾提到：「州縣政府的所有職能都由州縣官一人負責，州縣官就是『一人政府』，分配到地方的一切權力都無可分割地被確

〔註1〕　吳澄，《吳文正集》（元人文集珍本叢刊），卷19，頁25～27，〈廉吏前金谿縣尹李侯生祠記〉。

定為州縣官這一職位的獨享權力,其他一切僚屬顯然只扮演著無關緊要的角色。除非得到州縣官的委派(包括有獨立轄區的佐貳官),否則都沒有任何規定的權力。」〔註2〕故謂「官須自做、權操在手」,這種「一人政府」的說法,關鍵還是在於「權」,這在明清或許可以成立,但是元代的州縣在體制上有明顯的分權與制衡機制,故州縣官的個人意志通常較能發揮在縣政之外。

本章將透過詞訟、錢穀(賦役)、官員的犯罪、興學、神奇教化等種種政治行為,觀察元代縣級官員的各種角色,探討其意義。

一、公務流程

在討論官員的縣政之前,先就上任、公務流程與作息狀況進行簡述。元代的散府、州、縣官員通常在到任之後要先向所屬上級單位「公參」,意即報到,為了避免公參耽誤政務,因此至元初即彈性的規定:「百里之內,前詣公參;百里之外,止申到任月日。其本管上司並不得非理勾喚,失誤公事。」〔註3〕另外公參是否遵循宋代的「列拜於堂上,位高受參者答焉」的拜見儀禮,〔註4〕不得而知。而州縣吏員也有公參之規定。〔註5〕

縣級官員決議公務需經圜(圓)坐合議,這種普遍行於中書省到各級地方政府的制度,是元代結合了漢地廷議與草原忽里爾台(Quriltai)兩重精神的創舉。〔註6〕圓坐一辭在前代只是個概念性的形容詞,但在元朝卻可說是專有名詞。根據官方政書記載,圓坐的座次似可圖示如下:〔註7〕

〔註2〕 瞿同祖著,《清代地方政府》,頁334。
〔註3〕 《元史》卷83,頁2067,〈選舉三‧赴任程限〉。
〔註4〕 《宋會要輯稿》儀制5~2,〈羣官儀制〉。
〔註5〕 《元典章》上,吏部卷之6,頁33,〈路州縣吏勾補〉。
〔註6〕 《元代地方行政制度》,頁249~250。
〔註7〕 據《元典章》上,吏部卷之7,頁1下,〈品從座次等第〉所繪簡圖。

　　其中正官（州縣令尹）位置何在，難以確定，可能與長官（達魯花赤）
列座。中、下縣參與圓坐的佐貳官只有主簿時，縣尹是否在下與主簿對座？
並不清楚，上縣有縣丞與主簿，正官的位置似乎與長官同列可能性較高。縣
尉則因元代規定「專一巡捕」，不需署押縣事，〔註8〕因此除了治安相關的刑
獄案件會參與之外，通常不出席圓座討論，但是如果需要出席，座次顯然又
頗費思量。同級官員座次，「以先到任居上」，〔註9〕所謂的居上，應是以右、
左分尊卑。一般縣級官府的吏員編制上是四名，是否皆需在旁侍立、聽候差
遣只能猜測。吏員中應有翻譯人員，元人曾提到：「州縣守令上皆置監，動
惟國言」，故必須依賴「說譯人」，有些州縣官員「慮其（通譯）見欺」，故
學習「國語」，「不資用譯」，〔註10〕但無論長官、正官語言溝通是否無礙，
說譯人列席應是常態。

　　圓坐開始之前，首領官與吏員需共同擬定今日討論事項，會議開始官員
先依次在公座簿上簽到，因故不能參加者，公座簿上也必須「標附」。〔註11〕
會議開始先由首領官對讀議札內容（討論事項），然後進行討論，各抒己見，
接著根據共識裁決，裁決應屬長官、正官的權責。如有無法裁決的事項，則
擬成公文申報上級機構。〔註12〕首領官則依照會議結果，草擬公文，再由官
員「自下（卑）而上（尊）」依序簽押（職印），即使是請病假的官員，也要
由當值吏員送到其私宅畫押。〔註13〕假如官員因故無法親自簽押，可由對讀
的首領官代簽，代簽之處必須說明原因。〔註14〕最後則由達魯花赤取出公印，
交給正官親自按押於文書上，具有官方效力的文書就此成立，或是上呈上級
官府，或是頒行於下。

　　從這樣的制度來看，並無一人可以獨決的空間，但實際上制度的規範難
以保證弊端不生。圓坐的設計精神是分權與制衡的架構，但是執行的官吏可
能基於私人情誼、利益、行政上的因循苟且等等原因，而不貫徹制度。朝廷
曾經規定：

〔註8〕　《元典章》上，吏部卷之3，頁45，〈縣尉專一巡補〉。
〔註9〕　《元史》卷102，頁2611，〈刑法一・職制〉。
〔註10〕　姚燧，《牧庵集》卷24，頁5下～6上，〈譚公神道碑〉。
〔註11〕　《元典章》上，吏部卷之7，頁2上，〈圓坐署事〉。
〔註12〕　《元代地方行政制度》，頁252。
〔註13〕　《元典章》上，吏部卷之7，頁2上，〈官暫事故詣宅圓押〉。
〔註14〕　《元史》卷102，頁2611，〈刑法一・職志〉。

> 諸官府凡有保明官吏、推問刑獄、科徵差稅、應支分谷，必須圓簽
> 文字（有故者非）。今後非奉上司明文，毋得擅自科斂差役，如承准上
> 司許科明文，須要公廳圓押，不得用白帖子。科斂差役、支遣錢谷，
> 亦不得用職印行發係官文字，勾拽軍民人等。〔註15〕

這一段文字有一些訊息可以討論，例如用人、刑獄、賦稅以及官府的費用支
出（主要可能是公費支出與官吏薪俸等），都要通過圓坐簽押的流程才能生
效，尤其是徵發賦稅，即使是上級單位發下的許可文件，也必須是具備圓押
的條件才能執行。「白帖子」問題，應是當時常見的行政違法現象，似指只用
職印，沒有押公印的文書，而公印牽涉到達魯花赤的掌控權。類似的禁令在
《通制條格》中亦有，但規範的對象是路級官府，並且強調投下達魯花赤、
官吏與管軍官府皆禁止執行未圓僉的公文。〔註16〕「白帖子」問題也發生在
其他單位，例如朝廷下令管鈔庫的吏員「毋得遞相用白帖子出入侵借官錢，
如違，痛行追斷」。〔註17〕不過這些禁令都希望執行層級進行把關，但事實上
如果面對上級官府人員的壓力，職位較卑的官吏往往難以抗拒，因此屢下禁
令也顯示白帖子可能頗為氾濫。

　　制度上對於官吏權力架構的設計，是希望透過合議、制衡的精神避免弊
端，但制度執行的過程中，必然因為種種因素而產生制度無法預期的發展，
因此制度防弊之外，對於違紀的查核與懲處是否嚴格而確實也相當關鍵。蒙
元的體制中，官場的人際關係特別複雜，許多地方官府的官員，與上級地方
官府或者更高層級的貴族之間公私交錯，例如投下州、縣的長官與投下主之
間往往具有私屬關係，因此在制度運行中究竟是公的力量大，還是私人關係
佔上風，結果可想而知。

　　制度的執行要防弊就需要監督，像白帖子這樣的問題，通常會如何被發
覺呢？按照規定「諸省府以下百司，凡行公務，置朱銷簿，按治官以時考之」，
〔註18〕按治官由各道廉訪司派出監察官員定期出巡，〔註19〕朱銷簿則是提供
給按治官刷磨公務上是否有「違錯稽遲」，以為「量情治罪」之用，其中必

〔註15〕《元典章》上，吏部卷之7，頁2上，〈圓坐署事〉。
〔註16〕《通制條格》卷14，頁156，〈倉庫·關防〉。
〔註17〕《通制條格》卷14，頁157，〈倉庫·關防〉。
〔註18〕《元史》卷102，頁2611，〈刑法一·職制〉。
〔註19〕《元典章》上，臺綱卷之2，頁12上，〈監察巡按照刷〉；頁1上，〈察司巡按事理〉。

然有對於公文程序與內容的合法性與合理性的稽察。如無違法，則朱銷簿上
先蓋上書吏的「刷訖」墨印，再用監察官的朱色職印，即完成了按治的手續。
〔註20〕。

二、作 息

縣級官員按規定必須每日圜坐以便討論詞訟等公務，當然也有例行的休
假。大節日如天壽、冬至給假一日；春節、寒食給假三日；七月十五、十月
初一、立春、重午、立秋、重九、旬日等亦皆給假一日，如果有緊急公務則
可取消假期，這是中統年間的規定，其中旬日假一個月有三天。至元初連每
月的初一、初八、十五、廿三以及乙亥日都給假，〔註21〕如果原來的旬假未
因此取消的話，那麼縣級官員每個月至少有 7 天假日，與今日的週休二日也
相去不遠。

除了例行休假之外，作為縣級官員公務重點的訴訟，亦有停訟期。每年
的三月初一日到九月底，為不妨農事而停訟，至元廿四年規定「除公私債負
外，婚姻、良賤、家財、田宅，三月初一日住接詞狀，十月初一日舉行。若
有文案者，不須追究及不關農田戶計，隨即受理歸問」，〔註22〕確切的說，
停止的主要是民事訴訟，而刑事案件顯然不受停訟期的規範。胡祗遹曾經計
算地方官處理獄訟的日數，從十月初一到隔年三月初一共計 150 天，其中初
一、初八、十五、廿三這四日被稱為「刑禁假日」，〔註23〕「這日數，有性
命底也不著宰殺，有人根底也不打斷，這日數裏放假呵」。林林總總的例行
假日在非停訟期大約有 37 日，而「中間或遇同仕上官下任、吉凶慶弔、迎
送上司使客」等，還有非例行假，大致上處理詞訟的時間一年可能不滿百天，
如果再遇到「兩衙門約會相關、干證不圓、勘會不至、吏人事故（轉按、疾
病、上司勾追刷案）、經兩吏人手」等等狀況，真正理問民訟的時間，可能
一年只有數十日，而民訟只是縣政的一部分，其他諸如勸農、監督工程、上
級委差、追勾事務等等，胡祗遹不禁要問：「聰明疏通、公勤廉幹者，能決
幾事？」〔註24〕由此可以想見縣級官員在公務上的艱難以及地方治理的實

〔註20〕 《秋澗先生大全文集》卷83，頁 7 下～8 上，〈烏臺筆補・照刷例〉。
〔註21〕 《元典章》上，吏部卷之 5，頁 3 上，〈放假日頭體例〉。
〔註22〕 《元典章》下，刑部卷之 15，頁 25 上，〈年例停務月日〉。
〔註23〕 《吏學指南》雜著，頁 258，胡祗遹〈折獄雜條〉。
〔註24〕 《吏學指南》雜著，頁 258，胡祗遹〈折獄雜條〉。

況。

　　李治安先生曾經在專著中闢章論元代的縣官，主要是呈現他們的職責以及元代制度對於縣官素質的影響。〔註25〕本章除了縣官的簿書期會之外，更重要的是縣官的政治、社會行為所隱藏的意義，不僅看縣官需要作什麼，更要看縣官實際上作過什麼，以及為什麼要作。

　　元代的地方治理並不能獨立於中國歷史的主流發展之外，近世以來都認同地方官必須與當地菁英人士（Local Elite）、胥吏合作，才能順利完成統治，元代亦不例外。但元代的縣級官員在大趨勢之外，自有其時代性挑戰，例如特殊的從屬關係、創新的權力架構、多元的族群文化，更有前代所無的達魯花赤制度。因此縣級官員面對的政務可能與前代差異不大，但完成治理的過程卻遠遠複雜許多。因此，對於縣官的種種行為考述，或可定位他們在角色上的基調與變奏。

第一節　縣　政

一、詞訟與刑案

　　如果說處理刑、民事案件是親民官最重要的職能，應該無庸置疑，在最現實的升遷上，除了簿書期會之外，聽訟決獄也是最容易突顯的政績。胡祇遹指出司、縣是百姓訴訟的第一道關卡，民眾被禁止越過司、縣爭訟。縣級官府在民事案件上大部分有判決權，除了牽涉的刑責大多較輕，在審理上當地官府對於所轄地區的民情最為熟悉，故也最適合決斷；刑事案件一般則必須負責初步的勘驗調查，縣級官府所上呈的證據與意見，對於中央最後的判決亦具有決定性的影響，尤其是缺乏判例、法條可循的案件。因此無論是人命關天的刑案或小民的升斗之爭，縣級官府角色吃重。

（一）元代的法律原則

　　在討論刑名與詞訟的案例之前，必須先了解元代司法的原則與特色。元代司法上有些基本原則是任何案件都難以違背的，並且突顯了多元民族社會的需求。首先是「各從本俗」，〔註26〕由於縣級官府處理的案件以民事為主，

〔註25〕李治安，《元代政治制度研究》，頁178～221。

〔註26〕胡興東，《元代民事法律制度研究》（北京：中國社會科學出版社，2007），頁

中期以前牽涉到蒙古、色目人的詞訟，是由特設的法律機關審決，例如大宗正府與都護府。泰定之後，除了上都、大都所屬蒙古人，以及怯薛、軍站色目與漢人相犯的案件之外，一般的蒙古、色目人詞訟與漢族一樣，歸刑部、路、府、州、縣管理。〔註27〕因此，在牽涉到風俗、習慣、道德、宗教等民事案件中，「各從本俗」的原則可說彈性而務實。

　　再者，刑事與民事案件之間具有不同的法律特性，各從本俗的原則，使民事案件的法律特性顯得特別多元，成文法條與判例固然是詞訟的根據，但是當法條與判例都無法適用時，「酌古准今」與「各從本俗」，就成為法律運作的救濟之本。法制學者提出一個見解，即元代是將判例凌駕於法條之上的朝代，為中國法律制度的發展帶來的新的衝擊。〔註28〕如果這樣的說法成立，其影響是否及於明清或許是一個重要問題，但是目前學界傾向於認為元代滅亡之後其影響即不存，這或許需要更多的討論才能有比較明確的答案，但是有時候思考影響不能只看「正向的延續面」，反向的發展也是一種影響形式。比較重要的是，漢族王朝在民事的審理上是以傳統禮教文化作為基礎，但元朝多元民族與「各從本俗」的背景下，案件無判例可循是常見的狀況，往往必須上報議決，而中央也必須快速的「因事立法」，因此元代的判例與因判例形成法規的數量增加快又多，元代法律文書的編纂具有很突出的表現原因也在此。鄭介夫曾批評「遇事有難斤，則檢尋舊例，或中無所載，則旋行議擬，是百官莫知所守也」。〔註29〕從士人的角度來看，因事立法、依需收編是一種違反儒家準則的法律文化，官員百姓無所適從並且可能會誘使訴訟增加，一元而固定的成文法，是儒家士大夫「簡訟」的利器，官員可以有比較多的心證空間去運用，以便最終達到他們理想中的治理成效，但就現代「法意」的法律精神來看，因時、因事的判例、法規，其一致性與穩定性不足。

　　以判例法為主並不是元代自行發展的結果，中國法律制度一般是以成文法為主、判例為輔，到了清朝雖然規定不得將未頒行的判例、法規作為判決依據，判例只能引用作為一種參考，〔註30〕但即使是列為參考，也不能否認

13～14。
〔註27〕李明德，〈元待司法制度概述〉，收入《法學研究》第1期（1995），頁91～96。
〔註28〕胡興東，〈元代司法運作機制之研究〉，收入《雲南大學學報法學版》第19卷第6期（2006.11），頁118。
〔註29〕《元代奏議集錄》下，頁82，鄭介夫〈上奏一綱二十目‧定律〉。
〔註30〕瞿同祖，《清代地方政府》，頁208。

無適用法條時，判例的決定性作用。而思考元代的法律特色，則不能忽視中國法律制度發展史中，判例一直扮演成文法最重要的輔助。元代由於治下多元文化與民族的背景，中國原有的成文法本就難以涵蓋與適用，因此會出現判例適用凌駕於成文法之上的現象，可說是自然的趨勢，對長期被儒家一元文化壟罩的中國律法思維來說，各從本俗所產生的法律發展可能是一種「倒退」，但是就治理需要與被治理者來說，這種發展未嘗不是一種「進步」。

在縣級官員的司法權研究上，李治安先生曾有一些論述，主要是從縣級官府在國家司法體制中的位置來看，以及審理司法案件過程中縣級官員各自所扮演的角色，屬於體制面的探討，〔註31〕相較來說，法制學者所提供的法律文化分析，更為深刻。另外，最有元代特色的地方官制可說是達魯花赤，縣級達魯花赤在實際政務上究竟扮演什麼角色，一直以來都有許多不同的討論，也就是達魯花赤是否真正參與政務，權力範圍何在？這牽涉到縣政進行的過程中，其他縣級官員與達魯花赤特之間的關係。姚從吾先生認為達魯花赤為「宣差」；〔註32〕陳恆昭教授則認為達魯花赤只是名義上的首腦，真正的掌權者還是正官，〔註33〕此說法指的是路級，是否適用於縣級地方政府則缺乏討論。蕭啟慶師早年的作品指出達魯花赤是監視者（Supervisory）；〔註34〕而美國學者 Elizabeth Endicott-West 則認為雖然達魯花赤因為圓坐制度與缺乏直達天聽的管道，因此權力被削弱，並且喪失大汗代理人的資格，實際上達魯花赤的職權多變而複雜，不僅止於監印或者監視，民政角色日漸加強，〔註35〕其看法是從《元典章》中所得來的印象。確實在《元典章》中常常看到達魯花赤因種種民政失誤而受罰的案例，頗為符合 Endicott-West 所形容的「職責多變而複雜」。可以看看大德年間的一個案例：

> 劉子開告：大德五年六月內弟劉子勝買到香貨，至八月二十七日經
> 過遠江務，被吳大使（讓）用手執木拐將劉子勝決打身死，初復檢

〔註31〕李治安，《元代政治制度研究》，頁 204～210。

〔註32〕姚從吾，〈舊元史中達魯花赤初期的本義為「宣差」說〉，《台大文史哲學報》第 12 期（1963 年 11 月），頁 1～20。

〔註33〕Ch'en, Paul Heng-chao, *Chinese Legal Tradition under the Mongols：The Code of 1291 as Reconstructed.*（Princeton University Press, 1979），p.75。

〔註34〕Hsiao Ch'i-ch'ing, *The Military Establiment of the Yuan Dynasty,*（Harvard University Press, 1978），p154。Endicott-West, Elizabeth, *Mongolian Rule in China – Local Administration in the Yuan Dynasty*, p.22。

〔註35〕Endicott-West, Elizabeth, *Mongolian Rule in China – Local Administration in the Yuan Dynasty,*（Harvard University Press, 1989），pp.25-63。

驗官臨桂縣尹張輔翼、錄事司達魯花赤禿哥俱各驗作服毒身死，取
訖各各招伏。大德六年四月初四日欽遇釋免，除將犯人吳讓欽依釋
免追徵燒埋銀兩給付外，據張輔翼等職役令合干部分，議擬相應，
送刑部。議得縣尹張輔翼、達魯花赤禿哥所招務官吳讓將劉子勝決
打身死，虛作服毒身死，回報罪經釋免，擬合依例解見任，期年後
降先職一等，放雜職內任用。〔註36〕

這個案子最初受理的縣級衙門臨桂縣所在爲湖廣行省靜江路，臨桂是倚廓
縣，城中設有錄事司，因爲偏遠地區，故禿哥兼任了錄事司與縣達魯花赤。
調查命案的死因就由縣尹與達魯花赤來主持，禿哥與張輔翼在驗屍公務中扮
演對驗的角色，亦即透過各別驗屍報告來降低誤判或弊端，結果是兩者狼狽
爲奸，這個案子因爲原告家屬不平而另尋管道透過御史臺上告到中書省，最
後縣令、達魯花赤都被解職，此案後來更成爲幾年之後另外一案的依循判例。
這個案例顯示達魯花赤有獨立調查刑案的事實與責任，當然是希望可以制衡
縣尹的權力，合乎元代制度精神，只是防弊的設計在執行上所呈現的又是另
外一種發展。

　　假如達魯花赤親自處置縣政是一種常態，那麼縣級官吏就不僅僅是多了
一位「長官」監督這麼單純。基層的達魯花赤不僅是監印，更不是大汗的分
身，也沒有不同於其他縣級官員的政治特權（就像 Endicott-West 所提到的直
達天聽），因此達魯花赤至少在縣的層級，已經從「宣差」轉型爲漢式行政官，
縣衙的長官與正官顯然是雙首長的治理模式，在遷轉上如果先不論個人的特
殊背景條件，達魯花赤的政績要求與縣令並無二端，因此達魯花赤在公務上
就得爭取同僚合作，在社會上就必須得到當地人士的認同，以建立個人聲望，
因此蒙元統治文化中最具特色的達魯花赤在縣級官府的角色似乎有所質變。

（二）詞訟案件

胡祇遹曰：

司、縣者，親民之官，日與小民相親，情僞易見，不能欺蔽，責任
不可不專。不專則怠惰推遞，紛亂繁冗，久不能決。故罪有五十、
七十以下，司縣決之。小民所爭訟，不過婚姻、債負、良賤、土田、
房舍、牛畜、鬬毆而已，所犯若無重罪，司、縣皆當取決。〔註37〕

〔註36〕《元典章》下，刑部卷之 16，頁 12 上，〈刑名枉錯斷例〉。
〔註37〕《全元文》第 5 冊，頁 586，胡祇遹〈縣政要式〉。

其中「罪有五十、七十以下」，似乎爲「五十七以下」之誤，根據元代政書記載：「諸杖罪五十七以下，並聽司、縣斷決」。〔註 38〕而其中所謂的「杖罪」其實是笞刑，所謂：「笞，大頭徑二分七厘，小頭徑一分七厘，罪五十七以下用之。」〔註 39〕縣級衙門是最基層的法庭，民事案件是縣級衙門少數的專決項目，因此，如果能夠有效率的理訟或止訟，必然是考課上重要的政績。雖然「自理詞訟」的範圍僅限於笞五十七以下的輕罪，但訴訟發生頻率最高的本就不是重大刑案，因此民事案件才是縣級官府介入民眾生活最重要的媒介，也是民眾感受到官方力量的主要來源。

自古以來，訟平政理即爲縣官要務，而歷代儒家士大夫出身的州縣官，對於詞訟的態度都是「預防勝於治療」，也就是理訟不如止訟，因此審理詞訟的基本態度與終極目標就是息訟，審案過程中的考量不光是順法，也要順勢、順情、順理，而沒有法條或判例可循的狀況下，縣官的自由心證空間更大。

元人王結（1275～1336）對於理訟有以下的看法：

> 作事謀始，古人所貴。後世文約契卷，蓋亦謹始之道，所以防其爭且欺也。近年風俗偷薄，巧僞日增，凡田宅、婚姻、債負、良賤，偶因要約不明，多致爭訟昏賴，紊亂官府，動涉歲年，干礙平人，妨誤生計。亦有詐立契約，公肆欺謾者。然理曲之人，終亦敗露，身負罪責，名陷凶徒，竟亦何得也。今後民間婚姻、田宅等事及兩相貿易，合立文約者，皆須分明，開寫年月、價值、期限證佐，以備他日檢勘。防閑既密，爭告漸稀，欺僞之徒，自有刑憲，是亦善風俗止詞訟之一事也。〔註 40〕

王結祖父爲成吉思汗的西征質子軍，祖母爲色目人阿魯渾氏，他本人是仁宗潛邸舊人，三代皆爲政治菁英，家族文化底蘊多元。〔註 41〕王結接受儒家經學教育，政治理念則具有濃厚的實學傾向。〔註 42〕從他的背景來觀察王結對於理訟的態度，首先可以發現他的大原則不脫儒家善風俗止詞訟的終極目

〔註 38〕《元典章》上，朝綱卷之 1，頁 2，〈省部減繁格例〉；下，刑部卷之 1，頁 1 下，〈罪名府縣斷隸〉。

〔註 39〕《元史》卷 103，頁 2635，〈刑法二‧職制下〉。

〔註 40〕《吏學指南》，善俗要義，頁 363，王結〈三十一曰明要約〉。

〔註 41〕蘇天爵，《滋溪文稿》卷 23，頁 387，〈行狀二‧元故資政大夫中書左丞知經筵事王公行狀〉。

〔註 42〕《元史》卷 178，頁 4144，〈王結傳〉。

標，但是相對於宋代士大夫較常標榜的「無訟」理想，顯然除了綱常倫理、淳厚風俗的道德軟方法之外，他較為務實的提出「文史」風格的措施，以完備的文約內容預防爭訟，擴大儒家「善俗」之法的定義。王結的的謀始之道簡要具體，積極面是止訟，消極面也可以提高決訟的效率與準確度。

元代詞訟中較具特色的莫過於牽涉到文化衝突的法律案件，在般陽府路下的蒲臺縣（投下縣）至元時期曾上報中書省關於收繼婚與婦女守節的爭訟，當時的蒲臺尹為杜世昌（1240～1299）。杜世昌家族與蒙古親貴頗有淵源，父親為濟南王按只歹參謀，通國語，代為治理宗王家族在濟南路的投下州縣，杜世昌亦通國語，曾任蒲臺與商河兩縣達魯花赤，至元之後改任行政官員，歷長青、昌邑與蒲臺縣尹，後以監察御史、提刑按察副使、益都路總管，仕至刑部尚書，宦途順遂。〔註43〕

蒲臺尹任內發生小叔韓進在兄長過世後，想依例收繼兄嫂阿莊（臧），阿莊欲守節不願續親，韓進因此告到官府，蒲臺縣衙對收繼與守節兩種價值觀顯然沒有特定立場，對阿莊也未特別表示同情，無法定奪的原因是在此之前惟有「婦人夫亡，服闋守志者聽，其舅姑不得一面改嫁」之條款，但是當守志與收繼衝突時，究竟要依例收繼，還是聽其守志？此案無被逼改嫁問題，也無舅姑參與，判決的難題在於要維護應繼者的權利，依循北方社會舊慣；還是要根據夫亡守志的法條，嘉許寡婦不事二夫的儒家道德觀。在此之前曹州也發生過婦人法都馬不願被小叔阿散收繼之訟，此案當事人似非漢族，當時判決法都馬不得改嫁，但聽其守志與子同居。因此根據法都馬案之例，判決阿莊守志、但不得改嫁。為了避免類似案件爭訟再起，大汗下令：「今後似此守志婦人，應繼人不得搔擾，聽從守志，如卻行召嫁，將各人斷罪，更令應繼人收繼。」〔註44〕

此案雖屬民事，但根據元代違法「收繼」的相關刑責最高為一百七下，〔註45〕而且韓進告阿莊案中，阿莊提出以守志不嫁取代收繼，如有違反願受一百七下，因此判決權就轉移到了中書省。從這個案例可以觀察到一些現象：收繼與守志兩種頗有衝突的價值觀在深受北亞民族影響的北方社會之

〔註43〕危素，《危太樸續集》（元人文集珍本叢刊），卷7，頁1，〈忠肅杜公行狀〉；另收入《全元文》第48冊，頁397～399根據行狀所載杜世昌約於至元十二年到十六年間任蒲臺縣尹，而此案上報於中書省約為至元十三年期間。

〔註44〕《元典章》上，戶部卷之4，頁27上，〈守志婦不收繼〉。

〔註45〕《元典章》上，戶部卷之4，頁1下，〈婚姻〉。

中，都是可以被接受的價值觀；刑事案件之外，縣級官府對於民事案件的判決權也部分被中央侵奪，顯示州縣自決範圍窄化；而元代的法律原則在文化衝突案件中展露無遺，也顯示各從本俗在文化多元的社會中必要而務實；儒家價值觀至少在北方社會中不具特別優勢。

此類案件所形成的判例結果是遵從寡婦意願，認同守志的價值，在成宗大德年間更下令地方官府對於生活有問題的守志寡婦要給糧撫卹。〔註46〕仁宗延祐年間，更有特殊情況下「兄亡嫂嫁，小叔不得收」之法，有法制史研究者引用此一案件，證明「收繼婚」受到禁止的趨勢，〔註47〕但就史料前因來看，此一禁令背景為紹興路「貧民因值飢荒，夫妻不能相保，將妻嫁賣，情非得已。其元夫已亡，後夫又有所出」，前夫之弟事後以收嫂体例爭告收繼，〔註48〕改嫁是前夫所作的決定，只是之後夫亡，小叔的收繼權與現任丈夫所付出的嫁賣之財，權益衝突，引起紛爭，因此政府才下令兄亡嫂嫁、小叔不得收，這並非用來廢止夫亡改嫁、應繼人依例收繼的舊法，而是為了平息當地因為特有情勢所導致的爭訟。當然元代基本上是禁止漢族收繼，因為各從本俗是最不會引起爭議的治理原則。但各從本俗其實是一種方便取向的統治態度，甚至可以說是文化放任，與歷代漢族政權在政治統一之後的作法大相逕庭，這是蒙元的治理特色，後來的滿族政權清朝依循的也是漢族王朝的方式。總之，在法治上各從本俗追求就是治理方式的簡單化與務實性，但對於法律所應具備的一致性與穩定性則產生破壞。

州縣自決權的大小對於地方治理孰優孰劣，難以斷言。以金代來說，州縣權力頗大，甚至在非常時期有州縣專決之情況，南宋的縣級官府也掌管杖以下的司法自決權，相對來說，元代的縣級官府在詞訟判決權上，限縮不少。可以說蒙元在法制原則上寬鬆化；法律管轄權則分層集權化，治理權被層層行政機構分割，並收歸於中央。現實而言，元代的縣級官員背景複雜，因為不同背景會有不一樣的治理思維難以維持「心之所同」，因此一個彈性而易懂的最高原則頗為必要，同時親民官的個人價值觀不見得能夠適應案件的多元性，限縮判決權有助於預防民事案件轉變為文化衝突，但是從另一方面來看，連許多民事性質的案件都必須由中書六部來作最後的決斷，耗日費時，對於

〔註46〕《通制條格》卷3，頁40，〈戶令二・夫亡守志〉。
〔註47〕周莎，〈收繼婚的法理探析〉（北京：中央民族大學碩士論文，2009），頁17。
〔註48〕《元典章》上，戶部卷之4，頁25上，〈兄亡嫂嫁小叔不得收〉。

中央與地方來說，簿書的行政負擔也勢必加重，這對於治理效能自然有負面影響，但是對於蒙元統治者來說，各從本俗在治理上的便利性與必要性遠遠凌駕於效率問題。

（三）人命官司

所謂「一婦銜冤、三年不雨」，[註49]反映的是刑獄清明與否對於國運的影響，刑獄的判決權雖不在縣級官府，但是縣級官府有初審與蒐證的權責，上級機關基本上是根據縣級官府的證據與供詞審決，因此縣級官府具有潛在的引導角色。古代的民事、刑事案件的區別並不是非常清楚，只是為了方便討論，本小節的範圍限定在田宅、婚姻、債負、良賤之外的案件，例如人命、傷害、竊盜、強盜等牽涉刑責較重的案件。

贛州路贛縣有一案例，是關於縣尹收賄違例開棺驗屍的曲折案件，最終導致縣尹解職，從中來觀察元代刑案的蒐證與縣官吏之間的權責互動。

> 延祐三年六月初十日，贛州路贛縣劉元八告：娶陳氏慶一為妻，因病身死，埋殯了當，有丘縣尹差人監元八開棺檢驗，委因病死，被本縣官典司吏取受託鈔定，追問得縣尹丘恢狀招：『延祐三年四月二十五日，有鄭茂珍告：女外甥陳氏慶一娘嫁劉元八為妻，不知本婦四何身死，信憑司吏鍾鼎狀外，審責出鄭茂珍浮詞變易元告詞情，擬係身死不明，違例開棺檢驗。有根隨人應徐兒對說劉元八，有中統鈔五定送官人計求照覷。至二十八日有劉元八將到鈔五定分付應徐兒轉付與恢收接，至六月初五日，分司下馬，惟恐劉元八告發，即將前鈔分付應徐兒收留，回付不到，元主招伏是實。』[註50]

這個案件中牽涉到的官吏有贛縣尹丘恢、司吏鍾鼎，還有一位身分曖昧的有根隨人應徐兒，扮演收受賄鈔的白手套。贛縣是封給太祖大斡耳朵的江南戶鈔戶，這位有根隨人是否為蒙古親貴的私人，無法確知，但身分頗為特殊。案件起源於已出嫁的陳慶一娘死亡，丈夫劉元八說是病死，娘家舅舅鄭茂珍對外甥女的死因有所質疑，提出控訴，縣尹丘恢差人開棺驗屍，這時後應徐兒這位特殊人物私下要求劉元八「花錢消災」，劉元八或為心虛或為息事，依照要求給鈔，開棺驗屍之後就以病死結案。後來被江西廉訪司揭發縣官違例開棺驗屍以及收受賄鈔的弊案。

〔註49〕 《元代奏議集錄》下，頁215，張珪〈論當世得失〉。
〔註50〕 《元典章新集》下，刑部，頁1，〈檢驗・丘縣尹將病死人檢驗取受〉。

縣尹丘恢最終受笞解職，但是司吏鍾鼎、應徐兒兩人皆未受到懲處，這個案件中見不到達魯花赤、主簿、縣尉等官員參與的記載。根據元代史料，檢屍必須由管民正官擔任，帶領典史、司吏、仵作行人一起即時親赴現場。〔註51〕但是實際上縣尹偶或只差派巡檢、典史、司吏代替自己，這個案件中的丘縣尹就沒有親赴現場，明顯違反規定。根據檢屍規定，州縣正官如不「即時」檢屍，導致蒐證困難，將受笞三十七下，如果不親自驗屍，影響斷案，除了受笞之外，更要根據案情輕重論罪黜降，首領官吏與仵作行人也各有笞、杖等程度不同的罰則。〔註52〕丘縣尹的罪責根據的顯然就是檢屍規範，但是這次的事件中，司吏有無受到懲處，史料中無法得知。

回過頭去看本章開頭引用過的劉子開案，縣尹與達魯花赤分別擔任初驗與覆驗官的角色，是不是表示惟有當初驗無法滿足蒐證需求時，達魯花赤才執行覆驗，以考驗縣縣尹的工作是否有問題，就兩個案例對照，似有可能，也就是每一次達魯花赤並不必然覆驗。如果說達魯花赤的監臨角色要有所變化，那麼透過同樣的工作來扮演對驗正官在公務上是否違錯，成為第一道防弊牆，這可以說是達魯花赤角色轉變的合理方向。

刑案調查的重要基礎為法醫技術與制度的發展，元代在這一方面有甚麼特別之處，這得從縣級官員王與的《無冤錄》來看。王與（1261～1346）所著《無冤錄》與宋代《洗冤錄》、《平冤錄》並稱法醫三錄，他自稱東甌（今溫州）人，生平資料不多，《全元文》只收錄其一篇序文。生於宋末、卒於元後期，「少有成人志度，劬學不輟，尤注意於律」，歷任浙江數縣司吏、佐貳官，後曾任錄事、縣尹，〔註53〕縣級履歷完整。王與對於刑案檢驗的注意，可能跟他仕宦的過程有關，司吏與正官都是驗屍工作的主角。王與認為儒家的「無刑之期」必須從重視檢驗學這樣的基礎作起，但是這種「專業」在傳統儒學的概念上頂多是一種「術」，登不了大雅之堂。研究司法檢驗的學者認為王與的《無冤錄》雖以《洗冤錄》為藍本，但是其內容輯錄了元代前、中期的官吏章程、條格，並對《洗冤錄》、《平冤錄》進行駁正與補充，代表著元代在法醫學體系與理論上更臻完善。〔註54〕法醫一詞或許過於現代，王與

〔註51〕 王與，《無冤錄》卷上，頁143～144，〈格例・正官檢屍及受理人命詞訟〉，收入黃時鑑點校，《元代法律資料輯存》（杭州：浙江古籍出版社，1988）。
〔註52〕 《大元檢屍記》，頁101，收入黃時鑑點校，《元代法律資料輯存》（杭州：浙江古籍出版社，1988）。
〔註53〕 閻曉君，《出土文獻與古代司法檢驗史研究》（北京：文物出版社，2005），頁187。
〔註54〕 閻曉君，《出土文獻與古代司法檢驗史研究》，頁189。

的著作事實上教育的對象並不是仵作，而是必須了解驗屍過程的官吏，因此
《無冤錄》與其說是法醫書，不如說是官吏治民之「術」的教學書。特別的
是，王與爲由吏出身的縣級官員，因此他具有前代進士州縣官背景上所缺乏
的基層實務經驗，他提到許多細節，例如以往檢驗的度量衡沒有統一，常常
使用一般的營造尺來驗屍，傷口或致命位置的準確度都受到影響；又提到驗
毒用的銀釵都是臨時借用，如果銀的成分不足或使用僞銀，那麼根本無法辨
明是否中毒。因此，他認爲驗屍尺與銀釵這一類「法物」，既然是用來落實國
家的「法」，製作與使用就必須統一由官方掌控。〔註55〕這些技術性的問題，
是以往進士出身的州縣官難以知曉或者願意深入了解的「枝微末節」。但是元
代的州縣官，因爲來源複雜，具備的各種「技能」也特別多元，這些「術」
也成爲治民之「道」，不得不讓人對於吏員出身的縣級官員在治民理念上的變
化產生興趣，這也是元代的一個特色。

二、錢糧賦役

　　平獄訟、均賦役是牧民官最基本的兩項政績，也是歷代縣級官員的共同
挑戰，但是獄訟是否眞平、賦役是否已均，史料往往是溢美多於實際，因此
討論的重點不放在哪位縣官被認爲作到了五事均備，而是透過實際的案例來
看元代的縣官處理縣政遭遇甚麼問題，而這些問題有什麼意義，與元代的政
治環境又有何種關係。錢糧賦役也是從這樣的角度切入。

　　均平賦役爲民政之要，這是政府治理的共識，但賦役不均也是一種現實。
先看元代的賦稅制度概略，根據《元史‧食貨志》：

> 元之取民，大率以唐爲法。其取於内郡者，曰丁稅，曰地稅，此倣
> 唐之租庸調也。取於江南者，曰秋稅，曰夏稅，此倣唐之兩稅也。
> 〔註56〕

由此可見元代在稅賦上，南、北制度不同，柯紹忞曾經評論元代的賦稅「計
戶、計丁、計畝、丁稅、地稅者，歷代之所同也。至民戶之充差發，則開除
於分撥，收繫於添額協濟者，其事尤膠轕煩碎，爲歷代所未有焉。」〔註57〕
要而言之，元代賦稅制度的第一個特點就是沒有統一的制度，這是因爲遼闊
的地域、多元的民族以及多樣的經濟型態，看似無章法，其實又是一種各依本

〔註55〕閻曉君，《出土文獻與古代司法檢驗史研究》，頁191～192。
〔註56〕《元史》卷93，頁2357，〈食貨一‧稅糧〉。
〔註57〕柯紹忞，《新元史》卷68，〈食貨志〉。

俗的治理原則。而以中國本土來說，蒙元在稅賦制度上最具特色的，莫過於依
照職業分戶，再依照戶籍區別稅、役負擔，即所謂的戶計制度。〔註58〕其中最
受元史研究者注意的大約就是儒戶，儒戶是免除差役，只需要負擔田租、商稅
的戶籍。〔註59〕另外像打捕鷹房戶是頗有征服王朝特色的戶計，類同於遼代的
獵戶、金代的鷹坊，其義務基本上是爲皇室貴族服務，提供祭祀宗廟的鮮食、
飼養鷹隼、供應捕獵勞役、送納皮貨等，但在某些投下地區的打捕鷹房戶可能
受限於地理特性，送納的也有絲、糧，〔註60〕已經脫離原來設置打捕鷹房戶的
作用，對於皇室貴族的服務由複雜的勞動項目轉成錢、糧供應。

　　以上是舉例介紹，元代的戶計相當繁雜，難以一一討論，也不是本節的
主題。簡單的說，蒙古統治者基本上依照職業背景將戶口分類，某些戶口類
的賦役只爲特定對象服務，這對於整體的國家財政產生不利的影響，且蒙古
王公貴族還有大量的驅口、怯憐口（ger-ün köüd n 即私屬）、歷代大汗分封的
湯沐邑人戶，這些人原本應該屬於國家的錢糧賦役，都被納爲私人享用，這
是蒙古公產制的遺留，也是大一統治理中侵蝕國家財政的隱憂。賦役錢糧的
徵收工作歸縣級官府管轄的部分爲民戶，就是務農爲主的戶口，通常身分爲
佃農、半自耕農、自耕農、小地主以及無丁戶絕的軍、站戶改爲民籍者。而
縣級官府依賴的是更基層的組織，城鎮有隅、坊，設隅正、坊長；鄉村有鄉、
都，設里正、主首，都之下還有村社，以自然村爲基礎，一般五十戶爲一社，
但是並不固定，亦有百戶爲一社，小村的話也有二、三村合爲一社，每社由
一通農事耆老擔任社長。〔註61〕這些基層組織的最主要任務就是勸課農桑，
其實說穿了就是監督民戶的勞動，保證賦稅的順利徵收。

　　必須說明的是，居住在同一個州縣之內的人口，必然不會只有民戶，而
是各色戶計皆有，隅、坊、都、社負責管理的人戶原則上包含各色戶計，但
是賦役的徵發則每一種戶計都有自屬的管理機構，例如軍戶由奧魯管理；匠
戶由所在提舉司管理，上述的基層組織在賦役徵發上只管民戶，對於其餘的
戶計，坊、都、社等扮演的是賦役徵收之外的代管角色。〔註62〕

〔註58〕高樹林，《元代賦役制度研究》（保定：河北大學出版社，1997），頁9～10。
〔註59〕蕭啓慶，〈元代的儒戶——儒士地位演進史上的一章〉，收入氏著《内北國而
　　　　外中國——蒙元史研究》上冊，（北京：中華書局，2007），頁253～291。
〔註60〕高樹林，《元代賦役制度研究》，頁217～219。
〔註61〕全晰綱，〈元代的村社制度〉，《山東師大學報》（1996年第6期），頁35～54。
〔註62〕高樹林，《元代賦役制度研究》，頁144～148。

　　徵發賦役最重要的憑據是準確的人口與田產登記，元代爲諸色戶計都設有鼠尾簿，這是延續宋代以「民戶稅產、物力高下」分戶爲五等來徵發差役的作法，但是元代的鼠尾簿用途包含錢糧力役，戶等的分法也有變動，分上中下三等，每等再分三級。爲了資料的有效性，鼠尾簿在各戶之後都預留空紙一面，以便「丁口死亡，或成丁，或產業孳畜增添消乏」時方便標注，而人丁產業的變動，就是由社長來通報，再由官府掌簿吏人進行更動，凡遇「差發、絲銀、稅糧、夫役、車牛、造作、起發當軍」，都依靠檢點鼠尾簿，分數科攤。〔註63〕由此觀之，鼠尾簿是否確實依照變動整理，就牽涉到賦役執行時的公正性與防弊性，但可以想見的是，除非地方官到任皆看重簿書的更新整理與賦役的公平，否則鼠尾簿這一類文書往往是形同虛設，《元典章》就提到：

> 親民各州司縣，……往往信憑罷閑公吏，久占貼書，安停茶食之人，結構豪霸，把持官府，通同作弊，不將稅糧、戶籍、丁產驗數多寡，編排鼠尾……欺瞞官府，賣弄周遍，卻將糧戶力薄該免雜役、產去稅存者，動搖勾攝，那上償下，脫富差貧，……以致富豪恣逞奸雄，貧下之家破產，及至催糧之際尚有鄉、都不曾差定，公然缺役，遂使錢糧不辦，失誤限期，敗政害民，莫此爲甚。〔註64〕

上述的情況至少是宋代以來地方治理受胥吏操縱的普遍性弊端，但是如果地方官有心振作，其實賦役不均的問題還是可以透過整理稅籍資料來改善，徽州路休寧縣就有一個例子。休寧縣人口眾多，婺源本來是其所轄之鄉，後來因爲人口滋繁，獨立爲縣，更升爲州，這樣的大縣在治理上應該是重點，但是據說其稅籍文書有二十年沒有更新，導致上述《元典章》所載之弊端，新任縣尹就因爲致力於解決賦役不均問題而治聲鵲起：

> 休寧，徽劇縣，人傳版五萬、稅額二萬餘緡。有司因循苟且二十年，籍未章，屬鄉差徭富若貧倒置，夏秋催科，追擊杖箠，事弗克集。至正五年歲在實沈，諏興唐侯承中朝命，洎治是邑，確守廉潔，決事以明，首察積弊駭愕噯嘆，咨度量規畫，一示墻壁，間謂胥吏貪墨，遴選閭裏良民觴於庭，俾家至戶喻察恆產有無，聿新稅籍，削逃徒並詭異秋毫底實，逮三月告成，簿書朦朧旣夊，一旦櫛別絲分，

〔註63〕徐元瑞著、楊訥點校，《吏學指南（外三種）》，雜著，頁235，胡祇遹〈縣政要式〉。

〔註64〕《元典章新集》下，戶部，頁3上，〈賦役・差役驗鼠尾糧數依次點差〉。

如揭皫日，閤邑士民舉欣欣色喜。〔註65〕

唐縣尹指的是唐棣，字子華，湖州歸安人，善山水畫，歷江陰州學教授，轉嘉興路照磨，至正五年出職為休寧縣尹，以吳江州知州致仕。〔註66〕由於「下車之始即覈田稅、定民役」，因此「鮮少追需徵調，悉就矩程」，休寧當地甚至為他立生祠。〔註67〕如果說輕徭薄賦在征服王朝之下是不可能的任務，那麼追求以均賦役為善政目標的縣級官員，唐棣的治理之法就是一種具體的範例。

如果地方官沒有採取主動性，地方人士也可以聯合有力者來改善賦役不均的問題，在元初至元間，上海縣的殷實之家苦於坊長、里正之差役，因此找上居於上海的前管領海船萬戶費寀（榕），費氏素有輕財好施，勇於為義之聲，人稱「費佛子」。〔註68〕由他帶領地方耆老採取主動，預防坊正差役病民的弊端，並確保租稅可以順利徵收。這是一次由民間主動影響官府治理的案例，其中最關鍵的人物當然是費萬戶，其號召力可能遠遠超過親民流官，他自己率先輸幣，其他殷實之家效尤，購買田地作為義田，義田的收益就作為助役之資，不僅作為坊長、里正當差的經費，更可以成為租稅徵收額數不足時的後盾，目標是「上不失公家之務而下可以緩民力」。〔註69〕這是由下而上的自治，也顯示出在治理上官府只是一個方面的力量。

同樣在上海縣，元中期則因為縣官的主動，賦稅相關問題又獲得改善，這次是由上海縣丞鄧巨川（字伯川，真定人）來推動。起因為上海縣必須上繳的秋糧被定為粳米，但是當地土壤並不肥沃，無法種植稻穀，歷任官員因循無為，只知峻期取盈，導致「富有力者轉糴以輸，貧無所措則里正代償，因而破盪轉徙，邑民重困」，鄧巨川到任之後，詢知其弊，建議將上海縣的秋稅改為當地特產豆麥，輾轉上報於行省，沒多久鄧氏轉任省掾，不忘此事，

〔註65〕 汪克寬，《環谷集》（四庫全書）卷4，頁18，〈唐縣尹改政稅籍詩卷序〉；收入《全元文》第52冊，頁112。

〔註66〕 顧瑛編，《草堂雅集》（玉海堂影刊元本）卷4，頁5，張翥〈送唐子華赴江陰教授〉；傅若金，《傅與礪詩集》（嘉業堂刊本）卷5，頁8下，〈送唐子華赴嘉興照磨〉；李賢，《大明一統志》（清初本，台北：文海出版社，1965）卷16，頁22下。

〔註67〕 楊翮，《佩玉齋類稿》（四庫全書）卷2，頁16，〈唐縣尹生祠記〉。

〔註68〕 《金華黃先生文集》卷30，頁25下，〈費氏先墓石表〉；陶宗儀，《南村輟耕錄》（中華書局點校本），卷7，頁83，〈斛銘〉。

〔註69〕 《全元文》第32冊，頁230，王艮〈上海縣坊正助役義田記〉；《江南通志》（四庫全書）卷76，頁6下～7上，〈食貨志·徭役〉。

更利用中央政府的人脈爲上海縣民請命，終於獲得同意。泰定二年秋糧改徵豆麥，而出資刻石立碑讚揚鄧氏德政者，又是費案（榕）。〔註70〕這兩個案例顯示地方官府在賦稅制度上雖然扮演的主要是執行者的角色，但是因爲熟知土宜，因此當賦稅徵發遭遇困難，有心者是可以建議中央政府更動政策細節；而地方人士則在官府無所爲時，自主性的發揮社會上的力量，改善因爲政治環境變遷所帶來的問題，兩種力量的交互影響，構成了社會穩定發展的支撐。

　　以上所討論的都是比較正面的縣官治績，當然地方官不會都是奉公守法、愛民如子的循吏，元代官員的來源複雜，教育背景與爲官之道南轅北轍，就算是受儒家教育出身的官員，也無法保證素質，而縣級官員大多由吏、由薦舉等來源爲主，更是魚龍混雜，主導官場風氣的價值觀也不再統一。除了出身會影響到官員的素質之外，考核與懲處對於約束官吏也有重要作用，考核通常是看正面表現，而懲處則是看負面行爲，下一小節將討論縣級官員的違法亂紀與懲處，案例的出處皆爲《元典章》，因爲一般史料中的官員犯罪，通常沒有清楚的懲處結果，例如監察官員王惲曾經糾彈縣官，〔註71〕但是內容缺乏如何懲處犯罪官員，因此史料的使用有其侷限，特此說明。

三、縣級官員的犯罪與懲處

　　親民官吏利用職權危害民眾權益的機會大多在審理獄訟，因爲親民官的決策權不大，少數有專決權力的項目就在司法案件，這也是縣級官府展現政治力量的場域。胡祇遹說：

> 稽遲害民，甚於違錯。若詞訟到官，立便決斷，案牘之間雖欲文過飾非，錯失自見，小民銜冤，隨即別有赴訴。司縣違錯，州府辨明改正；州府違錯，按察司辨明改正。小民無淹滯枉屈之冤，官吏當違背錯失之罪。近年奸貪官吏恐負罪責，事事不爲斷決，至於兩詞屈直顯然明白，故爲稽遲，輕則數月，甚則一年二年，以至本官任終，本司吏更換數人，而不決斷。元告、被論兩家公共賄賂，又不決斷，歲月既久，隨銜困苦，破家壞產，廢失農務歲計，不免商和。

〔註70〕《全元文》第37冊，頁176，湯彌昌〈上海縣苗糧改科豆麥記〉；第52冊，頁21重複收錄此文，作者載爲「楊」彌昌，疑誤。

〔註71〕《秋澗大全文集》卷84，頁1，〈烏臺筆補‧彈聊城縣官污濫事狀〉。

商和之心，本非得已，皆出於姦吏揹勒延遲之計。兩家賄賂，錢多
者勝，以屈爲直，以直爲屈，不勝偏倍。條畫雖定大小中三事限次，
終無明白罪責。擬合照依違限條畫，初犯職官罰俸一月，兩犯罰俸
兩月，三犯的決罷職。吏人初犯的（笞？）決，再犯決罷。因稽遲
而揹勒商和者，尤不可准，罪責加稽遲一等。伏乞申臺呈省，如蒙
俯允，乞賜遍示天下，將此情弊斷例，省諭府州司縣，大字眞書於
各衙廳壁，以示懲誡。〔註72〕

胡氏所指就是縣級官府對於司法案件的遲滯拖延，認爲這比錯誤的判決還要
嚴重，影響民眾生活甚鉅。其中提出處罰官吏稽遲官司的規範，是因爲以往
稽遲詞訟即使被發現，亦只「笞縣吏一二十下」，〔註73〕「責吏不責官」效果
不彰。所以他建議「吏則受杖，官則罰俸降等，追官解見任，庶幾令行而禁
止」，有趣的是胡祇遹對於官、吏心態的觀察，他說「不恥詈罵，不苦杖楚，
苟得賄賂，甘心鞭扑者，縣吏之素習也；頗惜廉隅避責罰者，司縣之官也」。
〔註74〕這種看法的出發點，其實受的還是唐宋以來官、吏分流的觀念影響，
但是在元代，縣吏雖然前途依然有限，但是吏員出職是縣級官員的重要來源，
因此杖吏罰官的效果差異，在思維上有其道理，在制度上卻有點矛盾。

不過胡祇遹吏以杖笞、官以罰俸爲主的懲處建議，在實際的案例中似乎
沒有落實，縣級官員的違法，無論是因爲執行公務或私人作爲，通常還是以
笞、杖，去職爲主，罰俸理論上應該是針對公罪，但是公罪卻很少是以罰俸
爲結果，當然這也牽涉到案情的輕重。以下將職務執行過程中的違法（公罪）
與個人行爲的犯法（私罪）分別依照發生時間羅列，由實際的案例來了解官
員犯罪與相應的懲處方式。

（一）公 罪

1、至元九年（1272），太原路平晉縣尹孫義、主簿趙充讓等因爲隱藏閏
當當等十一戶民戶，孫義罰俸一月，趙充讓罰半月，司吏郭瑞笞四十七下。
〔註75〕影佔民戶不涉人命，故屬輕罪，這種處置方式與胡祇遹所建議的相符。

〔註72〕徐元瑞著、楊訥點校，《吏學指南（外三種）》，雜著，頁185～186，胡祇遹〈官
　　　　吏稽遲情弊〉。

〔註73〕徐元瑞著、楊訥點校，《吏學指南（外三種）》，雜著，頁186，胡祇遹〈又稽遲
　　　　違錯之弊〉。

〔註74〕徐元瑞著、楊訥點校，《吏學指南（外三種）》，雜著，頁187，胡祇遹〈又責吏
　　　　不責官之弊〉。

〔註75〕《元典章》下，刑部卷之16，頁29上，〈民官影占民戶〉。

2、至元廿七年（1290）彰德路安陽縣將偷牛賊人六名淹滯在禁，病死獄中，縣尉、主簿斷杖七十七下，罷職除名。〔註76〕

3、至元廿八年（1291）寧鄉縣官吏收贓事件，其中縣尉的贓款由其妻代收，但是縣尉本人知情，以貪汙罪除名不敘。〔註77〕大德三年朝廷更正式下令，因事受財，除依例斷罪之外，受贓枉法者即不敘用，受贓未枉法者須殿三年，方聽告敘，如再犯，終身不敘。〔註78〕

4、至元廿九年（1292），婺州路蘭溪縣為求破案，濫拘平民，導致廿一名無辜者枉死牢中，原本對相關官員最重擬罪笞五十七下、罷職不敘，但是因為牽涉太多人命，情罪深重，改斷蘭溪縣尉朱政杖一百七下、婺州路推官蔡錫杖八十七下、知事杜亮笞五十七下，皆罷職除名，賠償燒埋銀，而縣達魯花赤、路治中在其間因公差，不曾詳審即署押在卷，亦有過失，各決笞三十七下。〔註79〕

5、至元卅年（1293），汴梁路封丘縣尹張中復、司吏宋信處理軍戶詞訟時，取受車腳錢，之後畏懼又將錢還與事主，判決張中復笞三十七下，解任；宋信罷職。〔註80〕

6、大德五年（1301），番禺縣尹李和受贓在逃，雖無招伏，視同獄成，罷職不敘。這個案件與至元廿八年的官員妻受贓，罪責相同，元代更規定往後若有官員犯罪在逃、託病不出者，例同獄成。〔註81〕

7、大德七年（1303）衢州路開化縣尉王澤，違反約會制，不當拷問嫌犯致死，最終查明嫌犯無辜，縣尉決杖六十七下、解職。〔註82〕

8、大德八年（1304）瓊州樂會縣官吏聯合虛報官衙公文遭雨災淹沒，典史唐有孚、司吏吳文惠罷役不敘，達魯花赤驢驢、縣尹王英、簿尉李德用各決笞四十七下，解現任，降一等敘用。〔註83〕

9、至大四年（1311），番禺縣達魯花赤馬兀台將燒船搶劫殺人之首犯韓天祐託病保放，犯人因而逃跑，之後再被捉獲，送交東莞縣。馬兀台職居牧

〔註76〕《元典章》下，刑部卷之16，頁2下，〈淹禁死損罪囚〉。
〔註77〕《元典章》下，刑部卷之8，頁4上，〈職官妻屬接贓〉。
〔註78〕《元典章》上，吏部卷之5，頁17下，〈殿罷官員即與解由〉。
〔註79〕《元典章》下，刑部卷之16，頁2下～3上，〈枉禁平民身死〉。
〔註80〕《元典章》下，刑部卷之10，頁1，〈取受悔過還主無斷罪〉。
〔註81〕《元典章》下，刑部卷之8，頁5下～6上，〈犯贓官吏在逃不敘〉。
〔註82〕《元典章》下，刑部卷之16，頁4，〈栲勘葉十身死〉。
〔註83〕《元典章》下，刑部卷之14，頁3下～4上，〈詐申漂流文卷〉。

民，兼攝捕盜，違錯招伏，解現任別行求仕。〔註84〕這個案子比較特別之處是通常捕盜是由縣尉、巡檢專攝，番禺縣爲何是由達魯花赤兼攝，也證明縣達魯花赤確實扮演著很具體的民政角色，而不只是宣差或者圓座監印。

10、皇慶元年（1312），通州潞縣有軍民相犯案件，軍人李順毆打縣尹于澤，于澤等管民官員遂不行約會，自行斷決，違反管民官不得擅斷軍事規定。縣尹于澤、縣尉張禮、典史李仁、司吏孫得榮、弓手李賢分別斷笞四十七下、三十七下、四十七下、五十七下、二十七下不等。〔註85〕

11、延祐七年（1320），日照縣命案驗屍，縣官將打死驗爲病死，初檢官縣尹田良、典史陸藝、司吏何源通；復檢官副達魯花赤忽倫哈牙、典史陸藝、司吏何源通皆違錯。判決縣尹、達魯花赤各杖六十七下，降先職二等，典史、司吏罷役不敘。〔註86〕

12、延祐年間，龍興路有位帶著行李紗絹物品，想到大都求職的游士，在清池縣遇強盜洗劫，當日告到清池縣馬縣尉處，不料馬縣尉「帶酒不理」，穢罵苦主，案件告上行省，以轄區內盜賊生發、不即受理盜案兩罪，判馬縣尉笞三十七下，解職，改雜職內遷用。〔註87〕

13、時間不詳，眞定路南宮縣達魯花赤脫因迷失、縣尹龐鐸、縣丞蔡茗審理爭地詞訟，脫因迷失自行主意將賈珍斷訖三十七下，賈珍因笞傷瘡發，五日身死。脫因迷遂受笞三十七下、除名；龐鐸二十七下、解見任，期年後降職一等敘用；蔡茗一十七下、解任，期年後降職一等敘用，三人皆需燒埋銀兩給付苦主。〔註88〕這個案子是達魯花赤專斷，而其餘縣級官吏是因署押附和，故達魯花赤處罰最重。

以上數例公罪大多爲遲滯刑獄、受贓、違錯、違例，其中可以看到幾點特色，第一、無論官、吏，都會因爲公罪受笞、杖，這跟宋代有很大不同，宋代的官員是進士出身爲主，即使犯罪，公罪通常量刑較輕，懲處以貶官、罰俸爲主，重則流放，笞、杖官員相當罕見。二、如果公罪涉及人命的損傷，除了笞、杖之外，解職幾乎是必然的，並依照情節輕重，終身不敘或者別行求仕。三、刑罰是以所擔負的權責來區分，同一案件通常官重於吏。唯一一

〔註84〕《元典章》下，刑部卷之17，頁3，〈番禺縣官保放劫賊〉。
〔註85〕《元典章》下，刑部卷之16，頁16下～17，〈縣官擅斷軍事〉。
〔註86〕《元典章》下，新集刑部・檢驗，頁1上，〈初復檢驗官吏違錯〉。
〔註87〕《元典章》下，新集刑部・巡捕，頁1下～2上，〈馬縣尉不即拿賊〉。
〔註88〕《元典章》下，刑部卷之16，頁2上，〈枉勘部民致死〉。

例以罰俸爲結果的案件，是關於錢糧賦稅的隱匿，與刑訟無關。

（二）私　罪

1、至元七年（1270），東平路汶上縣尹忙兒與妹相爭過程中，誤傷佃客李二嫂致死，斷杖七十七下，依例追燒埋銀五十兩。〔註89〕這個案例顯示私罪致死，即使是誤傷，量刑也比公罪致死要重。

2、至元十九年（1282），杭州路於潛縣尹劉跤娶所轄部民趙元一爲妻，違反親民官任內不得取所部婦女爲妻妾的規定，最初將劉跤停職，最終判決婚姻無效，劉跤復職。〔註90〕元代對於類似案件以判例的形式存在，明代則以定型條文納入《大明律》中。〔註91〕

3、至元廿八年，江陵縣達魯花赤忽察忽思挪用酒課買房，縣尹宋鼎不行追理，典史張國寧、司吏符應、鄉司鄧明德知情不報，宋鼎以堤防江水泛漲、公事相妨，不曾管問，量情不責罰，達魯花赤、典史、司吏與鄉司笞一十七下。〔註92〕這個案例屬於挪用公款爲私用，因爲不直接涉及公務執行與百姓，故列入私罪，可能是因爲忽察忽思在事跡敗露之前就將公款歸還，因此懲罰並不重。

4、元貞元年（1295），雷州遂溪縣尹趙檜、司獄谷禧聚賭，依例決杖七十七下，解現任，期年之後於雜職內定奪。〔註93〕賭博是私罪，但是懲處的角度顯然是以官員知法犯法的標準處理，故量刑較重。

5、大德六年（1302），萬安縣尹宗子文任滿候職閑居時，持勢豪霸，擅差民戶修築自家花園，結果土崩壓死謝再九等民戶六人，宗子文因此除名不敘，加倍賠償徵燒埋銀兩與工錢給苦主。〔註94〕

6、至大元年（1308），杭州路黔陽縣尹牛郁、達魯花赤伯顏利用職務權勢，署押批貼買楠木，令主首楊萬四、祗候蔣仲，差請船夫裝載，不料船沈，船夫黃晚等三人溺死。牛郁、伯顏被以職居牧民，不以撫字爲務，依例解現任，各官名下倍徵燒埋銀兩給付苦主。〔註95〕

〔註89〕《元典章》中，刑部卷之4，頁9，〈主誤傷佃婦致死〉。

〔註90〕《元典章》上，戶部卷之4，頁15下，〈牧民官娶部民〉。

〔註91〕黃會奇，〈唐明清時期律法中的女色賄賂罪〉，《喀什師範學院學報》（2003 第四期）。

〔註92〕《元典章》下，刑部卷之9，頁7下～8上，〈縣官侵使課鈔〉。

〔註93〕《元典章》下，刑部卷之19，頁21，〈職官賭博斷罷見任〉。

〔註94〕《元典章》下，刑部卷之16，頁25下～26上，〈民官役民致死〉。

〔註95〕《元典章》下，刑部卷之16，頁26上，〈牧民官私役溺死人夫〉。

7、皇慶元年（1312）三原縣尹張敏不丁繼母憂，被朝廷以敗壞風化、難任牧民，降一等、雜職內任用。〔註96〕

8、延祐中江寧縣與上元縣魏姓、張姓兩縣尉在執勤時召樂戶女飲酒作樂，並予以奸宿，樂戶張成因而告上福建宣慰司，兩人以官員犯奸罪笞四十七下，解職。〔註97〕

從以上的幾例私罪來看，涉及人命的案件私罪的量刑較重，而且與公罪不同的是，私罪涉及命案，通常除了笞、杖、解職等懲處，還需要額外賠償金錢。

一般說來官員的犯罪除了公務執行上的違錯之外，影響最大的就是利用職務或者權勢取得不法利益，即所謂的貪贓。唐朝對於官員收受賄賂，往往根據所貪取的財物多寡處以輕重不等的刑罰，包括杖刑、徒刑與流放；宋代對於官員貪贓，則以貶官、流放為主，較嚴重的是會連坐上司、影響子孫仕途；元代對官員的貪污則以笞、杖為主，並且通常會解除官職，但是較為寬大的規範是貪贓不枉法者，之後還是有機會再敘，除非再犯才會永遠失去任官機會，相較於明代貪汙最重處以死刑、流放三千里；清代的抄家，元代的貪贓治罪似乎較輕，並且明確列出貪污金額來量刑，就某一方面來說，這可能更給與不法官員鑽法律漏洞的機會，學者李治安認為元代的懲貪政策相對來說較為寬大，加上薄俸制度以及蒙古舊俗的影響，因此官吏貪贓問題異乎尋常的嚴重化。〔註98〕

從實際的例子來看，只要不涉及人命，貪污所得的利益與事發後可能得到的懲處相比，確實有所失衡，警惕效果不佳。即使是罷職不敘，也並非從此沒有仕進機會，官員犯罪罷職之後，改名或假造身分履歷，再度進入官場者時有所聞，因此時人常批評元朝的選法不公。〔註99〕

第二節　興學教化

興學校是牧民官除了賦役、訴訟之外，最常致力的項目，在元代更是特

〔註96〕《元典章》中，刑部卷之3，頁4，〈張敏不丁母憂〉。
〔註97〕《元典章》下，新集刑部・諸姦，頁1上，〈縣尉將樂女奸宿〉。
〔註98〕李治安，〈論元代的官吏貪贓〉，《南開學報》（2004第5期），頁32～41。
〔註99〕陳得芝、邱樹森等輯點，《元代奏議集錄》（杭州：浙江古籍出版社，1998）下，頁60，鄭介夫〈上奏一綱二十目〉。

定出身的縣級官員最在意的治績。在非科舉社會，興學是維繫儒家文化存續的重要方式。在政府的鼓勵政策以及特定官員的理念推動下，從元代的史料中，可以嗅出一股州縣的復學運動，主事者有官員也有地方人士，顯示社會上在政治變遷之下維持原有發展基調的力量。

所謂的學校復興運動，包含州縣廟學、夫子廟、書院的修建，學田的設置等，而地方人士在這一股風潮中的角色，更代表著社會力量的展現，另外除了興學之外，地方官另有特殊的方式進行教化治理，筆者稱之為官員的「神奇」。

一、廟學復興運動

經歷過戰亂破壞與南北統一之後，無論是蒙古統治者或漢族士人都希望地方秩序恢復常態，大江南北處處可見恢復廟學的活動，希望透過修建文廟、廟學、書院、大成禮、樂等恢復儒治，培育儒家人才，穩定社會。這種風氣是蒙元統治者所鼓勵的活動，著眼點當然是有助於地方治理與社會安定，無論蒙古統治者是不是在學術文化上認同廟學，但是在政治上，廟學恢復當然有很大的幫助，因此鼓勵廟學復興不啻是各從本俗原則的再次呈現。廟學復興運動基本上從元初持續到元末，遍佈大江南北，主導或是官員，或是地方人士，更多時候是兩方面的合作，有時完全是民間出錢出力。當時人形容道：「自曲阜林廟，內而京師，外而郡縣，靡不奔走承命，惟恐居後」，這種盛況可以很清楚的從元人文集、方志中感受到。

本小節簡單整理縣級廟學復興的資料，地理上以南北為界（依照元代政治地理的區別），時間上分為初期、中期、後期、時期不詳，成為【附表六】，除了呈現廟學興復的地理與時間分布狀況，更進一步的透過個案來討論官員與地方人士在這一類活動中彼此扮演的角色

虞集曾說：

> 國家之制，自京師會府郡縣皆有學，學必有廟，廟以奉先聖先師之祭祀；學設師，弟子員有廩餼之給、補葺之費，故學有田，田多因其舊，有缺者有司得以閒田與之，俾募人以耕，歲收其入，然田之蕪治、租之有無、祭祀廩餼之充歉，則系於長吏之善不善，用意與不用意；而教之力不力，系於師，師得其人，則長吏敬之，民庶服

之，故教行而化興，不然則否，此其大凡也。〔註100〕

也就是說廟學的修葺與重建，是一種國家政策。由於學必有廟，根據史料描述，文廟、廟學、州縣學往往所指都是同一對象，大成殿、學宮是廟學之中的部分建築，另有單獨修建的孔廟、書院等，至於孔廟是不是都有學，就比較不確定。「廟學」之稱曾經有所疑義，日本學者牧野修二認為廟學就是郡、縣學，以文廟為精神中樞，儒學依附於文廟而設置，這種說法可以稱為「廟必有學」；專門研究元代廟學的學者胡務，也持類似看法；〔註101〕而亦有學者認為廟學所指為宣聖廟學，借用佛教俗講的作法與經驗，以儒家思想教育民眾之處，〔註102〕也就是說廟學並不等同於州縣學等地方官學，而是民間通俗教育的場合；申萬里則認為，元代習慣將儒學稱為廟學，這是宋、元以來廟、學合一的影響，並非如同程方平所論，廟學是一種群眾性較強的講堂、講座。〔註103〕就個人檢閱元代史料所得，廟學就是州、縣等地方儒學，並無疑義，虞集所說也很清楚，因學必有廟，故地方官儒學泛稱廟學也很合理。

　　申萬里曾統計元代儒學的建設數量，北方有 460 所，南方有 652 所，〔註104〕總數幾乎與元代中國本土的縣數差不多。此一統計包含路、府、州、縣學，主要都是縣學，但是這個數量，有不少縣份是重複數次，顯然是不同年代再度修建的結果，但是假如把失載的地方儒學也約略設想，元代廟學的普及性還是非常高。為了更清楚的呈現與本文相關的州縣廟學興復狀況，筆者針對縣級州學、縣學收集，依據時間先後、南北分布，彙整相關儒學興復資料，作【附表六】，框縣的州、縣代表的是不同時間多次修建的例子，括號內註記修建時間，依照年代先後排序，並註明主導者，如果主導者為群體，例如縣級官吏，記載中沒有明確的指出誰首為倡議、主董其役、捐俸出資等，那麼就以「縣」或「州」代表，括號最後為恢復標的。

　　從【附表六】中可以看到，因為南北統一時間的不同，因此至元前半，恢復運動只限於北方州、縣，南方則在至元中後期開始，持續的在江浙、江

〔註100〕虞集，《道園學古錄》卷8，頁4下，〈滕州學田記〉。

〔註101〕牧野修二，〈論元代廟學書院的規模〉，收入《齊齊哈爾師範學院學報》（1988年第4期）。胡務，《元代廟學——無法割捨的儒學教育鍊》（重慶：巴蜀書社，2005），頁75。

〔註102〕程方平，《遼金元教育史》（重慶：重慶出版社，1993），頁20。

〔註103〕申萬里，《元代教育研究》（武漢：武漢大學出版社，2007），頁150～159。

〔註104〕申萬里，《元代教育研究》，頁103～147。

西、湖廣地區的州縣進行廟學興復，尤其是兩江區域。甚至在至正中後期南方動亂開始，興學活動還是幾乎年年皆有。北方州縣到了元中期，在數量上呈現不如南方的現象，到了至正中期以後，幾乎沒有興學記載。這種現象有幾種可能，首先是史料的失衡，又或者是北方州、縣興學已經進行較長的時間，恢復已近飽和自然稍歇；後期則南方亂起，南、北懸隔，訊息的傳遞或者士人之間的往來受到影響，因此記載州、縣廟學興復只限於士人活動較多的南方地區。

除了少數個案，廟學的興復與維持，是群體的成果，除了地方官吏捐俸、號召之外，通常有賴當地大戶、耆老、宿儒、儒生的出錢出力。但是廟學常見興起又衰落的循環，有時是建築物的傾頹，有時是經費來源（例如學田）的喪失或缺乏，所以同一州縣的廟學往往數度重興。

雖然廟學的興復是中央政府所鼓勵的施政，而且透過特定方式的宣揚，對於官員的升遷常常有所幫助，但是地方官員例行的簿書期會是耗時又必須得在有限的時間內處理，否則可能會馬上有立即性的懲處，因此廟學復興雖然是中央所樂見的善政，但是這一活動在很大程度上取決於地方官員個人的理念，而非制度上賦予官員的壓力所致。因此致力於廟學復興者，動力往往是個人的價值觀高於執行國家的政策，如果推動者是異族人士，那麼其中的意義就特別值得探詢，這也是征服王朝之下特有的議題。廣意的儒家，不僅只是學術流派，而是一種漢族文化的代表，在異族統治者的理解上，更是一種漢人的宗教，因此那些非漢族的地方官之所以興學，其中可能有不同的意義，究竟是基於文化認同？文化仰慕？還是文化樂趣而作，或許很難有明確的答案，但是其中的區別相當重要。

興學的倡議者、推動者有官有民，根據目前整理所得的元代縣學、縣級州學的史料，首倡者大致上可以分成三類：縣級官吏、地方人士、官民合作。其中縣級官吏以蒙古、色目官員的興學最具元代特色，他們通常擔任的是達魯花赤，興學對於他們的升遷是否有實際的幫助，並沒有很強的證據顯示，而他們對於興學與入祀先賢祠之間的關係是否有強烈的關懷，這一點應該是相當薄弱，畢竟身後名聲與個人家族的經營對這些異族人士的意義，在缺乏相關歷史、地理背景的條件下，是難以產生的。他們對於廟學的興復，如果是被動的，可能只是基於同僚的人情壓力或者是感受到他人的熱誠，共襄盛舉。但是其中不乏倡議者，這些人的背景與動機就頗為值得討論。

　　至正五年（1345）湖州路長興州（縣級州）達魯花赤（火）魯忽達到任，對於興學著力甚多，不僅朔望固定畊學；資助以文學備擇場屋的本州士人；更在至正十年（1350）推動整修州學學宮，率先捐俸拋磚引玉，知州韓惟德反倒是因爲（火）魯忽達的熱誠「因而和之」。負責工程者爲州吏俞文淵。儒士吳鼎、劉坦、趙良珪亦大力協助。〔註105〕（火）魯忽達爲康里人（北庭），據說「兩膺鄉薦」，爲「平章保（保）公之適子」，〔註106〕從他簡單的背景到對於興復儒學的大力付出，顯然的這是一個儒化的色目人，因此楊維楨盛讚（火）魯忽達爲以教爲治的循吏。

　　在晉寧路隰州的永和縣也有異族官員興學的例子。達禮壁，蒙古外馬氏，至正二年三甲進士，授翰林編修，至正十四年（1354）任永和縣達魯花赤。到任之後「大懼不任，以墜教基」，雖然當地廟學可堪使用，但是達禮壁以大成殿的庭宇狹隘，故大新殿宇。達禮壁顯然對於儒學傳承有很深刻的認識與堅持，他特別利用這次擴充廟學的機會，將從祀孔子者改爲顏回、曾子、子思、孟子四位，以正道統師承。〔註107〕這已經不是單純的爲仕宦或其他目的而興學教化，蒙古人達禮壁顯然在文化認同上已經將自己視爲儒家士大夫的一員，將延續儒教看作使命，對於道統也有所意見。

　　當地人士主動興學的例子在常熟州。原本常熟自有州學，但是州學中並無專祠祭祀先師、先聖、先賢，而是將講堂的偏廡作爲釋菜之處，歷任官員對於學中之廟無所作爲，因此並不符合廟學規制。常熟州人曹某在至順二年（1331）出私錢，買地作祠宇，先有廟之後，再闢論堂於其後，列齋廬於其旁，至此廟學規模已成，只是爲私人所有，當地官員遂上公文至中書省，要求將曹某所設之學官方化，中書省同意，設教授、弟子員額，賜名爲文學書院，曹家私學遂官學化。成爲官學之後，可以擁有土地免稅的額度，因此曹某置學田一千六百餘畝，這是免稅役的學田，又恐怕水旱影響收成，導致學校的經濟運作不順，所以加置兩千六百餘畝田，以備不時之需，這兩千六百餘畝田，無法免稅糧，但是可以免役，這是一次個人興學

〔註105〕楊維楨，《東維子集》（四部叢刊），卷12，頁8～9，〈長興州重修學宮記〉。魯忽達又名火魯忽達，康里氏。

〔註106〕元代曾經擔任中央平章政事，並名爲保保者，有王保保（擴廓帖木兒）與守益都被明朝大將俘虜，並受命招降擴廓帖木兒的李保保，或許另有名爲保保者爲行省平章也未可知。

〔註107〕王軒等撰，《山西通志》（中國省志彙編），卷13，頁21下，趙承禧〈永和縣重修廟學記〉。同時收入《全元文》第58冊，頁234～235。

官學化的過程。〔註108〕曹某何許人，可惜沒有相關史料，其家族背景也不清楚，但是可以肯定是曹家絕對是常熟巨富，一出手就是提供四千餘畝田，更可以有財力獨資建設私人廟學，曹某興學的目的難以從史料中知道，他不是官員，所以無法因此成為名宦，也沒有升遷上的考量，當然曹某極有可能在身後入祀常熟鄉賢祠，並遺澤其子孫，除了利益考量，他個人對於興學養士的理想也不可忽視。

吳江州則有官民合作的著例。至正十九年（1359）南方亂局已成，但是興學未艾，吳江州尹趙仁到任，鑒於舊廟學遠在城外，就學不便，因此別於城中創新學，中立夫子像，延致名士為學者師。〔註109〕在這樣的時局下，官員依然致力於學政，這不能以功利角度來看待，記載這件事情的翰林編修蘇大年不禁讚嘆趙仁在兵馬倥傯之餘不忘養士的熱誠。趙仁新學的位置就在吳江州大族甯氏故宅，而甯普、甯壽兄弟不僅提供故宅為學，更捐廿五頃地為學田，〔註110〕官民合作傳為美談，趙仁以「興復斯文為己任」；甯氏「從而克相其成」，以保天下之本，即人才的培育與作養，被稱為善政之始。甯氏祖上甯玉（1236～1302）為孟州河陽人，初授百戶，中統元年召充河道官，疏浚玉泉河渠。後從伯顏伐宋，居吳江，以功除管軍千戶，累陞沿海上萬戶，至元廿三年致仕，諡武宣。長子甯居仁軍功顯著，襲爵受封，並娶了許衡的孫女；次子居正從父出征交阯，累功為管領海船千戶，還朝備宿衛，官至朝列大夫、行宣政院事。比較特別的是居正娶了吳江州鄉先生之女。男孫顯祖則與南宋史彌遠家族後人聯姻。〔註111〕從居正之後，甯氏家族已經慢慢從中央型的軍事菁英往地方官宦菁英轉型，至甯普兄弟時，在仕宦上早已沒落，但是在地方菁英的角色上卻舉足輕重，並且在元末依然扮演著興學的要角。

總之，有元一代的廟學興復到處可見，州縣官員下車伊始，往往檢視廟學現況，倡議興復，或者因為當地人士的請求、學官的呼籲，使得地方官員重視這個問題，廟學的恢復一方面可以收攏讀書人的向心力，一方面可以提供儒學人才培育的正面環境，而讀書人或者他們的家族，通常也是當地社會很重要的力量，這股力量如果為官府所用，對於順利的統治助益很大，如果

〔註108〕《金華黃先生文集》卷10，頁5，〈文學書院田記〉。

〔註109〕《全元文》第39冊，頁279～280，蘇大年〈吳江州學記〉。

〔註110〕《全元文》第39冊，頁280～282，蘇大年〈甯氏納田新學記〉。

〔註111〕《全元文》第9冊，頁299～302，閻復〈大元故鎮國上將軍浙西道吳江長橋都元帥沿海上萬戶甯公神道碑銘〉。

與官府對抗或消極不合作,則會成為一種政治上的離心力。因此即使是征服王朝,文化不同,但是恢復廟學的治理手法,與歷代的漢族王朝穩定社會的大方向並無不同,而執行的官員思維,也沒有根本性的變化,即使州、縣官府多了達魯花赤監臨,但是廟學恢復的活動中,這些異族長官卻扮演著協助甚至首為倡議的角色,更有主動捐俸、捐地者,而興學事實上對於這些長官的升遷,並不必然有功利性的幫助,這些異族人士對於恢復廟學的熱誠,或者是基於同僚的情誼與壓力,又或是個人背景上的影響,都顯現了他們對於興學教化這種具有漢族群文化色彩的治理方法有程度不等的認同。更有甚者,也凸顯出中國歷代以來所形成的社會潛在韌性,即使政治變遷,也難以扭轉長期以來漢族社會運作的基本方式。

二、從先賢祠到鄉賢祠

廟學的修建根據現有研究成果,被歸類為三種類型,即重修、遷移與始建,而經費來源為學田收入、官民個人捐贈或集資。廟學的結構則以孔子廟在前(右)、學宮在後(左)為主體,孔廟由大成殿與先賢祠構成,大成殿祭祀孔子、四公、十哲、七十二儒。先賢祠的政治、社會特性曾有學者透過祭祀對象的轉變進行觀察,大陸年輕學者魏峰認為宋代地方先賢祠在選擇祭祀對象時,並沒有把受祭者與當地的聯繫列為首要條件,入祠者甚至從未到過當地,受祭者的聲望或學術成就才是真正的決定因素,而這是對應於宋代官員籍貫變動頻繁,對於里籍的認同並不強,籍貫可以發揮的政治、社會力量無法累積,所以歐陽修、范仲淹、蘇東坡等人曾在各地的先賢祠被祭祀;〔註112〕可是明代之後情況發生了很大變化,選擇祭祀對象時籍貫成為決定性條件,先賢祠的內涵轉變為鄉賢祠,某地出身的官員身後入祠鄉賢祠的機會大增,故無論是官員自己或者他的家族子弟,都不免動用許多力量,致力參與公共事務,穩固鄉里人士的認同,形成所謂的鄉評基礎。明清之後,鄉賢祠的入祠條件和入祠程序具有嚴格的規定,非德行稱者、年久論定者不得入祠,而第一個門檻就是鄉里公舉,接著才是從縣到省各級官員批示,〔註113〕鄉評對於是否入選扮演著非常關鍵的角色,因此鄉賢祠祭祀對象在條件上的

〔註112〕 魏峰,〈從先賢祠到鄉賢祠——從先賢祭祀看宋明地方認同〉,收入《浙江社會科學》(2008 第 9 期),頁 92~127。

〔註113〕 張玉娟,《明清時期鄉賢祠研究》(河南大學碩士論文,2009)。

轉變，成爲近世以來菁英地方化到鄉紳社會形成的動力之一。

　　可惜的是，元代在這個轉變中的角色幾乎是被忽略了。魏峰只在文章中用簡短的幾句話帶過，但是他注意到了元代雖然在選擇入祀先賢祠者條件上與宋代相近，但是有一個很重要的現象，就是曾經特別強調某一入祀的先賢其非常久遠以前的祖先爲當地人。〔註114〕這種現象不應該被忽視，因爲尋求先賢與當地里籍有所連繫的意念，正代表著選擇入祀者的條件重心有所轉變。當然這種轉變有其合理性，先賢祠的功能如果肯定是以教化百姓、使人發見賢思齊之心爲主，那麼一個出生於當地的賢人成爲「先賢」，可以宣傳的著力點自然較多，當地人的感受也較強，那些具有全國性知名度的先賢雖然令人景仰，但總不如鄉賢來得具體而眞實，而且通常有資格鄉評入祀者的地方人士，他的後代子孫活生生的居住在此，並且繼續發揮著對地方的影響力，這種地緣關係之下的「鄉賢」地位是更爲穩固的。

　　元代的政治、社會環境對於這種發展，理論上更有促進作用。元代士人出仕途徑不如以往尊榮寬廣，眾所皆知，因此許多士人成爲家鄉的處士，但是這些受儒家教養的士人，即使沒有管道處理國事政務，其教育背景也會趨使他們保持政治、社會關懷，並盡可能延續發揮儒教的影響力，他們的經營重心從以往的考取科舉、攖朱奪紫、居於廟堂之上，轉向經營家族的在地影響力，教育地方子弟，保留故鄉文氣，是很自然的事情。縣級官員之所以在這樣的背景之下成爲一個值得觀察的群體，就在於元代的升遷環境對於低階地方官阻礙特別大，既然輾轉州縣是最有可能的仕宦歷程，那麼至少出任官員，已經具備了成爲名宦或者鄉賢的很好條件。而很有趣的是，在元代舉凡對於廟學有所貢獻的官員、孝子、忠義等符合儒家價值觀的人物，都極可能入祀先賢祠。〔註115〕因此元代爲何縣級官吏熱衷於廟學復興，除了升遷上的期待、個人的理念之外，身後的留名、穩固家族在當地的地位必然也在考慮之中。

　　元末明初曾任慶元路教授，因南方亂起而隱居田里的陳子㙟爲浙江奉化人，曾有文記載上虞縣學先賢祠中名宦鄉賢的名錄與贊詞，正好可以作爲觀

〔註114〕魏峰，〈從先賢祠到鄉賢祠——從先賢祭祀看宋明地方認同〉，收入《浙江社會科學》（2008第9期），頁94。

〔註115〕胡務，〈元代廟學的興建和繁榮〉，收入《元史論叢》第六輯（中國元史研究會編，北京：中國社會科學出版社，1997），頁119～121。

察元代的先賢祠入祀條件的變化。〔註116〕以下簡單羅列題名與背景資料：

1、葉顗（1100～1167），字子昂，仙遊人，顗弟。紹興元年進士。曾知紹興府上虞縣，官拜參知政事兼同知樞密院事，以觀文殿學士致仕，年六十八卒，諡正簡。〔註117〕入祀原因為曾任上虞知縣，官至宰執，為名宦。

2、陳炳，出身不詳，著有《尚書考》。曾知上虞縣，有澤於當地。

3、蓋溥，出身不詳，有功於上虞廟學。

4、葉元泳，葉顗子，捐田助祠。

5、陳渶，出身不詳，以「既重堂構、獲立金石」，成為名宦，似曾為錢塘知縣。〔註118〕

6、沈渙，四明人，有功於教育上虞子弟。

7、張亘，字德修，臨沂人，上虞縣尹，興學復田。

以上七人為上虞縣先賢祠中的名宦，沈渙與張亘為元人，沈渙曾任何種官職不明，可能是縣尹或學官。這七位的共同條件是都曾在上虞縣任官，2～7這六人皆為興學有功，在里籍上看不出來與上虞有關係，其中屬於全國性名宦的只有葉顗，其餘皆屬於地方性官員，因此事蹟不顯。另外，名宦皆為宋、元時人，而顯然興學確實是入祀先賢祠的終南捷徑。

名宦之外的先賢，就有漢、晉人物，並且以上虞人居多：

1、劉漢傳（1211～1286），字習甫，自號全歸居士，上虞人。寶祐四年三甲進士，累官至監都進奏院。咸淳間知南康軍、吉州，多善政。宋亡為遺民，元至元廿三年卒，年七十六。〔註119〕入祀原因為儒術與德政。

2、宋延祖（？～1177），濟南人，進士。淳熙元年除侍御史，仕至兵部尚書。以敢言正己，足為表率入祀，可能與其曾任侍御史有關。

3、貝欽世，會稽人，紹興廿四年進士。〔註120〕入祀贊辭為「出宰百里、功聞於朝」。

〔註116〕《全元文》第59冊，頁502～504，陳子肇〈上虞名宦鄉賢傳贊〉。
〔註117〕《宋史》卷384，頁11819～11822，〈葉顗傳〉。
〔註118〕《咸淳臨安志》（宋元方志叢刊），卷51，頁3803-1，〈官秩九・縣令〉。
〔註119〕《宋元學案》卷67，頁57下。
〔註120〕張淏纂修，《寶慶會稽續志》（宋元方志叢刊）卷6，頁7159-1，〈進士〉。

4、章燮，吳興人，淳熙八年進士。〔註121〕入祀贊辭爲「蔚爲儒宗、助
　　田養士」。

5、李孟堅（1115～1169），字文通，上虞人，讀易先生李光次子。〔註122〕
　　以學行見稱鄉里，從父謫嶺南，竄陝州。孝宗更化後召用，除知秀州，
　　累遷淮東提舉，年五十五卒。〔註123〕以「克世其家」入祀。（其父著
　　書，忤秦檜，故孟堅遭禍）。

6、李知退，上虞人，李光孫。入祀贊辭爲「學有淵源，克世其家，作爲
　　文章，粲然其華」。上虞縣的先賢祠據稱首先就是爲祭祀李光而設。

7、李衢，上虞人，紹定五年進士，李光曾孫。〔註124〕以「莊簡（李光）
　　之澤、寶章華文、助祭以田、無忝爾祖」入祀。贊辭中有「柱後彈擊、
　　監於祥刑」，可能曾任監察御史一類的官職。〔註125〕

8、徐有傳，上虞人，出身不詳。入祀贊辭爲「生爲虞儒、死祀虞庠、景
　　行先哲、模範於鄉」。

9、孟嘗，漢代人，字伯周，上虞人。〔註126〕以「安仁宏政、耽樂道德、
　　直孝婦冤」入祀。

10、魏朗，漢代人，字少英，上虞人。〔註127〕以「學通五經、忘家憂國」
　　入祀。

11、李光，（1078～1159），字泰發，一字泰定，號博物居士，時稱讀易先
　　生，上虞人。崇寧五年進士，論士大夫佞諛成風，忤當道貶官。高宗
　　時擢吏部尚書、參知政事，後以忤秦檜罷去，官至資政殿學士，年八
　　十二卒，諡莊簡。〔註128〕

12、劉漢弼，（？～1245），字正甫，上虞人。嘉定九年進士，擢監察御
　　史，劾宰相史嵩，引去，復以左司諫召，除侍史，官至戶部侍郎，

〔註121〕談鑰纂修，《嘉泰吳興志》（宋元方志叢刊）卷17，頁4830-2，〈進士題名〉。

〔註122〕《宋史》卷363，頁11335～11342，〈李光傳〉。世稱讀易先生、官至參知政
　　　　事、曾忤秦檜罷官，其家族多人入祀上虞先賢祠。

〔註123〕《宋元學案》卷20，頁13。

〔註124〕張淏纂修，《寶慶會稽續志》卷6，頁7162-1，〈進士〉。

〔註125〕《宋史》卷417，頁12512，〈謝方叔傳〉。

〔註126〕沈作賓修、施宿等纂，《嘉泰會稽志》（宋元方志叢刊）卷14，頁6962-2，〈人
　　　　物〉。

〔註127〕沈作賓修、施宿等纂，《嘉泰會稽志》卷14，頁6962-2～6963-1，〈人物〉。

〔註128〕《宋史》卷363，頁11335～11342，〈李光傳〉。

謚忠。〔註129〕以「忠君愛國、不亡綱常」入祀。

13、趙良坦，字平甫，居臨安，寶祐元年進士，歷知永嘉、瑞安、福清，以廉介名。元兵南指，力屈被擒，繫獄二年，不屈就刑。〔註130〕以「忠義」入祀。

14、王充，漢代人，字仲任，上虞人。〔註131〕以「著書立言」入祀。

15、朱儁，漢代人，字公偉，上虞人。以孝養致名鄉閭，舉孝廉，除蘭陵令，政有異能。〔註132〕贊辭為「忠君愛親、為漢名臣」。

16、豐誼，字叔賈，一字宜之，鄞縣人，以父（豐治，死於南宋初金人入境）死難補官，歷知常、台、饒、蘄、衢諸州，皆有惠政。隆興元年遷戶部郎，外除湖南運判。〔註133〕以「有德有文，為鄉典刑」入祀。

17、謝安，東晉名臣。〔註134〕以國之柱石入祀。謝安墓在上虞

18、趙子瀟（1102～1167），字清卿，趙宋宗室，宣和進士，官眞州刑曹掾，與守爭獄事，解官。改衢州推官，累遷江淮轉運使，浚鑿福山塘，平水患。積官龍圖閣學士，知泉州。年六十六卒。〔註135〕以「民之父母、國之耆龜」入祀。

19、潘時（1126～1189），字德郿，亦云字德卿，金華人，後徙家上虞，潘良佐子。工篆隸楷法。承蔭登仕郎，知興化軍，即學宮召諸生教飭之，累遷湖南安撫使，改直顯謨閣，知太平州。年六十四卒。〔註136〕以氣節過人、學問精純，配祀李光。

以上十九位先賢，主要以里籍關係為基礎，其中十四人為宋人，餘為漢、晉人物，徐有傳的生存時代不明，可能是宋人。王充、謝安分別以立言、立功名留青史，之所以在眾多歷史人物中入祀上虞，當然最主要的原因是里籍關係，其餘的漢晉人物也是因為籍貫而膺選。唯有宋延祖、豐誼、宗室趙子瀟不是當地人，目前也找不到其家族與上虞之間的聯繫，宋延祖以敢言，豐

〔註129〕《宋史》卷406，頁12275～12277，〈劉漢弼傳〉。
〔註130〕《浙江通志》（四庫全書）卷164，頁24上，〈人物二‧忠臣二〉。
〔註131〕沈作賓修、施宿等纂，《嘉泰會稽志》卷14，頁6962-1，〈人物〉。
〔註132〕沈作賓修、施宿等纂，《嘉泰會稽志》卷14，頁6963-2，〈人物〉。
〔註133〕《宋元學案》卷58，頁28下。
〔註134〕《晉書》卷79，頁2072～2091，〈謝安傳〉。
〔註135〕《宋史》卷247，頁8746～8748，〈宗室四‧子瀟〉。
〔註136〕張淏纂修，《寶慶會稽續志》卷5，頁7153-1，〈人物〉。

誼、趙子瀟有惠政，但是要找到具備同樣條件、更具知名度的人物並不難，
為何此三人脫穎而出，是某一任縣官的個人愛好，或許有其他不為人知的原
因，無法確定。

　　所謂的先賢祠到鄉賢祠的變化，如果單純的從先賢祠的教化功能出發，
入祀者當然都有足為矜式的條件，只要符合廣義的儒家價值觀，無論是亮
節、忠義、惠政、孝順、正直等等，都可以是被祭祀的候選人，但是一方面，
越到後代人選越多，有權力評議推選的官民，選擇上越困難；再者，那些具
有高知名度的先賢，可能已經在各地的先賢祠中受到祭祀，無須錦上添花，
如果先賢走向鄉賢化，那麼對象就限縮許多，對於被教化的當地百姓來說，
同鄉先賢可以得到的認同感必然較強，對於當地家族來說，里籍成為一種條
件等於是讓他們家族的傑出人物有了優先權，自然樂見。上虞先賢祠中有一
個很重要的例子，李光家族一門四代都成為鄉賢入祀，李光本人無論是政治
地位、知名度與道德形象，成為上虞鄉賢無庸置疑，但是其子、孫、曾孫入
祀的贊辭不脫「克世其家」、「無忝爾祖」，在仕宦表現上或個人道德上，或
許有足稱之處，但並不算特別突出，假如沒有李光在前，那麼我很懷疑後面
三代成為受祀者的機會有多高，在其孫李知退的贊辭中就提到「先賢有祠，
自莊簡（李光）始」，〔註137〕因此李光與其家族與上虞的先賢祠具有很密切
的關係，而他們家族在政治上的持續發展，使當地官民幾乎把李家視為鄉賢
代名詞。這種現象正是先賢地方化的重要象徵，而在這種情形下，這一類當
地世（士、勢）族，必然也有維持先賢祠的熱誠與義務，地方官有了當地家
族的支持，興學教化這個部分就更容易推動，這對於雙方面都是有利的事情。

　　筆者認為元代的政治環境對於先賢祠走向鄉賢祠的趨勢有很大的助力，
漢族士人在仕宦上的發展受限，不能成為士大夫就成為處士，轉移重心經營
家族在地方上的永續影響力，以待來日，是很自然的事情。另外一方面，中
央集權的發展，也具有關鍵性的地位，全國性的先賢認定，是一種統治權力，
收回這種權力也成為集權的一環，尤其是明清之後，科舉制度的發展對於同
鄉的認同也有強化作用，因此，透過上虞縣先賢祠祭祀對象，隱約可以觀察
元代在這一過程中的角色。

　　許有壬曾說：

　　　　道之統在聖，而其寄在賢……，然而有公於天下者，先聖先師是也；

〔註137〕《全元文》第59冊，頁503，陳子肇〈上虞名宦鄉賢傳贊〉。

> 有專於一鄉者，各賢其賢，祀於其地者是也。公於天下，道被天下
> 也；專於一鄉者，道之所著莫先於鄉，而鄉中人之所感，視眾人為
> 尤易，由是而國而天下矣。〔註138〕

他是從賢者如何追求道的實現出發，因為人人不見得都有機會或能力如同先聖先師，影響及於天下，因此從專於一鄉開始，感化一鄉之人，最終集眾賢之力，將道流布於天下。他提到的鄉賢感化鄉中人是比較容易的，證明元代廟學中被祭祀的先賢以里籍條件為主，確實有考量到鄉賢在教化鄉人的渲染力上較具優勢。

總之，基於興學對地方官或當地菁英具有重要的附加價值，就不難理解為何元代的地方官如此熱衷於各種恢復廟學的活動，以及地方人士積極參與的背景。當然對廟學的重視，是士人延續儒家教育理念、學術理想的一種方式，尤其是在征服王朝的統治之下，如何保留儒家文氣是所有認同儒教思想者的共同關懷，但是如果一方面可以兼顧理想，一方面也可以有利於個人的仕宦或後代子孫的發展，那麼更是一舉兩得。

三、官員的神奇

興學是儒家教化治理的主流方法，但是教化法門不僅只於興學，事實上興學作為一種教化治理，對象是小眾，但是禱神感物這一類神奇可以發揮的效果，卻是及於大部分小民，因此討論教化，不應該只限於興學。本小節想討論官員教化的另類方法，在史料中最常見的就是禱雨與感物，這種牽涉到事鬼神的政治社會行為，其實與儒家某些基本觀念有所違背，但是禱神感物卻常常與行仁政的循吏密不可分，尤其是親民官在旱澇蟲獸危害人民時，義不容辭的進行種種儀式解除民瘼，在目的上是一種善政，在方法上卻遊走於迷信邊緣。就治理來說，官員的神奇事蹟遠比興學教育對於一般民眾的吸引力要強得多，神奇的發生對於官員本身是一種肯定，對百姓來說，禱驗證明了官員的德澤滲透了他所治理的鄉里，所以得到上天對當地的眷顧，因此官員的神奇轉變成一種更強大的教化力量，使民眾更服從官員的領導。

潞州的上黨監縣忽都帖木兒，背景上沒有記載受過儒家教育，但是在牧民之道上完全是儒家循吏的典型。至正十九年，下車伊始即召鄉團以安秩

〔註138〕許有壬，《至正集》（元人文集珍本叢刊），卷41，頁12～14，〈晉寧路鄉賢祠堂記〉。

序、均田賦以撫小民、信賞罰以帖軍紀、興學校以立名教。據說因為天不下雨，忽都帖木兒沐浴禱神，晝夜數度赤足往返五龍祠下，「哀泣叩頭，至於出血」；更有甚者，蝗蟲過境，因為忽都帖木兒輟政誠禱，罪躬自歸，蝗隊竟然「越境而逝」。〔註139〕這神奇的德政，基本上符合尚書所謂「至誠感神」，以及易經所稱「信及豚魚」的境界。禱雨、感物這一類的描寫，常常出現在描述賢明地方官的史料中。保定路雄州的容城縣被記載著曾經在至正時期發生過的神奇事件，也是因為久旱不雨，縣衙眾官吏赤足禱雨於龍祠，忽有龍騰於空，隨即雷電交加。〔註140〕

　　目前可見的地方官禱雨的相關記載，大多集中於元代中後期，尤其是至正時期的北方州縣最常見，這大約是與氣候的型態以及元末天災頻仍有關。而禱雨的縣級官員，不乏蒙古、色目官吏。就信仰來說，禱雨是一種自然崇拜，不是漢人所獨有，但是官員禱雨的這個行為，往往不代表官員本身的信仰，而是一種政治行為居多，就如同今日的政治人物，他可能是信仰基督宗教，但是為了顧及民眾的感受與拉攏地方人士，也可以焚香膜拜媽祖。禱雨祈神無疑的是地方官治理之道的一環，而且往往是基於皇天無親、惟德是輔一類的儒家觀念，禱雨有驗不僅是嘉惠百姓，更是對於官員自身的加值，當然禱雨不成的例子可能較多，但是卻因為沒有記載的價值而在史料上看不到，但是對於官員來說，禱雨有無成果對於官員都是利多於弊，有效果的話那麼官民欽戴自不在話下，更得到有德官員的認證。禱雨無驗的話，可以歸咎的對象很多，不見得是禱雨者一個人所造成。總之，禱雨與其說是信仰，毋寧視為一種政治行為，動機類似，但是執行方法可能就會因為官員的族群背景而有不同。

　　陶宗儀曾形容蒙古人的禱雨方式：

　　　往往見蒙古人之禱雨者，非若方士然。至於印令、旗劍、符圖、氣訣之類，一無所用，惟取淨水一盆，浸石子數枚而已。其大者若雞卵，小者不等，然後默持密咒，將石子淘漉玩弄，如此良久，輒有雨。豈其靜定之功已成，特假此以愚人耶，抑果異物耶。石子名曰鮓答，乃走獸腹中所產，獨牛馬者最妙恐亦是牛黃狗寶之屬耳。

〔註139〕胡聘之編，《山右石刻叢編》（光緒廿七年刻本），卷39，頁35下，晉鵬〈前上黨縣達魯花赤忽都帖木兒德政碑〉。亦收入《全元文》第58冊，頁356～357。
〔註140〕《全元文》第58冊，頁326～328，劉斗南〈容城縣金容龍祠感應碑〉。

〔註141〕

雖然陶氏的記載透露出對於蒙古人文化的譏諷，但是顯示禱雨並非某一族群
的特有行爲。禱雨者的身分不同，其展現的意義自然完全不同，如果是一般
民眾，那麼其動機顯然是基於相信確實有神祇掌管雨水，因此如果可以透過
種種方法取悅神祇，就可以得到恩賜，通常呈現的是一種交換，民眾提供祭
祀品、神滿足之後完成人們的願望。但是如果是官員的神奇，他們與自然力
量之間交換的不是具體的祭祀品，而是一種力量的感應，官員要有神蹟的前
提是他本身必須有德，對於民眾來說是個好官，他的祝禱才能靈驗，而神奇
的出現正是對於他的德政的一種回應，被治理的民眾看到神奇的發生，更加
確定這位官員施政的正確性，以及遵從他的治理的必要性，神奇的教化作用
就在此展現。官員的神奇再看淳安人汪汝懋，其父親斗健是宋代太學生，入
元後曾從蛟峰先生（方逢辰）講學於石峽書院。汪汝懋自幼從儒士「學治經」，
以《春秋》試江浙鄉闈落榜，考官以爲遺珠之憾，推薦爲丹陽縣學教諭，又
遷青陽。後受蒙古貴人的推舉，以儒士舉爲浙東帥府令史，又調都事（首領
官），沒多久就出職爲慶元路定海縣尹，任縣尹五年之後致仕。其墓誌銘爲元
明之際著名士人戴良所撰，汪汝懋治理定海縣時，與戴良「朝夕過從，甚相
好。」〔註142〕他的善政非常多，但是其中最特別的是「神奇治績」也多，而
這是他的好友戴良有如親眼所見一般的描述：

> 縣多虎，或入市郭爲民害，君齋戒禱之神，明日眾見虎浮江往他境。
> 嘗宿南鄉廣嚴寺，聞虎咆哮，君衣冠夜起，禱之如前時，詰朝有樵
> 入山，見虎伏地臥，集眾逐之，乃死虎也。事傳京師，翰林丞旨張
> 公翥爲作贊。歲比旱，君行赤日，禱雁潭，見雙雁飛舞導前，有雲
> 勃勃起潭所，雨乃旋作。後復禱十龜潭，有龜浮水出，其雨亦大至。

〔註143〕

這是結合了感物與禱雨兩種典型神奇的著例。戴良是知名士人，儒家故不語
怪力亂神，所以這一類神奇的記載，當然不能用迷信的角度來看，士人特別
強調地方官的神奇，是著眼於其社會、政治效果，暗示的是儒治之「道」的
感天、感物，而非官員本身真的具有薩滿巫師一般的神力，驅虎、禱雨有驗，

〔註141〕陶宗儀，《南村輟耕路》卷4，頁52，〈禱雨〉。
〔註142〕《全元文》，第53冊，頁527，戴良〈故翰林待制汪君墓誌銘〉。
〔註143〕《全元文》，第53冊，頁528～529，戴良〈故翰林待制汪君墓誌銘〉。

是因爲德的感應。汪汝懋是以儒吏入仕，他的教育背景與個人特質都是道道地地的儒士，戴良想透過汪汝懋的神奇表達的正是惟德是輔的著例。

非常類似的神奇也發生在杭州路的富陽縣尹曹忠身上：

> 富陽，杭支邑，當東南要衝，枕山帶江，無沃土美植以當大府之需，故民勞而貧，俗訐而澆。侯（曹忠）下車，首以敦本厚俗爲先務，屬孔子廟壞，乃捐圭田之入，率士籍之優饒者以建立爲事，廟既成，又爲之聘名師，招俊民而教養之，不數月絃歌禮讓之風達於郊鄙，繼新三皇氏之宮，社稷之祀壇壝，皆煥然可觀。下至郵驛河梁，百廢具興，而民未嘗以勞告。巡行畎畝，躬説桑田，畦深條柔，而民無失時惰事之罰，阡陌既闢，民食其土，而庭無盜賊獄訟之聲，良由賦役均一而徵科弗亂，吏無並緣之奸而民始知以有生爲樂也。歲六月不雨，禾將稿死，侯走祈山川，甘雨隨注。馬山有虎，白晝傷居人，侯投檄山靈，虎尋遁，若受告詔而去者，侯之感於鬼神、禽獸有如此者。〔註144〕

曹忠之所以走祈山川、甘雨隨注；投檄山靈、惡虎尋遁，最重要的先決條件是他的種種惠政，因此可以感於鬼神、禽獸。也就是說善政才是這些神奇可以發生的根源，因此官員的神奇，是上天附加於有德者的恩澤，使他的治理之道更具「正統」性，當代人記載這些禱雨、感物的奇蹟，背後往往也是暗示儒治才是正道。

元代號稱「北方三俊」之一的張養浩（1270～1329），擔任縣尹時，〔註145〕「人言官舍不利，居無免者，竟居之。」又「首毀淫祠三十餘所。」〔註146〕這是爲破除迷信以安民，是一種反向的展現神奇；赴任西臺御史中丞途中，「關中大旱，饑民相食，……道經華山，禱雨于嶽祠，泣拜不能起，天忽陰翳，一雨二日。」〔註147〕迷信與感應之間，差別只在於禱神者的身分（儒士）與所禱的目的（公）、對象（正神）。因此無論是祈禳、禱雨、辟邪，都是官員很重要的治民之「術」。

〔註144〕楊維楨，《東維子文集》（四部叢刊）卷23，頁4下～5，〈富陽縣尹曹侯惠政碑〉。

〔註145〕〔美〕劉元珠，〈蒙元儒吏關係：延祐之開科與抑吏〉，收入《慶祝王鍾翰先生八十壽辰學術討論會論文集》（瀋陽：遼寧大學出版社，1993），頁434。

〔註146〕《元史》卷175，頁4090，〈張養浩〉。

〔註147〕《元史》卷175，頁4092，〈張養浩〉。

　　潞州當地在元代中期曾經有多次州縣官員集體禱雨、禱雪的事蹟，當時記載這些事情的潞州上黨縣教諭李章對於這類行為如此說明：

> 昔季路事鬼神，孔子曰：「未能事人，焉能事鬼？」蓋人與神，一而二、二而一者也。能事乎人，所以能事乎神也。……所以能一之者，不過曰誠而已，誠無不動，故也。不誠無物，未有能動者也，如蔚公之事，神其誠矣乎，此所以禱而應、感而通也。若平日之事人，而為政者尤可見矣。〔註148〕

從李章的論述可以發現，對於儒士來說，這一類的行為確實多少有不符合儒家六合之外存而不論的基本觀念，因此才需要解說。其中蔚公所指為潞州知州蔚恕，他多次率領州官吏與上黨（倚廓縣）縣長官、正官以下官吏進行禱雨、禱雪的儀式，甚至也要求縣衙官員禱雨。蔚恕只知是太原人，其出身背景不詳，最顯著的政績就是每禱必驗。儒士李章與其說是替蔚恕如此投入禱神解釋，不如說是為官員的神奇下一個儒家思維的註腳。有趣的是前面所提到的忽都帖木兒，也是潞州治下上黨縣的監縣，潞州在今天的山西襄垣，黃土高原本就是雨水較少之區，加上元中期潞州尹所帶領的多次祈雨禱雪的活動，似乎已經成為當地官員的傳統，所以在元代後期忽都帖木兒的虔誠禱神，也就不令人意外，在當地民眾心目中，或許禱雨濟旱已經成為親民官常見的能力之一了。

第三節　儒吏地方官的治理之道

　　元代的地方官除了廕、薦舉之外，由吏出職是最重要的來源，因此研究縣級官員，不能不討論用吏的問題。以往談到用吏，通常都不免得出導致元代官員素質低落的結論，這呈現了部分事實，但是也因此掩蓋了吏員考選制度中某些元代獨有而重要的議題。美籍學者劉元珠的〈蒙元儒吏關係：延祐之開科與抑吏〉首先注意到儒吏考選與抑吏主張之間的矛盾。〔註149〕她指出《元史·選舉志》的內容刻意偏離元代制度的核心，修史南儒將很少舉行的科舉排於卷首，模糊了蒙元選舉制度的真正特色。〔註150〕此文簡要但提供了許多啟發，例如儒吏考選對儒學思維內部帶來的考驗，只是她把延祐開科與

〔註148〕《全元文》，第45冊，頁13～15，李章〈五龍廟禱雨感應記〉。
〔註149〕〔美〕劉元珠，〈蒙元儒吏關係：延祐之開科與抑吏〉，頁432～440。
〔註150〕〔美〕劉元珠，〈蒙元儒吏關係：延祐之開科與抑吏〉，頁432。

抑吏政策作爲儒士對儒吏制度的唯一回應，但是卻忽略了兩點，第一、儒吏考選是常態、開科舉卻是偶一爲之；第二、呼籲抑吏的漢族士大夫是變局下的極少數幸運兒，因聲望與特別際遇依然保有前朝儒士的尊榮，所以他們對於考選吏員的態度，不表示儒學內部無所反應，大多數的一般士人因爲種種原因必須或願意由吏起家，從而出職任官，他們必須兼具儒學、吏術教養，這種過程必然帶來某些影響。也就是說，觀察儒學與吏術之間的應用思維，不能只看高居廟堂的大人物，更重要的是看由儒吏出身的低階官員在治理風格與手法上的變化。

在蒙元混一南北之後，除了某些高級官職由各色權貴壟斷之外，基層官員由吏出職成爲主流，這種發展對於南、北儒士在現實與心理上的打擊程度並不完全一樣。余闕（1303～1358）指出：

> 我國初有金、宋，天下之人惟才是用之，無所專主，然用儒者爲居多也。自至元以下，始浸用吏，雖執政大臣，亦以吏爲之。由是，中州小民麤識字，能治文書者，得入臺閣共筆箚，累日積月，皆可以致通顯，而中州之士見用者遂浸寡。況南方之地遠，士多不能自至於京師，其抱材蘊者又往往不屑爲吏，故其見用者尤寡也。及其久也，則南北之士亦自町畦以相訾，甚若晉之與秦不可與同中國，故夫南方之士微矣。〔註151〕

余闕是居於南方的儒化色目人，科舉出身，對於南士在元代制度中面臨的出仕困難自然關注。其論述中指出科舉不行，儒士優勢不再，具備吏術者前途大展，遷轉講究循資而不以科舉出身爲尊，在在指出選官制度的重要變化。南、北儒士共同的挑戰是任官「門檻」不同以往；南士更因政治中心的轉移、士尊吏卑的固有心態不願屈就吏職，因此見用日寡。但蒙元統治漢地、江南，漢族士人與政治的共生關係難以排除，在務實需求下如何用儒，就成爲儒吏選拔的背景。儒吏的考選雖無科舉之名，卻頗有科舉之精神，是在大原則下開放給儒人的專利管道。此一制度以往皆被置於吏員出職的研究之下，使其重要的意義黯然失色，這與明代儒士修纂元代史料的心態，以及後人研究過度簡化吏員選任的內涵有關

因此，本節透過歷代「吏觀」的發展作爲背景，考述元代儒吏選拔的方式、吏術與儒學之間的關係變化，以及透過實例研究儒吏出身的縣級官員如

〔註151〕《全元文》第49冊，頁132～133，余闕〈楊君顯民詩集序〉。

何致治，進一步討論元代的選任制度可能爲後世帶來何種影響。

一、儒、吏合流與考選制度

　　胥吏是中國政治結構中特殊的一環，其內在具有複雜的層次，外部上大致有官、吏；吏、役兩方面的關係。有學者指出，制度上官、吏的分途，或者說歷史上的儒、吏分途，在漢代就已經開始。〔註152〕本文所指之吏爲所謂的「刀筆吏」或「文法吏」等，具有某種學識程度，其公務範疇以文書案牘、簿書期會、刑名賦稅等爲主，元朝政府選拔的儒吏，通常都是擔任這一類的職務。至元後期朝廷中的漢儒曾批評：「天下習儒者少，而由刀筆吏得官者多」，〔註153〕因此建議開科舉取士，清楚說明了刀筆吏術是非科舉時代儒學的競爭者，儒者也把刀筆吏視爲一種與業儒截然不同的出身。刀筆吏的學養背景被區隔於正統儒學之外，一般認爲著重在「術」的訓練，卻欠缺道德文章的涵養，儒吏則在考選上期待結合兩者的優勢，選拔德術兼備者，但實際上儒士不知吏術、吏人不習儒學，是既定的印象與常態，其間的矛盾與調和之道，自然在儒吏制度下成爲重要的課題。

　　刀筆吏、文法吏等作爲「吏」的一員，常與其他胥吏混論，導致在詞彙的分合之間產生模糊地帶。實際上要分辨史籍中提到的吏究屬何類，並不算太困難，通常可從工作內容來判斷，與「儒」拿來對等討論的，通常是案牘文吏。宋朝作爲科舉時代的象徵，進士出身更是強化了官、吏的分野。吏基本上不能參加科考，向上流動的機會很少。〔註154〕也因前途有限，故吏必須憑藉自身的行政專才與特有的治理知識，成爲官員不可或缺的左右手，並深化在地勢力，因此出現吏有封建之說。在地方治理的影響上，吏扮演著比流官更爲關鍵的角色，是目前學界的普遍看法。因此官、吏無論在身份上、形象上都有著不同的色彩。

　　「用吏」與「用（進）士」，也常被視爲相對性的政治風氣。在金代「用吏」的另一面就是「抑士」，故有「用胥吏，定行貨賂混淆；用進士，清源也」；

〔註152〕葉煒，《南北朝隋唐官吏分途研究》（北京：北京大學出版社，2009），頁1。
〔註153〕《元史》卷81頁，2018，〈選舉一‧科目〉。
〔註154〕林煌達，〈唐宋州縣衙吏員之探討〉，收入黃寬重主編，《基調與變奏──七至廿世紀的中國》③（台北：政治大學歷史學系，2008），頁143～148。祖慧，〈宋代胥吏的選任與遷轉〉，《杭州大學學報》第27卷第2期（1997），頁72～73。

「進士受賕，如良家女子犯姦也；胥吏公廉，如娼女守節也」之論，〔註155〕亦即儒學教養通常代表著較高的道德觀與較寬的政治眼界。在科舉正途的理論之下，吏或許有貧有富，教養程度有高有低，身在公門也使其具有特定的政治力量，但進士出身的官員們以非常清楚的群體意識，刻意的與吏職劃清界線，士人以吏職出身爲恥、以從事吏職爲卑，也就成爲普遍的心態。〔註156〕

　　到了元代，制度上由吏出職取代科舉成爲用人主流，學而優則仕的大原則沒變，但是儒士無法不面對應吏之選的現實，「學」的內容被迫有所調整，即使恥爲刀筆吏依然出現於儒士的言談之中，但同時更符合現實的「居官必先任吏」的說法，也慢慢的在士人圈中發酵。

　　關於元代胥吏的地位與職務變化的研究，日本學者勝藤猛的〈元朝初期の胥吏について〉指出蒙元的胥吏突破了前代的通性，與官員系統合流，成爲上級與下屬的關係，動搖了士大夫的傳統觀念。〔註157〕牧野修二的《元代勾當官の體系研究》則論證元代臺、省、部、院的吏員前途頗佳，地方吏員出職通常由七品以下地方官敘起，而中央吏員出職品級最高可從六品，〔註158〕比起許多地方官員遷轉要快得多。另外牧野氏也提及胥吏入流的開敞，使吏職趨於專業化與系統化。〔註159〕大陸學者許凡的《元代吏制研究》則討論了吏員的各種名目與職責、出職的制度、吏員的選用以及元代吏制與其社會的關係。其中關於儒士任吏、儒吏來源，歲貢儒人等制度皆有陳述，但結論僅在於由吏入仕對官員素質的影響與優缺點。〔註160〕

　　這些著作共同證明了蒙元時期吏的政治地位之提升，以及官吏合流的制度轉變，尤其都討論了吏制對於官員素質的影響。元代的官員素質一向受到負面評價較多，主要由於蒙古元朝的任官與升遷並不重視相對客觀的科舉制度，而研究者的思維也被儒家角度的論述所引導，因此用吏似乎就代表政治上的向下沉淪，但如果說用吏是官員素質低落的主因，那麼就肯定了儒學教養者較不易貪污腐敗。其間的因果關係是否如此簡單？官員的行政效率、政

〔註155〕劉祁，《歸潛志》卷7，頁73～76。
〔註156〕林煌達，〈宋代堂後官初探〉，《漢學研究》第21卷第1期（2003），頁225～252。文中指出宋代爲提升堂後官素質，訂立了鼓勵士人任職的種種優厚條件，卻無法有效推行，主因即在於士人以吏職爲恥的心態。
〔註157〕收入《東洋史研究》第17卷第2號（1958），頁1～18。
〔註158〕《元史》卷83，〈選舉三・銓法下・省部令史、譯史、通事等〉，頁2069。
〔註159〕牧野修二，《元代勾當官の體系研究》（東京：大明堂，1979）。
〔註160〕許凡（王敬松），《元代吏制研究》（北京：勞動人民出版社，1987）。

治道德與官員所受的教育當然大有關係，但是很清楚的是歷代的儒學教育與行政實務一向存在脫節問題，儒學可以培育良好官員（德術兼備）的觀點，就如同認爲萬里長城在歷代都是具體存在的建築一樣，迷思大於現實，並且是長期發展而成的概念，在科舉社會中扎根甚深，而元代儒吏合一的意義，就掩蓋在這樣的思維之下。

許凡先生將元代職責相對較爲重要的吏分爲十種：蒙古必闍赤、回回必闍赤、令史、通事、譯史、知印、典吏、宣使、奏差、書吏、司吏。〔註161〕其中司吏設置於路、府、州、縣，其餘九種吏職則普遍設置於中央、地方軍政（除了路府州縣之外）與監察機構。除了大多爲案牘文吏之外，較爲特殊的是以翻譯爲主的譯史與通事，譯史從事文字翻譯，通事則爲口譯人員，人才來源主要由學校培育以及長官選保，升遷前景頗佳。〔註162〕根據蕭啓慶師的研究，「必闍赤」（bichechi）所指即爲譯史或令史，通事則稱爲「怯里馬赤」（kelemechi），〔註163〕故十種吏職中所謂的蒙古必闍赤、回回必闍赤，或可包含在「譯史」一類。在《吏學指南》中關於〈吏員〉的分類，亦沒有將回回、蒙古必闍赤獨立出來。〔註164〕

吏職任官在金、元時期稱爲「出職」。進士出身、歷仕七位大汗的許有壬（1287～1364），曾不滿的說：「今通事等（出職），天下凡三千三百二十五名，歲餘四百五十六人。玉典赤、太醫、控鶴，皆入流品，又路吏及任子（廕）其途非一。今歲自四月至九月，白身補官受宣者七十二人，而科舉一歲僅三十餘人。」〔註165〕玉典赤、控鶴皆屬宿衛，而由吏出職的官員數量最爲顯著。且某些吏職的升遷相當不錯，故有「由吏致位顯要者常十之九」的說法。〔註166〕這一類吏通常就是所謂的「省掾」、「臺掾」、「部掾」等，即牧野氏所指之中央吏職，或稱令史。

「儒吏」一辭是元代史料常見用語，可以是泛指胥吏的背景，也可以是專有名詞。儒吏選拔是爲習儒者所開啓的「專屬公職管道」，學者分爲「歲貢

〔註161〕許凡，《元代吏制研究》，頁2～3。
〔註162〕蕭啓慶，〈元代的通事和譯史〉，《元朝史新論》（台北：允晨出版社，1999），頁383。
〔註163〕蕭啓慶，〈元代的通事和譯史〉，《元朝史新論》，頁334。
〔註164〕徐元瑞著、楊訥點校，《吏學指南（外三種）》，頁25，〈吏員〉。
〔註165〕《元史》卷142，頁3405，〈徹里帖木兒〉。
〔註166〕《元史》卷185，頁4255，〈韓鏞傳〉。

儒人」與「諸生充吏」兩種。〔註167〕忽必烈初期，六部急需處理刑名、賦稅、銓選等事務的令史，又考量到這些事務性質需要相當的學識程度，在至元六年（1269）下詔：

> 各部所掌銓選、戶差、刑名等事尤爲繁劇，各得實材，以辦其事。今擬上都等處周歲額保令史兩名：秀才一名、司吏一名。北京等處周歲額保一名：或儒或吏科一名，其所保秀才，務要洞達經史，通曉吏事。〔註168〕

「秀才」是官方對於漢族士人的通稱，司吏是路、府、州、縣的吏員，後者背景較雜，屬於吏職的內部升遷。從「秀才」中挑令史，則很清楚的是儒吏考選，史料中也可以看到，儒與吏確實被清楚區別，故對於習儒者要求必須通曉吏事，而由吏遷轉者，並不需具備洞達經史的條件。也就是說，「通曉吏事」才是政府取才儒吏的眞正需求，至於從儒中選吏，當然不是看中經史學養，而是提供給儒人的保障名額，可以說是儒戶特權的一環。

元中期初，儒吏成爲一種制度化的選拔，並且有固定的徵選「程式」：

> 元貞二年（1296），諸路有儒知吏事、吏通儒術、性行修謹者，各路薦舉廉訪司試選。每道歲貢二人，省臺立法考試，必中程式，方許錄用。如所貢不公，罪及選舉官司，欽此。〔註169〕

此即爲歲貢儒吏，由各路總管府推薦，各道監察機構篩汰，再貢舉至行省、御史臺依照既定「程式」加以考試，既是儒吏，就必須兼通吏事與儒術。這樣的選拔過程，結合了薦舉與科舉的元素，兼顧了用儒與用吏的優點，可說是一種創制。

官學諸生也是儒吏的來源之一。《元史・選舉志》說：「自京學及州縣學以及書院，凡生徒之肄業於是者，守令舉薦之、臺憲考覈之，或用爲教官，或取爲吏屬，往往人材輩出矣。」〔註170〕取爲吏屬者就稱爲諸生充吏。許凡先生將儒吏選拔分爲「歲貢儒人」與「諸生充吏」兩項，細讀史料，或許需要再度釐清，所謂「守令舉薦之、臺憲考覈之」，與《元典章》之儒吏考試程式，所指爲同一規定，《元典章》在歲貢儒吏條之下提到：州縣學諸生是從儒戶中「有餘閑年少子弟之家」，選入地方官學讀書，再由教授加以考試，將「行

〔註167〕許凡，《元代吏制研究》，頁73～96。
〔註168〕《元典章》上，吏部卷之6，頁1，〈儒吏・隨路歲貢儒吏〉。
〔註169〕《元典章》上，吏部卷之6，頁3，〈儒吏・儒吏考試程式〉。
〔註170〕《元史》卷81，頁2033，〈選舉一・學校〉。

義脩明、文筆優贍、深通經史、曉達時務」者解貢。〔註171〕也就是說所貢之儒吏或選自民間，或來自官學，因此「諸生充吏」似爲「歲貢儒人」之下的一個來源。

諸生充吏是一種頗值得注意的選拔制度，放在近世的教育史發展上來看，更可謂非比尋常。宋代科舉以詩文經術選才，儒學是仕宦的敲門磚，至於任官之後需要接觸的吏事，可以等到中舉之後到州縣擔任幕職官和曹官再學習。元代考選儒吏，在任職之前就有學習吏術的必要性，官學中亦開設了吏事科目，這不僅使元代的官學教育深具特色，也改善了經術與治事之間的疏離。蒙古、色目統治者沒有科舉至上、儒學獨尊的觀念束縛與指導，因此凡事由需求而設制，「應用學科」與「專業分工」才能符合各種政務人才的需要，雖然儒吏選拔並非元代考選制度的唯一，卻是一般漢族士人重要的出仕管道，學術與教育因此有了內、外在的變化。范仲淹請胡瑗辦學；王安石曾經想以學校教育取代科舉，分設經術與治事二大學科，這些理念在某種程度上透過了儒吏制度得到實現。

儒戶子弟通常是由官學、書院中學習吏學課程，但這部份的史料與研究皆罕見，民間也有私人的職業學校（近似於今日的補習班）可以選擇，爲了「出路」，「爲吏以事進取」的狀況日增，〔註172〕《習吏幼學指南》的應運而生也就不令人意外。儒士在前代本是未來的官員，吏是業儒無成的選擇，但時勢所趨，居官先任吏成爲一種主流，「儒吏起家」成爲元代特有的詞彙。目前的元代教育研究，通常較著重於書院官學化、政治變動下的儒學理想延續問題，但是對於儒吏制度對教育內涵與學術的影響，則較爲忽略，官學的教育科目內容如何，目前並不清楚，但是從事教育的士人對於儒吏問題議論不少，因此可以透過他們的觀點，觀察儒吏制度在教育與學術上的效應。

二、儒吏論與律法地位的提升

元代士人中，特別關注儒吏問題者有陸文圭（1252～1336）與程端禮（1271～1345）。陸文圭生於南宋末，江陰人，人稱「牆東先生」，曾中宋代鄉舉，入元又兩中鄉舉，但是延祐開科時會試失利，即不再競逐科場，晚年應聘在容山縣學教授生徒。〔註173〕他曾提出〈儒學吏治〉之論，就是應儒

〔註171〕《元典章》上，吏部卷之6，頁1，〈儒吏·隨路歲貢儒吏〉。
〔註172〕申萬里，《元代教育研究》，頁261。
〔註173〕王逢，《梧溪集》（適園叢書）卷5，頁4上～5下，〈避亂綺山謁子方先生陸

吏制度而發。其中指出「學」（讀書）與「仕」（工作）本來就應該是一體，故三代所習「無非『有用』之學」，儒、吏之分更不存在，陸文圭將儒、吏兩字視爲「學」與「用」的代用詞，認爲學用疏離的關鍵是在「以儒術飾吏治」之語，肇始於漢代，雖說相輔，卻是一種刻意區分，目的只爲替漢、唐名臣中由刀筆吏出身者如蕭、曹、丙、魏等人「開脫」，最終影響到學術的發展。陸氏認爲儒學、吏術本都是「學」，古之吏非同今之吏；今之「秀才」（讀書人）也不同於古代儒者，區分儒、吏只會造成儒者迂腐、吏者不學的結果。〔註 174〕

　　陸氏批評儒、吏分途造成「腐儒俗吏」，並認爲這種發展宋人要負最大的責任。〔註 175〕因此他肯定當政者取吏於儒的政策，認爲是拯救吏弊的良方，只是設立制度的人沒有提出有力的理論基礎來支持儒吏考選政策，所以才會受到反對。這篇〈儒學吏治〉的議論，特別之處在於指出吏之「學」亦爲儒學的一種，「吏術」應有與其他儒學內容一樣的地位。

　　而一生從事教育的程端禮則有〈儒吏說〉：

> 儒爲學者之稱，吏則仕之名也，名二而道一也。儒其體，吏其用也，學古入官，古之制也。……周官九兩始曰儒、曰吏，亦因其得民以道與治而言之耳。自李斯嚴是古非今之禁，一以吏爲師，儒吏雖分而道法裂。……嗚呼！章句儒與文法吏其獘等耳，……雖以（張）湯之深文舞法，已能鄉上意，取博士弟子補廷尉吏，傳大義、決大獄矣，奚俟於（兒）寬哉。……士生今日者，可不自知其幸歟，誠能讀其書而眞修實踐焉，以儒術而行吏事，於從政乎何有？若於此猶或以語言文字求之，而無自得之實，一旦見案牘之嚴密，其能不疑爲政之道在彼而不在此者，幾希！子夏曰：「仕而優則學、學而優則仕」，然則儒、吏果二道而有所輕重於其間哉！？〔註 176〕

這是程端禮藉勉勵將以儒任吏的友人，抒發自己對於儒吏的觀點。透過解釋儒、吏本一的歷史淵源，論證元代儒吏合一制度的歷史延續性與合理性。事實上程氏之論雖然認爲道法本一，但是以儒術行吏事，基本上還是把儒術與吏事視爲二學，儒學爲體、吏事爲用的概念中，儒學是吏事的指導原則，並

公墓〉。《元史》卷 190，頁 4345，〈儒學二・陸文圭、梁益〉。

〔註 174〕《全元文》第 17 冊，頁 453～454，陸文圭〈儒學吏治〉。
〔註 175〕《全元文》第 17 冊，頁 455，陸文圭〈儒學吏治〉。
〔註 176〕《全元文》第 25 冊，頁 525～526，程端禮〈儒吏說〉。

不脫歷代儒術緣飾吏治的精神，因此程氏之論實有矛盾之處。程氏較爲突出之處在於指出儒以道、吏以治（法），只是治民形式不同，道、法皆可致治，而不同於將法視爲成就道的低階手段，隱約與陸文圭之吏術亦爲學相呼應。

程端禮認爲士人應該慶幸時代給予儒士機會，展現習儒的優勢。他排除了唐、宋、金以來官（儒）、吏分途的發展，直接上溯「三代傳統」來護航儒吏制度，「法亦有道」正是他的核心論點，這可以說是元代最典型的儒吏論。程氏在元代擔任的都是學職，從縣教諭、山長、州儒學教授到路教授致仕，仕宦時期幾乎與元朝國祚相始終，他所制定的《讀書分年日程》在明代被奉爲圭臬。〔註 177〕因此其觀點不僅具有代表性，也必然透過教育影響了不少習儒者。著名的政論家鄭介夫則較爲傳統的以「儒術飾吏治」來支持儒吏制：

> 古者任官之法，由儒而吏，自外而內，循次而進，無有僭踰。……夫吏之與儒，可相有而不可相無。儒不通吏，則爲腐儒；吏不通儒，則爲俗吏，必儒吏兼通，而後可以蒞政臨民。《漢書》稱儒術飾吏治，正謂此也。〔註 178〕

事實上，這些儒吏論並不能證明論者的學術內涵已經有所轉化，也可以解釋爲儒士們在非科舉時代的迂迴生存策略，因爲無法逃避政治上用吏的現實，故強調吏由儒任的優點，可以在輿論上對儒士的仕宦多些支持。鄭介夫同樣上溯漢代儒學、吏術的相輔傳統，闡釋儒、吏應相有的理論。這樣費盡唇舌的說明儒、吏的關係，根本原因還是在於元代士人不免受宋人之影響，對吏職具有成見，因此，儒吏論者通常不太評論宋人的官、吏觀，陸文圭也只說宋代促成了這種趨勢。

元代文集中送某某人任吏的序數量龐大，其中著名畫家朱德潤（1294～1365）亦有。朱氏在元代曾任縣教諭，受趙孟頫之薦出任國史院編修官、征東儒學提舉，後因推動儒治改革的英宗被弒而棄官南歸，元末亂起曾任江浙行省吏職、暫攝長興州事，元亡之前去世。〔註 179〕他在送友人充儒吏的序中說：

〔註 177〕《金華黃先生文集》卷 33，頁 9 下～12 上，〈將仕佐郎台州路儒學教授致仕程先生墓誌銘〉。

〔註 178〕《全元文》第 39 冊，頁 26，鄭介夫〈太平策・任官〉。

〔註 179〕朱德潤，《存復齋文集》（四部叢刊）附錄，頁 2 下～5，周伯琦〈有元儒學提舉朱府君墓志銘〉

> 讀書所以知天下之有道，讀律所以識朝廷之有法。士之出處窮達，
> 夫古今事勢，非道無以統體，非法無以輔治，于斯咸依焉。故君子
> 必讀書爲吏，然後燭理明，見事果。近世士風不古，以謂學儒則悖
> 吏，學吏則悖儒，遂使本末相乖，彼此失用。……吾友明之李君，
> 自儒爲吏，以素守而入變通，以學業而知法律，蓋亦士之所難能
> 也。……然法物有度而民情無窮，故臨事也不得不詳，用法也不得
> 不慎。……君能導之，使易治之，俗變中州之厚，則君之惠也，又
> 奚止簿書期會而已。〔註180〕

朱德潤的道／法；儒／吏論點與程、鄭二人差異不大，但他批評儒、吏分途；
道（儒學）、法（律學）分裂是因爲「近世士風不古」，似乎暗指宋代之影響。
再者，從以上數篇儒吏論中也可以發現，吏與律學的關係，幾乎等同於士與
儒學的淵源，因此居官必先任吏又引出了「致君澤民可用律」之說。

　　雲夢縣尹石抹允敬在《吏學指南》的序中說：

> 吏人以法律爲師，非法律則吏無所守。然律之名義，不學則不知也，
> 不知則冥行而索途，奚可哉！我本府同知公（按：河南江北行省德
> 安府同知，名穆虎彬），慮吏輩之不知也，乃刻徐氏所編《吏學指南》
> 以示之，俾熟此可以知厥名義，而進於法律，以爲政焉。此吾儒大
> 學，所以欲明明德于天下，必先之以致知格物，以爲脩齊治平之本，
> 顧不美歟！雖然《漢史》爲循吏作傳，不爲能吏作傳，《禹範》云好
> 德爲福，不云好才爲福，此又爲吏者之所當講，亦我同知公之刻書
> 美意。□能乎此，則庶乎非鞅、斯厝之□（律？能？）名，則駿駿
> 然入於當陶、稷、契之德化矣。致君澤民，孰有加於此者。〔註181〕

由此觀之，《吏學指南》刊行的主要宗旨之一，是要宣揚律法亦可致君澤民，
德治與法治並不對立，法律不僅不是德治的阻礙，更是臻於「德化」的幫手，
澄清「律法」長期以來與「酷吏」之間的關聯性，提高重法的正面意義。

　　《吏學指南》正式名稱爲《習吏幼學指南》，〔註182〕透過此書可以很直接
的了解吏道的內容與變化，雖是吏事指導書，更是吏欲近儒的教養書。〔註183〕

〔註180〕《全元文》第40冊，頁513，朱德潤〈送李明之充吳江州儒吏序〉。
〔註181〕徐元瑞著、楊訥點校《吏學指南（外三種）》，頁4，〈吏學指南序〉。
〔註182〕徐元瑞著、楊訥點校，《吏學指南（外三種）》，頁1～154。
〔註183〕岡本敬二著、葉潛昭譯，〈吏學指南的研究〉，《大陸雜誌》第39卷第5期
　　　　（1964），頁148。

《吏學指南》的作者徐元瑞指出致君澤民之學不脫「律」與「書」：

> 嘗聞善為政者必先於治，欲治必明乎法，明法然後審刑，刑明而清，
> 民自福矣。所以居官必先任吏，否則政乖，吏之於官，實非小補。……
> 夫讀律則法理通，知書則字義見，致君澤民之學，莫大乎此。〔註184〕

徐元瑞的生平並不很清楚，據說是胥吏出身，極有可能是儒吏。〔註185〕他與儒吏論者相同，認為此種發展具有歷史傳統的支持，並非元代所獨創。他處處從官、吏合流的好處著眼。居官為何必須「先任吏」呢？因為「明法審刑」是善政的先決條件，而律法是吏學的菁華，因此先任吏對於明法有幫助，吏在元朝「得時行道」，恰好推動了重新重視律法的風氣，以此致君澤民亦順理成章。徐元瑞的論點當然過於簡化，吏的種類很多，也不必然皆習律，習律亦不必然「明法審刑」。因此，居官必先任吏可至善政，致君澤民之道莫大於律學，都過於強調任吏與成為好官的因果關係，但是顯然的這些論述的邏輯是儒吏制度所帶來的影響。

東漢以後趨於衰微的律學再度鮮活正面的活躍於元人的議論中，律學所代表的「能」與經學講究的「德」從分途對立到再度融合，可以說是異族統治下一個出人意料的「隔代延續」。士人對於征服王朝統治的變局，必須用不同的方式來維繫其道統，儒吏論與致君澤民可用律，正是一種迂迴前進的方式，然而意料之外的效應就是，因為儒加入吏的行業，吏職本身的歷史淵源與正面的專業性受到較多注意，律學也在學術討論上被提至與道學對等的地位。

三、致君澤民可用律

制度影響了教育與儒士的學術觀，而儒吏出身的官員，又如何展現治民之道呢？這是更為具體的觀察與較少被研究的部份。理論上兼通儒學與吏術的儒吏有機會出職牧民之後，會如何實踐所學？德與法之間如何拿捏分寸？本小節將以儒吏出身的縣級親民官為主，觀察致君澤民可用律的說法被如何落實。

《秋澗大全文集》作者王惲（1227～1304）就是儒吏出身，在《元史》

〔註184〕徐元瑞著、楊訥點校，《吏學指南（外三種）》，頁3，〈習吏幼學指南自序〉。
〔註185〕宮崎市定，〈宋元時代的法制和審判機構〉，劉俊文主編《日本學者研究中國史論著選譯》（北京：中華書局，1992年）第8卷，頁252～312。

中有傳，元初即選爲前景頗佳的省掾。王惲的家世特別之處在於祖、父都有律學背景，其「祖父諱宇，亡金衛州刑曹孔目官（衙前吏），精於文法」，「考諱天澤，資剛明決」，以律科進士入仕，終於戶部主事，〔註186〕因此律學實爲王氏家學。他雖未任過縣級官員，但是吏治是他爲政最關注的項目，故先從王惲來觀察儒吏如何致君澤民。王惲早聞名於漢人政要圈，姚樞、史天澤都曾聘用過他，元初需要「能理財的儒吏」時，王惲獲得推薦，最高仕至按察使、翰林學士，秩正二品，〔註187〕升遷相當順遂。至元五年由七品首領官出職爲監察御史（七品），根據神道碑內容將其仕宦歷程整理爲【附表七】。

　　王惲主要任職於監察體系，唯一的地方民政官經歷則爲處理上報刑獄案件爲主的路判官。【附表七】已經彙整其所有仕宦治績，私領域在傳記中記載很少，只提到二事：「先公所得俸給，均之家人，惟恐失所若，稍越規矩，即治之如法，故皆悅服而不敢犯。女侍生二子，善加撫育，無異己出。」〔註188〕此神道碑的撰寫者是王惲之子，碑後論定父親特質時，強調學術造詣、清廉持重與著作，銘辭亦未及任何與明法、決獄有關的贊頌，唯一相關的幾句話是：「遇不平事，及惡之可疾者，憤然必窮治」，〔註189〕顯然王惲的性格似乎頗爲嚴屬，家居亦凡事講法。再看王惲的施政，【附表七】的 b-1、b-3、b-4 與 b-5 爲息訟、興利、崇儒與增益戶口，可歸爲德化治理；d-3、d-4 爲軍政，講求紀律與明令自不在話下；其餘皆是用法致治的事蹟。最嚴屬者莫如 c-4：「南宮弱筆者號尹庫，因告訐曾蒙賞賚，沮嚇官府，肆凶倖利。或言其擅殺耕牛，歷數奸惡，（惲）痛校之而死，萬口稱快。」當時王惲爲提刑按察副使，負責巡行管轄區域，具有彈劾姦邪非違之權，卻沒有擅殺之柄，但是他對於違法的權勢人物，採取「痛校之而死」的雷霆手段，雖「萬口稱快」，卻是曲法以求治。幾件決獄記錄皆是「明法審刑」之風。其子在內容上詳盡的描寫王惲的種種「法治」政績，神道碑中完全沒有提到王惲出身儒吏、律法家學等背景，不知道是不是王惲之子刻意的忽略，對照了正史本傳之後，其致治之道就有很合理的解釋方向，當然不能忽略的是其職務大多爲監察、按治刑獄，因此展現其法治長才的機會也較多。

〔註186〕《秋澗先生大全文集》附錄，頁1～3，〈翰林學士王公神道碑銘并序〉。
〔註187〕《元史》卷167，頁3935，〈王惲傳〉。
〔註188〕《秋澗先生大全文集》附錄，頁5，王公孺〈贈學士承旨王公神道碑銘〉。
〔註189〕《秋澗先生大全文集》附錄，頁6上，王公孺〈贈學士承旨王公神道碑銘〉。

　　而同樣是儒吏出身的餘杭徐泰亨，就是道道地地的縣級官員。他仕至青陽縣尹，「性篤厚而遇事警敏，少嗜學，能爲詞賦，既又從師受經，用舉者試吏平江」。徐泰亨名氣沒有王惲那麼大，平生輾轉州縣，仕宦不顯，身後卻有大儒黃溍所撰寫的墓誌銘。黃溍詳細描述其律學造詣、以法輔德、儒法兼用的事蹟。在平江路的司吏任上：

> 軍校有不法，事在郡府，君視其牘，議不少貸。漕運官屬，恃其品級已高，尤恣橫，凡姦私殺虐，執事者率畏憚，不敢竟其獄，君一一具上，論如律。民間以匿朱、張財物，多無辜坐逮者，君力爲辨析，免男女爲奴婢者若干人。憲府以時所引用斷例不一，求文學吏整比之，君定自中統訖大德，爲之綱目，條分理貫，簡而易求，約而可守，覽者便之。〔註190〕

其中描述其不畏權貴，以律爲先，卻不窮法弊民。最重要的是徐泰亨在律學上的造詣相當突出，他曾經替廉訪司（憲府）彙編世祖一朝三十年的判例，成爲官方參考書，這已非一般吏員皆具備的能力。

　　路吏考滿之後，他轉調歸安縣典史（首領官），辨冤之事多不勝數，黃溍描繪的生動而詳細，共有四大案、一大仁政，整理爲【附表八】。四大案皆證明其用法不貸與訪實察冤的執著，例如第 2 案，已經因爲犯人證詞而定罪的案件，爲求愼重，徐泰亨還喬裝賣卜者取得物證，使受冤犯人得以翻案；第 4 案更證明徐泰亨查案之「術」頗有名氣，嫌犯只聽說他要「蹤跡其事」，就因驚懼而自首。除了善偵查的專業技術之外，徐泰亨的德治之風展現在唯一被記載的仁政上，當時天災發生，他不分日夜救災，預防因爲災荒而使犯罪率提高，他頗有所感的說：「無以法害吾仁也」，強調他雖然有傑出的「術」，但是目的在澤民，不在陷民於法。

　　在平陽州與漕運萬戶府的提控案牘（首領官）任內，因爲能聲四播，再次負責編修經理法（稅法），並得到中書省採用，頒行天下，因此破格擢爲七品縣尹，任職青陽（江浙池州路）。縣官時期治績如下：

> 爲治務教養其民，縣人方某爲割地以廣學宮，章某爲捐地以建惠民局。有司歲徵民輸荒田租，爲田千四百頃，人甚苦之，君實爲之限，募民墾闢，教以修方置閘，而羣見田歸其實。行視它民田之阻山瀕江者，俾因地勢爲蓄泄，以備旱澇。歲饑則出己俸，倡眾以賑之，

〔註190〕《全元文》第 30 冊，頁 290。

民有告四十人同發其廩粟者，吏欲準強盜論，君曰：「吾方憂其死而
食之，彼乃以求生而抵重禁，當用法外意可也。」悉笞而遣之，旁
郡邑事類此，有庾死者。……鄰縣銅陵人爭魚池三十年，君數語而
決。……滿代而歸，留居吳之閶門，無復仕進。〔註191〕

他出職爲縣官之後，治風似乎爲之一變。例如教化爲先；輕徭薄賦；順情高
於順法；興利除弊等。其中最值得注意的是當災民違法取糧，在法應以強盜
論罪時，徐泰亨卻說：「當用法外意」，故略示薄懲即放人，這與他任吏時窮
法究治的作風截然不同，主要是因爲對象問題，他窮法究治的是具有特殊身
分者，例如軍人、僧侶，對一般老百姓，則是愼刑防冤，對於弱勢如災民者，
更講不以法害仁、用法外意。黃溍所描寫的徐泰亨，在當吏的時候，專精律
法是他的特色，當牧民官時展現儒吏論中的德法相輔典型，這其實也表述了
黃溍對儒、吏合一的理想。

　　還有由學職出身、轉吏入官，在官員的神奇一節曾經提過的汪汝懋。戴
良對於汪汝懋治績描述非常詳盡，簡單概括爲以下九大項：1、御吏有道；2、
不以賦役疾民；3、興利除弊；4、興學教化；5、辨冤活民；6、以禮化訟；7、
明察秋毫（驗治三歲兒，盡得〔案情〕隱伏）；8、察冤獲盜；9、誤殺減死等。
他與徐泰亨同樣具備高明偵察能力，茲引例證之：

一嫗有布在機，夜失去，嫗愬外人盜。君往視之，獨鞫其婿，使首
服，後果得布。人問之，君曰：「吾視其實，不可以容人，而室中他
器無所取，故知非他盜。」聞者皆歎服。〔註192〕

汪汝懋的神奇，自然也是因爲治道感天。他的墓誌內容有幾點特色，第一、
事件始末描述詳盡，這與撰寫者的文風以及與墓主的交情有關；第二、特別
強調墓主「審刑」、「察冤」的能力；第三、墓主審獄從嚴、定刑從寬，以法
輔德的治風明確，跟他的儒吏背景相當符合，也是儒吏論者所稱揚的理想形
象。

　　元代的儒吏理論上不少，南儒入仕尤其大多必須從吏，但是碑銘中直接
說是儒吏的較少，這或許與南方士人對於由吏出身的心理障礙較強有關。南
士中最具代表性的官員程鉅夫（1249～1318）曾經感嘆：「吏不儒，吾無責於
吏也。儒而吏，吏幸也。苟俸祿、累日月、隨群而入，逐隊而趨。儒乎、儒

〔註191〕《全元文》第 30 冊，頁 290。
〔註192〕《全元文》第 53 冊，頁 528，戴良〈故翰林待制汪君墓誌銘〉。

乎，如斯而已乎！」〔註193〕這是典型的對吏職的負面印象，儒士站在高處看吏，憂慮儒而吏對於「儒風」的削弱與「士氣」的斲喪。

以上數例或有見樹不見林之疑，但是這些例子都很能夠對照儒吏論與致君澤民可用律之說。儒、法兼用的正面效果，必然是被撰寫者所承認，法治與德治相容相輔的作用被強調，可以說是元代居官必先任吏的背景下，律法能力與種種實務技術受到較高的肯定。

浙東學派的代表人物、與修過宋、遼、金史的袁桷（1266～1327），也記載過一位儒吏，出身於金代彰德大家族，名叫邢德玉：

> 風度皎峻，展君所行，整暢為儒吏，……至元四年，銓選格行，授將仕郎、博州路錄事。遷潞州判官。再遷從仕郎、陽翟縣尹。又遷承事郎、藁城縣尹。其涖博州，調征南軍，不使富民委役於貧。潞州有疑獄，立剖之而讞。陽翟獄尤著，民王氏有婢，竊其簪珥酒壺以逃，盜不可得，註誤相連坐，乃密詢其素所往來，或曰：「王氏姪誘婢他之，度不可俱行，因殺之以利財。」後卒獲其姪，一訊輒引服，縣人大驚，爭持酒殽以賀。在藁城，會眞定無極縣軍隊長匿戍卒鏹二萬五千緡，詒言室中夜遇盜。告于官，三年不能獲，捕盜官多受罪，挾疑似坐獄者三十餘人。府以白樞密院，咸曰：「是能決陽翟疑獄者」，檄君以問。入其室，左右視驗，實無有盜跡。呼其孥二人別居之，所對皆異辭，遂直入其室，發床下，軍鏹咸在，即日獄具。〔註194〕

德玉因為陽翟縣尹任內解決疑獄，得到中央的注意。藁城延祐三年的疑案，就由樞密院下令派邢德玉來偵查，而他顯然也沒讓樞密院失望。事實上，案情本身或許並不複雜，但牽涉到軍官，一般的民政官員必須與管軍官約會審案，其中人事的紛雜使案子難以大白。而邢德玉一方面有疑案高手之聲望，一方面又是樞密院特別委派，具有雙重的震懾力，才能快速破案。邢德玉與王惲都是北方的士人，對照徐泰亨與汪汝懋兩位南士官員，治民風格隱約可以觀察到不同之處，南士無論律法能力多強、實務技術多麼突出，最終都很明確回歸了「德治」的基本面，吏術是用來緣飾德治的。而王惲與邢德玉的事蹟中，嚴於法、善決獄等是他們最突出的能力，但這些「術」與德治是可

〔註193〕《全元文》第 16 冊，頁 123～124，程鉅夫〈送朱帝序〉。
〔註194〕《全元文》第 23 冊，頁 599，袁桷〈邢氏先塋碑銘〉。

以並行，具有獨立的價值，兩者皆可致治。

　　德玉之子仁甫也是儒吏出身，先任省掾，後爲撫州尹，任內「興學禮士，盜不敢入境。治廣平亦以善理冤獄有能名，郡民立去思碑以祝之。」〔註195〕興學教化與善理冤獄，前者以德後者以能，皆可澤民。邢德玉一生仕宦也是輾轉州縣，各任的治蹟卓著，「決疑獄」則是其中之要。事實上，決疑獄本來就是地方官應該具備的的治民要術，但在宋代，「術」畢竟是治民的低層次手段，如果可以無訟，更能彰顯地方官的德化。但在元代的時空下，儒吏地方官的治民要術在士人的論述中，已經不再只是甄於德化的附屬品，也是可以獨立存在的致治之道。

　　如果要用書寫的角度來看，這些碑銘內容如此記載的可能性有二：教化興學是地方官常作之事，而以法治見長者還是較爲少見，因罕見而記載；但不可否認的更是書寫者認同儒吏合一、德法兼用的優勢，也看到吏術在治理上的效果。總之，科舉考試本來保障了儒士的出路，但是制度的變遷迫使士人必須重新定位吏與吏術的價值，吏術中最重要的律法能力，也在治民要術中與德治分庭抗禮，這或許是治風中最明顯的內在變化。〔註196〕

　　最後要再一提的是由吏出身，曾任縣級官員，在討論刑訟一節時曾經提過的王與（1261～1346）。王與將自己的書齋稱爲「儒志山舍」，是否爲儒士可能難說，但顯然以學儒爲志，由吏入官則毫無疑問。他可說是秉持致君澤民可用律的典型人物，曾經寫道：

> 漢張釋之爲廷尉，天下無冤民；于定國爲廷尉，民自以不冤。蓋獄
> 重事也，治獄固難，斷獄尤難。然獄之關於人命者，唯檢屍爲至難。
> 毫釐之差，生死攸繫，苟定驗不明，雖治獄斷獄者，亦未如之何也
> 已。〔註197〕

這是王與爲《無冤錄》所寫之序。地方官可以作到「無冤獄」，可說是澤民的至高境界，而非無訟。無冤的前提是明於斷獄，尤其是人命官司所涉尤重，因此他提出檢屍是斷獄的基礎學。元代的人命官司基本上不能由縣級官府決斷，縣級官吏的職責在於上報證據與相關案由，但第一線人員提供的資料對於最終如何斷獄則具有關鍵影響。因此王與認爲儒家的「無刑之期」必須從

〔註195〕《全元文》第 23 冊，頁 599，袁桷〈邢氏先塋碑銘〉。
〔註196〕劉子健著、劉靜貞譯，〈宋人對胥吏管理的看法〉，《食貨月刊復刊》第 14 卷第 2 期（1984），頁 135。
〔註197〕《全元文》第 35 冊，頁 226，王與〈無冤錄序〉。

重視檢驗學這樣的基礎作起。但是這種「專業」對傳統儒學來說，既非教育內容，也不是所謂的「學問」，充其量是一種「末術」。

王與如何習得這些專業知識與技術不得而知，但是可以確定的是《無冤錄》必然具有市場性。因為在歲貢儒吏的考試「程式」中，除了撰寫問案的「府司勘責到逐人文狀」規則；偵查賊盜案的「收豎事件」之外；「抄白追會事件」所考內容就是命案的相關蒐證與審理的流程，包含驗屍、驗傷、驗病、驗物、驗蹤等等。〔註198〕每一種程式都是一門專業技術，應考者不可能全通，可以精熟其中一種，就有了很高的錄取機會。也因此，士人要從儒吏出仕，不能不正視學習這些細瑣技術，而學習的過程中，必然會慢慢的發現「吏術」亦為「學」的道理，儒、吏合流的價值與潛在影響也在於此。

最後，應該問問元人的儒吏觀與法律觀對於明代是否有所影響呢？宋濂曾在明初京畿鄉試的策問中，以「儒、吏之分」為題：

> 問儒、吏之分，古無有也。蓋儒守道藝，吏習法律，法律固不出乎道藝之外也，奈何後世岐而二之？……然而儒之與吏，各以才顯者亦眾矣。以儒言之，有以明經為郎，出守河南，而民以殷富者；有以明經入仕，刺舉無所避，而加光祿大夫者。以吏言之，有以治獄才高，而舉為侍御史者；有以治律令，而升封為博陽侯者，其果何脩而致此歟？豈皆以儒術緣飾吏事者歟？……誠使儒而不迂，吏而不姦，皆良材也，不知何以擇而用之歟？方今聖天子提三尺劍，平定天下，如漢高帝發政施仁，孜孜圖治過唐太宗……其所以然者，欲使儒術革吏弊，而臻夫太平之治也。……諸君子讀往聖之書，負真儒之學，生平立志，恥與俗吏為伍，其必講之有素矣。〔註199〕

宋濂的提問內容，其實也在表述自己的看法。雖然用了許多問句，但「奈何後世岐而二之」除了疑惑，更是感嘆。他的破題與儒吏論者並無二致，透過比擬朱元璋與劉邦，亦是異曲而同工的上溯漢代尋求理論依據。儒／吏、道／法、明經／律令的對比，雖是宋濂考試舉子的題目，更是表達他對於儒、吏與道、法的意見，要說宋濂藉此貶抑前朝重吏、重法之風，似乎是說不通的。更有甚者，宋濂頗有藉此傳達延續儒、吏兼習、以法輔德之意。

〔註198〕《元典章》上，吏部卷之6，頁6～14，〈儒吏‧儒吏考試程式〉。

〔註199〕宋濂，《宋濂全集》（羅月霞主編，杭州：浙江古籍出版社，1999）第一冊，頁544，〈京畿鄉試策問〉。

第五章　變奏下的基調

　　元代的制度有許多與前代不同之處，而這些制度對於某些群體的影響特別大，無論是儒士這樣的社會群體，或者縣級官吏這樣的政治群體。儒士在元代的出處與心態轉變，已經有質量俱佳的研究成果，但是縣級官員群體因為資料的零散以及政治影響在史料上不夠明顯，因此較不受重視。在最後一章，呼應前言所提到的選題意義，第一、呈現縣級官員在大環境的變遷之下，心態與政治行為的「轉化」；第二、關注輾轉州縣的士人；第三、縣級官員與地方人士的自主性活動三個方面的關注，設定為三個題目來討論，呈現適應著大環境變遷的低階官員。

　　元代地方低階官員在仕宦上最重大的轉變是輾轉州縣成為常態，因為循資遷轉掛帥，加上高官幾乎被優勢團體壟斷，制度與政治的變遷對低階官員的影響最為顯著，他們的政治行為、觀念與為官心態也因此必然不同，但是回應方式的轉變不代表質變，中國歷史的發展有其恆常不變的韌性，這變與不變之間的對應，是研究縣級官員這個層級最主要的意義所在。

　　第二、三、四章討論了外在的制度與變遷、縣級官員族群與遷轉的分析，以及他們的牧民之道。最後這一章的三個題目則作為一種補充與回顧。首先是探討《吏學指南》一書所說居官必任吏的時代意義；再者，透過《餘姚海隄集》，分析一群士人因為一位縣級官員與地方人士合作的公共工程，透過記、詩、跋、序來呈現特殊時代下的集體意志；最後，以縣級官員中最低階的捕盜官為主角，具體的呈現元代情境下，從捕盜官到牧民官的心態轉變。

第一節　居官必任吏

　　吏職是元代縣級官員除了廳以外，最重要的人才庫，探討胥吏的內外在變化，對於縣級官員的治理行為與風格的變與不變，自有其重要性。胥吏是中國政治結構中特殊的一環，宋代以來，吏的政治地位與經濟待遇皆低，其中尤以縣吏的處境最差，「其來也無名額之限，其役也無廩給之資，一人奉公，百指待哺」，因此唯有「饑寒亡業之徒、黠狡弄法之輩」可以「勝任」。〔註1〕且吏不能參加科考，缺乏向上流動的機會，〔註2〕因為前途有限，吏傾向於鞏固既有權益，深化在地勢力，並盡可能將官員引進同一利益圈中。除此之外，更會憑藉自身的行政專才與特有的統治知識，或成為官員不可或缺的左右手，或對不合作的官員予以掣肘，因此在地方治理的有效性上，胥吏扮演著很關鍵的角色。宋代的官箴中，吏要用「馭」（御）、民則以「撫」，因為吏有貪贓弄法的傾向，卻手握公權力的執行，其作為對於百姓生活影響很大，因此必須嚴加管理，地方官有時無法從利益的泥沼中脫身，通常就是受到胥吏的「引誘」與「構陷」，這是官與吏之間存在矛盾關係的主因，「公人世界」也成為士大夫口中州縣弊政的主要源頭。

一、《習吏幼學指南》的時代性

　　官與吏之間職務上距離很近，心理上卻有一種社會鴻溝。受儒家教育出身的知識分子，以一種防衛性的心態去剝奪胥吏向上流動的機會，由於道德偏見使然，官員對於吏的工作內容往往不願意了解，故從北宋到南宋時期，官與吏表面上為執行政務的合作者，意識上的差距卻日漸加深，宋朝士大夫論及胥吏管理問題時的想法，往往理想有餘而務實不足，顯現出一種關懷有餘，認識不足的態度。

　　但是在征服王朝的統治之下，統治階層的儒家中心觀受到挑戰，吏的地位產生了基本的改變，元朝的吏地位上升，權力大增，更重要的是，元代大部分時間沒有舉行科舉，即使開科舉士，錄取人數也相當稀少，「一歲僅三十

〔註1〕　胡太初，《晝簾緒論》（學津討原），頁10，〈御吏篇第五〉。其中指出縣吏既無法佔缺也沒有薪水，縣官日用品、生日、來往官員的招待都要出錢出力，因此稍有資產者根本不願意任吏。

〔註2〕　林煌達，〈唐宋州縣衙吏員之探討〉，收入黃寬重主編《基調與變奏──七至廿世紀的中國》③（台北：政治大學歷史學系，2008），頁143～148。

餘人」，而大量的官員職缺就是由通事、知印等胥吏階級向上塡補。〔註3〕以吏入官成爲最主要的入仕途徑，元朝中晚期進士出身的監察御史韓鏞即曾因「由進士入官者僅百之一，由吏致位顯要者常十之九」，反對吏員出身的傅巖起出任吏部尙書。〔註4〕

　　對於一向批判胥吏，與胥吏保持距離的儒士來說，胥吏在政治上的受重視，不僅在心理上難以接受，在現實面更需要適應。業儒者原本就是以出仕爲主要目標，透過科舉考試，可以保證儒士的出路，也是一種有尊嚴的方式，但是當由吏入仕取代了原本的科舉取士，儒士面臨了必須重新檢視「吏」這一特殊階層的必要性。有些儒士選擇不出仕，成爲朝政的在野批評者與觀察家，但是有更多的士人放下身段，從吏進入仕宦生涯，吏士合一讓原本自滿而具有地位偏見的儒家知識分子有了眞正了解吏的機會，對於儒士看待胥吏的心態，以及胥吏社會角色的改變都有影響。〔註5〕

　　《習吏幼學指南》又簡稱《吏學指南》就是這樣的環境下所產生的著作。〔註6〕《吏學指南》是元朝大德五年（1301）刊行的一部吏員手冊。明朝司禮監刻本《居家必用事類全集》收有此書，在《文淵閣書目》、《四庫全書總目提要》中均有著錄。除元、明刊本外，尙有日本、朝鮮刊本。目前的點校本爲根據日本京都大學人文科學研究所所藏明刊《居家必用事類全集》本爲底，參酌其他諸本校勘、標點而成。全書分《吏師定律之圖》和《爲政九要》兩大部分。收錄了政治、經濟、法律等方面公文用語二千一百零九條、區分爲九十一類，編纂體例類似現代的辭書，每條詞目下面都有簡明的釋文。

　　《吏學指南》不僅是單純的胥吏指導用書，也是儒者學吏的入門書籍，更是吏欲近儒的教養書。〔註7〕宋代的官箴基本上是儒士本位的著作，在官箴之中，胥吏是地方官管理的對象，一個地方基層官員除了要學習賦稅、訴訟等處理，主要的工作之一，就是學習控管胥吏，以使胥吏不至於利用職務上的角色危害人民，官與吏是一種分離的工作範疇。但是在蒙元統治下，官

〔註3〕　《元史》（新校本）卷142，頁3405，〈徹里帖木兒傳〉。
〔註4〕　《元史》卷185，頁4255～4256，〈韓鏞傳〉。
〔註5〕　劉子健著、劉靜貞譯〈宋人對胥吏管理的看法〉，《食貨月刊》復刊第14卷第2期（1984），頁135。
〔註6〕　徐元瑞著、楊訥點校《吏學指南（外三種）》，頁1～154。
〔註7〕　岡本敬二著、葉潛昭譯，〈吏學指南的研究〉，《大陸雜誌》第39卷第5期（1964），頁148。

吏合流成爲制度、儒吏合一成爲一種現象,故《吏學指南》的作者徐元瑞道:

> 嘗聞善爲政者必先於治,欲治必明乎法,明法然後審刑,刑明而清,
> 民自福矣。所以居官必任吏,否則政乖。…刀筆之吏,得時行道,
> 自古重焉。〔註8〕

他的言論反映了對於吏的價値觀的變化,無論是眞心或假意,徐元瑞皆有意
說服爲官者去認同吏的身分,甚至抬出歷史淵源來佐證吏的地位本來不低。
因此,《吏學指南》所謂的「居官必任吏」,代表著一種時代意義,吏被賦予
的期待有了轉變。

日本學者岡本敬二對於《吏學指南》一書曾有專文探討,內容是針對其
與《唐律疏義》與《泰和律》之間的關係,著重點在於從史料的的傳承與創
新看元代吏學在法制史上的定位。〔註9〕《吏學指南》的刊行,標誌著由吏入
仕被視爲正途的開始。

《吏學指南》的主要內容是術語解釋,比起儒家經典的深奧理論來說,
淺顯易懂,也可以讓儒家知識分子很快進入情況,從中了解到官府常用語彙。
實際上這不僅是吏的教養書,對於官員來說,也是很實用的參考資料,在著
作精神上明顯是把吏員教養當作儲備官員的準備,所以書中除了語詞解釋,
更有許多部分強調吏的社會角色,希望擔任吏職者必須有所自覺,樹立一種
吏員的風範與道德,吏道的內涵因而較爲廣泛。

在宋代的官箴中,對於出任官員的儒家知識分子往往都是以「正己」、「盡
己」作爲開宗明義的篇章,指出爲官之基礎,在於以身作則,「其身正,不令
而行」。〔註10〕對科舉出身的官員來說,這種道德要求與儒家一貫的道德思想
相互呼應。可是在談到官員與吏員的互動時,則強調如何駕馭胥吏,避免受
到欺瞞,防止胥吏及其家人仗勢侵擾百姓等,將吏視爲「可使由之」的愚民
群體,故很少直接對胥吏進行系統性的道德教誨。但是元朝由於儒人大量投
入吏途,所以所吏道與官箴界線開始模糊,吏的道德要求被強化,官與吏的
角色不僅在政治上也在社會期待上開始合流。

〔註8〕 徐元瑞著、楊訥點校《吏學指南(外三種)》,頁3,〈習吏幼學指南自序〉。
〔註9〕 岡本敬二著、葉潛昭譯,〈吏學指南的研究〉,頁148～170。
〔註10〕 李元弼,《作邑自箴》卷1,頁1下,〈正己〉。胡太初,《晝簾緒論》,頁1～2
　　　　下,〈盡己篇第一〉。

二、儒道與吏道

　　《吏學指南》的開卷篇爲〈歷代吏師類錄〉，羅列上古到宋代足稱「吏師」者，此篇原來是稱爲〈律師定律之圖〉，所謂的「吏師」，似乎指的是可以提供吏人學習的對象。吏師除了經學之外，最主要還是對於律學的熟悉，西漢的官場有「以吏爲師」的說法，指的就是學習律令之學的風氣，自古「律令」往往是與「酷吏」有著密切關係，但是所謂的「酷吏」指的也是官員，只是以律令作爲治理準則，相對的就是「循吏」，強調以道德感化爲治民之道。東漢之後律學衰落，儒家的德治觀念漸漸取得指導地位，爲官者也以成爲「循吏」爲宗旨。無論是循吏或是酷吏，原先指的都是官員，循吏講究的是德，酷吏講究的是才，但是到了宋代，這樣的概念被轉化爲官員以德爲先，胥吏以才爲首，故胥吏的形象在某種程度上與古代「酷吏」合流，在儒家知識分子的觀念中，講究實務才能的吏似乎與缺乏道德教養劃上等號。

　　石抹允敬在《吏學指南》的序中指出律學爲吏所當學，並且也提到循吏好德、能吏好才，但是其中所指涉的「吏」明顯的與「官」的概念是混淆的，可見在寫序之人的觀念裡，吏與官並非涇渭分明的上下階層，而是相提並論的同等階級，並且強調習律與好德同樣重要，如能兼此兩者，也可以達到儒家統治的最高境界──德化。

　　基本上《吏學指南》的主要理念，是跳脫前代官、吏區別的概念，而將更早以前的兩種儒家官員形象套用到元代的吏人教養裡，期望能吏可以兼有循吏的德治傾向。因此最明顯的是可以在《吏學指南》這樣一部律學氣味濃厚的書籍中，找到很多的道德質素，因此蒙元以吏出職的制度，讓東漢以後走向衰微的律學又再度復活，並且因爲大批儒人投入吏途，律學所代表的「才能」與經學講究的「道德」產生結合。

　　《吏學指南》作者徐元瑞把〈歷代吏師類錄〉放在卷首的用意也顯得比較明朗，透過以吏爲師的歷史背景，可以爲由業儒轉任吏人尋求一個合理化的解釋。另外對於「吏」字的釋義，則指出「吏者治也，當先自正，然後正人」，〔註11〕這與宋代官箴中對於官員的基本教育幾乎是一樣的。

　　吏學的論述內容有〈行止〉與〈才能〉兩軸。行止有孝事父母、友於兄弟、勤謹、廉潔、謙讓、循良、篤實、愼默、不犯贓濫。這些是普遍性的道

德要求，看不出是儒學的專利，但如果對照〈吏稱〉，「循吏」的意義是「上順公法，下順人情者」，這是從《漢書》中抄來的內容，「良吏」是「政尚寬和，人懷其惠者」，〔註12〕這可能是徐元瑞個人的解釋，〈行止〉裡的「循良」如果指的是循吏、良吏，那麼循良的內涵就是順法、順情、寬和、懷惠，這不正是法治與德治的結合嗎！在才能方面，則比較偏重吏術的要求，例如行遣熟閑、語言辯利、通習條法、算法精明、字畫端正，其中還有一條為「曉解儒書」，〔註13〕對於胥吏有此一要求在以往的漢人王朝中並不多見，可見在儒吏合一的狀況下，吏的儒學素養也成為標準要求，吏道也因而融入較多的道德質素

元朝官方對於中央各機關所需的歲貢吏員，主要是從儒戶子弟中挑選，儒學的修養被列為重要的必備條件，路的吏員也需要通過《四書》的筆試，另外還要求吏術方面的條件。〔註14〕故元朝不行科舉，但是吏員作為未來官員的主要人才庫，已經不只需要具備吏術而已。中央省、台、六部等機構的吏，通常由儒學教授從儒戶中挑選，很大程度上保證了這些吏員的基本儒學素養，也間接使胥吏群體的知識層次有所提昇。

可以突顯吏道的還有〈吏員三尚〉篇，其中標示「尚廉」、「尚勤」、「尚能」三大要件。〔註15〕尚能是自古對於吏人形象的認知，放在〈吏員三尚〉裡面不足為奇，廉、勤也是普遍性的道德箴言，但是在「尚廉」的內容中，主要是勸諫吏員遠嫌疑，杜絕請託之門，同樣的要求可以在宋代的官箴中普遍看到，例如《作邑自箴》第一卷的主旨就可以歸納為「正己」、「避私」、「遠嫌疑」三要點。〔註16〕而《晝簾緒論》亦有〈遠嫌疑篇〉，〔註17〕有趣的是宋代官箴中所要求的遠嫌疑，具體要求官員要防止胥吏一類「小人」利用參與公務來取得利益，吏的角色是被排除於遠嫌疑的道德要求之外，並且是官員防備的對象，但是在《吏學指南》中也成為吏員的準則，吏道的提昇由此可見一斑。

在《吏學指南》的〈律己〉、〈仁恕〉、〈慘刻〉、〈五伯馬進傳〉則是用實

〔註12〕徐元瑞著、楊訥點校，《吏學指南（外三種）》，頁16，〈吏稱〉。

〔註13〕徐元瑞著、楊訥點校，《吏學指南（外三種）》，頁17，〈才能〉。

〔註14〕《元史》卷83，頁2071～2072，〈選舉志三〉。

〔註15〕徐元瑞著、楊訥點校，《吏學指南（外三種）》，頁135，〈吏員三尚〉。

〔註16〕李元弼，《作邑自箴》卷1，頁1下～6下，〈正己〉。

〔註17〕胡太初，《晝簾緒論》，頁26上～28上，〈遠嫌疑篇第十五〉。

際的例子來告誡吏員遵循道德化的吏道。〈律己〉篇中，用了許多歷史故事，強調因果報應，例如東漢楊震因爲拒絕賄賂，五子皆顯貴；唐代王琚接受不義之財，後來遭到自殺身亡的報應。〔註 18〕這種勸諫的方式，同樣是對於道德的要求，但是從中可以察覺，其勸說對象可能並非知識程度較高的儒人，而是針對知識程度較低之對象。在前面歲貢吏員的規定中，有提到「非儒戶而願學者聽」，顯然蒙元的吏員不會都是儒人出身，甚至下層的蒙古、色目族群也可能擔任吏員，因此在吏員的教養書中，使用較爲淺顯易懂的道德教育手法當然有所必要，況且道德的教育，原本就是業儒者熟悉的範疇，說到提昇吏道，反而是非儒人出身者才是最需要進行教育的對象。

　　〈仁恕〉與〈慘刻〉則是對比篇章，目的在於勸諫爲吏者，要達成「循吏」、「良吏」的目標，而不要成爲「酷吏」。〔註 19〕前面提過所謂的「循吏」或「酷吏」，實質上是官而非吏，但是在此處也同樣被混爲一談，這當然與吏員出職的制度有關，在〈仁恕〉、〈慘刻〉篇中同樣以淺顯的因果報應故事來讓習吏者了解必須以「循吏」、「良吏」爲學習對象，如果爲「酷吏」，暗示將會與商鞅、來俊臣等人一樣不得善終。

　　而〈五伯馬進傳〉則是宋人的作品，也被放進《吏學指南》之中，其中以馬進生子無左臂的故事，說明馬進世代主杖笞，以受杖者所賄賂的財利多寡來決定杖笞的輕重，所以遭到天譴。〔註 20〕道德教訓的方式與〈仁恕〉或〈慘刻〉篇相似，但是其中除了訓示爲吏要清廉之外，重點還在於「用刑」本身是不符合儒家恕道，以刑治民是下下之策，循吏式的道德感化才是最好的理民之道。

　　儒家的治理道統被普遍的放進元代的吏人教養書中，可以想見吏的社會角色因爲制度上的改變，被賦予了較高的道德要求，吏道的本質也向儒道靠攏，但是吏的來源畢竟不是完全來自儒人，因此爲了因應背景不同的吏人之需求，尤其這些吏人是未來的官員，將掌握更大的治權，因此在宋代對官員的要求被用在元代的吏身上，使得吏道的標準提昇不少。但是吏道的儒家道德化並不能保證吏員實際素質的提高，事實上蒙元的儒士並不以提昇吏的道德爲主要目標，而是以恢復科舉爲職志，深受大儒教育而相當儒化的元仁宗

〔註 18〕徐元瑞著、楊訥點校，《吏學指南（外三種）》，頁 136～137，〈律己〉。
〔註 19〕徐元瑞著、楊訥點校，《吏學指南（外三種）》，頁 137～142，〈仁恕〉、〈慘刻〉。
〔註 20〕徐元瑞著、楊訥點校，《吏學指南（外三種）》，頁 142，〈五伯馬進傳〉。

就曾說：

> 朕所願者，安百姓以圖至治，然匪用儒士，何以致此。設科取士，
> 庶幾得眞儒之用，而治道可興也。〔註21〕

在元代對於重開科舉，用眞儒不用吏的呼籲，常常是儒者掛在嘴邊的話語，儒家的知識分子還是認爲科舉考試才能眞正拔擢「眞儒」，由吏出職並非正道，容易造成官員素質的低落，對於國家統治終究是負面的影響。

科舉考試是建立在一種嚴格的篩選基礎上，但是吏的出職，則是以年資爲主要考量，入吏達到某種年資即可入官，而吏的選法則相當依賴推舉，其中有較多的主觀因素，因此相較之下，科舉畢竟較爲客觀與公平。元人鄭介夫曾道：

> 今中外百官，悉出於吏。觀其進身之初，不辨賢愚，不問齒德，夤
> 緣勢援，互相梯引，有力者趨前，無力者居後。口方脫乳，已入公
> 門；目不識丁，即親案牘。〔註22〕

清楚的表達出他對於由吏出職觀感，認爲此一制度問題很多，也對於官員的素質有不利的影響。這不僅是鄭介夫的個人看法，也是元代從儒家士大夫到在野儒者的普遍觀點，但是畢竟現實上由吏入仕是主流，所以才有《吏學指南》的出現，而對於吏道的加以道德化，也是一種亡羊補牢之作法。

總之，征服王朝的統治底下，儒家知識分子必須用不同的應變方式來維持統治的儒家化，從本文對於吏道內涵轉變的探討，可以窺見雖然社會氛圍不同，這種對於儒家理念的維繫還是儒者念茲在茲的使命。

第二節　州縣有官非葉侯

本節透過縣官與地方人士合作的善政，討論一位低階官員的作爲如何成爲眾多各族菁英士人共通聲氣的平台，以及地方人士如何與地方官員合作發揮力量影響中央政府的施政。事件的地點發生在餘姚，在宋代屬於四明地區，元代屬紹興路下餘姚州，是一個縣級州。由於地理位置易受海波，故宋代以來地方官屢次在餘姚修築海隄，是因應地理問題的治理焦點。

根據宋代地方志記載：

〔註21〕《元史》卷24，頁558，〈仁宗本紀一〉。
〔註22〕陳得芝、邱樹森、何兆吉輯點，《元代奏議集錄》下冊，頁56，〈上奏一綱二十目〉。

餘姚海隄縣亘八鄉，其袤百四十里，慶歷中（七年，1047）縣令謝
景初治隄事，始築二萬八千尺，王文公安石記之（餘姚縣海塘記）。
厥後增築，視舊倍徙，隄或蟒斃不堅，受潮之齧，頹圮摧隳，甚則
蕩析田疇，漂溺室廬，於是歲起役夫六千人，人為役二十日，率於
農隙董治修築，吏或苟且不經意，隨築輒壞，隄蓋未嘗固也。〔註23〕

為何花費巨大人力物力卻不能修築穩固海隄，元人陳旅（1288～1343）說明
了最根本的原因：

圖八　餘姚市位置示意圖

此圖轉引自網址 http://baike.baidu.com/image/504ec7f9175a1a42252df2a9

慶元二年（1196），知縣事施宿自上林至蘭風為隄四萬二千餘尺，中
石隄四計五千七百尺，餘盡累土耳。施令以土累者易敗，當每歲勸
民集財，乃請于其上之人置隄田二千畝，以得于田者，時其敗而治
之。而寶慶中，民淪于海者殆百家，土隄雖謹治，不足恃也。〔註24〕

〔註23〕沈作賓修、施素纂，《嘉泰會稽志》卷10，頁6903-2，〈海隄〉。
〔註24〕陳旅，《安雅堂集》卷7，頁7上，〈餘姚州海隄記〉。亦收入葉翼輯，《餘姚海
　　　　隄集》（四庫存目）卷1，頁633。

也就是說餘姚海隄屢修屢毀的原因在於歷任地方官所修主要爲土堤結構，無法抵禦海水的侵蝕，而修隄的經費顯然是地方自籌，沒有中央政府的財政支援，因此無法大規模修築石隄，以至於不斷勞民傷財，海波依然危害當地百姓的身家安全。餘姚爲浙東大縣，人口眾多，宋代以來財賦集權中央，但是築堤捍海的龐大費用卻依賴地方官與當地民眾自籌款項，中央政府扮演著非常被動的角色，一方面是此類公共建設是局限於較小區域，不足以對治理大局產生關鍵影響，一方面是賦稅的執行在當時的情境下並沒有清楚的動用項目，也正因爲中央抓的是賦稅與司法，因此地方人士與官員就在公共利益與教育文化方面較多的發展空間。

葉恒（生卒年不詳，生活於元中後期），字敬常，鄞縣人，天曆間由國子生釋褐，授餘姚州判官，終於鹽城縣尹。餘姚任上築堤捍海、民賴其利，至正末在地方人士的要求下，詔封「仁功侯」，立廟祭祀。葉恒子葉晉爲南臺掾，輯錄當時各族名士爲其父所作序記詩文爲集，後燬於火。明宣德中，葉恒孫葉翼重新收輯散佚成《餘姚海隄集》四卷。〔註25〕目前只有一卷傳世。

葉恒仕宦不顯，生平資料不多，卻因爲修築海隄，使一位輾轉州縣的地方小官受到當時碩儒名臣與地方人士的大力稱揚，但是縣級官員何其多、善政何其繁，葉恆集眾多關愛眼神於一身，頗令人感到好奇。在四卷《餘姚海隄集》中，可以發現許多元代名士與顯宦，例如陳旅、歐陽玄、危素、楊維禎、張翥、劉仁本、貢師泰、柳貫、王褘、黃溍、戴良、烏斯道，色目文人吉雅謨丁（馬元德）、愛里沙、金哈剌、余闕、畏吾人王嘉閭等。

一、人際網絡

《餘姚海隄集》中的撰寫者，彼此之間大多具有詩文唱酬、同鄉、師友甚至親屬關係。以下整理《餘姚海隄集》中貢獻了記、文、詩、跋者的小傳，以便簡要說明他們彼此之間的人際網絡：

1、王沂（約 1290～1345 後或 1358 前）：字師魯，眞定人。延祐二年進士，歷官翰林編修、國子博士、翰林待制，至正初爲禮部尙書，至正中卒。有伊濱集二十四卷。〔註26〕撰〈海隄後記〉

〔註25〕葉翼輯，《餘姚海隄集》提要，頁 653；頁 634～636，王至〈敕封仁功侯賜額永澤廟記〉。

〔註26〕王樓占梅，〈《伊濱集》中的王徵士詩〉，頁 57～76。

2、王桓：字彥貞，慈溪人。生平不詳。撰（七言律詩）。

3、王禕（1322～1373）：字子充，義烏人，炎澤孫。師事黃溍，元末上書時宰論政，不報，隱青巖山。明太祖取婺州，召用之，累官漳州通判。洪武二年召修元史，爲總裁官，書成，擢翰林待制，五年奉使雲南，招諭元梁王，六年遇害，年五十二。諡忠文。有王忠文公集二十四卷、大事紀續編七十七卷。〔註27〕撰（後記）。

4、王冕（？～1359）：字元章，號煑石山農，諸暨人。不就吏祿，依佛寺以授徒。工畫梅，以胭脂作沒骨體自冕始。後出遊，至大都，士大夫爭譽薦之，不受。至正八年南歸，隱居讀書，十九年明將胡大海下諸暨，得冕欲用之，冕直言明軍無紀律，未幾暴卒。有竹齋詩集一卷。〔註28〕撰〈七言古詩〉。

5、王守誠（1296～1349）：字君實，太原陽曲人。泰定元年進士，授祕書郎，遷太常博士，轉藝林庫使，與修經世大典，出爲西臺御史，除奎章閣鑒書博士，拜監察御史，僉山東憲司事，累官禮部尚書，與修遼宋金三史，擢中書參議，調燕南廉訪使。至正五年除河南參政，奉詔宣撫四川，進河南左丞，未上，丁憂歸，至正九年卒，年五十四。諡文昭。〔註29〕撰〈繫辭〉。

6、王至：字孟陽，紹興人。生平不詳。撰〈敕封仁功侯賜額永澤廟記〉。

7、王嘉閭：字景善，晚號竹梅翁，餘姚人。後至元六年薦授松江財賦提舉，得代歸。至正二十年擢紹興路同知，不赴，方國珍欲官之，亦辭。〔註30〕撰〈雜言〉。

8、危素（1303～1372）：字太樸，號雲林，金溪人。博學善文辭，亦工書。至正二年用薦爲經筵檢討，與修宋遼金三史，五年改國子助教，七年除翰林應奉，二十年累遷中書參政，二十四年拜翰林學士承旨，出爲嶺北行省左丞，棄官居房山。明洪武二年授翰林侍講學士，三年兼弘文館學士，尋謫居和州，五年卒，年七十。有說學齋稿四卷、危太樸文續集十卷。〔註31〕撰〈頌〉。

〔註27〕《明史》卷289，頁7414～7415，〈忠義一‧王禕〉。

〔註28〕宋濂，《宋文憲公全集》卷27，頁1下，〈王冕傳〉。

〔註29〕《元史》卷183，頁4209～4210，〈王守誠傳〉。

〔註30〕戴良，《九靈山房集》（四部叢刊），卷27，頁3下，〈竹梅翁傳〉。《餘姚海隄集》中稱其爲北庭人，字雲昇。

〔註31〕《明史》卷285，頁7314～7315，〈文苑一‧危素傳〉。

9、吉雅謨丁（約 1315～1366）：字元德，回回人，丁鶴年從兄。至正十七年
進士，授定海縣尹，二十二年攝奉化州事，調昌國知州，陞浙東僉都元
帥，死國事。〔註32〕撰〈七言古詩〉。

10、宇文公諒（1292～？）：字子貞，湖州歸安人。元統元年進士，授婺源州
同知，改餘姚州，攝會稽縣事，遷高郵推官，入爲國子助教，調翰林應
奉，歷國子監丞、江浙提學，終嶺南憲僉。公諒嚴操守，歷官所至皆有
善政，及卒，門人私諡曰純節先生。〔註33〕撰〈五言律詩〉。

11、朱右（佑）（1314～1376）：字伯賢（言），台州臨海人。元末詣闕獻河清
頌，不遇而歸。明初召修元史，除翰林編修，終晉王府長史。洪武九年
卒，年六十三。有白雲稿十一卷。〔註34〕撰〈沃美海隄十八章章八句〉

12、江存禮：字學庭，南城人，寓蒲圻。泰定四年進士，官至國子祭酒，以
文章事業推重當時，卒贈莒國公，諡文正。〔註35〕撰〈七言律詩〉。

13、余桓：會稽人，生平不詳。撰〈七言律詩〉。

14、余闕：（1303～1358）：字廷心，一字天心，唐兀人，家合肥。元統元年
右榜進士第二，授泗州同知，入爲翰林應奉，轉刑部主事，歷監察御史、
禮部員外郎，出爲湖廣郎中，累遷浙東僉憲。至正十二年權淮西宣慰副
使，分治安慶，屢破賊，累陞淮南行省左丞，十七年冬陳友諒大舉來犯，
明年正月城陷，闕殉城，年五十六。諡忠宣（或作忠愍、文貞）。有青陽
文集九卷。〔註36〕撰〈七言絕句〉。

15、吳志淳：字主一，無爲州人。能詩善書，以父蔭歷主靖安、都昌二縣簿，

〔註32〕《丁鶴年集》（百部叢書集成）附錄1，頁3上，吉雅謨丁小傳。參看陳垣，《元
西域人華化考》卷3，頁41上～46下，〈佛老篇〉；卷4，頁65上～68下，〈文
學篇〉。《澹游集》卷上，頁227，〈吉雅謨丁〉。《九靈山房集》卷14，頁204，
〈題馬元德伯仲詩後〉。

〔註33〕《元史》卷190，頁4349，〈儒學二‧宇文公諒〉。

〔註34〕《明史》卷285，頁7320，〈文苑一‧朱右傳〉。朱彝尊，《曝書亭集‧附1種》
（台北：世界書局，1989）下，卷62，頁994，〈朱右傳〉。

〔註35〕《大明一統志》卷53，頁14，〈建昌府‧人物〉。《翠屏集》卷2，頁83下，卷
末編者言。《居竹軒詩集》卷2，頁2上，〈司業江存禮因作劉孝子傳爲題其後〉。

〔註36〕《宋濂全集》第1冊，頁245～248，〈余左丞傳〉；第3冊，頁1577，〈余左
丞後傳〉。朱善，《朱一齋先生文集》（四庫存目）卷6，頁80上～83上，〈余
廷心後傳〉。《元史》卷143，頁3426-3429，〈余闕傳〉。陳垣，《元西域人華
化考》卷4，頁53下～54上，71上～71下；卷5，頁78下，84下；卷36，
頁113上；卷8，頁130下。

避兵徙鄞之東湖，入明不仕。〔註37〕撰（七言律詩）。

16、宋禧：又名元僖，初名玄禧，字無逸，號庸菴，餘姚人。至正十年中鄉
試，補繁昌教諭，尋棄歸。明初召修元史，外國傳自高麗以下悉出其手，
書成，不受職歸。有庸菴集十四卷。〔註38〕撰〈七言古詩〉。

17、李孝光：字季和，溫州樂清人。工古文，隱居雁蕩山五峯下，至正七年
以秘書監著作郎召，見帝於宣文閣，進孝經圖說，帝大悅。明年陞秘書
監丞，卒于官，年五十三。有五峯集六卷。〔註39〕撰（七言絕句）。

18、卓說：字習之，慶元人，至正間以明經薦授建寧路教授，後任杭州路儒
學隄舉。〔註40〕撰〈沃美海隄成績〉。

19、金哈刺：字元素，康里人，馬祖常族弟。登進士第，授鍾離縣達魯花赤，
歷廉訪僉事，累陞江浙行省左丞，拜樞密院使，從順帝北去。〔註41〕撰
（七言律詩）。

20、柳貫（1270～1342）：字道傳，號烏蜀山人，浦江人。受經於金履祥，學
文於方鳳，大德四年任江山教諭，至大初遷昌國州學正，延祐六年除國
子助教，陞博士，泰定元年遷太常博士，三年出為江西儒學提舉，秩滿
歸。至正元年起為翰林待制，明年卒，年七十三。門人私諡曰文肅。有
柳待制文集二十卷。〔註42〕撰（七言律詩）。

21、段天祐，字吉甫，汴梁蘭陽人。泰定元年進士，授靜海縣丞，歷江浙照
磨、常熟州判，擢國子助教，遷翰林應奉，除江浙儒學提舉。〔註43〕撰
（七言絕句）。

〔註37〕 凌迪知編，《萬姓統譜》卷10，頁21下，〈七虞〉。

〔註38〕 《明史》卷285，頁7318，〈文苑一・宋僖〉。《九靈山房集》卷25，頁5，〈懷
宋庸菴〉。

〔註39〕 《元史》卷190，頁4348，〈儒學二・李孝光〉。

〔註40〕 《全元文》第58冊，頁199，〈卓說〉。

〔註41〕 歐陽玄，〈刑部主事廳題名記〉，收入熊夢祥《析津志輯佚》（北京：古籍出版
社，1983），頁30，〈朝堂公宇〉。《羽庭集》卷1，頁7下，〈賀金元素拜福建
省參政仍兼海道防御〉。柳瑛，《成化中都志》（天一續編）卷6，頁43。蕭啓
慶，〈元色目文人金哈刺及其《南遊寓興詩集》〉，《漢學研究》13卷2期（1995），
頁1～14。

〔註42〕 《元史》卷181，頁4189～4190，〈柳貫傳〉。

〔註43〕 《柳待制文集》卷17，頁6下〈送段吉甫州判序〉。《存復齋文集》卷3，頁
10，〈山陽招隱辭爲段吉甫助教賦〉。《玩齋集》卷1，頁24下，〈題朱澤民所
作段吉父應奉別業圖〉。鄧戟編，《嘉靖常熟縣志》（史學叢書，台北：臺灣學
生書局，1987）卷5，頁41下。

21、胡益：字士恭，鄱陽人。官參知政事。〔註44〕撰〈七言古詩〉。

22、胡世佐：字伯衡，胡三省孫。累舉不第，慶元路聘為郡庠五經師，遂家鄞縣。〔註45〕撰〈七言律詩〉。

23、胡惟仁：字一中，會稽人。〔註46〕撰〈雜言〉。

24、夏以忠（？～1369）：字尚之，號懷魯，宜春人。累遷涿州照磨，至正十六年中大都鄉試，擢翰林編修，調國子助教，遷太史院都事。入明，以老病乞歸，洪武二年卒。〔註47〕撰〈七言古詩〉。

25、桂德稱：字彥良，慈溪人。洪武六年以省臣薦召為太子正字，號稱江南大儒，與劉基、宋濂齊名。〔註48〕撰〈七言律詩〉。

26、烏斯道：字繼善，鄞人。為丁鶴年作傳，贈王沂詩序。〔註49〕撰〈七言古詩〉。

27、貢師泰（1298～1362）：字泰甫，宣城人，奎子。由國子生登泰定四年進士第，授太和州判，改歙縣丞，擢翰林應奉，除紹興路推官，歷宣文閣授經郎、翰林待制、國子司業，累官監察御史。至正十四年除吏部侍郎，改兵部，累遷平江路總管，歷兩浙鹽運使、江浙參政，二十年除戶部尚書，分部閩中，以閩鹽易糧，由海道運京師，二十二年召為祕書卿，行至海寧卒，年六十五。有玩齋集十卷。〔註50〕撰〈五言律詩〉。

28、高思賢：平陵人，生平不詳。撰〈七言律詩〉。

29、張翥（1287～1368）：字仲舉，號蛻菴，晉寧人，寓錢唐。從學於李存、仇遠，以詩文名。至正初召為國子助教，以翰林編修預修遼宋金史，進翰林應奉、修撰，遷太常博士，累官翰林侍讀兼祭酒，以翰林承旨致仕，

〔註44〕陶宗儀編，《書史會要》卷7，頁10。

〔註45〕《宋元學案補遺》卷86，頁88下。

〔註46〕《宋元學案》卷93，頁19下，有胡惟仁，字舜咨。會稽人，寓慈溪。明初徵拜燕王傅，尋除儀真令。又有胡一中，字允文，諸暨人，渭從孫。泰定四年進士，授紹興路錄事，轉邵武路，著有定正洪範二卷，參見《四庫全書總目提要》卷13，頁262～263，〈書類存目一‧定正洪範二卷〉。未知何者為是。

〔註47〕蘇伯衡，《蘇平仲文集》卷11，頁21下，〈夏尚之太史哀辭〉。

〔註48〕沈節甫編，《記錄彙編》（明萬曆丁巳江西巡按陳于廷刊本）卷148，頁1506-2，〈餘冬序錄摘抄一〉。

〔註49〕《四庫全書總目提要》卷168，頁3548，〈丁鶴年集一卷〉。王沂，《王徵士詩》卷首，烏斯道、彭鏞等〈王徵士詩序〉。

〔註50〕《元史》卷187，頁4294～4296，〈貢師泰傳〉。

封潞國公。至正二十八年卒，年八十二。有蛻菴集五卷。〔註51〕撰〈賦海隄曲〉。

30、張庸：字惟中，慈溪人。方國珍據四明，署爲上虞山長，棄去。入明不復出，自號全歸處士，有全歸集七卷。〔註52〕撰〈七言古詩〉。

31、張以寧（1301～1370）：字志道，福州古田人。泰定四年進士，授黃巖州判官，陞六合縣尹，歷國子助教、翰林侍講學士。入明，拜翰林侍讀學士，洪武二年奉使安南，三年卒，年七十。著有翠屏集四卷。〔註53〕撰〈七言古詩〉。

32、陳旅（1287～1342）：字眾仲，莆田人。博學多聞，遊京師，虞集見其文，大稱賞，薦授國子助教。元統二年除江浙儒學副提舉，後至元四年入爲翰林應奉，至正元年遷國子監丞，明年卒，年五十六，有安雅堂集十三卷。〔註54〕撰〈餘姚州海隄記〉

33、彭唯：字思貫，廬陵人。生平不詳。撰〈雜言〉。

34、揭汯（1304～1373）：字伯防，豐城人，傒斯子。至正十年蔭補祕書郎，遷翰林編修，歷太常博士、翰林修撰，改禮部員外郎，十八年出爲江西憲僉，守建寧，却寇有功，入爲祕書少監。元亡，稱疾不仕，寓居慈溪，洪武六年卒，年七十。〔註55〕撰〈五言古詩〉。

35、曾堅：字子白，金溪人，嚴卿子。至正十四年進士，歷國子助教、翰林修撰，十八年選爲江西行省員外郎，入爲國子監丞，陞司業，進詳定副使，改翰林直學士。入明，授禮部員外郎，以疾辭，明年感符璽事，作義象歌，被誅。〔註56〕撰〈七言古詩〉。

36、黃琚：字宗魯，山陰人。生平不詳。撰〈騷〉。

〔註51〕《元史》卷186，頁4284～4285，〈張翥傳〉。

〔註52〕朱緒曾，《開有益齋讀書志》（清光緒六年金陵翁氏茹古閣刻本）卷5，頁45下。

〔註53〕《明史》卷285，頁7315～7317，〈文苑一‧張以寧傳〉。

〔註54〕《元史》卷190，頁4347～4348，〈儒學二‧陳旅〉。

〔註55〕宋濂，《宋文憲公全集》卷30，頁20，〈元故祕書少監揭君墓碑〉。

〔註56〕許應鑅，《光緒撫州府志》（中國地方志集成）卷59，〈人物志〉，頁21上～21下。參看桂栖鵬，〈元代進士在元末明初的動向〉，收入桂氏《元代進士研究》，頁95。《金華黃先生文集》卷32，頁331，〈金溪曾君墓誌銘〉。《宋濂全集》第2冊，頁598，〈曾學士文集序〉。《弘治撫州府志》卷23，7下，〈科第‧進士〉、卷19，頁3上～下，〈人物‧鄉賢〉。《不繫舟漁集》卷11，頁5下～7上，〈送曾子白員外序〉。

37、黃肅：字子雍，江西人。生平不詳。〔註57〕撰〈七言古詩〉。

38、黃溍（1277～1357）：字晉卿，義烏人。博學工文辭，延祐二年登進士第，授寧海縣丞，歷諸暨州判、翰林應奉，轉國子博士，出爲江浙儒學提舉，至正三年辭歸，以祕書少監致仕，七年起爲翰林直學士，陞侍講，十年復歸，十七年卒，年八十一。諡文獻。著有金華黃先生文集四十三卷、日損齋筆記一卷。〔註58〕撰〈跋〉。

39、愛理沙：字允中，回回人，居武昌（今武漢），爲詩人丁鶴年之次兄、至正八年進士吉雅謨丁之從兄弟。父職馬祿丁，仕至武昌縣達魯花赤，母王氏、馮氏。〔註59〕愛理沙，進士，〔註60〕曾任翰林應奉。後殉國。〔註61〕撰〈七言律詩〉。

40、楊鎰：字顯民，進賢人，鑄兄。家居講授，不求仕進。〔註62〕撰〈七言古詩〉。

41、楊維禎（楨，1296～1370）：字廉夫，號鐵崖，晚號東維子，山陰人。泰定四年進士，授天台縣尹，改紹興錢清場司令，坐損鹽久不調，至正初除杭州四務提舉，轉建德路推官，陞江西儒學提舉，避兵未上，遂浪蹟浙西山水間。明初召諸儒考禮樂，洪武三年正月至京師，以疾請歸，五月卒，年七十五。著有東維子文集三十卷、鐵崖古樂府十卷等。〔註63〕撰〈樂府辭繫卷尾〉。

42、董幼安：字景寧，眞定人。至正二十六年累官中書參政，明年進左丞。〔註64〕撰〈七言律詩〉。

〔註57〕《餘姚海隄集》，頁644。

〔註58〕《元史》卷181，頁4187，〈黃溍傳〉。《宋濂全集》第1冊，頁306～312，〈金華黃先生行狀〉。柳貫，《柳待制文集》（四部叢刊）卷20，頁13，〈樂清縣尹黃公行狀〉。許守泯，〈從仕宦看元代江南士人的社會網絡：以黃溍爲例〉，收入蕭啓慶、許守泯編，《蒙元的歷史與文化：蒙元史學術研討會論文集》（台北：台灣學生書局，2001）上冊，頁655～679。徐永明，〈黃溍年譜〉（收入徐氏，《元代至明初婺州作家群研究》（北京：中國社會科學出版社，2005）），頁197～266。《危太樸續集》卷2，頁17，〈黃公神道碑〉。

〔註59〕《九靈山房集》卷19，頁1下～2下，〈高士傳〉。

〔註60〕《九靈山房集》卷19，頁1下～2下，〈高士傳〉。

〔註61〕丁鶴年，〈讀應奉兄登科記愴然傷懷因成八韻〉有云：「自信爲臣當委質，誰能向賊更求生」，當爲殉國而死。《丁鶴年集》卷2，頁14上。

〔註62〕《道園學古錄》卷33，頁7，〈送楊生序〉。

〔註63〕《明史》卷285，頁7308～7309，〈文苑一·楊維楨傳〉。

〔註64〕危素，《危太樸續集》（元人文集珍本叢刊）卷1，頁18，〈送董景寧出守河間

43、熊夢祥：字自得，號松雲道人，豫章人。工畫山水，清古脫俗。以茂才舉爲白鹿書院山長，未幾棄去，放浪淮浙間，後居婁江。明初官監丞，年八十六猶存。〔註65〕撰〈七言古詩〉。

44、趙俶：字本初，山陰人。鄉貢進士，洪武六年徵授國子博士。請頒正定十三經於天下，以翰林院待制致仕。宋濂率同官暨諸生千餘人送之。卒年八十一。〔註66〕撰〈賦〉。

45、趙儼：字子威，安喜人，秉政子。至正元年累遷南臺照磨，進御史，改湖北憲僉，擢泰州尹，入爲翰林待制，除監察御史，仕至翰林學士。〔註67〕撰〈七言古詩〉。

46、趙思魯：文安人，河間路轉運鹽使，贈嘉議大夫，禮部尙書，順帝時諡文清。〔註68〕撰（七言律詩）。

47、劉聞，字文廷（文霆），安福人，蒙正子。至順元年登進士第，授臨江路錄事，入爲國子助教，遷太常博士，除江西儒學提舉，仕至沔陽知府。〔註69〕撰（七言絕句）。

48、劉仁本：字德玄（玄德），天台人。至正十九年歷官江浙行省郎中，方國珍海運輸燕，仁本實司其事，二十七年國珍降明，仁本鞭背死。有羽庭集六卷。〔註70〕撰〈海隄美葉侯詩〉。

49、歐陽玄（1283～1357）：字原功，號圭齋，瀏陽人。延祐二年登進士第，授平江州同知，歷尹蕪湖、武岡，入爲國子博士，進監丞，除翰林待制，天曆二年授藝文少監，進大監，順帝立，改太常院僉，累遷翰林學士，領修遼宋金三史，至正五年進翰林承旨，十七年卒，年七十五。諡文。有圭齋文集十五卷。〔註71〕撰〈詩〉。

50、蔣景武：似爲蔣景高兄弟，字伯威，象山人。生平不詳。撰（七言律詩）。

序〉。《元史》卷113，頁2862～2864，〈宰相年表二・順帝〉。

〔註65〕陳旅，《草堂雅集》卷6，頁5下，〈熊夢祥〉。《餘姚海隄集》中誤爲余夢祥伯熊，頁645。

〔註66〕《明史》卷137，頁3954～3955，〈趙俶傳〉。

〔註67〕釋大訢，《蒲室集》卷5，頁11，〈送趙子威臺郎還都〉。

〔註68〕王圻輯，《明萬曆續文獻通考》卷147，頁9022，〈諡法考十四・元臣諡〉。

〔註69〕《圭齋文集》卷10，頁10上～12下，〈安成劉聘君墓碑銘〉。《道園學古錄》卷11，頁10下，〈題進士劉聞赴臨江路錄事〉。楊士奇《東里續集》卷18，頁26上，〈劉文廷集跋〉。

〔註70〕《明史》卷123，頁3700～3701，〈劉仁本傳〉。

〔註71〕《元史》卷182，頁4196～4199，〈歐陽玄傳〉。

51、蔣景高：字尙之，象山人，元末遺儒也。內附後仕象山教諭，罹表箋禍，赴京師斬於市。〔註72〕撰〈七言古詩〉。

52、鄭厚：字彥博，四明人，生平不詳。〔註73〕撰（七言律詩）。

53、鄭濤：字仲舒，浦江人。學於黃溍，至正間授經筵檢討，轉翰林編修，進應奉，入明爲太常博士。著有旌義編二卷。〔註74〕撰〈七言古詩〉。

54、鄭彝：字元秉，餘姚人。清逸夷曠，善畫蘭蕙。〔註75〕撰（五言古詩）。

55、戴良（1317～1383）：字叔能，號九靈山人，又號雲林，浦江人。學文於黃溍、柳貫，至正廿一年薦授淮南儒學提舉，避地吳中，見張士誠將敗，挈家泛海抵登萊，欲間行歸擴廓帖木兒軍，道梗，寓居昌樂。明洪武六年南還，變姓名隱四明山，十五年徵至京師，不肯受官，忤旨，明年自裁於寓舍，年六十七。有九靈山房集三十卷。〔註76〕撰（七言律詩）。

56、寶寶：雲中人。似爲色目人，生平不詳。撰（七言律詩）。

57、釋大梓：字北山，廬陵人。據稱與張翥、危素等人爲詩友。〔註77〕撰（七言律詩）。

58、釋曇噩（1285～1373）：字無夢，號夢雲，又號西庵，慈溪人，俗姓王。歷主慶元之保聖、慈溪之開壽、天台之國清等寺，退隱象山瑞龍。明洪武六年卒，年八十九。〔註78〕撰（七言律詩）。

以上總共 59 位元末明初的士人爲葉恆撰寫記、文、詩、跋，爲了方便檢閱，以姓氏筆劃排序。其中吉雅謨丁、王嘉閭、寶寶、金哈剌、愛理沙、余闕皆爲色目人，吉雅謨丁與愛理沙爲著名色目詩人丁鶴年家人，丁鶴年在至正中期寓居四明，與戴良往來甚多，余闕、宋禧與他都有詩文唱和，他的家人透過他以及個人的交遊，共同關心四明地區的公共事務，也屬自然。而余闕爲著名色目官員，爲金哈剌族兄，與南士往來密切，宋濂爲他作傳；〔註79〕

〔註72〕沈節甫編，《記錄彙編》（明萬曆丁巳江西巡按陳于廷刊本）卷 129，頁 1230-1～1230-2，〈閩中今古錄摘抄〉。

〔註73〕《餘姚海隄集》，頁 650。

〔註74〕《四庫全書總目提要》卷 61，頁 1338～119，〈傳記類存目三・旌義編二卷〉。

〔註75〕《元詩紀事》卷 28，頁 681，〈鄭彝〉。

〔註76〕《九靈山房集》外集，趙友同〈故九靈先生戴公墓誌銘〉。

〔註77〕楊鐮，〈元代文學的終結：最後的大都文壇〉，收入《文學遺產》第 6 期（2004），頁 97。

〔註78〕宋濂，《宋文憲公全集》卷 20，頁 11 下，〈佛眞文懿禪師無夢和上碑銘〉。

〔註79〕《宋濂全集》第 1 冊，頁 245～248，〈余左丞傳〉。

王沂、劉仁本、陳旅、貢師泰、戴良都曾贈與詩文，〔註80〕在他殉城之後，丁鶴年更作詩追悼。〔註81〕而劉仁本「多與趙俶、朱右唱和」。〔註82〕趙俶又跟黃琚、楊維楨同屬紹興士人。而以楊維楨爲核心，可以牽涉的人際網絡又更複雜，他贈記與戴良；幫黃溍寫墓誌銘；宣揚貢師泰的政績等。〔註83〕以上所提到的人士之間又有著交叉與重複的人際關係。

再以撫州士人危素與曾堅爲中心來看，曾堅爲進士，黃溍替他家族寫過墓誌銘；宋濂更曾贈序。〔註84〕而危素幫宇文公諒族譜與柳貫文集寫序；替歐陽玄、黃溍、揭傒斯寫過行狀、神道碑與祭文，〔註85〕而揭汯正是揭傒斯之子。眞定人董幼安也收過危素的贈序。蔣景武則與危素、宇文公諒一同爲曹本的《續復古篇》寫書序，〔註86〕景高與景武應爲兄弟。再者，王禕與鄭濤都從學於黃溍。江存禮、楊維楨、貢師以及張以寧皆爲泰定四年進士，分屬同年。王守誠、段天祐爲泰定元年同榜，王守誠要赴任西臺御史時，王沂與陳旅都贈文送行；〔註87〕段天祐則與柳貫、陳旅、貢師泰、王禕皆有直接或間接的往來。〔註88〕

〔註80〕 陳旅，《安雅堂集》卷2，頁1，〈送余廷心同知泗州二首〉。王沂，《伊濱集》卷15，頁17下，〈送余闕之官泗州序〉。貢師泰，《玩齋集》卷4，頁5下，〈送余廷心赴浙東僉憲〉。《九靈山房集》卷7，頁2下，〈題余廉訪五大篆後〉；卷22，頁1，〈余蘭公手帖後題〉。留仁本，《羽庭集》卷4，頁32，〈跋余忠宣公詩〉。

〔註81〕 丁鶴年，《丁鶴年集》卷2，頁23，〈過安慶追悼余文貞公〉。

〔註82〕 《四庫全書總目提要》卷168，頁3539，〈別集類二十一・羽庭集六卷〉。

〔註83〕 楊維楨，《東維子集》卷18，頁2，〈聽雪齋記〉；卷24，頁7下，〈翰林侍講學士金華先生墓誌銘〉；卷13，頁1下，〈貢師泰吏部侍郎貢公平糴記〉；卷29，頁7，〈送貢尚書入閩〉。

〔註84〕 《金華黃先生文集》卷32，頁331，〈金溪曾君墓誌銘〉。《宋濂全集》第2冊，頁598，〈曾學士文集序〉。

〔註85〕 危素，《說學齋稿》卷4，頁9，〈宇文氏族譜序〉；頁8，〈柳待制文集序〉。危素，《危太樸文續集》卷7，頁3下，〈大元故翰林學士承旨歐陽公行狀〉；卷2，頁17，〈大元故翰林侍講學士…謚文獻黃公神道碑〉；卷10，頁1下，〈祭揭侍講文〉。

〔註86〕 曹本，《續復古篇》卷首，〈序〉。

〔註87〕 王沂，《伊濱集》卷12，頁8下，〈渭北春天送王君實御史西臺〉。陳旅，《安雅堂集》卷2，頁7下，〈送王君實御史西臺〉

〔註88〕 柳貫，《柳待制文集》卷17，頁6下，〈送段吉甫州判序〉。陳旅，《安雅堂集》卷13，頁9下，〈跋段氏庸音集〉。貢師泰，《玩齋集》卷1，頁24下，〈題朱澤民所作段吉父應奉別業圖〉。王禕，《王忠文公集》卷13，頁31，〈書段吉甫先生示甥詩後〉。

再看五峯先生李孝光，據稱與張翥、楊維禎、柯九思、張雨、顧仲英等相善，〔註89〕跟陳旅更有詩文交流。〔註90〕李孝光、危素、劉仁本、宋濂等又同時爲朱右的《白雲稿》作序。〔註91〕張庸、釋曇噩與揭汯（寓居）爲同鄉，宋濂則爲釋曇噩寫碑銘。〔註92〕釋大梓則據稱與張翥、危素等人爲詩友。而王至、王桓、余桓、卓說、胡世佐、胡惟仁、桂德稱、烏斯道、張庸、鄭彝、王冕皆爲四明、金華地區出身或者寓居士人，桂德稱據說爲江南大儒，與宋濂、劉基齊名，烏斯道與王沂、丁鶴年皆有私交，王冕有宋濂爲他做傳。事實上在這數十名士人的關係網絡中，沒有出現在《餘姚海隄集》中的宋濂是一個串起許多人關係的關鍵人物，戴良、楊維禎、黃溍、陳旅、劉仁本、張翥等也扮演非常重要的角色，除了當時這些人確實在政壇或者文壇上有高知名度之外，也是因爲他們有詩文集傳世，因此可以透過他們的著作串聯起士人之間的潛在關係，但是也不能忽視史料焦點的誤導。

二、官民合作的範例

葉恆爲鄞縣人，釋褐出任紹興路下餘姚州判官，鄞縣雖屬慶元路，但是餘姚位置介於紹興與寧波（慶元路）之間，地緣上相當密切。元代任官地與籍貫之間雖無正式的迴避制度，但是以筆者所收集的數千縣官名錄來看，通常不在本籍任官是一種慣例，但是不乏特例，時間點大多在動盪時期，而在官員籍貫所在的鄰近州縣任官的例子就頗爲常見。隨舉數例：至元時有績溪人張希浚任祁門縣尹；〔註93〕義烏人朱叔麒（1243～1313），以婺州路治中致仕；〔註94〕長興州的朱文進（1242～1313）任德清尹，同屬湖州路。〔註95〕中期延祐時的歙縣尹李維是鄰縣績溪人。〔註96〕至治間有衢州路的江山縣人徐仲任江山尹，這是白身授官的特例；〔註97〕延祐二年進士許晉孫（1288～

〔註89〕沈節甫編，《記錄彙編》（明萬曆丁巳江西巡按陳于廷刊本）卷112，頁1082-2，〈文學一‧顧仲英〉。《乾坤清氣》卷8，頁16，張翥〈送李五峯之溫州〉。

〔註90〕李孝光，《五峯集》卷10，頁39下，〈副提舉陳眾仲乘傳如臨川……賦詩送〉。

〔註91〕朱右，《白雲稿》卷首，〈序〉。

〔註92〕宋濂，《宋文憲公全集》卷20，頁11下，〈佛眞文懿禪師無夢和上碑銘〉

〔註93〕彭澤、汪舜民纂修，《弘治徽州府志》卷4，頁29下。《萬曆績溪縣志》卷10，頁20下。

〔註94〕許謙，《許白雲集》卷1，頁8，〈故朝列大夫婺州路總管府治中致仕朱公壙記〉。

〔註95〕吳澄，《吳文正集》卷71，頁13，〈贈承事郎德清縣尹朱君墓表〉。

〔註96〕《嘉靖徽州府志》卷5，頁2。

〔註97〕楊準修，《嘉靖衢州府志》（嘉靖四十三年刊本）卷2，頁33；卷11，頁46下。

1332）以建昌人授同路南城縣丞；〔註98〕余闕守安慶時，直接任用懷寧縣人陳道夫爲尹。〔註99〕後期至正時湖州路歸安縣沈夢麟任同路武康縣尹；〔註100〕陳仲貞先後任湖州路德清縣主簿與縣尹，他是同路治下的長興縣人；〔註101〕陳君用爲延平人，任同路南平尹；〔註102〕至正八年進士葛元哲以金溪人薦授金溪尹；〔註103〕建寧路松溪縣葉景仁至正十三年任臨縣浦城縣尹。〔註104〕例子相當多，詳見【附表九】、【附表十一】，以上所舉例子可以顯示，迴避本籍並沒有嚴格規定與執行，在元初與元末任官本籍的特例較多，但是在承平時候罕見，像葉恆一樣任官鄰縣、鄰州的狀況就不分時期，常常發生。

地緣關係對於官員與當地人士的合作通常有所幫助，葉恆不僅是本籍鄰近餘姚，他的母親褚淨眞（1265～1321）正是餘姚人，因此葉恆對於餘姚來說也是半個鄉賢候選人。葉恆之父名葉遜，「世隱不仕」，據說「欲以事功見於世，而無遇於用，乃退而自脩於家」，遇事講求禮法，戒葉恆「必服儒服、行儒行，使見於世」。〔註105〕葉恆可以入國子學，虞集說是「用近臣薦補入學」，當時程端學以泰定元年進士授國子助教，同爲鄞縣人，因此葉恆特別受到程端學的照顧，而虞集也「司業成均」，與程端學爲同僚，程端學引見葉恆結識虞集。不久葉遜過世，葉恆想求虞集撰寫墓誌銘，礙於交情尚淺，故在虞集到程端學之處弔唁葉遜時，程端學就轉達葉恆的希望。〔註106〕葉恆的國子生時期，他的父母先後過世，卻同時得到撫州兩大儒士，虞集與吳澄爲他的父母撰寫墓誌銘表，〔註107〕這或許也是後來他的善政特別受到撫州士人關注的背景，他的人際關係早在任官之前就在大都建立了很好的基礎。

葉恆釋褐後，先授餘姚州判官（下州、8A），後至元四年修築海隄，名聲鵲起，再升國子助教（8A）、翰林編修（8A），後任鹽城縣尹（上縣，6B）致

〔註98〕《金華黃先生集》卷33，頁7下，〈茶陵州判官許君墓誌銘〉。
〔註99〕《大明一統志》卷14，頁34。
〔註100〕《大明一統志》卷40，頁27。
〔註101〕宋濂，《宋文憲公全集》卷25，頁4下，〈元故湖州路德清縣尹陳府君墓銘〉。
〔註102〕《元史》卷195，頁4424，〈忠義三‧陳君用〉。
〔註103〕趙汸《東山存稿》（四庫全書）卷2，頁52下～54上，〈送葛廷哲序〉、卷3，頁26上～28上，〈送葛廷哲還臨川序〉。《滋溪文稿》卷30，頁513，〈題葛廣宋淳熙三年封承務郎致仕誥〉。
〔註104〕《弘治八閩通志》卷65，頁28下。
〔註105〕《道園學古錄》卷19，頁6，〈葉謙父墓誌銘〉。
〔註106〕《道園學古錄》卷19，頁6，〈葉謙父墓誌銘〉。
〔註107〕吳澄，《吳文正集》卷68，頁15下，〈國子生葉恒母褚氏墓表〉。

仕。餘姚海堤在後至元四年四月剛修好，六月就大壞，當時紹興路總管府下令葉恆主持海堤事務，葉恆視察之後發現，毀壞的部分都是用土爲隄，因此與餘姚州臨海的開元、蘭風鄉等地耆老討論修築石隄的構想。歷代不修石隄最關鍵的原因就是「費鉅」，葉恆對當地說：

> 攻石費鉅，出錢大農，當煩文書，比得請，州其沼矣！若等能與我共爲之乎？今費雖鉅，常歲之費則省，而若與子孫奠居無虞也。
> 〔註 108〕

「大農」所指爲大司農司，主管「農桑、水利、學校、饑荒之事」，〔註 109〕葉恆認爲石隄可以一勞永逸，但是因爲經費很高，如果請於中央，文書往返，不知哪年哪月可以動工，對於一個流官來說，想在任上完成某項事務，最有效率的方式就是就地籌辦，因此也造成一種地方自主的空間，前一節所提到的修復廟學，幾乎都是地方官民出資出力，而沒有請於大司農司的例子，而且如果事務只是關係到小區域民眾的利害，大司農司著眼於全國，也不一定能夠同意撥下經費。當地民眾代表同意葉恆的提議，但是如果當地負擔經費，民力有限，要怎麼與常規賦稅取得平衡，葉恆於是上報紹興路總管府，〔註 110〕總管府批示「聽民所爲」，因此因爲海隄修築，縣級官員與當地人士取得了這項政策的自主權。葉恆與當地人士商議的籌款方法是「有田者計畝出粟或輸其直」，出力者可以免除差役，這涉及的戶口應該不僅只於民戶，但是實際上怎麼仔細的去操作，很難知悉。

不過工程可以自主，但是牽涉到賦稅就不是縣級官員可以裁決，因此還是得請示總管府，總管府顯然是大力支持葉恆以及他的構想，同意「免民它科徭，以悉力是役」，更重要的是，宣慰司頒下文書，命「毋以它事使葉判官輒去州」，〔註 111〕這命令應該是來自於行省或更高層級，顯然葉恆可以竟其功，是因爲許多有力人士在背後大力支持，對於一個小小縣級州判，他所得到的關照，與他的職位是不對等的，而這些隱藏的關照，最有可能是他的人際關係所帶來的效應。而當時的紹興路總管宋文瓚是一個非常關鍵的人物，

〔註 108〕陳旅，《安雅堂集》卷 7，頁 4，〈餘姚州海隄記〉。

〔註 109〕《元史》卷 87，頁 2188，〈百官三・大司農司〉。

〔註 110〕高樞背景不詳，只知曾任秘書監著作郎，後至元二年累官紹興路總管，葉恆爲後至元四年上報餘姚海隄事，以一任三年爲標準，當時總管應還是高樞。《萬曆紹興府志》卷 26，頁 10。

〔註 111〕葉翼編，《餘姚海堤集》卷 1，頁 633，〈餘姚州海隄記〉。

任上善政多不勝數，治下州縣受惠頗多。〔註112〕黃溍爲宋文瓚所寫的去思碑中雖然沒有提到他對於葉恆治績的協助，但是根據王沂記載：

> 宋公文瓚守紹興，嘉葉君之功，而惜其將代，請於江浙行省丞相及部使者，俾得終其役，而葉君謝事矣。未幾完者都來代，宋公因督完者都成之。繼宋公之後者爲泰不華公，其督成是役亦竊究心焉，乃又作石隄三千一十有四，總爲尺二萬四千二百二十有五。自是以往，民不病海，而歲入倍他壤，葉君之功於是乎大矣！〔註113〕

很清楚的說明了葉恆之所以可以畢其功是因爲紹興路總管宋文瓚的協助，否則海隄在葉恆任職期滿之前無法完功。而後繼者完者都，應是蒙古人，在宋文瓚的督促之下，至少扮演了守成的角色。之後的紹興路總管泰不華（1305～52），更是著名的蒙古進士，〔註114〕師事漢儒，是全能型的士人，也是儒化的蒙古人。〔註115〕他繼葉恆之後續修石隄，使臻完善。在陳旅的〈餘姚州海隄記〉中並沒有提及這些事情，似乎完全歸功於葉恆，王沂特別在後記中替陳旅解釋說：「陳公旅作記時，葉君未代」，故宋文瓚、泰不華等人的功勞沒有被記載。〔註116〕嚴格說來，餘姚海隄的成就，有許多幕後功臣，而葉恆是在這些條件之下才能遂行其志，而爲海隄事作記、詩、跋、序者，就是透過文字的力量，宣揚善政本身，更突顯政之興廢，繫乎「人」的理念，而不在於外在環境的變化。

　　海隄修成之後十年間，葉恆卒於鹽城尹任上，餘姚州民有意建廟祭祀葉恆之功，但是其間的官員對此並不在意，又過了十五年，整整在葉恆去職廿五年後，鄭珩受命尹餘姚，雖然國事日蹙，地方人士又重提建廟，鄭珩遂上告行省得到允許之後，率民在州學之旁建屋塑像，春秋祭祀，此時葉恆已成爲餘姚名宦先賢，餘姚人士更進一步希望朝廷將葉恆從地方性名宦先賢提升爲全國性，故鄭珩狹民意上報朝廷要求追封，冊封文書未到，鄭珩已經去職，

〔註112〕《全元文》第30冊，頁51～54，黃溍〈紹興路總管宋公去思碑銘併序〉。
〔註113〕葉翼編，《餘姚海堤集》卷1，頁634，王沂〈海隄後記〉。
〔註114〕前輩學者陳垣原本認爲泰不華爲色目人，見《元西域人華化考》卷2，頁12上。但蕭啓慶師則考證提出泰不華實爲蒙古人，參見〈元代蒙古人的漢學〉，頁133～134，收入蕭師著《蒙元史新研》（臺北：允晨文化公司，1996）。
〔註115〕《元史》卷143，頁3423～3426，〈泰不華傳〉。王頲〈蒙人兼善：伯牙吾氏泰不華事蹟補考〉，收入王氏《西域南海史地論考》（上海：上海人民出版社，2008），頁423～444。
〔註116〕葉翼編，《餘姚海堤集》卷1，頁634，王沂〈海隄後記〉。

繼任者爲李樞，在接到朝廷敕封仁功侯，賜廟額爲永澤廟的詔命之後，李樞就找了當地士人王至爲此作記。〔註117〕葉恆從地方型轉變爲中央型先賢名宦，對於當地來說，代表著餘姚這個州的地位也在全國有所提升，因爲當地有了一位死後受到朝廷敕封爲神的官員，而海隄的維持也因此成爲中央必須在意的事務，更宣揚了餘姚民風受到有德官員的感化而淳厚。

海隄的修築對於葉恆來說，升遷上的幫助並不顯著，最終還是以縣級官員致仕，較大的發展是回到朝中出任清望頗高的國子助教、翰林編修，他初任官爲正八品，修築海隄離任之後回到中央，降等慣例依然是正八品官，外調上縣鹽城縣尹爲從六品，基本上遷轉是依照循資，並未破格，比起某些中央、省掾出職的發展來說遠遠不如，而且就元代縣級官員遷轉的常態，葉恆即使沒有海隄善政，要以從六品縣級官員致仕，循資遷轉理論上也可以達到。在元代的遷轉制度之下，一位沒有根腳的漢族士人，他的初仕職品級還是扮演著他仕宦前景的關鍵，依照數千位縣級官員的遷轉概況，如果沒有透過各種方法轉換任官系統，或者官員轉吏再出職，那麼以葉恆的身分，要突破本文第三章所謂分層式半封閉遷轉的慣例，即使惠民良多，並且有這麼多士人幫忙宣揚，仕宦上的實質助益還是不明顯。元代的制度導致一般士人，尤其是南士的仕宦發展受限，這是是一種變奏，但是即使位卑，有志者依然可以以各種方式互通聲氣，盡可能實踐儒治理念，這是一種儒家知識分子的基調。

總之，一個小小的縣級官員在地方上的善政，成爲一群背景不等的多族文士共同的對話平台，他們寫記文、詩賦、序跋的動機或許不一，但是卻呈現出很一致的基調。學者陳雯怡認爲元代的贈序數量特別顯著，是因爲非科舉的政治環境下，士人之間透過這種「寫作」關係維持群體的溝通與各方面的影響力，尤其是東南地區的士人。〔註118〕《餘姚海隄集》或許也帶有類似的作用，它所呈現的人際網絡與葉恆這樣的低階官員並不相稱，顯示葉恆貫徹理想的資源，不是他的政治地位所帶來的影響力，而是儒家士人在異族政權之下的危機感與使命感，這可以說是漢族士人在不利的制度與政治環境之

〔註117〕葉翼編，《餘姚海隄集》卷1，頁634～636，〈敕封仁功侯賜額永澤廟記〉。

〔註118〕Chen, Wenyi "Networks, Communities, and Identities: On the Discursive Practices of Yuan Literati"（PhD diss., Harvard University, 2007）。"Writing as a Reference – The Social Function and Cultural Meaning of the "Preface（xu 序）" in the Yuan Dynasty," 發表於中央研究院歷史語言研究所講論會，2007 年 9 月 17 日。

下遂行其志的迂迴方式，而這種韌性也是蒙元文化往下滲透的阻力。

第三節　三年圖圄空

　　本節要透過研究巡檢、縣尉這一最低階的官員，觀察元代士人的仕宦困境與心態轉變，作為對全文的一種回顧。關於元代讀書人面對朝代鼎隔、異族統治的心態與出處，在元史學界已經有不少討論，也有具代表性的作品。〔註119〕本文觀察的對象，並非掙扎於是否出仕異族政權的讀書人，而是願意出仕或者已出仕者，面對仕宦環境的變遷，不僅「學非所用」、職務受限且升遷渺茫，如何於其中展現知識菁英傳統的社會理念與自我價值，而同時代的讀書人，站在旁觀者的立場，對這些人的出仕抉擇，又如何評價。因此，本節的核心在於探討願意在蒙元統治下出仕卑職的讀書人，怎麼面對仕宦內部結構的困境，這與研究異族政權下的出處抉擇不同。

　　本文選擇以縣尉、巡檢而不是其他縣官為觀察對象的原因有幾點：一、元代規定巡、尉「專一捕盜」，因此稱為「捕盜官」，〔註120〕所謂「以人命易官爵」，〔註121〕職務性質受人輕視。二、品秩最低、遷轉不易，考核項目為捕盜績效，與儒家「無盜」、「政刑之末」的概念有所衝突。〔註122〕三、以「察姦捕盜為責任，近世例以便騎射、擅勇敢、能鬮敵者充」，非讀書人所長。〔註123〕四、元代的巡、尉雖不署押縣事，各自有司廨辦公，但是涉及盜案，縣尉必須參與圓座與審理，某些縣份簿尉合一，留有民政空間讓文人縣尉發揮。五、巡檢本為流外職，因為學官借注巡檢制度，因此改為從九品官，職務性質比縣尉更為單一，學官捕盜對儒士來說，考驗甚鉅。〔註124〕六、就社會群體來說，受蒙元統治衝擊最大的，不外乎所謂的「知識菁英」（讀書人），〔註125〕因為群體意識強且掌握史料表述優勢，因此本節觀察的

〔註119〕 么書儀，《元代文人心態》（北京：新華書店，1993）。蕭啟慶，〈宋元之際的遺民與貳臣〉，收入氏著《元朝史新論》（台北：允晨文化公司，1999），頁100～118。

〔註120〕 《元典章》上，吏部卷之3，頁45，〈縣尉專一巡補〉。

〔註121〕 《全元文》第3冊，頁173，王義山〈瑞金知縣愚齋轟先生行狀〉。

〔註122〕 《全元文》第31冊，頁184，譚景星〈與盧陽尉石君瑞書〉。

〔註123〕 《全元文》第5冊，頁247，胡祇遹〈送劉舜欽縣尉之官廣宗序〉。

〔註124〕 申萬里，〈元代學官選注巡檢考〉，收入《中央民族大學學報》第5期（2005），頁73～79。

〔註125〕 所謂的「菁英」（elite），根據首創者社會學家柏萊多（Vilfredo Pareto, 1848

捕盜官就以文士背景爲主，主要也是受限於史料。〔註126〕

　　關於縣尉的研究，可以提供參考的有日本學者礪波護〈唐代的縣尉〉，用四篇廳壁記反駁某些日本學者對於縣尉職務上的見解，強調縣尉不光只是「捕盜」，還參與縣政，並且升遷前途不惡。〔註127〕大陸學者張玉興對縣尉的遷轉進行了統計，映證了礪波護教授的論點。〔註128〕王鐘杰的博士論文完整探討宋代縣尉的職責，並呈現縣尉履行職務過程中收受賄賂、貪贓枉法、濫用職權、非法逼供、欺壓平民百姓的不法行爲，並以此爲基礎，發展爲《唐宋縣尉研究》專書。〔註129〕相較來說，柳田節子在《宋元社會經濟史研究》中關於〈宋代の縣尉──土地問題に關聯して──〉一節，對於縣尉在民政上的貢獻，則呈現較爲正面的形象，文中說明縣尉本來的職責爲捕盜、審問犯人等，實際上的公務卻衍伸至租佃、土地、遺產等訴訟的調查、審理與判決，並且爲了減少訴訟糾紛，主動爲民修築田圩，定時巡視，避免人畜踏壞田土，還修堤防、清湖淤，例如錢塘縣尉兼管開湖，顯示宋代縣尉的民政角色。〔註130〕大陸學者申萬里的〈元代學官選注巡檢考〉，與本文的

　　～1923）的定義，爲「社會中握有權力與影響力的少數人」，蕭啓慶教授據此有「知識菁英」之詞彙，此一群體爲以文章經述爲評準，透過科舉考試的甄選，成爲「統治菁英」（governing elite）的主要來源，參見蕭啓慶，〈元代科舉與菁英流動──以元統元年進士爲中心〉，收入氏著《元朝史新論》（台北：允晨文化公司，1999），頁156～157。本文的「知識菁英」，所指即爲擁有文章經述能力，具有儒學、文學教養背景者，藉由其知識能力或周邊效應出仕或謀生者。故熟語藝文的文人、文士；標榜道德經術的儒士、學者、儒學官；以讀書自任、習進士業等受過儒學教養者，通過科舉考試任官者，都可以適用「知識菁英」。在元代的情境下，「統治菁英」不必然是「知識菁英」，「知識菁英」通過科舉考試也不一定成爲「統治菁英」，讀書人一辭雖然空泛，但是或許比較適合作爲通稱。

〔註126〕宋代本有文尉、武尉之區分，主要是職務與背景取向。元代的縣尉無此區別，且無論是什麼背景，職務就是捕盜，這是一個很重要的差異。關於唐、宋以來縣尉的發展，詳見王鐘杰，〈宋代的縣尉〉（保定：河北大學博士論文，2006）。

〔註127〕礪波護，〈唐代的縣尉〉，收入劉俊文主編，《日本學者研究中國史論著選集》第四卷、六朝隋唐，頁558～584。

〔註128〕張玉興，〈從統計數據看唐代縣尉的來源與遷轉途徑──兼論縣尉的兼任與差出及對縣政的影響〉，《甘肅社會科學》第2期（2007），頁120～123。指出唐代縣尉必須通判縣事，文化程度要求較高，遷轉爲中央三省高官的比例高於其他縣級官員。

〔註129〕王鐘杰，〈宋代的縣尉〉（保定：河北大學博士論文，2006）。王鐘杰，《唐宋縣尉研究》（石家莊：河北大學出版社，2009）。

〔註130〕柳田節子，《宋元社會經濟史研究》（東京：創文社，1995），頁184～197。

論述背景有關係，此文討論學官借注巡檢的政策，大量等待儒學官缺的讀書人棄文從武，並且在巡檢任上取得政績，突顯儒者改善巡檢職務內涵的正面形象。〔註131〕其餘巡檢的研究，唐、五代、宋的焦點大多集中在巡檢作爲國家權力角色的展現，與本文的主軸差距較遠，故不一一介紹。〔註132〕

一、制度與實例的對照

　　元創建之初，縣尉有署押縣事的權責，至元八年（1271）尚書省擬定下縣增設縣尉，專一捕盜，使簿、尉分離，同時規定「今後本官不須署押縣事，止令專一巡捕勾當」。〔註133〕大德八年（1304）「腹裏、江南擬添縣尉一員，專一巡捕」，〔註134〕縣尉在制度上職權專一化。品級問題在第二章中已經說明，不再贅言。

　　巡、尉的來源一般是廳子與吏員出職，從《元典章》中可以得知，〔註135〕第二章也曾經介紹過，另外原本縣尉、巡檢這一類捕盜官，是需要「閑習弓馬」者才能勝任，這一點與「專一捕盜」的要求相應。但是顯然實際上出任縣尉者常常條件不符，因此才會有「年邁之人，精神衰憊、手足癱瘓，被堅乘馬尚且不能，何以示其鼟鑠」，或者「年皆幼，既不閑習弓馬，焉知警捕方略」等等不符條件的捕盜官。〔註136〕

　　史料又提到：

> 縣尉、巡檢近年以來爲漢人，不能閑習弓馬，腹裏添設色目縣尉、巡檢，分輪警捕。若以廳授人員不充其選，〔缺字〕上於各衙門通、譯史、奏差人內委用，其考滿應注者百無一二。〔註137〕

兩段史料可以說明：第一、縣尉、巡檢的來源是類似的。第二、至少英宗之

〔註131〕申萬里，〈元代學官選注巡檢考〉，收入《中央民族大學學報》第 5 期（2005），頁 73～79。

〔註132〕苗書梅，〈宋代巡檢初探〉，收入《中國史研究》第 3 期（1989），頁 41～54。劉琴麗，〈五代巡檢研究〉，收入《史學月刊》第 6 期（2003），頁 34～41。黃寬重，〈唐宋基層武力與基層社會的轉變——以弓手爲中心的觀察〉，收入《歷史研究》第 1 期（2004），頁 1～19。黃寬重，〈從中央與地方關係看宋代基層社會的轉變〉，收入《歷史研究》第 4 期（2005），頁 100～117。

〔註133〕《元典章》上，吏部卷之 3，頁 45 上，〈縣尉專一巡補〉。

〔註134〕《元典章》上，吏部卷之 3，頁 45 上，〈下縣添設縣尉〉。

〔註135〕《元典章》下，新集吏部，頁 3 上，〈縣尉巡檢於正從九品內選注〉。

〔註136〕《元典章》下，新集吏部，頁 3 上，〈縣尉巡檢於正從九品內選注〉。

〔註137〕《元典章》下，新集吏部，頁 3 上，〈縣尉巡檢於正從九品內選注〉。

前，尉、檢不僅主要是蔭授子弟，而且大多由漢人（在此可能指的是族群等級制中的「漢人」）出任。第三、考滿之通事、譯史、奏差人等吏員也可以應注，但此點頗令人疑惑，這一類吏職屬於文吏，與「閑習弓馬」的條件不符。這段史料的另外一個小問題是，爲何會「應注者百無一二」？這一點則有跡可尋，元代的通事、譯史出職前途並不差，蕭啓慶教授曾指出：「譯職人員於任滿之後，以下品及中品職官出職者，幾乎各近半數，長期滯留下品者不到十分之二。」〔註138〕因此通、譯史等除了尉、檢之外，有更「光明」的可能性，對應注縣尉乃至巡檢興趣缺缺，也是應有之理。

　　總之，尉、檢的職責爲專一捕盜，來源以蔭授子弟、吏員爲主，職務上的條件則是閑習弓馬、善於警捕，但往往不得其人。在實際的例子上，是否有其他來源？條件又符不符合？這或許可以從地方志與文集中找尋答案。這些被記載下來的巡、尉，當然是極少數，且文集記載的對象針對性較強，因此還必須從元、明方志中盡量蒐羅資料，以目的性不同的史料相互補充。

（一）縣尉實例

　　縣尉總數共輯得 180 餘人，有效樣本 51 例，見【附表九：縣尉】，扣除朝代鼎革之際因保境、以城降授官的特殊情況，餘 48 例，其中由蔭與吏任縣尉者有 14 例；具有儒者、學官背景者約 12 例，前職爲縣尉、巡檢者亦有 12 例。雖然有效樣本僅佔目前輯得的縣尉之少數，但實例可知出身大多由蔭或吏，符合制度上所提到的狀況。還可以觀察到對應「閑習弓馬」、「能騎射」等條件的「武人」唯有兩例（17、44）、軍功背景兩例（22、46），顯然縣尉的職務條件很少落實。

　　之前不知道的來源有兩種，即「科舉」（包含下第舉人、鄉貢進士）與「平民賞官」。縣尉是否是這些科舉背景者的初任官無法確知。12 潘林根據《嘉靖建平縣志》載：「登至元癸未科（進士）」，後出任紹興路山長，〔註139〕元初尚未開科、順帝的後至元時期科舉停辦，因此所謂的至元癸未進士記載疑誤，其身份應非進士，可能是下第舉人或者鄉貢進士（舉人）出任山長，再轉任縣尉（簿尉）。〔註140〕36 雷覺民爲建安「雷氏易」科第世家之人，與潘林類

〔註138〕蕭啓慶，〈元代的通事和譯史──多元民族國家中的溝通人物〉，收入氏著《元朝史新論》（台北：允晨文化公司，1999），頁 383。

〔註139〕《嘉靖建平縣志》（天一閣藏明代方志選刊）卷6，人品志，〈選舉・進士〉，頁 4 上。

〔註140〕《元史》卷 18，〈選舉一・科目〉，頁 2027，「元有出身者，於應得資品上稍

似為鄉貢進士授漳浦縣尉；宋居敬（47）和張鼎（48）的進士身分也有問題，根據元代的規定，一甲一名進士授從六品，第二名以下及二甲授正七品，第三甲進士敘正八品，進士如果出任縣官，通常為縣令、州判，至不濟也是縣丞、主簿，〔註141〕因此附表十三中的進士，應該都是「鄉貢進士」、落第舉人之類。

　　「獲盜賞官」是頗為特別的來源，但是獲盜者究竟是「應捕人」（本就有捕盜職責但無官品者，例如弓手）或者一般平民，無法確知。《元典章》中有民戶（種田戶）因捕盜有功，賞信州路玉山縣尉的例子，同時獲賊有功的弓手只除巡檢，屬於應捕人賞官。〔註142〕表中 30 蕭資、43 朱淵甫、49 孟順、50 鄒飛、51 陳獻德都是「獲盜賞官」的例子，蕭資（富戶）與朱淵甫確定為平民，朱淵甫賞官事件還引起一些爭議，當時人謂：「淵甫，庶民也，非受祿與傭者比也，而生致盜，非越俎乎？是不宜章異以開僥倖者之門」。〔註 143〕顯然獲盜賞官，尤其是平民得官，不僅是特例，也容易引起爭議。

　　再看在巡檢與縣尉兩種官職中遷轉的例子：4 竇萬奴由昌化調休寧、7 杜懷玉歷三任巡檢之後調縣尉、9 蘇澤由袁萍調新昌、14 雷禎歷兩任巡檢調臨潼縣尉、15 鄭千齡由巡檢而縣尉，再由祁門調淳安、17 馬興歷四任巡檢才得縣尉、18 袁居敬、22 周誠甫皆由巡檢轉縣尉、24 李茂由縣尉調縣尉、25 衛正父由巡檢、29 方積由巡檢到縣尉、44 侯德源由巡檢轉縣尉。這些例子有一些特點，仕宦過程都是巡檢到巡檢、巡檢到縣尉、縣尉到縣尉，而通常到了縣尉，或許因為民政上的經歷，往上到縣尹、錄事等牧民官者就有例可循，但不經縣尉，巡檢直接升任其他官員者非常稀少，巡檢到縣尉之間，歷數任巡檢者，則大有人在。元中期有位趙文榮，據稱是趙宋王室後裔，棄儒從吏，遷江陰馬馱沙巡檢，後不經縣尉，升江陰州司獄，這是他最高的官職，〔註144〕也是目前唯一不經縣尉而升其他官職的例子，但職務性質依然與刑獄有關。

　　又【附表九】中有二例以儒學教授、山長任縣尉者（12、16），有兩例先為學官（山長、教授），借注巡檢之後再任縣尉（15、29）。元代學官（教官）

　　　　優加之：無出身者，與山長、學正。」又曰：「下第舉人，仁宗延祐間，命中
　　　　書省各授教官之職，以慰其歸。……漢人、南人年五十以上，并兩舉不第者
　　　　與教授；以下與學正、山長。」
〔註141〕《元史》卷81，〈選舉一‧科目〉，頁2019。
〔註142〕《元典章》下，刑部新集巡捕，頁1上，〈獲賊陞賞〉。
〔註143〕《全元文》，第21冊，頁430，劉岳申〈豐城朱淵甫補盜序〉。
〔註144〕《全元文》第17冊，頁679，陸文圭〈故司獄趙君墓誌銘〉。

有獨立的升遷系統，從地方的州縣書院山長、教諭、學正，至州、府、路教授，嚴格說來不是「官」，到了教授才有機會突破學官系統入流，通常擔任主簿一類縣官，因此【附表九】中 12、16 兩例可能是簿尉合一的例子。另外學官借注巡檢入流，是元代的一項創舉，而巡檢就成為等候學缺無著的讀書人的出路。

（二）巡檢實例

巡檢共輯得 68 例，【附表十：巡檢】有效樣本為 50 例。由學官（山長、文學掾、學正、教授）借注者有 28 例，學官之外具有文人、儒士（者）、鄉舉等知識菁英背景者有 11 例，從收集到的資料可以發現，文人巡檢比例相當高，約有將近八成的巡檢都由讀書人擔任。這種現象一方面或許是史料記載對象的選擇，一方面也跟學官借注巡檢的創舉密切相關。朝廷為了解決學官淹滯選曹的問題，以借注「巡徼官」作為解決方法。元人蘇天爵謂（1294～1352）

> 儒者之為學官，由縣而州而路，積百五十月始入流選。其遷調之淹，需次之久，近者二十餘年，遠者或三十年，而其人亦老矣。朝廷知其然，略更其制，願為巡徼官者聽，南士調廣海，中州士調江南。
> 〔註 145〕

儒者任學官算是學以致用，雖不是管民官，但是無論是職務內容或者社會認知上都較「吏」來得有清望，但是學官系統遷轉上具有某種程度的封閉性。元建國之初，「令江南諸路學及各縣學內，設立小學，選老成之士教之，或自願招師，或自受家學于父兄者，亦從其便。」這是學官最初的來源，後來又有由集賢院及臺憲官推薦者（一開始任書院管錢穀的直學，再依序遷轉），有科舉的時期，又多了幾種來源，「下第舉人充（學）正、（山）長；備榜舉人充（學）諭、（學）錄，有薦舉者，亦參用之」，肄業於京學及州縣學以及書院者，可以由地方長官推薦出任學官。另外「教授」由中書省任命，路、府、上中州設置；學正、山長、學錄、教諭由禮部、行省及宣慰司任命，設置於路、州、縣及書院，〔註 146〕因此品級決定於所屬單位，而不完全決定於名稱，但要入流者，通常都要先當上教授，再應注州縣官員，尤其是縣主簿（簿尉）。

〔註 145〕蘇天爵，《滋溪文稿》（陳高華點校，北京：中華書局，1997），卷 6，〈送韓伯敬赴杜浦巡檢序〉，頁 82～83。
〔註 146〕《元史》卷 81，志 31，〈選舉一‧學校〉，頁 2032～2033。

朝廷以學官借注巡檢，提供了學官仕宦上的另外一種選擇，對儒學官來說，這或許有「棄文從武」的委屈，但是從朝廷的角度來說，這是對學官的一種優待。可以讓他們省卻許多遷轉的歲月，直接入流，巡檢的品級與縣尉一樣，只是不管民政，且武官性質較縣尉更重，但由巡檢、縣尉而上，會較學官層層遷轉再入流成為縣官機會大而時間短。元人程端學（1278～1334）說的非常透徹：

> 士之以校官進而受一命之寵者，難矣哉！律：二十五始得仕，由鄉校薦之郡，郡試其文移憲覆覈，率二三年為直學，典饎廩之出納。又二三年，上之行省若大府，行省若大府類其名，復三四年授一諭。……又十數年，升正若長。正三年始上之都省部，又三年始授一命，為州教授。州教授三年始升之郡，郡教授三年始入流為縣主簿。士而至於州教授，年且致仕矣。故得州教授者十三四，得郡教授者十二三，得縣主簿者十不一二，有終身不得者焉。夫以奔走雜塵，鞅掌焦勞三四十年，而所就若此，豈非難哉？〔註147〕

順利的三、四十年可以得一低階縣官，不順利的可能未入流身先死，「得縣主簿者十不一二」，因此像【附表十】16 徐方塘的例子，真可算是幸運兒了。入流對於這些讀書人來說，才是真正的「學而優則仕」的開始，由縣尉要到主簿、縣尹，可能性遠比從學官系統入流要高的多，而借注巡檢要到縣尉，是一條捷徑，且巡檢已經算是正式官員，因此借注巡檢的政策一出，雖然不免「武夫俗吏」的抱怨，但是已經足以使文集中充斥送某某巡檢赴任序、某某巡檢去思碑了。

（三）遷轉概況

就「前途」來看，【附表十】7 杜懷玉歷任三任巡檢調縣尉，還未上任就病卒；〔註148〕14 雷禎歷二任巡檢調縣尉，曾攝縣政，卒於任；〔註149〕15 鄭千齡是《師山集》作者鄭玉之父，從鎮江丹陽縣轄巡檢，歷徽州路下淳安、祁門兩縣尉，最後以休寧縣尹致仕，是仕宦前途較佳者；〔註150〕17 武人出身的馬興歷經四任巡檢才得以轉任縣尉，後因病致仕；〔註151〕20 袁居（君）敬

〔註147〕《全元文》第 32 冊，頁 151～152，程端學〈送花教授秩滿序〉。

〔註148〕《全元文》第 56 冊，頁 217，任璟明〈登封尉杜懷玉墓誌〉。

〔註149〕《全元文》第 19 冊，頁 409，同恕〈臨潼縣尉雷君墓誌銘〉。

〔註150〕《全元文》第 46 冊，頁 405，鄭玉〈先府君休寧縣尹方村阡表〉。

〔註151〕鄧文原，《巴西集》（四庫全書），卷下，頁 34 下～36 上，〈故江陵公安縣尉

是以巡檢攝縣尉事，歷新昌、上虞兩任縣尉，之後仕宦不詳；〔註152〕22 周誠甫由軍功擢巡檢，轉縣尉，後不詳；〔註153〕25 衛正父由巡檢得調縣尉，已是七十老翁，因而由縣尉致仕；〔註154〕40 葉楠因縣尉任上救荒有成，升爲績溪縣令。〔註155〕以上列舉幾人說明其後仕宦狀況，事實上大多數人都沒有後續升遷資料，這有兩種可能，一是史料失載、二是仕宦僅止於此。如果是地方志所載之題名錄，一的可能性很高，但是如果是文集中有序、墓銘等，人際關係較出色，後續有更好的發展，一般都會留下記錄，再者，元代的三品以上漢族士人的背景中，還未發現有曾任縣尉或者巡檢的紀錄。

【附表九】11 王諒的例子較爲特殊，他由丹徒縣尉任衢州路同知（至元十六年）、吳江州判官（大德十年），〔註156〕特別之處在於至元二年（1264）世祖曾下詔：「以蒙古人充各路達魯花赤，漢人充總管，回回人充同知，永爲定制」，〔註157〕故王諒的後續仕宦不僅是縣尉升遷頗佳的例子，也是不符合制度的個案。但是王諒其人究竟爲何背景，無從得知。總之，要從捕盜官到牧民官，使讀書人可以遂行其安民行道的理念，縣尉無疑是這些一位難求者的終南捷徑。

從制度與實例來看，縣尉的來源、條件與升遷狀況，大致上可以有一些了解：第一、以縣尉爲初任官者，由吏與廕出身者居多；而巡檢、學官是縣尉前職的主流，其中巡檢因與縣尉職務上的同質性高，故由巡檢而縣尉者例子頗多；第二、鄉貢進士與獲盜賞官是從制度規範上看不到的縣尉來源；第三、學官可以透過借注巡檢，尋求縣尉或更高的縣官職務，是成爲牧民官的特別途徑；第四、實例上縣尉的升遷情況並不理想，大多終於縣尉任上，尤其是由學官、巡檢而任縣尉者，少見有更上一層樓之發展，但確實有因此升任縣尹的希望。第五、縣尉職務上的條件需求與縣尉來源與實例並不相符，因規定「專一捕盜」，故需要閑習弓馬、能騎射之武人，但實際上縣尉由武人

馬君墓誌銘〉。

〔註152〕《萬曆新昌縣志》（天一閣藏明代方志選刊）卷8，頁6下，〈官師志・元官師〉。

〔註153〕《全元文》，第 39 冊，頁 148～149，周霆震〈美永豐縣尉周誠甫詩序〉。

〔註154〕《全元文》，第 25 冊，頁 483，程端禮〈送衛縣尉致仕序〉。

〔註155〕《嘉靖池州府志》（天一閣藏明代方志選刊），卷7，頁 43 下，〈人物・賢哲〉。

〔註156〕俞希魯編，《至順鎮江志》下，卷16，頁 637，〈宰貳〉；《嘉靖衢州府志》（天一閣藏明代方志選刊續編），卷2，頁12；《嘉靖吳江縣志》（嘉靖四十年刊本，台北：學生書局，1987），卷17，頁 3 下。

〔註157〕《元史》卷6，頁 106，〈世祖三〉。

出任者實例極少。

　　因爲制度上的變遷，捕盜官是缺乏根腳的讀書人想學而優則仕的管道之一。學職畢竟是教育單位，無法遂行治民理念，但學官入流的困難度程端學已經說的很清楚，出「仕」未捷身先死是常見的結果，因此棄文從武，再由武（巡檢、縣尉）轉文（主簿、縣尹），比起直接從吏可能在心理上更容易接受，正因爲這樣的發展，元代士人對於捕盜官的定位與評價就有了更高的想像與期待，「儒尉」、「賢尉」也就不斷出現在論述之中。

二、從捕盜官到牧民官

　　要從縣尉來觀察元代知識菁英所面臨的仕宦困境，以及他們如何面對困境，在制度的框架中遂行其道，首先要看縣尉在元代面臨的那些不利的環境，基本上與其他縣級官員的困難共通，例如俸薄問題等，另外還有個別的挑戰。職務的窄化是第一項挑戰，如同第二節所提到，縣尉被規定「專一捕盜」，因此形象上較偏武職，且期待是閑習弓馬、能騎射者，雖然大多數的縣尉並不具備這樣的條件，但因爲制度上的規定，縣尉的考核主要還是以捕盜能力爲準。故王惲（1227～1304）擔任行台御史時說道：「隨路州縣官，如縣尉人員，職小責重，取爲不易。其合捕盜賊，有任終不獲，至經年累月停罰俸給者。」〔註158〕更有因爲無法如期捕獲盜賊，以至於身繫囹圄者。〔註159〕但另外一方面，縣尉雖不預一般民政，卻必須與縣令一起審案斷獄，處理治安案件，因此程端學提到故鄉的縣尉時稱其：「求民瘼、審獄冤、除蠹黜奸、發摘盜賊」，〔註160〕有些簿尉合一的縣份，更是補盜與民政兼管。《元典章》載有衢州路開化縣尉王澤，因訊問人犯不當致死，而被問罪，最終落得「脫監在逃」。〔註161〕因此除逮捕犯人到案之外，偵察審問也是縣尉的分內事。以下一則縣尉參與斷案的例子：

　　　　皇慶元年（1312）二月……通州路縣于縣令、張縣尉等不行約會，
　　　　將修理倉教軍人李順斷訖三十七下。……既蒙累降聖旨節該，軍民

〔註158〕《秋潤先生大全文集》卷89，頁20下，〈烏臺筆補・論順天清苑縣尉石昌璞繫獄事狀〉。

〔註159〕袁桷，《清容居士集》卷27，頁26下，〈邢氏先塋碑〉。

〔註160〕程端學，《積齋集》（叢書集成續編），卷2，頁4下～5，〈周以韶建縣尉廳詩序〉；亦見《全元文》第32冊，頁168。

〔註161〕《元典章》下，刑部卷之16，頁4，〈栲勘葉十身死〉。

> 相犯、賊情、人命等重罪過，交管民官歸問，其余家財田土、鬥打
> 相爭、輕罪過的，軍民官約會著問者，欽此。……合得罪犯是實，
> 及責得縣尉張禮、典史李仁、司吏孫得榮、弓手李賢與于澤所招相
> 同。擬縣尹于澤四十七下，縣尉張禮三十七下。〔註162〕

這個案件是因為縣尹于澤、縣尉張禮屬於管民官，卻沒有約會管軍官一同審案，因此被管軍官田榮上告浙江行省，斷案的縣尹與縣尉，因此都被鞭笞「戒諭」。此案件一來可以看出審案也是縣尉的分內事，一方面也可以看到官員犯錯將會受到體罰，對於深受「刑不上大夫」觀念影響的讀書人來說，極傷臉面，這不僅是擔任縣尉者必須面對的問題，事實上元代各級官場上的體罰、官員互毆、上司向下屬拳腳相向的事件，並不少見。〔註163〕

升遷上的困難是縣級官員共同的困境，縣尉、巡檢作為最低階的縣官，情況更為嚴峻。知識菁英可以在學官系統中取得優勢，但是由學官入流，不是歷數十年才得一主簿，就是借注巡檢，尋求捷徑，但後者有棄文從武之憾，而且也不能保證未來的升遷，更可能以補盜官始、捕盜官終。因此，重新定位捕盜官之角色，找出在職位上可以發揮的空間與價值，就成為一種應變思維。

有些特殊的政策對於捕盜官的職務行使也有不利。元朝政府對於武器的管制非常嚴格，禁令不斷重申，〔註164〕這個問題也影響到捕盜官的公務，不僅路府州縣捕盜衙門的弓箭數量有限制，「各處巡檢每處量給弓箭叁副」，〔註165〕城鎮中的縣尉面對的可能是一般治安問題，但是通常巡檄於依山濱海處的巡檢，如果面對大盜、群盜，這樣的裝備要如何捕盜？績效如何可想而知。

就在這樣的外在環境之下，「學而優則仕」的文人縣尉，要怎麼証明自己不同於一般的「武夫俗吏」，怎麼從捕盜官到牧民官？胡祗遹（1227～1293）對於什麼叫作稱職的縣尉，有這樣的看法：

> 尉於縣僚，以察姦捕盜為責任，近世例以便騎射、擅勇敢、能鬬敵
> 者充，間以文吏當之，人必以謂非其所長，是蓋見其末而不見其本；

〔註162〕《元典章》下，刑部卷之16，頁16下～17，〈縣官擅斷軍事〉。
〔註163〕《元典章》下，刑部卷之6，頁6，〈縣尉與達魯花赤互相毆署〉。
〔註164〕方齡貴，《通制條格校注》（北京：中華書局，2001），卷27，頁610，〈兵杖應給不應給〉。
〔註165〕方齡貴，《通制條格校注》卷27，頁614，〈兵杖應給不應給〉。

救已然而昧於未然。夫挾槊彎弧，擒縛鬥敵，以力勝力，固非文吏
之所長，此特武夫悍將負兼人之勇，賊弱則吞之以氣，強則或勝或
負，連縣集眾，倉忙驚駭，力戰而後獲。噫！前人救火之諭，是亦
爛額焦頭之功耳。……能捕盜莫若能止盜，能止盜莫若使民知恥而
不爲盜，外戶不閉，犬不夜吠，行旅野宿，如在家庭，三年之間不
汗馬弦弓，是之爲賢尉。〔註166〕

這是對元代縣尉一職的新定位與期許了。能夠捕盜的縣尉，是「焦頭爛額」
之功，天下無賊才是賢尉，這期許眞是不亞於朝中的士大夫標準了。這是胡
祗遹適用來勉勵將任縣尉的姨弟之作，所以不免過度美化捕盜官的職位高度，
另一方面這也是胡氏對於元代仕宦現況的一種調適，讀書人的強項就是文
治，所謂「禮義生於富足，賊盜起於貧窮」，因此「不教而罰，坐視愚民之爲
非」，然後「假弓兵之力，以要能聲，以求賞贈秩」者，才是傳統以人命易官
爵的捕盜官，而儒士就是可以把捕盜官轉化爲止盜官，賢尉也有自己的牧民
之道，「羽扇綸巾」的氣度是胡祗遹所期待的新時代縣尉。〔註167〕

　　這用的是宋代對於牧民官的獄空標準。「獄空」是縣政清明的代表，宋代
地方牧民官更可由此得到獎勵，代表的不僅是審案的效率，更是夜不閉戶的
境界。但是縣尉畢竟是捕盜官，盜賊不生是一種理想，無盜可抓，或不捕盜
賊，縣尉難以升遷，甚至可能會因此受罰，因此這種期許，也是現實與理想
之間的矛盾。元人其實也談獄空，《國朝文類》（《元文類》）有〈獄空篇〉：

傳曰：「刑期于無刑。」又曰：「也使無訟乎。」必無訟斯無刑矣！
雖聖人爲政，不能不爲之刑，所貴刑措而不用耳。是故獄空者，化
行俗美無訟而獄空者，上也；有司廉明，隨事裁決而獄空者，次也；
苟不得其上得其次，斯亦可矣。今所紀獄空，內自京畿，外止山東
河北諸郡，天下獄空未必止此，有司載之弗能詳也，嗚呼！彼獄空
者，其無刑乎，其無訟乎，使天下皆得賢有司致此非難也。〔註168〕

談獄空的兩種層次，最高層次是以道德感化使民無訟而獄空，次一層則是因
爲效率好而獄空，前者以德，後者以能，都值得宣揚。曾任縣學教諭的譚景
星謂：「禦盜非難，無盜爲難，捕獲誅斬，政刑之末，豈必用哉？」又說「刑

〔註166〕《全元文》第5冊，頁247，胡祗遹〈送劉舜欽縣尉之官廣宗序〉。
〔註167〕《全元文》第5冊，頁248，胡祗遹〈送劉舜欽縣尉之官廣宗序〉。
〔註168〕蘇天爵，《國朝文類》卷42，頁11上，〈雜著‧獄空篇〉。

期于無刑，刑自祥矣；訟使余無訟，訟自無矣，故君子盡心焉，然後可以為
民父母。」〔註169〕這本是對牧民官的期許，但是譚景星的對象是縣尉，顯然
的元代的儒士面對許多同儕受限於現實的仕宦環境，即使太過理想，也要強
調捕盜官亦可為牧民官。

　　而擔任縣尉的讀書人，又怎麼去調適自己的角色與回應外界的期許呢？
湖廣行省沅州路盧陽縣尉石君瑞，就任之後「訟平賦均，甚得人心」。〔註170〕
貴池人葉楠任鄱陽尉，力請觸租，以救荒潦，因此還升為績溪縣令，邑人歌
曰：「前有蘇黃門，後有葉令君」，〔註171〕葉楠不僅將捕盜官扮演成牧民官，
更因此當上真正的縣尹。益都人袁居敬，至順中以善政巡檢攝縣尉事，有惠
政，士民德之，為之謠云：「民不聊生法不行，姦貪詐偽日縱橫，為官盡學袁
巡檢，世界何憂不太平。」〔註172〕

　　這些縣尉在捕盜官的職位上不把自己侷限在捕盜事內，像是救荒、防偽
鈔、理訟，這些都是廣義而積極預防治安出問題的事項，顯見縣尉的職務發
展空間還是很大，端視捕盜官個人如何看待自己的職位。如果是簿尉合一的
縣份，縣尉即主簿，發展的彈性更大。雖然制度上專一捕盜的規定是宋代所
無，但是元代的縣尉在民政上的角色，延續著柳田節子所描寫的宋代情況。
《元典章》中可以看到縣尉監督修葺驛站所經的橋樑、渡舡；〔註173〕保定
路易州定興縣尉趙伯甫，「獄訟寬猛相濟，徭役不擾民間，功則歸長，政聲
人民」。〔註174〕簿尉合一例子則有磁州成安縣的劉仁，事蹟很多，例如不畏
權豪；監督軍戶造納軍用衣物，有效率又不擾民；賑濟貧民時積極防止吏弊；
處置軍人偷盜，劉仁不畏管軍官之權勢。故人頌其「惠而信以愛民，威而勇
以捕盜」，「自公為治，屬官大和，事不苟且，民無橫役，胥無貪暴」，簿尉
合一給予劉仁遂行其道的更大空間，〈去思碑〉的撰寫者楊威認為劉仁就是
標準的儒家「循吏」。〔註175〕

　　元人張瑾曾經透過盜興之由，呼籲放寬制度上對縣尉參予民政的限制：

〔註169〕《全元文》第31冊，頁184，譚景星〈與盧陽尉石君瑞書〉。
〔註170〕《全元文》第31冊，頁184，譚景星〈與盧陽尉石君瑞書〉。
〔註171〕《嘉靖池州府志》卷7，頁43下，〈人物‧賢哲〉。
〔註172〕《萬曆新昌縣志》卷8，頁6下，〈官師志‧元官師〉。
〔註173〕《元典章》下，工部卷之2，頁1上，〈修理橋梁渡舡〉。
〔註174〕《全元文》第35冊，頁70，李執中〈大元國保定路易州定興縣創立尉司公
　　　　廨記〉。
〔註175〕《全元文》第8冊，頁43，楊威〈簿尉劉公去思碑〉。

> 尉之職主於盜，而縣務勿預。盜之興，不由尉，而尉為毆之，是尉
> 縣一體也。世之為縣者，多與時興師而不相卹，何哉？蓋由縣責尉
> 毆盜之勿勤，尉亦責縣之不以禮相善，遂致乖刺。……俾縣、尉合
> 一，則民盜戢矣。〔註176〕

批評規範縣尉專一捕盜，卻又要為縣政不善所導致的治安問題負責，因此認
為縣尉也應該參予一般縣務，從制度上給與補盜官牧民的權責。這個呼籲可
以看出讀書人對於縣尉一職的注意。

　　縣尉的角色不僅只於此。紹興路上虞縣尉張興是真定深州人，甫到南方
上任，就博得了當地儒學教諭黃和中的讚揚：

> 下車靡他，務惕焉以學校廢缺是念，捐皆躬役，迺藩迺墻。長者山
> 去縣一里，屏蔽西南，踞重岡，作亭其上，增壯形勢。邑有真武祠，
> 水旱禱則應，始易地改築，用斥而大，用昭乎神休，且不鄙夷，其
> 民有惠有感。春雨雪彌月，散職租以餔饑，弱肉強食必勇抉，一無
> 少貸。凡足以敦世教、庇賴生人者，罔不誠信周密。古之所謂尉者，
> 畏也，君斯盡之。〔註177〕

張興被稱為儒者，在任上用私俸賑濟饑民、捐款興建學校、易地復祠、在形
勢要地建亭等等，這些並非他的職責所在，但是卻是他作為官員延伸的個人
活動，沒有這些作為，張興也並不失職，如果不知道他是縣尉，從以上的描
述猜測，應該都會認為這至少是縣尹一類的地方民政首長。可見儒者的士大
夫意識，不受職位所限，在變遷的環境之下延續不變之「道」。

　　衢州路常山縣尉詹彥深，因為縣衙旁就是自己家族的地產，所以他捐出
供作縣衙用地，該縣達魯花赤阿散忽都魯建議，用官方的錢另購土地補償魯
彥深被婉拒，博得了同寅還有縣父老們的崇敬，被讚為「割己之肌膚，充人
之饑餒」，有「古人尚義」的風骨，成為教化民眾的模範。〔註178〕還有澤州府
轄下陽城縣尉張繼祖「捐割俸資」，修葺當地人民崇信的關公廟，甚至親自監
督工程，董役之餘，還觀察當地的水文，鑿泉方便當地人用水，被稱為「敬
神恤民」，因為他對社會的貢獻，感動了民眾，因此「民安盜息」，〔註179〕說
來張繼祖似乎實踐「無盜」的境界了。更有甚者，金華縣尉趙德夫「陳辭涕

〔註176〕《全元文》第31冊，頁31，張瑾〈譙縣創建尉廨記〉。
〔註177〕《全元文》第28冊，頁56，黃和中〈尉司廳記〉。
〔註178〕《全元文》第11冊，頁98，張榮〈縣尉詹公捐基址拓縣治碑記〉。
〔註179〕《全元文》第54冊，頁63，衛元凱〈縣尉張公重修神門記〉。

泣呼天公」，憫農之苦，爲民祈雨。〔註180〕

較爲特殊的例子如建平尉衛正父，堅持古代士大夫七十致仕之禮。他由巡檢調縣尉時已是鳩杖之年，爲了遵循《禮記》的進退之道，自行掛冠，當地長老挽留道：

> 致仕雖漢唐以來人臣偉節，如二疏、孔揚觶，皆早歲入仕，久爲大
> 夫於朝，或以先見，或以知止，得謝而去，朝廷爲之賜金，且祿之
> 終其身。今公自巡檢調茲任，辛勤之久，始得一命，年雖及而精力
> 尚強，家之仰食者近二百指，貧無以爲田園資，似未宜忘祿而決然
> 去也。〔註181〕

衛正父由巡檢而縣尉似乎經歷了不少時間，以致於得一縣尉已屆古稀，但在任期未到，健康許可，朝廷也並未有七十致仕之規定，加上家中食指浩繁，他仍以古代士大夫人臣之節自許，這是以「捕盜官」之職位實踐「士大夫」之精神。衛正父堅持致仕或許有不爲人知的理由，畢竟一位七十老人也很難汗馬弦弓的捕盜。無論如何，因爲儒士在仕宦上的受抑，故元代制度下的捕盜官出現了許多「眞儒」，他們在現實上得不到士大夫的尊榮，但是行爲上可以實踐士大夫的風格。

對於儒士捕盜的無奈與期勉，詩賦更是言簡意賅。同恕（1255～1332）有詩：

> 靈川古循吏，卓魯未爲優，仲氏承家德，初官佐縣侯，寡民無易視，
> 多盜有深憂，黽勉栽培力，千年一日秋。〔註182〕

吳澄（1249～1333）亦有詩：

> 石仙種橘舊成林，孝子和侯重按臨，自是儒流爲政別，超然德度感
> 人深。底僚此日塵中跡，卓行他年史外心，客有奇逢癡不去，天風
> 浩蕩更秋霖。〔註183〕

這位和縣尉，名裕，字仲寬，除了曾任彭澤尉之外，也任過壽陽縣尉。〔註184〕

〔註180〕顧嗣立編，《元詩選初集》（北京：中華書局，1987）辛集，頁 2257，〈樵雲
　　　　獨唱・金華尉趙德夫祈雨有感〉。
〔註181〕程端禮，《畏齋集》（叢書集成續編），卷3，頁 20 下～21 上，〈送衛縣尉致仕
　　　　序〉；亦見《全元文》第 25 冊，頁 483。
〔註182〕同恕《榘菴集》（四庫全書），卷 11，頁 15 下～16 上，〈送李凝仲縣尉〉。
〔註183〕吳澄，《吳文正公集》（四庫全書），卷 95，頁 1 下，〈次韵酬彭澤和縣尉〉。
〔註184〕方回，《桐江續集》（四庫全書）卷 18，頁 12 上，〈送和仲寬壽陽尉〉。

以「儒流」居「底僚」，大材小用，透過「德度感人」，「卓行」亦可名留青史。
元人程端禮（1271～1345）盛誇一位頓縣尉：

> 建平頓縣尉，善政返淳風，四野牛羊被，三年囹圄空。何修能致此，
>
> 不欲是為功，流俗輕吾輩，真儒見此公。〔註185〕

這位頓縣尉，字謙父，名不詳，清平人，〔註186〕在程端禮的筆下，是文武兼
備的「儒尉」，不僅「讀書郎水傍」，更能瀟灑的「匹馬放斜陽」。〔註187〕「流
俗輕吾輩」指的是儒士在元代政治環境中失去了往日的地位與升遷前景，但
武夫俗吏之職由「真儒」來做，「四野牛羊被，三年囹圄空」的境界也指日可
待。

　　元人提到吏治問題，常常會批評是不用「真儒」所致。〔註188〕所謂的
「真」，指的是「經明行脩」、「知求聖賢之學而學焉」，並且進一步以聖人之
學達到「善治之效」者，〔註189〕且科舉才能拔擢出「真儒」。那誰是「假儒」？
當然是儒士所謂的以能而不以循的刀筆文吏，元代的吏不僅概括承受了宋代
以來對「吏」的觀感，吏員出職為主流的狀況也是儒士的眼中釘，但事實上
許多「經明行脩」、「知聖賢之學」的儒者，也是不得不由吏出身，因此真儒
的呼籲，主要還是希望蒙古統治者改革選制，重開科舉，恢復「士」與「大
夫」之間的直接聯繫。

　　當然也不是所有人都會用正面積極的態度來面對知識菁英的仕宦困境，
有時候不免流露出無奈與不滿。例如揭傒斯（1274～1344）有詩提到「白髮
長洲尉」，顯示苦熬多年，只得一尉的無奈，而以「為政能無欲，何須隱列仙」
來寬慰對方。〔註190〕更有「五十方為求盜使，人生何用苦詩書，寄言邵武諸
官長，不是尋常一腐儒。」一方面表達出元代讀書人無法學以致用的不滿，
一方面也強調儒士的理念不會因職位而受挫。元人羅蒙正更因為旁人勸他由

〔註185〕程端禮，《畏齋集》卷2，頁5下，〈丙午代人送頓尉九首〉。
〔註186〕程端禮，《畏齋集》卷3，頁14下，〈送建平頓縣尉任滿詩卷序〉；亦見《全
　　　　元文》，第25冊，頁478。
〔註187〕程端禮，《畏齋集》卷2，頁5上，〈丙午代人送頓尉九首〉。
〔註188〕《元代奏議集錄》（陳得芝等點校，浙江：杭州古籍出版社，1998）上，趙天
　　　　麟〈論用真儒而不棄文人〉，頁371～373；下，陳櫟〈策試文〉，頁160～164。
〔註189〕蘇天爵，《滋溪文稿》卷3，頁42，〈常州路新修廟學記〉；卷4，頁47，〈燕
　　　　南鄉貢進士題名記〉。
〔註190〕揭傒斯，《揭傒斯全集》（李夢生點校，上海：上海古籍出版社，1985）詩集，
　　　　卷4，頁98，〈送宋少府之官長洲〉。

學官改注巡檢，憤而以詩答曰：「儒冠不是將軍具」。〔註191〕

　　縣尉、巡檢這樣的低階武職官員中，我們可以看到一群幾乎淹沒於史料之中，不具有特殊背景，在有限的政治角色上，遂行其無限的理想與抱負，並且藉由重新詮釋捕盜官之定位與價值來維繫「道」的延續，所以「不以職卑不屑，不以事小不為，……任重道遠，固未可量」，〔註192〕「夫使尉益自勵，所至不倦，雖古循吏何以過之」。〔註193〕當然這些自勉、互勉之詞，或有自我寬慰的之處，但是非科舉社會中，這樣一群底層儒士堅持不變之「道」去對應外在環境，對於征服王朝統治下的文化延續，具有積沙成塔的貢獻性。

〔註191〕陳衍，《元詩紀事》（上海：上海古籍出版社，1987），卷22，羅蒙正〈句〉，頁536。此詩全文為「儒冠不是將軍具，只作當年措大看，願賜一塵閒養病，簡編燈火伴青衿。」為羅蒙正拒絕借注巡檢而作。

〔註192〕《全元文》第19冊，頁633，姚申伯〈縣尉廳記〉。

〔註193〕《道園學古錄》卷7，頁13上，〈沛縣尉李君美政記〉；亦見《全元文》第26冊，頁669。

第六章　結　論

　　州縣官的研究在宋、明、清等近世以來的王朝可以說都是熱門的題目，縣官位雖卑職卻重，並且也是高官顯貴的重要人才庫，對百姓來說，州縣官就是抽象的皇帝代理人。但是元代的基層官府與州縣官員研究一直乏人問津，即使討論及於州縣或者縣官，大多是介紹州縣官府的架構、編制，或者從用吏角度討論縣官素質低劣的問題，且元代的基層官員排除掉根腳、人脈、特殊際遇之外，罕見官至三品以上者，因此難以透過高官顯貴研究往下探詢延伸，加上早年史料使用侷限較高，零散而缺乏頭緒的低階官員研究阻礙很大。

　　近年來由於數位資料庫與元代文獻編纂的工作有很大的進展，因此要廣蒐元代州縣官的資料便利性大增。本文在研究取徑上屬於填補空缺的工作，不僅是元史研究上的缺口，也是歷代州縣官研究的斷層。這個政治群體是所有官員中直接帶著政治力接觸社會的一環，官員的個人性格、理念、社會活動、人生關懷等，不僅影響到政策的執行，縣政的推動，更直接影響到百姓的生活。而最重要的是，從來沒有被異民族統治過的江南首次感受「北風寒」，衝擊性必然遠遠高過早已習慣不同族群當家的北方人民。南人虞集雖然在元代際遇不差，官至從二品奎章閣侍書學士，但是卻寫下這樣一首詩：

　　　徒把金戈挽落暉，南冠無奈北風吹，子房本爲韓仇出，諸葛寧知漢
　　　祚移。雲暗鼎湖龍去遠，月明華表鶴歸遲，不須更上新亭望，大不
　　　如前灑淚時。〔註1〕

雖然是爲悼念文天祥，但是顯然也是虞集個人情緒的抒發，即使虞集已經是

─────────────

〔註1〕《元詩選》丁集，頁922，虞集〈挽文山丞相〉。

出仕元朝的南人中發展不錯的例子，內心深處對於異族統治所帶來的影響依然頗有反彈。此詩如果放在清代，光是「南冠無奈北風吹」、「大不如前灑淚時」兩句，必然觸怒當局，有極大可能會掀起一場文字獄，也顯見蒙元統治者除了在用人、法律上採取族群政策之外，在文化、思想上並未箝制，甚至是放任，就這一點來看，蒙元統治者對「書生造反」效應很陌生，而清朝統治者卻深深的記取了這個教訓。總之，正因為漢族士人在元代的政治地位普遍向下沉淪，但是文化、思想卻相對自由，因此在基層的縣級官員這個群體身上，反倒成為觀察蒙元文化之所以無法透過政治往下紮根的窗口，這也是筆者對縣級官員產生興趣的初衷。

以下將簡要介紹論文的核心章節，作為結論，共分四小節。

一、沿革與變遷

元代的研究常常需要兼顧特殊性與延續性，因此關於縣級州與投下州縣的分布與數量問題，是屬於蒙元的特色；縣的數量與縣官吏的治理負擔變化，則是延續面的觀察。首先簡要統計元代縣級州的數目與分布狀況，討論原因與意義；再比較縣的總數與前後朝代幅員之間的變化；以具體的縣為樣本，了解縣的基本人員編制以及每一官吏所負擔的戶數與口數，並比較南、北州縣的基本治理負擔的差異；最後則整理投下州、縣的地理分布，討論其特殊性。此節為整篇論文的基礎資料。

（一）數字上的縣級官府

元代總計有 362 個州，一半是縣級州，南、北縣級州分布比例相近，江浙行省的 28 個州有 26 個為縣級州。北方州數分布極度不均，集中於腹裏地區的州數高達 99 個，這與中原投下分封制度有關，而非戶口增加、政務加劇的行政需求。與宋代相比，元代的州「縣級化」的狀況非常明顯；明代的州數約為 255 個，數量較元代減少許多。

元代縣的數量有 1125 個，大致上與北宋的 1135～1265 個、明代的 1168 個相差不大，清代也差不多是類似的數目，但以幅員來說，北宋國家領土面積為 250 萬餘平方公里，元代採州縣治理的幅員有 754 萬餘平方公里，國土面積相差三倍以上，縣的數目卻相近，顯然宋代的縣單位面積相對較小，縣的密度較大。而元朝在南宋治下地區有 452 個縣，相較於南宋時期 698～733

個要少許多，這當然與許多縣升格爲州有關。明代與元代最大的差別也是在州的數目。對照中國歷代王朝，元代的縣數並未有明顯的增加，就幅員來說，理論上元代的縣級官府所需要管轄的平均單位面積較廣。

官員數量與戶口對比：北宋戶／官比例大約在 500～600 上下，南宋則大致維持在 300～400 上下。元代則約在 500 左右，差距不大。較爲不同的是，元代的南、北戶口分布懸殊，江南三省佔了總戶口數的 80%，因此南方州縣官府的平均治理戶口遠比北方繁多。以鎭江路下的縣爲例，正規編制的縣衙官吏約 40 餘人，每人負擔的戶數約爲 700～900 之間，口數約爲 4000 人以上，路治所在的縣因爲有錄事司分勞，所以治理負擔的數量降低許多，但是無論是戶數還是口數，南方的縣級官府數據上的治理負擔都遠遠高於全國平均。

與北方人口較多的懷慶路與眞定路爲例，因爲州縣密度非常高，每一縣級官吏的戶數負擔分別爲 200 多甚至不到 100 戶，其中眞定一路之下就有 31 個縣，官吏數量自然高。這種特殊現象可能有三種主要原因，第一、治理重心的焦點在腹裏；第二、分封導致的行政區不自然的細密分割；第三、北人多不願意南仕，需要較多的缺容納仕宦人口。

北宋元豐初年的戶數爲 14,852,684，〔註2〕縣數爲 1,135，其平均縣轄戶數爲 13,086。元代如以平宋時的 1127 縣爲準，加上 182 個縣級州，全國平均分擔的治理戶數爲 10,593，但區域性差異相當大，有的地方高達 2 萬～3 萬戶之譜，遠高於平均數。明萬曆六年（1578）的戶口數來看，每州、縣平均治理戶數爲 7464。〔註3〕宋、元、明呈現數據上平均治理戶數的下降，但這是否代表治理口數的降低，則必須看每戶人口究竟要以多少人計算，但大致上戶數多，口數應該也會較多。另外，數據並不能論證明代縣的實質治理負擔減輕，除了戶口數，也要看社會的發展狀況與事務的複雜性。但不可否認所轄戶口數多寡，確實構成治理官府負擔的主要原因之一，透過這些數字，可以初步了解元代縣級官府的密度在中國地方治理上是否有異常變動，以及元代南、北的差異。元代的縣在數字上沒有劇烈的變化，延續性明顯，但南、北人口分布極端不均衡，導致戶口負擔區域性差異巨大，這是特殊之處。

而因爲官員的遷轉與背景，與任職所在是否爲投下州縣有密切關係，因

〔註2〕　梁方仲編著，《中國歷代戶口、田地、田賦統計》，頁 124。
〔註3〕　何朝暉，《明代縣政研究》，頁 13。

此爲了清楚知道投下州縣有哪些，以學者李治安的〈五戶絲食邑分封一覽表〉爲基礎，結合散見於《元史》各卷的資料，重新按時間先後以及分布的區域作成投下州縣表。就分封的意義來說，忽必烈之後分封成爲新任大汗對宗王、后妃公主、功臣的拉攏，並宣示對於氏族公產精神維持的立場，分封的結束顯示蒙古原有文化的發展已經達到極限。

（二）編制與職能

元代地方行政職官一般分爲三大類，首官、佐貳官與首領官（胥吏之首）。達魯花赤是監治官，一般稱爲長官；州尹、縣尹、錄事爲管民官，稱爲正官，長官、正官的品秩相同；州同知（非常設）、州判官、錄事司候（非常設）、錄事判官、縣丞（非常設）、縣主簿（簿尉）稱佐貳官，縣尉、巡檢爲品秩最低的官，一般稱爲捕盜官。州、縣依戶口分上、中、下，路治所在城市二千戶以上設錄事司。

縣尹與縣級州尹考課標準相同，所謂「五事備」指戶口增、田野闢、詞訟簡、盜賊息、賦役均。「興學校」雖未明文規範爲考課項目，但早是中央普遍鼓勵的政績，也是元人文集記載者最青睞的善政。州縣官的職務與前代差異不大，只有縣尉有一些不同於前代的改變，因爲規定「專一巡捕勾當」，並獨立設置縣尉司，職權專一化，與從流外職轉爲九品官的巡檢並稱捕盜官，民政空間較宋代有明顯的限縮。

（三）選拔、待遇與困境

路、府、州長官子弟承蔭爲縣達魯花赤；縣達魯花赤子弟則蔭爲縣尉、巡檢。正官除了蔭、薦（監察御史、肅政廉訪司、三品以上內外官員舉守令）、吏出職三種主要來源，延祐開科之後又有科舉出身。判、簿等佐貳官來源與守令類似，但特別規定參用漢人、色目。其中主簿另有由學官（教授）入流一途。

州縣官員的俸祿有俸錢與職田，任職南方者職田減半。根據民生物價與元人記載推算，九品縣官一月的俸錢只夠六日所需，是否有職田就成爲官員收入是否足夠的關鍵。九品地方官有職田一頃，年收百餘石，可供十口之家數年之用度，正項收入強過中央三、四品官員。日本學者指出中縣達魯花赤、縣尹有職田者，生活水準還只相當於腹裏地區的中等之家，因此元代可謂「低俸制度」，並被認爲是貪贓之風嚴重的主因。司吏的狀況就更差，月俸錢根本不足以餬口，顯然他們賴以維生的絕對不是正規收入。

俸薄問題可能不是元代官員特有的困境，但是官場的上下關係與懲處制度就顯然具有時代特殊性。元代官場的粗暴風氣，主要是受到蒙古家產制的影響，上司與下屬之間具有私屬色彩，同級官員互毆也屢有所見，最低階的縣級官員在官場上具有雙重性弱勢，在平行的公務上，軍民不相屬、約會制度都增加管民官在治理上的困難度。另外一個特有困境就是犯罪官員（包含失職與違法）的審問與懲處，與一般民眾無異，違反「刑不上大夫」之義，縣級官員無論公私罪，通常都得受笞、杖刑。投下州縣的大小官員甚至可以因細故被諸王、駙馬等投下主杖責，即使不是由投下主派任。因此元廷曾下令禁止這種行為。可見元代的縣級官員，面對的不僅僅是官職上、俸祿上的卑微，更是尊嚴與心理上的卑賤化。

二、族群成分與遷轉

異族王朝的族群政策一向是重要課題，由其是用人，因此統計縣級官員的族群成分意義在此。而縣級官員的遷轉，在元代因為制度的關係，競爭對手多元，因此較前代在升遷上艱困許多，並且影響到這些官員的政治心態與行為，雖然無法證明宋代縣級官員比較容易升遷，但是從結果論來看，宋代有名的高官經歷州縣者是很常見履歷，元代則不然，因此回過頭去看看各種背景的縣級官員遷轉狀況，可以了解這種現象的可能原因，以及實證元代制度的特色。

（一）小區域族群比例與遷轉：以鎮江路為例

鎮江路所轄縣級達魯花赤的族群比例以蒙古、色目人佔了絕大多數，其中色目人與蒙古人比例約為 8：2，顯然應由蒙古人出任達魯花赤的制度，在縣的層級難以落實。

錄事與縣尹完全是漢族，這與規定正官宜選用漢人有關。南人在這職務上佔有 10%的比例，但貫不詳者高達 43%。佐貳官有一成以上的色目人，南人的比例達到 22%，貫不詳者有 34%，無論是正官或者佐貳官，因為貫不詳比例過高，因此在漢人與南人的對比上無法成為有效數據。日本學者舩田善之提出色目人在族群任用上的角色，與其視為牽制，不如說是「參用」，目的在於使廣闊的版圖與多民族的統治能夠順利。〔註4〕在佐貳官的層級，參用之

〔註4〕 舩田善之，〈色目人與元代制度、社會──重新探討蒙古、色目、漢人、南人劃分的位置〉，收入《蒙古學信息》第 2 期（2003），頁 7～16。

說可以適用，但是在正官的族群狀況上，參用之說就無法解釋。

　　小區域的達魯花赤有遷轉資料者都是蒙古、色目人。右榜進士出身者最高官至正四品，根腳家族出身官至從一品，顯示族群與科舉出身對遷轉的影響不明顯，關鍵在根腳，而排除具備根腳條件者，同是進士者透過職官充吏、善政宣揚對升遷頗有幫助，職官充吏是否可以順利出職，則扮演缺乏顯赫背景者遷轉上的關鍵。

　　正官的遷轉顯示的是漢族在仕宦上發展狀況，初仕官職由七品開始，到達五品的三位家族都具有軍功與官宦等背景，即使如此，浮沉宦海四十年，依然無法突破初仕官往上三品的潛規則，似乎可以推論是族群因素，南人、漢人家世不顯者則遷轉狀況更為遜色。

　　佐貳官的遷轉前程目前看到最佳的是到達六品，通常最常見的升遷是成為正官，但即使是一個品級的差距，似乎也有看不見的障礙，許多例子都是透過職官充吏再出職才能達到目標。另外，監察系統的官員在升遷過程中常常有明顯的幫助，原因待考。整體說來，以小區域來說，「無根腳」、「南人」是升遷上的兩大阻礙；「職官充吏再出職」、「轉換任官體系」對升遷的助益相當顯著。

（二）大區域的南、北族群比例

　　以約 1500 名縣級官員為基礎，根據籍貫與任官地點，分別統計南方州縣與北方州縣的長官、正官、佐貳官的族群成分。

　　北方州縣的長官有九成為蒙古、色目人，其餘為漢人，沒有南人。以時期來看，後期的北方縣級官府已不見漢人長官蹤影，顯示此一象徵征服王朝特性的制度，雖然未貫徹任用蒙古人，卻頗為堅持漢族不得出任的大原則。尤其是投下達魯花赤原則上禁止漢族出任，但在晚期之前屢有破例，朝廷因此針對漢族投下州縣長官執行免職，並重申禁令。南方州縣的蒙古、色目長官比例高達 96%，其餘為漢人，目前沒有南人任職的例子。

　　北方州縣的正官 99%為漢族，漢人高達 96%，南人 3%，總數 388 人中僅有 2 人為色目人，此二人皆具儒學背景。統計結果顯見南人仕北的狀況很罕見，漢人南仕相對容易許多。南方縣級官府正官只有一位儒化色目人，其餘皆為漢族，南人比例則大幅成長為 56%，這樣的數據對於彌補小區域統計數據中貫不詳過高，無法確定漢人、南人比例非常有幫助，一方面說明南方州縣正官是南人仕宦上的重要舞台；一方面說明即使在基層官府，單向的地理

任官限制還是頗爲明顯。

佐貳官在南、北出現了 10%～15%的色目人，與鎭江路的狀況類似，即使是在佐貳官層級，北方州縣依然罕見南人，南方官府則至少 62%爲南人，跟鎭江路對照，比例要接近的話，那麼鎭江路貫不詳的佐貳官必須都是南人。

綜而言之，達魯花赤在基層依然扮演著指標性職官，突顯征服王朝的特殊性，即使在後期都未能有明顯轉變。而中後期出現許多進士出任投下州縣長官的狀況，對照元代歷次中央與投下主爭奪官員派任權的事件，顯示氏族公產制與漢地官僚制的競爭，中央以官僚制所產生的人選派到代表公產制精神的投下州縣，是一個必須注意的現象。而正官與佐貳官的族群比例，顯示在基層的民政治理上，蒙元朝廷不得不依靠漢族，而無論是正官或者佐貳官，對於南人都存在一種單向的地理限制，南人仕宦於北的比例相當低，雖然沒有明文規定，北方的仕宦市場基本上是把南人排拒於外，而對於漢人來說，大江南北都是機會，南人出仕的競爭對手不是蒙古、色目人，而是同爲漢族的北方人。

（三）官員的遷轉

透過具體的例子討論幾個問題：第一、投下與非投下達魯花赤的遷轉；第二、特定出身對於遷轉的影響；第三、監察體系的官職在遷轉過程中可能扮演的角色。

北方的達魯花赤具有明顯的「一生一職」現象，百餘名中僅有約 12 人有遷調它職、它處的資料，頗符合泰定以前投下達魯花赤維持世襲的記載。除了根腳特殊者官至三品以上之外，大多限於四、五品之下的前程。可歸納出兩種慣例，第一、如爲投下官，遷轉區域大致遵守限於投下區與同一位下的大原則；第二、達魯花赤的升遷常限於監察機構或秘書監。

南方的縣級達魯花赤，僅有兩例限於投下區內遷轉，並未遵循投下州縣內或同一位下遷轉的大原則。大多有平調、升遷資料，較少終身職現象，顯見南方在地方治理上受到的蒙古原有政治文化的影響較淺。官至三品以上者皆有特別的家世，但一般亦通常在四、五品左右達到極限，昇遷上大多爲監察機構，且似乎對於之後的升遷頗有助益，監察官員的角色值得注意。

達魯花赤無論南北，原則上不受三年一考的規範。投下達魯花赤的任用與考核規定：一、必須選用蒙古人；二、每三年一次將解由送吏部，經過給由申覆的過程才能再度復任，也就是說投下達魯花赤可以在原地不斷連任。

第一項族群限制無法貫徹。第二項則有地區性差異與彈性，例如腹裏與江南州縣的投下達魯花赤雖需三年遷調，但只要不在同一地任職，不須經過給由申覆的過程，除非遷調至不同投下主州縣。這樣的規範帶有兩種意義，一為中央政府形式上握有對投下達魯花赤的最後審核權；再者，投下達魯花赤在限定區域內儘可能不斷遷調，可以避免私人利益的扎根，這是官僚制對公產制的一種干擾。定期考核制度在中央朝廷的公益與地方投下主的私益有所衝突時，提供了朝廷「名正言順」侵奪投下主派官權的立足點。在元代中後期出現了許多進士出身的投下達魯花赤，與上述的詔令時間頗為吻合，顯示了雖然投下主原則上一直擁有投下地區的長官派任權，但朝廷掌握隨時干預此項權力的制度性武器。

正官、佐貳官的遷轉基本上是循資，三年一考，一個縣級官員在升遷上的極限何在，透過眾多實例，呈現一種慣例，就是從初仕官品往上推算三品左右。想突破漫長的選格與候缺歲月，職官充吏是一個常見的方法，省掾出職最高可授從六品，所考日月為三十月，遠比循資所需至少十餘年有效率，因此有出身的吏職升遷前景遠比縣級官員要佳。除了極少數特例，最高的升遷皆在三品以下，有 7 位南人官至三品，其中 5 人為進士。正官、佐貳官中總共有 60 幾名南人進士，20 餘名漢人進士，似乎南人進士敘地方縣官的較多。許多仕宦較佳的進士初授官在中央或路級，未歷州縣，根據蕭啟慶師針對元統元年進士的家庭背景與社會流動考述，進士以八至六品起官，位至中層官職者比比皆是，位至三品以上者亦為數不少，最大的差異在此。如果排除根腳背景，進士出身對於一般縣級官員的遷轉還是一項利多因素，至少突破初仕官往上三品以上的例子不罕見。

整體來看，排除根腳、特殊政治局勢、個人聲望與人脈、科舉幾項條件，縣級官員的遷轉呈現明顯固定模式，往上升遷的極限通常會在起官往上三品左右遇到瓶頸，例如七、八品的縣官，升遷上止於四、五品；而五、六品者其遷轉的關卡就在二、三品。這種慣例筆者稱為「分層式半封閉遷轉」，分層是是指三品為一層，而大多數的縣級官員就在三品之內經歷一生仕宦。

監察官員經常出現在升遷不錯的縣官履歷中，並且位在關鍵位置，導致職品呈現降級之後陡升的特殊現象。根據丹羽友三郎氏所提出元代監察御史升為正四品、洪金富教授認為依然還是正七品兩種說法，啟發筆者推論職品與資品分離的可能性，提出監察御史職品保持正七品、資品升為正四品的看法，以解釋監察御史、御史臺都事頻繁的出現在升遷「關鍵」位置上的原因；

另外，監察官員在升遷上頗具有職官充吏之類轉換體系的加快升遷作用，這是透過眾多縣級官員的遷轉路徑，歸納出來的論點，如果可以成立，將是元代在監察制度上的創舉。

四、牧民之道

透過詞訟、錢穀（賦役）、官員的犯罪、興學、神奇教化等種種政治行為，觀察元代縣級官員的各種角色與時代意義。在公務流程上，到任必須公參，決議公務需經圍（圓）坐合議、簽押才能生效。制度上並無一人可以獨決的空間。

親民官理問民訟的時間一年約只數十日，而刑訟卻是除了錢穀賦役之外最主要的治理項目。可以想見縣級官員在公務上的困難以及地方治理的實況。

（一）縣政：詞訟與錢穀

元代司法的基本原則「酌古准今」與「各從本俗」是任何案件都難以違背的也是因應多元民族社會的需求。元代的判例與因判例形成法規的數量增加快又多，因此法律文書的編纂有很突出的表現，律法的學術地位也有所提升。從傳統儒家的角度來看，因事立法、依需收編是違反一元思維的法律文化，官員百姓無所適從並且可能會誘使訴訟增加，一元而固定的成文法，是儒家士大夫「簡訟」的利器，官員可以有比較多的心證空間去運用，以便最終達到他們理想中的治理成效，但就現代「法意」的法律精神來看，因時、因事的判例、法規，其客觀性與「進步」性較強。

元代詞訟中較具特色的莫過於牽涉到文化衝突的法律案件，也考驗著漢族縣官的思維。元代的法律原則在文化衝突案件中展露無遺，顯示各從本俗在文化多元的社會中必要而務實，儒家價值觀至少在北方社會中不具特別優勢。另外，元代的縣級官府在詞訟判決權上，限縮不少。可以說蒙元在法制原則上寬鬆化、法律管轄權則分層集權化，治理權被層層行政機構分割，並收歸於中央。現實而言，元代的縣級官員背景複雜，因為不同背景會有不一樣的治理思維，因此一個彈性而易懂的最高原則頗為必要，同時親民官的個人價值觀不見得能夠適應案件的多元性，限縮判決權有助於預防民事案件轉變為文化衝突。但是從另一方面來看，連許多民事性質的案件都必須由中書六部來作最後的決斷，勢必有效率不佳的問題，但是就中央政府的立場來說，各從本俗在治理上的便利性與必要性遠遠凌駕於效率問題。

人命官司縣級官府沒有判決權，但是有調查的權利與義務，達魯花赤案件中扮演著具體的民政角色。而縣級官員許多由吏出身，某些治理之「術」也成爲治民之「道」，例如王在《無冤錄》中闡述驗屍術也是一種重要治術的看法，不得不讓人對於吏員出身的縣級官員在治民理念上的變化產生興趣，這也是元代的特色。

在錢糧賦役上，第一個特點就是沒有統一的制度，這是因爲遼闊的地域、多元的民族以及多樣的經濟型態，看似無章法，其實又是一種各依本俗的治理原則。以中國本土來說，最具特色的莫過於依照職業分戶，再依照戶籍區別稅、役負擔，即所謂的戶計制度。而透過具體的案例，顯示地方官府在賦稅制度上雖然扮演的主要是執行者的角色，但是因爲熟知土宜，因此當賦稅徵發遭遇困難，有心者是可以建議中央政府更動政策細節；而地方人士則在官府無所爲時，自主性的發揮社會力量，改善因爲變遷所帶來的問題，兩種力量的交互作用，構成了社會穩定發展的支撐力。

（二）興學教化

興學是牧民官除了賦役、訴訟之外，最常致力的項目，尤其是對儒學認同的州縣官，名宦先賢祠的潛在誘因更使此治績具有吸引力。在政府的鼓勵政策以及官員的個人理念影響下，元代從北到南，從元初到元末，廟學復興從未停歇。

因爲南北統一時間的不同，北方在至元初、南方在至元中開始，持續的在各地州縣進行廟學興復。南方在至正中後期動盪不安時，興學活動還是相當常見。北方州縣到元中期已呈現不如南方的現象，到了至正中期以後，史料上已經沒有興學記載。

恢復廟學的主事者大致上有三類：縣級官吏、地方人士、官民合作。其中縣級官吏以蒙古、色目官員的興學最具特色，他們通常擔任的是達魯花赤，興學對於他們的升遷並沒有很強的直接關係，而入祀先賢祠的潛在誘惑似乎對他們來說也不夠強烈，身後名聲與家族在當地的經營對這些異族人士來說，吸引力有多少很難說，主要的意義在文化認同的深度上。湖州路長興州（縣級州）達魯花赤（火）魯忽達朔望固定眂學、資助士人；捐俸整修學宮，率先拋磚引玉，楊維楨說他是「以教爲治」的循吏；晉寧路隰州的永和縣監達禮壁是蒙古外馬氏，右榜進士，不僅修廟學，對於祭祀上的道統更有明確的個人見解，顯示他們不是單純的爲仕宦或其他目的而興學，顯然已經將自

己視爲儒家士大夫的一員，將延續儒教與維繫道統看作使命。

廟學中先賢祠的政治、社會特性曾有學者透過祭祀對象的轉變進行觀察，宋代地方先賢祠在選擇祭祀對象時，受祭者是否具有里籍關係並非條件，入祀者甚至從未到過當地，聲望或學術成就才是眞正的決定因素，明代之後情況發生了很大變化，入祀者籍貫成爲決定性條件，先賢祠的內涵轉變爲鄉賢祠。元代在這個轉變中的角色幾乎是被忽略了，故筆者根據上虞縣學先賢祠中名宦鄉賢的名錄與贊詞，初探元代在其中扮演的角色。在上虞縣，名宦的入祀幾乎都與興學有關；先賢則19人中有16人具有里籍關係，只有3人入祀關鍵原因不明。元代的「先賢祠」已經是鄉賢居多，最特別的例子是當地人李光一門四代都成爲鄉賢入祀，而李光是先賢祠的草創者，後面三代入祀理由都與李光有關，個人成就不明顯。筆者認爲元代的政治環境對於先賢祠走向鄉賢祠的趨勢有很大的助力，漢族士人在仕宦上的發展受限，不能成爲士大夫就成爲處士，轉移重心經營家族在地方上的永續影響力，以待來日，是很自然的事情。另外一方面，中央集權的發展，也具有關鍵性的地位，全國性的先賢認定，是一種統治權力，收回這種權力也成爲集權的一環，尤其是明清之後，科舉制度的發展對於同鄉的認同也有強化作用，因此，透過上虞縣先賢祠祭祀對象，可以一窺元代在這一過程中的角色。

教化法門不僅只於興學，興學作爲一種教化治理，對象是小眾，但是禱神感物這一類「神奇」，卻是官員可以影響及於大部分小民的政治、社會行爲，雖然事鬼神與儒家某些基本觀念有所違背，但是禱神感物卻常常與行仁政的循吏密不可分，目的上是善政、方法上卻遊走於迷信邊緣。就治理來說，官員的神奇事蹟遠比興學教育對於一般民眾的吸引力要強得多，神奇的發生對於官員的治績是一種肯定，對百姓來說，禱驗證明了官員的德澤滲透了他所治理的鄉里，所以得到上天對當地的眷顧，因此官員的「神奇」轉變成一種更強大的教化力量，使民眾更順服官員的領導。

（三）儒吏地方官的治理之道

元代的縣官許多由吏出身，尤其是儒吏。這是沒有科舉的外表，卻有科舉精神的考選人才方式。而儒吏考試內容包含儒學與吏術，因此儒吏地方官的治民之「道」也產生了微妙的轉變。尤其儒吏考選中諸生充吏的制度在近世的教育史發展上，可謂非比尋常。宋代科舉以詩文經術選才，儒學是仕宦的敲門磚，至於吏事，可以透過駕馭胥吏或實際任職之後再來了解。元代考

選儒吏，任職之前就必須學習吏術，官學中亦開設了吏事科目，這不僅使元代的官學教育深具特色，也改變了經術與治事之間的疏離。蒙古、色目統治者沒有科舉至上、儒學獨尊的指導觀念，凡事由需求而設制，「應用學科」與「專業分工」才能符合各種政務需要，儒吏選拔並非元代考選制度的唯一，卻是一般士人重要的出仕管道，學術與教育因此有了內、外在的變化。宋代士大夫想以學校教育取代科舉的理念在某種程度上透過了儒吏制度得到實現。

陸文圭、程端禮、朱德潤等著名元代士人對於儒吏合一都抱持正面評價，發展出一套觀念類似的儒吏論，這是因應制度變遷而出現的輿論，儒吏論本身就代表者士人圈對於元代制度的適應與轉化。而《吏學指南》所揭揭的「居官必任吏」、「致君澤民可用律」的論點，更直接顯示吏的地位與吏術的核心學術在現實上地位的提高。

吏術的精粹指律法，儒吏被認為是儒法兼具的官員類型，透過儒吏地方官的治理之「道」，展現的與其說是儒吏出身官員的治績，不如說是元人所欲突顯的一種價值觀，即「吏術」亦為「學」、儒法兼具、以法輔德的優勢，這代表的不是儒學地位的下降，而是律法學術地位的再度受重視。

宋濂曾在明初京畿鄉試的策問中，以「儒、吏之分」為題，透過比擬朱元璋與劉邦、儒／吏、道／法、明經／律令的對比，表達他對於延續儒、吏兼習、以法輔德等價值觀之意。

五、變奏下的基調

為了呼應選題意義，最後設定三個題目呈現適應著大環境變遷的低階官員。首先，吏道趨近於官箴的趨勢，顯示官吏合流的現實影響；第二，一位低階佐貳官葉恆修築海隄成為眾多士人網絡互通聲氣的平台，顯示非科舉社會的影響，以及低階地方官如何透過與當地人士的合作，爭取更廣的治理自主空間；第三、從最低階的縣尉、巡檢在現實與理想之間的政治行為與為官心態，展現儒士捕盜官如何以不變的本質回應外在環境的變遷。

（一）居官必任吏

吏職是元代縣級官員除了廳以外，最重要的人才庫，探討胥吏的內外在變化，對於縣級官員的治理行為與風格的變與不變，自有其重要性。吏的地位變化已有許多研究，而吏道的內涵轉變，則更能顯示吏的內在價值提升。《吏

學指南》的內容強烈的在精神上把吏員教養作爲官員儲備人才的準備，強調吏的社會角色，希望樹立一種吏員的風範與道德。作者徐元瑞有意說服爲官者去認同吏的身分，甚至抬出歷史淵源來佐證吏的地位本來不低。因此，《吏學指南》所謂的「居官必任吏」，代表著一種時代意義。

宋代的官箴對於官員的道德要求與儒家一貫的道德思想相互呼應。可是卻強調如何駕馭胥吏，將吏視爲「可使由之」的愚民群體，元朝由於儒人大量投入吏途，所以所吏道與官箴界線開始模糊，吏的道德要求強化，官與吏的角色不僅在政治上也在社會期待上開始合流。

儒家的治理道統被普遍的放進元代的吏人教養書中，可以想見吏的社會角色因爲制度上的改變，被賦予了較高的道德要求，吏道的本質也向儒道靠攏。但是吏道的儒家道德化並不能保證吏員實際素質的提高，事實上蒙元的儒士並不以提昇吏的道德爲唯一目標，恢復科舉才是最重要的職志，但是畢竟現實上由吏入仕是主流，對於吏道的加以道德化，也是一種亡羊補牢的作法。

總之，征服王朝的統治底下，儒家知識分子必須用不同的應變方式來維持統治的儒家化，從吏道內涵轉變的探討，可以窺見雖然社會氛圍不同，這種對於儒家理念的維繫還是儒者念茲在茲的使命。

（二）州縣有官非葉侯

透過縣官與地方人士合作的善政，討論一位低階官員的作爲如何成爲眾多各族菁英士人共通聲氣的平台，以及地方人士如何與地方官員合作發揮力量影響中央政府的施政。一位輾轉州縣的地方小官受到當時碩儒名臣與地方人士的大力稱揚，但即使如此，海隄的修築對於葉恆來說，升遷上的幫助並不顯著，他最終還是以縣級官員致仕。

《餘姚海隄集》中 59 位撰寫者彼此之間大多具有詩文唱酬、同鄉、師友甚至親屬關係，隱然透過一個事件形成一種輿論網。元代的制度導致一般士人政治影響力弱化，這是一種變奏。而一件善政成爲一群背景不等的多族文士共同的對話平台，他們寫記文、詩賦、序跋的動機或許不一，但是卻呈現出很一致的基調。

學者陳雯怡認爲元代的贈序數量特別顯著，是因爲非科舉的政治環境下，士人之間透過這種「寫作」關係維持群體的溝通與各方面的影響力，尤其是東南地區的士人。《餘姚海隄集》或許也帶有類似的作用，它所呈現的人

際網絡與葉恆這樣的低階官員並不相稱，顯示葉恆貫徹理想的資源，不是從他的政治地位而來，而是儒家士人在異族政權之下的危機感與使命感，這可以說是漢族士人在不利的制度與政治環境之下遂行其志的迂迴方式，而這種韌性也是蒙元文化往下滲透的阻力。

（三）三年圄圄空

選擇以縣尉、巡檢而不是其他縣官爲觀察對象的原因爲：一、元代規定巡、尉「專一捕盜」，因此稱爲「捕盜官」，所謂「以人命易官爵」，職務性質受人輕視。二、品秩最低、遷轉不易，考核項目爲捕盜績效，與儒家「無盜」、「政刑之末」的概念有所衝突。三、以「察姦捕盜爲責任，近世例以便騎射、擅勇敢、能鬮敵者充」，非讀書人所長。四、元代的巡、尉雖不署押縣事，各自有司廨辦公，但是涉及盜案，縣尉必須參與圓座與審理，某些縣份簿尉合一，留有民政空間讓文人縣尉發揮。五、巡檢本爲流外職，因爲學官借注巡檢制度，因此改爲從九品官，職務性質比縣尉更爲單一，學官捕盜對儒士來說，考驗甚鉅。六、就社會群體來說，受蒙元統治衝擊最大的，不外乎所謂的「知識菁英」（讀書人），因爲群體意識強且掌握史料表述優勢，因此本節觀察的捕盜官就以文士背景爲主，主要也是受限於史料。

如果說縣級官員有時代困境，那麼縣尉、巡檢的爲官處境更是難上加難。俸薄就先不論，職務內容專一捕盜，還要閑習弓馬、能騎射，考核以捕盜能力爲準，這對於士人都是一種不小的考驗。故王惲曾說：「隨路州縣官，如縣尉人員，職小責重，取爲不易。其合捕盜賊，有任終不獲，至經年累月停罰俸給者。」更有因爲無法如期捕獲盜賊，自己身繫圄圄。

但既然捕盜官是學官、士人的入仕管道，讀書人自然有一套「從捕盜官到牧民官縣」的說法證明儒尉、儒檢的與眾不同。無刑、無盜、獄空都成爲高層次捕盜官的理想，盡可能在制度規定之外廣化捕盜官的民政角色，都是面對現實之下遂行理想的方式。

從尉、巡檢這樣的低階武職官員中，我們可以看到一群幾乎淹沒於史料之中，不具有特殊背景，在有限的政治角色上，遂行其無限的理想與抱負。藉由重新詮釋捕盜官之定位與價值來維繫「道」的延續。

六、結　語

最後，要強調的是元代縣級官員遷轉上的困難，並不意味宋代州縣官升

遷較易，宋代官員在改官與轉官兩個關口壁壘不低，但是較大的不同是，這種壁壘帶有制度上的公平性，並且沒有特殊的排除性，因此州縣官中總是有人有機會往上爬，甚至攖朱奪紫。況且選人通過磨勘成為京朝官雖然嚴格，也需要推薦者，但是大部分條件都是較為「公」的性質。

元代州縣官的升遷，「私」的力量明顯凌駕於上，並且官員的選拔來源很多，擅長經術並未有明顯優勢，宋代的官員從初仕官開始，就有立足點的平等，往上升遷的前景雖然需要人脈、治績、運氣，但是希望無窮。而元代的官員從立足點開始就有許多無法克服的條件，例如無論是由什麼背景任官，族群就決定了仕宦上是否有地理限制以及是否被某些官職排除，根腳也決定了官運，三品以上的中央高官有許多更是怯薛的禁臠，從元代的高官顯貴中幾乎看不到從州縣官一路考核爬升上來的就可以證明。

如果要比較，可以這樣說，宋代州縣官頂多是「卑微」，是官職位階上的低下所帶來的結果，但是今日的州縣官可能是明日的宰執，因為這種未來性，並不受人看輕；元代的州縣官卻可說「卑賤」，不僅位階級低下，更因為蒙元的文化效應，人格備受挑戰，不僅宰執無望、常被上官視作奴僕驅使，更可能因為各種公、私過錯而受到杖、笞，尊嚴掃地，這才是異族統治對漢族儒士最大的考驗。

附　表

附表一　縣級州

省	管轄機構數量	縣　級　州
中書省	路 29，州 8，屬府 3，屬州 91，屬縣 346	順州、檀州、東安州、固安州、松州（松山縣升）、桓州、保昌州、遂州、安肅州、完州、蠡州、林州（林慮縣升）、濬州、輝州、淇州、陵州、恩州、冠州、嶧州、博興州（博昌縣升）、弘州、渾源州、武州、豐州、東勝州、雲內州、臨州（臨泉縣升）、保德州、崞州、管州、代州、臺州、興州、堅州、嵐州、孟州
嶺北行省	路 1	無
遼陽行省	路 7，府 1，屬州 12，屬縣 10	蓋州、懿州、肇州、義州、興中州、瑞州、高州、錦州、利州、惠州、川州、建州
河南江北行省	路 12，府 7，州 1，屬州 34，屬縣 182	崇明州
陝西行省	路 4，府 5，州 27，屬州 12，屬縣 88	鳳州、洋州、廣安州、莊浪州、定西州、鎮原州、西和州、環州、金州、蘭州、會州（新會州）、階州、成州、金洋州、貴德州、岷州、鐵州
四川行省	路 9，府 3，屬府 3，屬州 36，軍 1，屬縣 81	灌州、簡州、龍州、來寧州、柔遠州、酉陽州、服州、雲陽州、大寧州、開州、富順州、高州、戎州
甘肅行省	路 7、州 2，屬州 5	西涼州、瓜州、靈州、鳴沙州、應理州、山丹州、西寧州

雲南行省	路 37，府 2，屬府 3，屬州 54，屬縣 47	鎮南州、開南州、威遠州、順州、㵎葉州（羅共睒）、永寧州、通安州、蘭州、寶山州、益良州、強州、越州、羅雄州、建安州、瀘州、里州、闊州、邛部州、隆州、姜州、昌州、德州、威龍州、普濟州、武安州、黎溪州、永昌州、會理州、麻龍州、建水州、石平州、師宗州、彌勒州、蒙化州、趙州、雲南州
江浙行省	路 30，府 1，州 2，屬州 26，屬縣 143	海寧州、長興州、海鹽州、崇德州、崑山州、常熟州、吳江州、嘉定州、宜興州、無錫州、江陰州（曾升為府，復降為州）、奉化州、昌國州、蘭溪州、餘姚州、諸暨州、瑞安州、平陽州、黃巖州、婺源州、餘干州、浮梁州、樂平州、溧水州、溧陽州（升溧陽路，復降為縣，復升為州）、福清州。
江西行省	路 18、州 9，屬州 13，屬縣 78	富州（富城縣升，皇太子眞金封地）、寧州、吉水州、安福州、太和州、永新州、新昌州、萍鄉州、新淦州、新喻州、建昌州、南豐州
湖廣行省	路 30，州 13，府 3、安撫司 15、軍 3，屬府 3，屬州 17，屬縣 150，管番民總管 1	平江州、桃源州、慈利州、柿溪州、醴陵州、瀏陽州、攸州、湘鄉州、湘潭州、益陽州、湘陰州、茶陵州、耒陽州、常寧州、貴州、桑州、章龍州、必化州、小羅州、下思同州

附表二　投下州縣表

1、窩闊臺丙申年（1236）分封中原五戶絲戶

對　象	路、府、州	州、縣（縣級）
宗王答里眞（太祖叔）	寧海州（中書省）	寧海州：牟平、文登
宗王搠只哈撒兒。子淄川王也（野）苦（太祖姪）	般陽府路（中書省），領四縣、二州	淄川、長山、新城、蒲臺。 萊州：蓬萊、黃縣、福山、棲霞 寧海州：牟平、文登
宗王哈赤溫。子濟南王按只歹（太祖姪）	濟南路（中書省），領四縣、二州	歷城、章丘，鄒平、濟陽。 棣州：厭次、商河、陽信、無棣 濱州：渤海、利津、霑化
宗王斡眞（斡赤斤，太祖幼弟）	益都路（中書省）	益都、臨淄、臨朐、高苑、樂安、壽光、嶧州、博興州。 濰州：北海、昌邑 膠州：膠西、即墨、高密。 密州：諸城、安丘。 莒州：莒縣、沂水、日照、蒙陰。 沂州：臨沂、費縣。 滕州：滕縣、鄒縣。
宗王孛羅古歹（太祖異母弟），孫廣寧王爪都（乃顏）	廣寧府路（遼陽行省），領一州	肇州 恩州（中書省）
宗王尤赤。子拔都大王	晉寧路（元初稱平陽路，中書省），領六縣、一府、九州	臨汾、襄陵、洪洞、浮山、汾西、岳陽。 河中府：河東、萬泉、猗氏、榮河、臨晉、河津。 絳州：正平、太平、曲沃、翼城、稷山、絳縣、垣曲。 潞州：上黨、壺關、長子、潞城、屯留、襄垣、黎城。 澤州：晉城、高平、陽城、沁水、陵川。 解州：解縣、安邑、聞喜、夏縣、平陸、芮城。 霍州：霍邑、趙城、靈石。 隰州：隰川、大寧、石樓、永和、蒲縣。 沁州：銅鞮、沁源、武鄉。 遼州：遼山、榆社、和順。 吉州：鄉寧。

宗王尤赤、子拔都大王	晉州（中書省眞定路），領四縣	晉州：鼓城、饒陽、安平、武彊。
宗王察合台	冀寧路（元初稱太原路，中書省），領十縣、十四州	陽曲、文水、平晉、祁縣、榆次、太谷、清源、壽陽、交城、徐溝。臨州（臨泉縣）、保德州、嵐州（嵐縣）、管州、代州、臺州（五臺縣）、興州、堅州、嵐州、盂州（盂縣）。 汾州：西河、孝義、平遙、介休。 石州：離石、寧鄉。 忻州：秀容、定襄。 平定州：樂平。
宗王察合台	深州（中書省眞定路），領二縣	深州：靜安、衡水
太宗窩闊臺。 長子定宗貴由	大名路（中書省），領五縣、三州。	元城、大名、南樂、魏縣、清河。濬州 開州：濮陽、東明、長垣、清豐。 滑州：白馬、內黃。
睿宗拖雷妻(唆兒忽黑塔尼別吉)。子阿里不哥	眞定路（中書省），領九縣、一府、五州（晉州、深州除外）	眞定、稾城、欒城、元氏、獲鹿、平山、靈壽、阜平、涉縣。蠡州 中山府：安喜、新樂、無極。 趙州：平棘、寧晉、隆平、臨城、柏鄉、高邑、贊皇。 冀州：信都、南宮、棗彊、武邑、新河。
宗王闊列堅（太祖庶子）	河間路（中書省），領六縣、六州	河間、肅寧、齊東、寧津、臨邑、青城。陵州。(陵州、寧津、齊東、臨邑縣四處各一仟餘戶除外) 滄州：清池、樂陵、南皮、無棣、鹽山。 景州：蔣縣、故城、阜城、東光、吳橋。 清州：會川、靖海、興濟。 獻州：樂壽、交河。 莫州：莫亭、任丘。
宗王闊端（窩闊臺次子）	東平路（中書省），領六縣	須城、東阿、陽穀、汶上、壽張、平陰。
趙國公主（阿剌海別吉，太祖女）	高唐州（中書省），領三縣	高唐州：高唐、夏津、武城。
魯國公主（也速不花，拖雷女）	濟寧路（中書省），領七縣、三州	鉅野、鄆城、肥城、金鄉、碭山、虞城、豐縣。 濟州：任城、魚臺、沛縣。 兗州：嵫陽、曲阜、泗水、寧陽。 單州：單父、嘉祥。
昌國公主(果眞，太祖女)	冠州（中書省） 懿州（遼陽行省遼陽路）	冠州、懿州。

郿國公主（禿滿倫，太祖女）	濮州（中書省），領六縣	濮州：鄄城、朝城、館陶、臨清、觀城、范縣
延安公主（火雷，尤赤女，又稱大火雷公主）	延安路（陝西行省），領八縣、三州	膚施、甘泉、宜川、延長、延川、安定、安塞、保安。 鄜州：洛川、中部、宜君。 綏德州：青澗、米脂。 葭州：神木、吳堡、府谷。
功臣木華黎國王	東平路（中書省），領六縣	須城、東阿、陽穀、汶上、壽張、平陰。（東阿縣除外）
帶孫郡王（左翼千戶長，木華黎弟）		東阿縣（中書省東平路）
畏答兒薛禪（左翼千戶長）	泰安州（中書省），領四縣	泰安州：奉符、長清、萊蕪、新泰。
尤赤台郡王（左翼千戶長）	德州（中書省），領五縣	德州：安德、平原、齊河、清平、德平。
合丹大息（左翼千戶長）		齊東（中書省河間路）一千餘戶
也速不花等四千戶（左翼千戶，者勒篾子）		陵州（中書省河間路）一千餘戶
也速兀兒等三千戶（左翼千戶）		寧津（中書省河間路）一千餘戶
帖柳兀禿千戶（左翼千戶）		臨邑（中書省河間路）一千餘戶
火斜、尤思（左翼千戶長）	曹州（中書省），領五縣	曹州：濟陰、成武、定陶、禹城、楚丘。一萬戶
八答、啓昔禮兩答剌罕（右翼千戶長？）	順德路（中書省），領九縣	邢臺、鉅鹿、內丘、平鄉、廣宗、沙河、南和、唐山、任縣。一萬餘戶
孛羅台（右手萬戶長）		洺水（中書省廣平路威州）
忒木台駙馬（右翼千戶長）	磁州（中書省廣平路），領四縣	滏陽、武安、邯鄲、成安。九千餘戶
斡闊烈闍里必（右翼千戶長）	廣平路（中書省），領五縣、二州。（磁州與威州之洺水縣除外）	永年、曲周、肥鄉、雞澤、廣平。井陘（威州）。一萬五千餘戶
乞里歹拔都（探馬赤將官）		須城（中書省東平路）一百戶
笑乃帶先鋒（探馬赤元帥）		須城（中書省東平路）一百戶
塔思火兒赤（探馬赤將官）		須城（中書省東平路）種田戶并壬子年續查戶共六百八十戶
折米思拔都兒	懷慶路（懷夢路，中書省），領三縣、一州	河內、修武、武陟。 孟州：河陽、濟源、溫縣。一百戶

功臣孛羅先鋒(探馬赤將官)		廣平縣（中書省廣平路）一百種田戶
行丑兒		大名縣（中書省大名路）一百種田戶
孛魯古妻佟氏		眞定縣（中書省眞定路）一百戶
孛哥帖木兒		眞定（中書省眞定路）五十八戶
滅古赤		鳳翔（陝西行省鳳翔府）一百三十戶
迭哥官人		清豐縣（中書省大名路開州）一千七百餘戶
黃兀兒塔海		臨汾（中書省晉寧路）一百四十四戶
添都虎兒		眞定（中書省眞定路）一百戶
左手九千戶		齊東（中書省河間路）一千二十三戶
八答子	順德路（中書省）	邢臺、鉅鹿、內丘、平鄉、廣宗、沙河、南和、唐山、任縣。一萬四千餘戶

2、憲宗蒙哥分封中原五戶絲戶

對　　象	路、府、州	州、縣
壬子年（1252）		
歲哥都大王（拖雷庶子）	濟南等處	歷城、章丘、鄒平、濟陽。五千戶
第三斡耳朵（太祖后妃）	眞定等處	畸零三百餘戶
第四斡耳朵（太祖后妃）	眞定等處	二百餘戶
塔出駙馬	眞定等處	畸零二百餘戶
忽都虎（右翼千戶長）	廣平路（中書省）	永年、曲周、肥鄉、雞澤、廣平。四千戶
闊闊不花先鋒（探馬赤都元帥）	益都等處	畸零六百戶
撒吉思不花先鋒（探馬赤將官）	汴梁等處	三百戶
孛羅海拔都（探馬赤將軍）	德州等處	一百餘戶
塔丑萬戶	平陽等處	二百戶
按察兒官人（探馬赤前鋒總帥）	太原等處	六百戶
孛羅口下裴太納（探馬赤將官）	廣平等處	一百戶
塔察兒官人（行省兵馬都元帥，博爾忽從孫）	息州（河南行省汝寧府）	息州：新蔡、眞陽。三千戶
忔木台行省		大同（中書省大同路）二千戶

阿尤魯拔都（探馬赤）	大名等處	三百餘戶
阿里侃斷事官	濟寧等處	三五戶
拾得官人（木華黎後裔）	東平等處	畸零一百餘戶
伯納官人	東平等處	三二戶
察罕官人（唐兀人）	懷孟等處	河內、修武、武陟。三千六百餘戶
孛羅渾官人（第六十七千戶長之子）	保定等處	四百餘戶 淇州（中書省衛輝路）
鎮海相公（中書右丞相）	保定等處	一百戶 恩州（中書省）一千戶
也可太傅（契丹人，耶律禿花）	上都等處	五百餘戶
卜迭捏拔都兒	懷孟等處	八十餘戶
哈剌口溫	眞定等處	三十餘戶
耶律楚材	大都等處	八百餘戶
欠帖木	曹州等處	三十餘戶
霍木海	大名等處	三十餘戶
賈答剌罕（都元帥）	大都等處	十餘戶
阿剌博兒赤	眞定等處	五十餘戶
忽都那顏	大名等處	二十戶
忽辛火者	眞定等處	二十餘戶
大忒木兒	眞定等處	二十餘戶
布八火而赤	大都等處	八十餘戶
塔蘭官人	大寧等處（遼陽行省）	三戶
憨剌哈兒	保定等處	二十餘戶
昔里吉萬戶	大都等處	七十餘戶
也速（清河縣達魯花赤）		二十戶
塔剌罕劉元帥	順德等處（中書省）	二十戶
怯薛台蠻子	泰安州等處	七戶
必闍赤汪古台	汴梁等處	四十餘戶
阿剌罕萬戶（蒙古軍馬都元帥）	保定等處	一戶
徐都官人（左翼千戶長，蒙力克子）	大都等處	三十餘戶

癸丑年（1253）		
忽必烈（拖雷四子，奉元路後由安西王忙哥刺繼承；懷慶路由懷寧王海山繼承）	京兆（陝西行省奉元路），領十一縣、五州。丁巳年增封懷孟（懷慶路）領三縣、一州	咸寧、長安、咸陽、興平、臨潼、藍田、涇陽、高陵、鄠縣、盩厔、郿縣。 同州：朝邑、白水、郃陽、澄城、韓城。 華州：華陰、蒲城、渭南。 耀州：三原、富平、同官。 乾州：醴泉、武功、永壽。 商州：洛南 河內、修武、武陟。 孟州：河陽、濟源、溫縣。
阿速台大王（蒙哥次子。後由弟玉龍答失繼承衛州五城）	衛輝路	汲縣、新鄉、獲嘉、胙城。三千三百餘戶
丁巳年（1257）		
闊出大王（窩闊臺三子）	汴梁路在城戶。至元三年（1266），改撥睢州（河南行省汴梁路）	開封（在城戶） 睢州：襄邑、考城、儀封、柘城。五千餘戶
合失大王（窩闊臺五子）	汴梁路在城戶。至元三年，改撥蔡州（即汴梁路汝寧府）	開封（在城戶） 汝寧府：汝陽、上蔡、西平、確山、遂平。三千八百餘戶
合丹大王（窩闊臺庶子）	汴梁路在城戶。至元三年，改撥鄭州（汴梁路）	開封（在城戶） 鄭州：管城、滎陽、汜水、河陰。
滅里大王（窩闊臺庶子）	汴梁路在城戶。至元三年，改撥鈞州（汴梁路）	開封（在城戶） 鈞州：陽翟、新鄭、密縣。一千五百餘戶
旭烈兀大王（拖雷六子）	彰德路（中書省），領三縣、一州	安陽、湯陰、臨漳。林州（林慮縣）
拔（撥）綽大王（拖雷庶子）		蠡州（中書省真定路）三千三百餘戶
末哥大王（拖雷庶子）	河南府路（河南行省），領八縣、一州	洛陽、宜陽、永寧、登封、鞏縣、孟津、新安、偃師。 陝州：陝縣、靈寶、閿鄉、澠池。五千五百餘戶
阿魯渾察大王	廣平等處	三十戶
霍里極大王	廣平等處	一百五十戶
第二斡耳朵（太祖后妃）		青城（中書省河間路）
獨木干公主（拖雷幼女）	平陽等處（中書省晉寧路）	臨汾、襄陵、洪洞、浮山、汾西、岳陽。一千餘戶

速不台（左翼千戶長）	汴梁等處	一千餘戶
宿敦（左翼千戶長）	眞定等處	一千餘戶
也苦（千戶）	東平等處	一千餘戶
伯八（右翼千戶長，蒙力克孫）	太原等處	一千餘戶
禿薛（都元帥）	興元路等處（陝西行省）	種田戶六百戶
猱虎官人	平陽等處（中書省晉寧路）	臨汾、襄陵、洪洞、浮山、汾西、岳陽。一千餘戶

3、元世祖忽必烈時期分封五戶絲戶、江南戶鈔

對　　象	路、府、州	州、縣
至元六年（1269）		
阿昔倫公主	葭州（陝西行省延安路）	葭州：神木、吳堡、府谷。種田戶三百
至元十三年（1276）		
淄川王也（野）苦（太祖姪）	信州路（江浙行省）	上饒、玉山、弋陽、貴溪、永豐。三萬戶鈔
至元十八年（1281）		
宗王答里眞（太祖叔）	南豐州（江西行省）	南豐州一萬一千戶鈔
濟南王按只歹（太祖姪）	建昌路（雲南行省），領一縣、九州	中縣（住頭回甸）。建安州、永寧州、瀘州、里州、闊州、邛部州、隆州、姜州。 禮州：瀘沽。六萬五千戶鈔
宗王斡眞（斡赤斤，太祖幼弟）	建寧路（江浙行省），領七縣	建安、甌寧、浦城、建陽、崇安、松溪、政和。七萬一千餘戶鈔
宗王孛羅古歹（別勒古台，太祖異母弟）。孫廣寧王爪都（乃顏）	鉛山州（江浙行省）	鉛山州一萬八千戶鈔
拔都大王	永州路（江浙行省），領三縣	零陵、東安、祁陽。
察合台大王	澧州路（湖廣行省），領三縣、二州	澧陽、石門、安鄉。六萬七千餘戶鈔
唆兒忽黑塔尼別吉（拖雷妻）。子阿里不哥繼承	撫州路（江西行省）領五縣	臨川、崇仁、金溪、宜黃、樂安。十萬四千戶鈔
闊列堅（太祖庶子）	衡州路（湖廣行省），領三縣	衡陽、安仁、酃縣。五萬四千戶鈔 常寧州（湖廣行省）。二千五百戶鈔
闊端（窩闊臺次子）	常德路（湖廣行省），領一縣、二州	武陵。桃源州 龍陽州：沅江。四萬七千餘戶鈔
拔（撥）綽大王（拖雷庶子）		耒陽州（湖廣行省）。五千三百餘戶鈔。

末哥大王（拖雷庶子）		茶陵州（湖廣行省），八千餘戶鈔。
眞金（忽必烈次子）	龍興路（江西行省）領六縣、二州	南昌、新建、進賢、奉新、靖安、武寧。富州（富城縣）、寧州（分寧縣）。十萬五千戶鈔
太子怯薛		上高縣（江西行省瑞州路）。八千戶鈔。
安西王忙哥剌（忽必烈三子）	吉州路（吉安路），領五縣、四州	廬陵、永豐、萬安、龍泉、永寧。吉水州、安福州、太和州、永新州。六萬五千戶鈔
大斡耳朵（太祖）	贛州路（江西行省），領五縣、二州。	贛縣、興國、信豐、雩都、石城。寧都州（寧都縣）：龍南、安遠。會昌州（會昌縣）：瑞金。二萬戶鈔。
第二斡耳朵（太祖）	贛州路（江西行省），領五縣、二州	贛縣、興國、信豐、雩都、石城。寧都州（寧都縣）：龍南、安遠。會昌州（會昌縣）：瑞金。一萬五千戶鈔
第三斡耳朵（太祖）	贛州路（江西行省），領五縣、二州	贛縣、興國、信豐、雩都、石城。寧都州（寧都縣）：龍南、安遠。會昌州（會昌縣）：瑞金。二萬一千戶鈔。
趙國公主（太祖女阿剌海別吉）	柳州路（湖廣行省），領三縣	柳城、馬平、洛容。二萬七千戶鈔（柳州路戶口不足分封數）
魯國公主（拖雷女也速不花）	汀洲路（江浙行省），領六縣	長汀、寧化、清流、蓮城、上杭、武平。
昌國公主（太祖女果眞）	廣州路（江西行省），領七縣	南海、番禺、東莞、增城、香山、新會、清遠。二萬七千戶鈔
鄆國公主（太祖女禿滿倫）	橫州（湖廣行省），領二縣	橫州：寧浦、永淳。
獨木干公主（拖雷幼女）		程鄉縣（江西行省梅州）。
木華黎國王	韶州路（江西行省），領四縣	曲江、樂昌、仁化、乳源。四萬一千餘戶鈔
帶孫郡王		樂昌縣（湖廣行省韶州路）。一萬七千戶鈔
慍里答兒薛禪（左翼千戶長）	桂陽州（江西行省），領一縣	桂陽州：陽山。（州內戶口不足封數）
尤赤台郡王（左翼千戶長）	連州（江西行省），領一縣	連州：連山（州內戶口不足封數）
合丹大息（左翼千戶長）	藤州（湖廣行省），領二縣。	藤州：鐔津、岑溪。蒼梧（湖廣行省梧州路）一千二百餘戶鈔
也速兀兒（左翼千戶）	藤州（湖廣行省）	藤州：鐔津、岑溪。三千七百餘戶鈔
帖柳兀禿（左翼千戶）	藤州（湖廣行省）	藤州：鐔津、岑溪。一千二百餘戶

火斜、尤思（左翼千戶長）		貴州（湖廣行省）。（州內戶口不足封數）
八答、啓昔禮（右翼千戶長）	欽州路（湖廣行省），領二縣	安遠、靈山。
孛羅台（右翼萬戶長）		清湘縣（湖廣行省全州路）
忽都虎（右翼千戶長）		曲江縣（江西行省韶州路）。五千三百餘戶鈔
也苦千戶	梅州（江西行省），領一縣	梅州：程鄉。一千四百餘戶鈔
阿兒思蘭官人	潯州路（湖廣行省），領二縣	桂平、平南。三千戶鈔
至元十九年（1282）		
欠帖溫	梅州（江西行省），領一縣	梅州：程鄉。 安仁縣（江浙行省饒州路）四千戶鈔
至元廿年（1283）		
斡闊烈闍里必（右翼千戶長）		灌陽縣（湖廣行省全州路）。
速不台官人（左翼千戶長）		靈山縣（湖廣行省欽州路）。一千六百戶鈔
撒禿千戶	潯州路（湖廣行省），領二縣	桂平、平南。三千戶鈔
怯來千戶	潯州路（湖廣行省），領二縣	桂平、平南。三千戶鈔
玉龍帖木兒千戶	潯州路（湖廣行省），領二縣	桂平、平南。三千戶鈔
別苦千戶	潯州路（湖廣行省），領二縣	桂平、平南。三千戶鈔
至元廿一年（1284）		
哈剌赤禿禿哈（欽察衛都指揮使）	饒州路（江浙行省），領三線、三州	鄱陽、德興、安仁。四千戶鈔
昔寶赤		安仁縣（湖廣行省衡州路）。四千戶鈔
八剌哈赤		天台縣（江浙行省台州路）。四千戶鈔
阿塔赤		沅江縣（湖廣行省常德路龍陽州）。四千戶鈔
必闍赤		萬載縣（江西行省袁州路）。三千戶鈔
貴赤		歷陽縣（河南行省廬州路和州）。四千戶鈔
厥列赤		永康縣（江浙婺州路）。五十戶
八兒赤、不魯古赤		鄮縣（湖廣行省衡州路）。六百戶鈔

阿速拔都	廬州路（河南行省），領三縣、三州	合肥、梁縣、舒城。三千四百餘戶鈔。
也可怯薛		武岡縣（湖廣行省武岡路）。五千戶鈔。
忽都答兒怯薛		新寧縣（湖廣行省武岡路）。五千戶鈔。
帖木迭兒怯薛	龍陽州（本爲龍陽縣，湖廣行省常德路），領一縣	龍陽州：沅江。五千戶鈔
月赤察兒怯薛		綏寧縣（湖廣行省武岡路）。五千戶鈔。
至元廿二年（1285）		
滅古赤		祁陽縣（湖廣行省永州路）。五千戶鈔

4、元代中期諸帝分封江南戶鈔

對　　象	路、府、州	州、縣
元貞、大德年間（1294～1307）		
西平王奧魯赤（忽必烈庶子）	南恩州（江西行省），領二縣	南恩州：陽江、陽春。
懷寧王海山（答剌麻八剌次子。次子圖帖睦爾襲封）	瑞州路（江西行省），領二縣、一州	高安、上高。新昌州。六萬五千戶鈔
大斡耳朵（世祖）		宜春縣（江西行省袁州路）。一萬戶鈔
第二斡耳朵（世祖）		分宜縣（江西行省袁州路）。四千戶鈔 萍鄉縣（升爲萍鄉州。江西行省袁州路）。四萬兩千戶鈔。
第三斡耳朵（世祖）		宜春縣（江西行省袁州路）。三萬戶
第四斡耳朵（世祖）		萬載縣（江西行省袁州路）。三萬戶
至大（1308～1311）		
湘寧王迭里哥兒不花（晉王甘麻剌子）		寧鄉縣（湖廣行省天臨路） 按：本載爲湘寧州之寧鄉縣，但《元史·地理志》中無湘寧州。
皇慶（1312～1313）		
雲南王忽哥赤（忽必烈庶子。子也先鐵木兒）		福安縣（江浙行省福州路福寧州）
愛牙赤大王（忽必烈庶子）		光澤縣（江浙行省邵武路）
鎮南王脫歡（忽必烈庶子。子不答失里）		寧德縣（江浙行省福州路）
忽都帖木兒大王（忽必烈庶子）		南安縣（江浙行省泉州路）

魏王阿木哥（答剌麻八剌庶子）	慶元路（江浙行省），領四縣、二州	鄞縣、象山、慈溪、定海。奉化州、昌國州。六萬五千戶鈔
延祐（1314～1320）		
周王和世〔王束〕（海山長子）		湘潭州（湖廣行省天臨路）
安王兀魯思不花（仁宗次子）	湖州路（江浙行省），領五縣、一州	烏程、歸安、安吉、德清、武康。長興州。六萬五千戶
伯蘭也怯赤（即闊闊眞，成宗生母，眞金妃）		德化縣（江西行省江州路）
眞哥皇后（武宗）		湘陰州（湖廣行省天臨路）
完者台皇后（武宗）		衡山縣（屬潭州路，即湖廣行省天臨路）
至治（1321～1323）		
泰寧王買奴		泰寧縣（江浙行省邵武路）
泰定（1324～1328）		
梁王王禪（晉王甘麻剌孫）		益陽州（湖廣行省天臨路）
天曆（1328～1330）		
豫王阿剌忒納失里（西平王曾孫）	南康路（江西行省），領二縣、一州	星子、都昌。建昌州。六萬五千戶
至順（1330～1333）		
并王晃火帖木兒（蒙哥孫）	安陸府（河南行省）	長壽、京山。

※未標明戶數表示分封以行政單位爲準，或分封戶數與地區戶數相當。標明戶數則表
　示分封戶數少於當地戶數。

附表三　鎮江路縣級長官

姓　　名	族屬	任職時間	履　　歷	籍貫&族屬&其他
錄事司達魯花赤（8A）				
侯景安	M	至元十三年		
田愿	H	至元十五年	元貞元年丹陽 I	中書真定路
忻都	S	至元廿年	元貞元年丹陽 D，大德間鎮江路通政院判官？	畏吾兒
亦剌馬丹	S	至元廿四年	至大二年金壇 B，延祐三年鎮江路 D，六年得代	
火者赤	M	至元廿八年		
麻合馬	S	元貞元年		
不魯罕	S	大德二年		
馬合麻	S	大德二年		
托普花	M	大德九年		
兀都蠻	S	至大元年	大德六年金壇 D	
苫思丁	S	皇慶二年		
兀魯失不花	S	延祐三年		畏吾兒
伯顏	M	延祐六年		
伯籃	S	至治二年		欽察
哈剌哈孫	M	泰定二年		
薩都剌〔註1〕	S	天曆元年	泰定四年進士。應奉翰林文字（7B），鎮江錄事 D（8A），至順三年遷南台掾史、元統二年任燕南廉訪照磨（9A），三年調閩海福建廉訪司知事（8A），至元三年就任燕南廉訪經（7B）。著有《雁門集》。	1272？～1348？字天錫，別號直齋。答失蠻氏。祖父以勳留鎮雲代，遂為雁門人。為元代中期重要詩人。

〔註1〕 《元詩選》（台北：世界書局，1982）戊集，頁1，〈薩經歷都剌〉。〔元〕薩都剌著，島田翰校，《永和本薩天錫逸詩》（太原：山西古籍出版社，1993），頁9～10。日本學者島田翰考證薩都剌任鎮江錄事司時間為天曆元年（1328），本表任職時間據島田氏之考證。據蕭啓慶《進士錄輯考》，泰定四年，右榜色目「薩都剌」條，其生卒年記載有所出入，清薩龍光編注《雁門集》，認為薩都剌生於至元九年（1272），卒於至正十五年（1355），年八十四（《雁門集》卷1，頁1、卷14，頁392）。張旭光推測薩氏生於1300左右，卒于至正七八年間（1347～1348），年不過中壽（張旭光，〈薩都剌生平仕履考辨〉，《中華文史論叢》1979年第2期，頁331～352），而桂栖鵬則主張薩氏卒年應在後至元四年與六年間（1338～1340）（桂栖鵬〈薩都剌卒年考〉，收入桂氏，《元代進士研究》，頁169～180）

獲獨步丁	S	至順二年	至順元年進士。歷鎮江錄事司 D（8A），〔註2〕遷吉安路幕、至正九年任平江路經歷（7B），朱德潤爲文頌其善政。〔註3〕又任廣東廉訪僉事（5A），元末閑居福州，城陷，投井死。〔註4〕	字成之，回回人，居常德路龍陽（今湖南漢壽），由湖廣鄉試登第。〔註5〕

丹徒縣達魯花赤（7A）

蒼博都察	S	至元十二年		察剌溫
伯牙兀歹	S	至元十四年		西夏
阿老瓦丁	S	至元十四年		回回
亦速福鐵直	S	至元廿一年		回回
帖木海牙	S	至元廿五年		畏吾兒
阿里	S	至元廿六年		阿魯渾
苫速丁	S	至元廿九年		回回
禿千帖木兒	S	至元卅一年		畏吾兒
馬奧剌憨	S	元貞二年		也里可溫
速羅阿的迷釋	S	大德二年		別失八里
塔海	S	大德九年		阿剌溫
扎馬剌丁	S	至大元年		回回
添受	S	至大四年		唐兀
禿魯迷帖木兒	S	皇慶二年		畏吾兒
亦的不花	S	延祐五年		畏吾兒
阿都赤	S	至治元年		西夏
萬家奴	S	至治三年		乃蠻歹
木忽必	S	泰定四年		回回
斡羅思	S	天曆二年		也里可溫
哲理野台（哲禮野臺）	M	至順三年	天曆二年江浙右榜第一。〔註6〕至順三年丹徒 D（7A）。〔註7〕陸湖	字子正，蒙古脫托歷，寓平江。〔註8〕

〔註2〕　《至順鎮江志》卷16，頁625；《柳待制集》卷11，頁23上，〈鎮江路錄事司題名記〉。

〔註3〕　朱德潤，《存復齋續集》，頁18上～20上，〈善政詩序〉。

〔註4〕　《元史》卷196，頁4434，〈忠義四〉。

〔註5〕　《揭傒斯全集》卷7，頁198，〈文瑞圖〉。

〔註6〕　顧清纂修，《正德松江府志》卷25，頁11下，〈科貢〉。

〔註7〕　《至順鎮江志》卷16，頁625。

〔註 9〕			廣行省理問官（4A）。〔註 10〕有詩題趙孟頫《水村圖》。	出身西湖書院，〔註 11〕為黃溍弟子。

丹陽縣達魯花赤（7A）

張振	N？	至元十二年	十四年金壇 D，十五年丹徒 I	降元？
烏馬兒	S	至元十四年		回回
火者赤	S	至元十八年		回回
木斜飛	S	至元廿五年		回回
忽辛	S	至元廿九年		回回
忻都	S	元貞元年		回回
玉倫赤海牙	S	大德元年		畏吾兒
忻都	S	大德五年		畏吾兒
兀都歹兒	M	大德八年		蒙古
祝兀眞	M	大德十年		蒙古
黑的兒	S	至大二年		回回
不只海	M	至大四年		蒙古
贊壽	S	延祐四年		欽察
拔都兒	M	至治二年		蒙古
索羅帖木兒	M	泰定二年		蒙古
忽先	S	泰定四年		回回
受納八兒思	S	至順二年		畏吾兒

金壇縣達魯花赤（7A）

亦黑迷失	S	至元十三年		畏吾兒？
張振	N？	至元十四年	十二年丹陽縣 D（7A），十五年丹徒 I（7A）	
沙不丁	S			回回
愛速丁	S	至元十九年		回回
眾家奴	？	至元二十年		
拜降	S	至元廿二年	慶元路治中（5A），大德元年浙東廉訪副使（4A），工部侍郎（4A），進尚書（3A）。至大二年資國院使（1B?）。〔註 12〕	1251～1311 玉呂伯里氏（欽察？），居大名清豐，至大四年卒。諡貞惠。慶元路治中拜降奉議德政記（本堂集 51/6 下）

〔註 8〕 王鏊，《正德姑蘇志》卷 5，頁 7 上，〈科第表〉。

〔註 9〕 據蕭啓慶，《進士錄輯考》，又名哲禮野臺，出身西湖書院，有詩題趙孟頫《水村圖》。見金涓，《青村遺稿》，頁 2 上，〈送楊仲彰歸東陽詩卷序〉；朱存理，《珊瑚木難》（適園叢書）卷 2，23 上～32 下。

〔註 10〕《王忠文公集》卷 21，頁 34 下，〈齊琦傳〉。

〔註 11〕金涓，《青村遺稿》，頁 2 上，〈送楊仲彰歸東陽詩卷序〉。

〔註 12〕袁桷，《清容居士集》卷 26，頁 4 下～10 下，〈玉呂伯里公神道碑銘〉。

要斜不	?	至元廿三年		
亦不列因	M	至元廿八年		蒙古
阿散	S	至元卅一年		回回
阿老瓦丁	S	大德二年		回回
兀都蠻	S	大德六年		
火者	?	大德九年		
拜住	?	至大三年		
阿思蘭也奴	S	皇慶二年		畏吾兒
定童	M	延祐三年		蒙古
羅里	S	延祐六年		回回
雲童	?	至治二年		
哈剌不花	M	泰定二年		蒙古
阿赤	S	天曆元年		河西
李察罕	S	至順二年		河西

附表四　鎮江路縣級正官

姓　　名	族屬	任職時間	履　　歷	籍貫&族屬&其他
鎮江路錄事				
張雄	H	至元十三年	明威將軍管軍千戶兼錄事	大都
安杰（傑）	H	至元十五年		中書太原路
邱（丘）安仁	H	至元廿年		中書濮州
于淵	H	至元廿二年	十八年金壇I	中書東平路
吳景輝	H	至元廿九年		中書濟南路
董清〔註1〕	H	元貞元年	浙東道宣慰司都元帥府都事	河南歸德府徐州
張貢	H	大德二年		中書懷慶路
徐良	H	大德五年		中書眞定路
馬驥	H	至大元年		中書河間府
史壎	H	至大四年		中書眞定路
全忽都答兒	H	延祐元年		中書大都路
韓德茂	H	延祐六年		中書保定路
余寄生	N	至治元年		江浙寧國路
程朵羅碍	N	泰定元年		河南揚州路
丁㙞〔註2〕	N	泰定四年	至治二年象山B	河南揚州路泰州人
陳伯奎〔註3〕	N	至順二年	後至元初遷銅陵I	江浙台州路。縣尹任上興學育才，士咸德之
丹徒縣尹				
蔣忠	N	至元十三年		江浙崇德州。歸附
張振	N？	至元十五年	至元十二年丹陽D，十四年金壇D	
黃興	H	至元十九年		河南邳州
劉敬	？			

〔註1〕《延祐四明志》卷2，頁17上，〈職官考上〉。
〔註2〕《至正四明續志》卷2，頁18下，〈職官〉。
〔註3〕《安徽金石略》（新文豐石刻史料新編）卷4，頁23上，〈元銅陵縣尊賢堂記〉。〔嘉靖〕《銅陵縣志》（天一閣藏明代方志選刊）卷5，頁2上，〈官師篇〉；卷7，頁1下，〈人物篇〉。〔嘉靖〕《池州府志》（天一閣藏明代方志選刊），卷6，頁14上，〈官秩篇〉。

王彥深	?	至元廿三年		
李升	?	至元廿七年		
王成	H	至元卅年		四川重慶路
孫繼榮	H	元貞間		河南南陽府
魏佑	H	大德二年		中書大都路
何必闍赤	H	大德五年		中書益都路
韓思聰	?			
趙明〔註4〕	?	大德十一年	至治間上猶 I	民立棠陰碑紀其政績
梁澤	H	至大二年		中書東平路
趙孝祖〔註5〕	H	至大四年	延祐六年定海 I	中書眞定路
張希賢	H	延祐元年		中書眞定路
衛良弼	H	延祐四年		中書大都路
張斌〔註6〕	H	延祐七年	大德十年溧水州 P	中書廣平路
田偕	?	至治初		
董守思〔註7〕	H	至治三年	溧陽州 P（7B）、丹徒 I（7A）、威州 Z（5A），元統二年無錫州 Z（5A），漢中廉訪僉事（5A）	中書眞定路。字仲良，士選第六子。廉能公恕，自奉澹泊，治民去豪強，植微弱，威惠兼著。
游德宣	N	泰定三年		江浙湖州路
劉琪受	?			
樊樞	H	天曆二年		中書大都路
趙文謖	H	至順間		中書晉寧路
吳犖〔註8〕	?	至正		請修鎮江廟學
丹陽縣尹				
楊塤	N	至元十二年	宋咸淳七年丹陽 I，德祐元年降元，仍爲本縣 I	歸附

〔註4〕　《大明一統志》卷58，頁20下，〈名宦〉。

〔註5〕　《至正四明續志》卷2，頁16下，〈職官〉。

〔註6〕　《至正金陵新志》卷6，頁85下，〈題名〉。

〔註7〕　《至正金陵新志》卷6，頁80上，〈題名〉。《元史》卷156，頁3679，〈董文炳子士選〉。〔洪武〕《無錫縣志》（四庫珍本）卷3下，頁4下，〈州署〉。《大明一統志》卷10，頁15下，〈名宦〉。〔成化〕《重修毗陵志》（天一閣藏明代方志選刊續編）卷11，頁29，〈職官三〉。〔成化〕《南畿志》（四庫存目）卷22，頁6下，〈宦蹟〉。〔清〕王梓材《宋元學案補遺》（叢書集成續編）卷92，頁79下。《江蘇金石志》（新文豐石刻史料新編）卷24，頁20下，〈無錫州官題名記〉。

〔註8〕　根據《滋溪文稿》卷3，頁43，〈鎮江路新修廟學記〉補。

李應龍	?	至元十四年		
李從善	?	至元十八年		
陳天輔	?	至元廿一年		
趙鑒（鑑）	?	至元廿六年		
吳叔堅	?	至元卅年		
田愿	H	元貞元年	至元十五年鎮江路錄事司 D	中書眞定路
焦簡〔註9〕	H	大德二年	後遷餘姚州 Z（5B）	中書保定路雄州。德裕子
王守寧	?	大德五年		
馬麟	?	大德五年		
梁璧	?	皇慶二年		
完顏薛徹堅	H	延祐三年		女眞
史孝德	?	延祐五年		
馬天瑞〔註10〕	H	延祐七年	至大中爲中山府推官（6B）	河南江北汴涼路祥符。爲官廉潔無私
王迪吉	?	泰定二年		
張銓〔註11〕	H	天曆元年	至大中舉人	中書眞定路臨城
錢遵〔註12〕	N	至順二年	延祐四年吳江州 P，江寧縣 I	江浙常州路
薛觀〔註13〕	N		至治三年鄉舉。覃恩授平江路常熟州教授，仕至鎮江路丹陽 I 致仕。	慶元路鄞縣
		金壇縣尹		
戴京	N	至元十二年		江浙鎮江路
傅文剛	?	至元十六年		
于淵	H	至元十八年	至元廿二年鎮江路 L	中書東平路
田安	?	至元廿年		

〔註 9〕 《元史》卷 153，頁 3618，〈焦德裕父用〉。

〔註10〕 〔嘉靖〕《眞定府志》卷 4，頁 29 上，〈官師表〉。

〔註11〕 〔嘉靖〕《眞定府志》卷 5，頁 44 上，〈仕籍表〉。

〔註12〕 《至正金陵新志》卷 6，頁 87 下，〈題名〉。嘉靖吳江縣志 17/5 下

〔註13〕 根據《至正四明續志》卷 2，頁 27 下，〈人物〉補。參見《金華黃先生文集》卷 37，頁 8 下〈丹陽縣尹致仕薛君墓誌銘〉。

趙良輔〔註14〕	H	至元廿二年	臺掾。金壇 I（7A），平江路推官（6B），新喻、醴陵州 Z（5A），撫州路治中（5A），建昌路 T（5A），潭州路 T（4B）致仕	1247～1318 中書彰德路安陽。字良卿，延祐五年卒，年七十二。
宋彧〔註15〕	H	至元廿六年	江淮省掾，祁門 I（7A），信州路判官（6A）	中書東昌路莘縣
張謙	？	至元廿九年		
李惟能	？	元貞元年		
徐克敏	？	大德二年		
劉渥澤	？	大德五年		
黃中	？	大德八年		
李益	？	大德十一年		
韓拱	H	至大二年	轉增城縣 I	中書益都路。父政
李珪	？	皇慶元年		
張天祥	？	延祐元年		
劉澄	？	延祐四年		
李居義	？	延祐六年		
孫瑞〔註16〕	H	至治二年		中書大都路
趙詰〔註17〕	？	泰定二年	大德間清河 C	
盧鑄顏	？	泰定四年		
劉繼祖〔註18〕	？	至順元年	由江寧縣尉？	

〔註14〕許有壬，《至正集》（元人文集珍本叢刊）卷 52，頁 10（趙公墓誌銘）。胡祇遹，《紫山大全集》（四庫全書）卷 6，頁 19～21 上，（送趙良卿問事畢還燕）。〔清〕柯劭忞，《新元史》（台北：藝文印書館，1955）卷 229，17 下～18 上，〈趙良輔傳〉。

〔註15〕戴表元，《剡源戴先生文集》（四部叢刊）卷 17，頁 1～2 下，（宋氏墓表）。

〔註16〕《志順鎮江志》卷 17，頁 654，〈司屬〉。此處存疑，由縣尹轉任巡檢似乎罕見，疑時間有誤。

〔註17〕〔嘉靖〕《清河縣志》卷 2，頁 5 下。

〔註18〕《至正金陵新志》卷 6，頁 89 上，〈題名〉。

附表五　鎮江路縣級佐貳官

姓　　　名	族屬	任職時間	履　　　歷	籍貫&族屬&其他
錄事司判官				
劉公達	N	至元十三年		鎮江路
梁源	N	至元十四年		河南淮安路
任鳳	H	至元十六年		中書大都路
趙大玓	N	至元廿年	至元十二年丹陽縣 B	鎮江路
侯謙	H	至元廿三年		中書東平路。《癸集》有詩一首
吳興祖	H	至元廿五年		中書眞定路
溫善慶	H	至元廿九年		中書大都路
安文質	H	元貞元年		中書眞定路
趙吉	H	大德二年		中書廣平路
呂簡	H	大德五年		中書濮州
袁則忠	N	大德八年		江陰州
王璽〔註1〕	H	大德十一年	後辟南臺宣使，延祐五年陞南臺御史（7A），至治元年進都事（7A），仕至浙東憲僉（5A）	字德符，沂州（一說海州）
咬瓦失也奴	S	至大三年		畏吾兒
陳富	H	皇慶二年	武散官	中書大都路
賈讓	H	延祐五年	武散官	中書濮州
禿堅海牙	S	至治元年		畏吾兒
蔣德英	H	至治三年	武散官	中書大都路
驢兒	S	泰定三年		河南
李良臣	N	天曆二年		江浙集慶路
范致恭	H	至順三年		河南汴梁路
丹徒縣主簿				
廖子通	N	至元十二年		江浙鎮江路。歸附
朱富	N	至元十三年		河南通州
張允恭	H	至元十八年		中書眞定路
張鎔	N	至元廿年		江浙常州路。號雲心，有文集

〔註1〕　《至正金陵新志》卷6，頁43下；56下，〈官守志二〉。

李恪	H	至元廿四年		河南南陽府
秦憲文	H	至元卅一年		中書眞定路
李浩	H	大德元年		中書大都路
劉伯牙兀歹〔註2〕	S	大德三年	至治二年武義縣 D	西夏
范夢魁	N	大德六年		河南廬州路
楊夢高	N	大德九年		江浙溧陽州
高謙	H	至大二年		中書眞定路
符珍	H	至大四年	大德三年西安縣 W	河南邠州
靖惠	H	延祐元年		西川
張翼	H	延祐四年		河南邠州
教化	H	延祐七年		河南南陽府
馬榮祖	H	至治三年		中書順德路
蕭士寧	H	泰定三年		中書廣平路
王文祥	H	天曆二年		中書濟南路
丹陽縣主簿				
趙大均	N	至元十二年	至元廿年鎮江路錄事司 P	江浙鎮江路
李顯〔註3〕	?	至元十八年	後遷溧陽州 L	
王昕〔註4〕	H	至元廿六年	儒吏。初試浙東宣慰司令史，考滿授將仕郎（8a）。廿六年丹陽縣 B（8B），江浙省掾、檢校，晉陵縣 I（7A 常州路），至大間杭州路推官（6B）、承務郎（6b）	河南歸德府。字明之。母韋氏
龐洧	?	至元廿九年		
張鑒	?	元貞元年		
張誼	?	大德二年		
席貴	?	大德五年		
陶鑄	?	大德八年		
王良臣	?	大德十一年		
馬元中	?	至大二年		
費守	N	皇慶二年		金壇縣

〔註2〕　《金華府志》（中央圖書館藏明萬曆六年刊本）卷13，頁19下，〈官師三〉。
〔註3〕　《至正金陵新志》卷6，頁77上，〈題名〉。
〔註4〕　林景熙，《霽山先生文集》（知不足齋叢書）卷4，頁10下～12上，〈王氏家譜記〉。鄧文原，《巴西鄧先生文集》（北京圖書館古籍珍本叢刊），頁3下，〈送王明之推官北上序〉。《宋元學案補遺別附》卷2，頁68下。

阿里	S	延祐二年		
郭文進〔註5〕	？	延祐四年	泰定元年溧水州P	
杜世學〔註6〕	N	延祐七年	慶元路學錄、學正，丹陽B（8B），至大三年山長	江浙慶元路。字孟傳
高桂	N	至治二年		河南高郵府
程燧〔註7〕	N	泰定三年	廕。延祐五年新城B（8B），丹陽B（8B），遷清江鎮征官（8B），陞候官I（7A），建寧路推官，至正七年調太平路推官（6B）	江浙徽州路婺源。字德明，龍孫
馮昌大	N	天曆二年		江浙集慶路
金壇縣主簿				
詹福	？	元初		
王宏道	？			
王公亮	？			
阿老瓦丁〔註8〕	S		至元十四年丹徒D，大德二年金壇D，大德三年金壇I	
劉祺	？	至元間		
郭薛飛	？	至元廿三年		
馮浩〔註9〕	？	至元廿八年	至元十七年象山B	
艾去病〔註10〕	N	至元卅年	宋承信郎，鎮江府節制司。至元十四年金壇W，至元廿三年溧水州B，武康B，除承事郎（7a），衢州路龍游C（8A）。	丹徒縣。字安叟，歸附初授西津巡檢，掩骼埋胔以千數計，道傍病餓者給以粥藥，全活甚眾。子堅，試郡曹。大德丁未歲飢疫，奉府檄賑飢民、瘞遺骸，具著勞績。塾丹陽縣儒學教諭，以父廕入仕。
九十不花	S	元貞二年		畏吾兒

〔註5〕《至正金陵新志》卷6，頁86上，〈題名〉。
〔註6〕《剡源戴先生文集》卷13，頁5下～7上，〈送杜孟傳之石門洞序〉。《延祐四明志》卷2，頁28〈職官考上〉。
〔註7〕陶安，《陶學士先生文集》（北京圖書館古籍珍本叢刊）卷14，頁20下～21，〈送程推官序〉。宋本，〈績溪縣尹張公舊政記〉，《國朝文類》（四部叢刊）卷31，頁316～318。
〔註8〕《至順鎮江志》卷13，〈公廨〉，頁536；卷16，〈宰貳〉，頁634，645。
〔註9〕《延祐四明志》卷3，頁15上，〈職官考下〉。
〔註10〕《至順鎮江志》卷19，頁759，〈仕進〉。《至正金陵新志》卷6，頁83上，〈題名〉。

張炳	？	大德三年		
尹正	？	大德七年		
楊文	？	大德十年		
高不要歹	H？	至大二年		女眞？
亦剌馬丹	S	至大二年		回回
謝思齊〔註11〕	？	皇慶元年	至順三年遷上高I，後至元四年鄞縣I	
韓坊	？	延祐元年		
王元慶	？	延祐四年		
劉益	？	延祐七年		
裔從政	？	至治三年		
杜士朴	？	天曆元年		
江淵〔註12〕	N	至順二年	吏。溧陽縣提控案牘	江浙杭州路

〔註11〕《崇禎瑞州府志》（崇禎元年刊本）卷14，頁22上，〈秩官志一〉。《至正四明
　　　　續志》卷2，頁7下，〈職官〉。
〔註12〕《至正金陵新志》卷6，〈官守〉。

附表六　南北州縣的廟學復興運動

	北　方　州　縣	南　方　州　縣
初期	（至元二年，歷任，儒學）〔註 1〕	
	內黃縣（至元二年，歷任，廟學）〔註 2〕	
	鉅鹿縣（至元三年，縣尹秉直，縣學）〔註 3〕	
	汶上縣（至元四年～大德五年，縣，廟學）〔註 4〕	
	曲沃縣（至元六年，縣尹賈天衢，宣聖廟）〔註 5〕	
	聞喜縣（至元六年，縣尹張仲祥，廟學）〔註 6〕	
	欒城縣（至元八年，簿尉田茂，縣學）〔註 7〕	
	鄒平縣（至元八年，縣尹蕭某，文廟）〔註 8〕	
	猗氏縣（至元十年，縣，廟學）〔註 9〕	
	太平縣（至元十年，主簿任興嗣，宣聖廟）〔註 10〕	
	觀城縣（至元十年，主簿牛天祐，宣聖廟）〔註 11〕	
	河津縣（至元十一年，官，廟學）〔註 12〕	
	臨邑縣（至元十二年，縣尹田壽，廟學）〔註 13〕	

〔註 1〕　《全元文》第 48 冊，頁 574～75，丁珏〈新城初建儒學記〉。
〔註 2〕　《全元文》第 5 冊，頁 378～379，胡祇遹〈內黃重修廟學記〉。
〔註 3〕　《全元文》第 13 冊，頁 302，劉賡〈重建鉅鹿縣學記略〉。
〔註 4〕　《全元文》第 9 冊，頁 33，張孔孫〈修廟學記〉。
〔註 5〕　《秋澗先生大全文集》卷 53，頁 1～3 上，〈絳州曲沃縣新修宣聖廟碑〉。
〔註 6〕　《秋澗先生大全文集》卷 53，頁 5～6，〈解州聞喜縣重修廟學碑銘〉。
〔註 7〕　《全元文》第 5 冊，頁 324～325，胡祇遹〈欒城縣學記〉。
〔註 8〕　《全元文》第 10 冊，頁 591，高翿〈修文廟碑略〉。
〔註 9〕　《全元文》第 2 冊，頁 221，段成己〈猗氏縣創建儒學碑〉。
〔註 10〕　《秋澗先生大全文集》卷 36，頁 14 下～15，〈太平縣宣聖廟重建賢廊記〉。
〔註 11〕　《全元文》第 20 冊，頁 491～492，李元素〈重修宣聖廟記〉。
〔註 12〕　《全元文》第 2 冊，頁 215，段成己〈河津縣儒學記〉。
〔註 13〕　《全元文》第 13 冊，頁 86～87，苑芝〈河間路臨邑縣重修廟學記〉；第 11

贊皇縣（至元十三年，趙良弼，縣學）〔註14〕	
樂安縣（至元十三年～大德九年，縣，廟學）〔註15〕	
長清縣（至元十四年，縣尹趙文昌，樂育堂）〔註16〕	
元氏縣（至元十九年，縣，廟學）〔註17〕	崇安縣（至元十八年，縣尹張茂，縣學）〔註18〕
安肅州（至元十九年，豪族劉禎，高林里孔子廟）〔註19〕	新登縣（至元廿一年，縣尹張德達，縣學）〔註20〕
章邱縣（至元廿年，縣尹王貞，增修廟學）〔註21〕	長興縣（至元廿四年，縣尹梁宗本，廟學）〔註22〕
泗水縣（至元廿年，縣尹喬、李某，廟學）〔註23〕	分水縣（至元廿五年，教諭徐會龍，學田）〔註24〕
修武縣（至元廿年，王惲，廟學）〔註25〕	脩武縣（至元廿六年，縣尹蒲察企仁，縣學）〔註26〕
長清縣（至元廿一年，按察胡祇遹，廟學）〔註27〕	縉雲縣（至元廿六年，主簿吳樟，儒學）〔註28〕
長清縣（至元廿三年，主簿司居敬，廟學）〔註29〕	涇縣（至元廿六年，色目提刑高睿，縣學）〔註30〕
確山縣（至元廿三年，縣、豪俊，文廟）〔註31〕	江山縣（至元廿六年，簿尉皇莅，儒學）〔註32〕

冊，頁157，杜澤〈臨邑縣尹田公德政之碑〉。

〔註14〕《全元文》第2冊，頁249，王磐〈重修贊皇縣學記〉。

〔註15〕《全元文》第9冊，頁31，張孔孫〈重修樂安儒學記略〉。

〔註16〕《秋澗先生大全文集》卷37，頁15～17上，〈泰安州長清縣樂育堂記〉

〔註17〕《全元文》第2冊，頁26，李治〈真定府元氏縣重修廟學記〉。

〔註18〕《全元文》第11冊，頁322，張之翰〈崇安縣重修縣學記〉。張之翰《西巖集》

〔註19〕《全元文》第13冊，頁407，劉因〈高林重修孔子廟記〉。

〔註20〕《全元文》第19冊，頁601～602，徐淵浩〈新登縣重修學記〉。

〔註21〕《全元文》第5冊，頁377～378，胡祇遹〈增修廟學記〉。

〔註22〕《全元文》第31冊，頁93～94，高純厚〈重修廟學記〉。

〔註23〕《全元文》第5冊，頁348，胡祇遹〈泗水縣重建廟學記〉。

〔註24〕《全元文》第8冊，頁156～157，何夢桂〈分水縣學田記〉。

〔註25〕《秋澗先生大全文集》卷38，頁1～2上，〈河內修武縣重修廟學記〉。

〔註26〕《全元文》第19冊，頁661～662，李惟深〈修武縣學重修記〉。

〔註27〕《全元文》第5冊，頁376～377，胡祇遹〈重修廟學記〉。

〔註28〕《全元文》第22冊，頁325～326，梁椅〈縉雲縣儒學記〉。

〔註29〕《全元文》第17冊，頁32～33，張鵬〈長清廟學碑陰記〉。

〔註30〕《全元文》第31冊，頁84～86，朱文魁〈涇縣復學記〉。

〔註31〕《全元文》第28冊，頁43～44，陳應奎〈創建文廟序〉。

〔註32〕《全元文》第8冊，頁177～178，何夢桂〈重修儒學記〉。

高唐縣（至元廿四～卅年，官，廟學）〔註33〕	吳　縣（至元廿八年，里人趙某，學田）〔註34〕
長山縣（至元廿五年，縣，廟學）〔註35〕	蕭山縣（至元廿九年，縣尉，文廟）〔註36〕
息　縣（至元廿五年，縣，廟學）〔註37〕	瑞昌縣（至元廿九年，縣尹陳元凱，儒學）〔註38〕
成武縣（至元廿六年，縣，廟學）〔註39〕	莆田縣（至元卅年，教諭高元子，廟學聖像）〔註40〕
碭山縣（至元廿六年，縣尹崔昶，縣學）〔註41〕	安福州（至元末，縣丞張信之，縣學）〔註22〕
新河縣（至元廿七年，縣尹閻思齊，縣學）〔註43〕	興國縣（至元間，縣尹陳某、邑儒士某，儒學）〔註44〕
清豐縣（至元廿八年，主簿，廟學）〔註45〕	婺源州（至元間，州尹干文傳、名族汪泰初，蒙古字學）〔註46〕
汲　縣（至元廿八年，主簿劉聚，武安王祠）〔註47〕	婺源州（至元間，州尹干文傳，州學）〔註48〕
饒陽縣（至元卅年，縣尹劉守德，廟學）〔註49〕	
膠水縣（至元卅年，歷任，縣學）〔註50〕	
利津縣（至元卅年，縣，廟學）〔註51〕	
彭澤縣（至元卅一年，縣尹周某，二賢堂）〔註52〕	

〔註33〕 《全元文》第9冊，頁77，李謙〈重修高唐廟學記〉。
〔註34〕 《全元文》第50冊，頁433，陳基〈吳縣脩學記〉。
〔註35〕 《全元文》第28冊，頁45～46，張德耉〈重修廟學記〉。
〔註36〕 《全元文》第13冊，頁542，胡長孺〈蕭山縣新文廟碑陰記〉。
〔註37〕 《全元文》第35冊，頁268～269，張琯〈息縣重脩廟學記〉。
〔註38〕 《全元文》第28冊，頁60～62，呂光發〈重修瑞昌縣儒學記〉。
〔註39〕 《全元文》第9冊，頁75，李謙〈重修成武廟學記〉。
〔註40〕 《全元文》第8冊，頁360～361，黃仲元〈莆田縣廟學聖像記〉。
〔註41〕 《全元文》第19冊，頁533～534，王旭〈碭山縣新修學記〉。
〔註22〕 《全元文》第17冊，頁356～357，王炎午〈重修安福縣學〉。
〔註43〕 《全元文》第13冊，頁135～136，王構〈新河縣重建學校記〉。
〔註44〕 《全元文》第57冊，頁363～365，劉楚〈興國縣修儒學記〉。
〔註45〕 《全元文》第9冊，頁32，張孔孫〈清豐縣重修廟學記〉。
〔註46〕 吳師道，《吳師道集》，頁276～277，〈婺源州蒙古字學記〉。
〔註47〕 《秋澗先生大全文集》卷39，頁8下～9，〈義勇武安王祠記〉。
〔註48〕 吳師道，《吳師道集》，頁278，〈婺源州學記〉。
〔註49〕 《全元文》第10冊，頁578～579，王構〈饒陽縣新建廟學記〉。
〔註50〕 《全元文》第20冊，頁489～491，王侯〈重修縣學碑〉。
〔註51〕 《全元文》第24冊，頁167～168，李師聖〈利津縣新修廟學記〉。
〔註52〕 《秋澗先生大全文集》卷39，頁12下～13上，〈彭澤縣創建二賢堂記〉。

	柏鄉縣（至元卅一年，縣尹劉某，文廟）〔註53〕	
	濟陽縣（至元卅一年，縣尹杜溥，廟學）〔註54〕	
	魯山縣（至元間，縣尹王義，廟學）〔註55〕	
	儀封縣（至元間，縣尹裴翼，廟學）〔註56〕	
	臨汾縣（至元間，里中父老，后土廟）〔註57〕	
	衛　縣（至元間，邑人孟思義，宣聖廟講堂）〔註58〕	
	光山縣（至元間，縣，縣學）〔註59〕	
中期	平原縣（元貞元年，縣，廟學）〔註60〕	壽昌縣（元貞元年，縣，縣學）〔註61〕
	鄒　縣（元貞元年，縣尹司居敬，學宮）〔註62〕	萬載縣（元貞元年，教諭尹槐，縣學）〔註63〕
	介休縣（元貞元年，縣尹田澤，廟學）〔註64〕	浮梁州（元貞元年，縣尹郭郁，廟學）〔註65〕
	博興州（元貞二年，監縣，廟學）〔註66〕	上海縣（元貞元年，縣尹周汝楫，縣學）〔註67〕
	柏鄉縣（大德元年，教官范天祥，夫子廟）〔註68〕	餘干州（元貞二年，教授祝宜孫，州學）〔註69〕

〔註53〕《秋澗先生大全文集》卷40，頁4下～5，〈趙州柏鄉縣新建文廟記〉。
〔註54〕《全元文》第10冊，頁608～610，楊文郁〈濟陽縣重修廟學記〉。
〔註55〕《全元文》第13冊，頁6～7，尚野〈重修廟學記〉。
〔註56〕《秋澗先生大全文集》卷39，頁7～8，〈州儀封縣創建廟學記〉。
〔註57〕《秋澗先生大全文集》卷53，頁3～5上，〈平陽府臨汾縣重修后土廟碑〉。
〔註58〕《全元文》第20冊，頁497～498，高孔禮〈衛縣宣聖廟創建講堂記〉。
〔註59〕《全元文》第19冊，頁652～653，劉樞〈光山縣重脩縣學記〉。
〔註60〕《全元文》第9冊，頁83～84，李謙〈平原縣修廟學記〉。
〔註61〕《全元文》第8冊，頁163～154，何夢桂〈壽昌縣學記〉。
〔註62〕《全元文》第28冊，頁245，司居敬〈鄒縣新建學宮碑陰記〉。
〔註63〕《全元文》第10冊，頁135～136，趙文〈重修萬載縣學碑記〉。
〔註64〕《全元文》第37冊，頁57，伶思賢〈修廟學記〉。
〔註65〕《全元文》第21冊，頁57～58，鄧文原〈浮梁州重修廟學記〉。
〔註66〕《全元文》第28冊，頁92～93，陳儼〈重修博興州廟學記〉。
〔註67〕《全元文》第11冊，頁336，張之翰〈元貞建學記〉。
〔註68〕《全元文》第11冊，頁498，劉敏中〈柏鄉縣新修夫子廟記〉。
〔註69〕《全元文》第22冊，頁306～308，李謹思〈餘干州學記〉。

嘉祥縣（大德三年，縣，縣學）〔註70〕	閩　縣（元貞二年，教諭韓挺，縣學）〔註71〕
樂安縣（大德四年，教官鄧鎔，縣學）〔註72〕	江陰州（元貞二年，博士范撉，廟學）〔註73〕
館陶縣（大德四年，現尹溫仲謙，廟學）〔註74〕	麗水縣（元貞二年，縣，廟學碑）〔註75〕
平遙縣（大德四年，縣尹王翼甫，廟學）〔註76〕	金谿縣（大德元年，縣丞吳瑾，儒學）〔註77〕
屯留縣（大德四年，縣、社、民，廟學）〔註78〕	東流縣（大德元年，縣尹袁裕，學宮）〔註79〕
胙城縣（大德四年，縣尹張孔鑄，廟學）〔註80〕	建寧縣（大德二年，主簿李祐，縣學）〔註81〕
元氏縣（大德五年，縣尹董繼昇，廟學）〔註82〕	蕭山縣（大德三年，縣學訓導陳適，大成殿）〔註83〕
高平縣（大德五年，里人張汝明，廟學）〔註84〕	松陽縣（大德三年，縣尹赤盞顯忠，儒學）〔註85〕
醴泉縣（大德六年，縣尹盧佐，廟學）〔註86〕	桐廬縣（大德三年，縣尹王士文，縣學）〔註87〕
萊陽縣（大德六年，縣尹程珪，廟學、學田）〔註88〕	淳安縣（大德三年，縣尹線榮，縣學魁星樓）〔註89〕

〔註70〕《全元文》第35冊，頁37～38，趙衡正〈嘉祥縣修學記〉。
〔註71〕程鉅夫，《程雪樓文集》（元代珍本文集彙刊）卷5，頁5，〈閩縣學記〉。
〔註72〕吳澄，《吳文正公集》卷20，頁10下～11，〈樂安重修縣學後記〉。
〔註73〕《全元文》第17冊，頁600～601，陸文圭〈江陰重修學記〉。
〔註74〕《全元文》第22冊，頁389～390，張士觀〈重修廟學記〉。
〔註75〕《全元文》第24冊，頁197～198，王度〈麗水縣廟學碑陰記〉。
〔註76〕《全元文》第37冊，頁59～61，伶思賢〈平遙縣重修廟學記〉。
〔註77〕《全元文》第8冊，頁71～72，曾冲子〈重建儒學記〉。
〔註78〕《全元文》第31冊，頁6～8，楊仁風〈新修文廟記〉。
〔註79〕《全元文》第22冊，頁365～366，李中友〈東流縣學宮記〉。
〔註80〕《秋澗先生大全文集》卷40，頁18下～20，〈胙城縣廟學記〉。
〔註81〕《全元文》第20冊，頁226～228，劉將孫〈建寧縣重修學記〉。
〔註82〕《全元文》第10冊，頁1～2，王思廉〈元氏縣重修廟學記〉。
〔註83〕《全元文》第11冊，頁224～225，張伯淳〈蕭山縣學重建大成殿記〉。
〔註84〕許有壬，《至正集》卷37，頁62～63上，〈高平縣河西里廟學記〉。
〔註85〕《全元文》第11冊，頁226～227，張伯淳〈處州松陽縣重修儒學記〉。
〔註86〕《全元文》第10冊，頁746～747，蕭㪺〈醴泉縣廟學記〉。
〔註87〕《全元文》第11冊，頁218～219，張伯淳〈桐廬縣重建學記〉。
〔註88〕張養浩，《張養浩集》（李鳴、馬振奎點校，長春：吉林文史出版社，2008），頁245～246，〈萊陽廟學記〉。
〔註89〕《全元文》第8冊，頁169～171，何夢桂〈淳安縣學魁星樓記〉。

濟陽縣（大德八年，教諭，學田）〔註90〕	脩武縣（大德五年，縣尹李鐸，修孔子廟）〔註91〕
安平縣（大德九年，縣，廟學）〔註92〕	象山縣（大德五年，縣尹李天祐，縣學）〔註93〕
廣宗縣（大德九年，縣尹姜泰亨，廟學兩廡）〔註94〕	東莞縣（大德六年，縣尹彭振，縣學）〔註95〕
潞城縣（大德九年，縣尹王良，孔子廟）〔註96〕	慈利州（大德六年，邑士萬士龍，廟學）〔註97〕
新城縣（大德十年，縣，遷建廟學）〔註98〕	鄞　縣（大德七年，縣，儒學）〔註99〕
蔣　縣（大德十一年，縣尹趙德謙，廟學）〔註100〕	仙遊縣（大德八年，文學掾方平，縣學尊道堂）〔註101〕
長清縣（大德間，廉訪司事黑的于斯，學田）〔註102〕	上猶縣（大德九年，教諭郭椿年，縣學）〔註103〕
公安縣（大德間，縣尹毛好義，儒學）〔註104〕	遂安縣（大德九年，主簿尹柔克，儒學）〔註105〕
陵　州（大德間，歷任，學廟）〔註106〕	宜黃縣（大德九年，邑士李仲謀，縣學）〔註107〕
孝義縣（至大元年，歷任，學宮）〔註108〕	淳安縣（大德九年，縣尹李原，廟學）〔註109〕

〔註90〕《全元文》第 9 冊，頁 78〜79，張孔孫〈贍學田記〉。
〔註91〕《全元文》第 13 冊，頁 4〜6，尚野〈脩武縣承恩鎮重修孔子廟記〉。
〔註92〕《全元文》第 37 冊，頁 203〜205，趙居仁〈安平縣廟學記〉。
〔註93〕《全元文》第 36 冊，頁 257〜258，周巽子〈重修象山縣學記〉；頁 258〜259，〈附：重修學宮記〉。
〔註94〕《全元文》第 20 冊，頁 544〜545，李誠〈廣宗縣新修廟學兩廡碑記〉。
〔註95〕《全元文》第 22 冊，頁 349〜350，翟龕〈修東莞學記〉。
〔註96〕《全元文》第 31 冊，頁 6，楊仁風〈潞程縣重修孔子學記〉。
〔註97〕《道園學古錄》卷 35，頁 6 上，〈澧州路慈利州修儒學記〉。
〔註98〕《全元文》第 13 冊，頁 276〜277，張履〈新城縣遷建廟學碑記〉。
〔註99〕《全元文》第 37 冊，頁 157〜158，胡雲龍〈鄞縣重建儒學記〉。
〔註100〕《全元文》第 11 冊，頁 493〜494，劉敏中〈蔣縣廟學記〉。
〔註101〕《全元文》第 8 冊，頁 359〜360，黃仲元〈仙遊縣學尊道堂記〉。
〔註102〕《全元文》第 37 冊，頁 197〜198，趙文昌〈長清縣學田碑記〉。
〔註103〕《全元文》第 20 冊，頁 228〜230，劉將孫〈南安路上猶縣新建縣學記〉。
〔註104〕《全元文》第 36 冊，頁 177〜178，江公望〈重修公安縣儒學記〉。
〔註105〕《全元文》第 22 冊，頁 487，王獻可〈重修儒學記〉。
〔註106〕《全元文》第 36 冊，頁 246〜247，臺德璋〈陵州興修學廟記〉。
〔註107〕吳澄，《吳文正公集》卷 20，頁 9〜10，〈宜黃縣學記〉。
〔註108〕《全元文》第 46 冊，頁 516〜517，林鈺〈孝義縣重修學宮記〉。
〔註109〕《全元文》第 7 冊，頁 362〜363，方回〈脩學記〉。

石首縣（至大元年，監縣薩德彌實，儒學）〔註110〕	漢川縣（至大元年，縣尹鄭政，縣學）〔註111〕
長山縣（至大元年，縣，廟學）〔註112〕	淳安縣（至大二年，監縣愛祖丁，修學）〔註113〕
欒城縣（至大二年，縣豪富室，置學田）〔註114〕	瀘溪縣（至大二年，縣尹王柔克，修學）〔註115〕
長山縣（至大三年，縣尹許商，學田）〔註116〕	脩武縣（至大四年，縣尹閻珪，鄉學、文廟）〔註117〕
南部縣（至大四年，縣尹田有年，大成殿）〔註118〕	常熟州（皇慶元年，縣尹韓居仁，廟學）〔註119〕
文安縣（至大四年，教諭董榮，文廟）〔註120〕	南皮縣（皇慶元年，縣，廟學碑）〔註121〕
榆次縣（皇慶元年，大姓趙彬，源池社學）〔註122〕	湘鄉州（皇慶二年，州士周炎，州學）〔註123〕
米脂縣（皇慶二年，縣，夫子廟）〔註124〕	鄞　縣（皇慶二年，縣，縣學）〔註125〕
交河縣（皇慶二年，主簿王某，夫子廟）〔註126〕	海寧州（皇慶二年，縣尹魏某，廟學、廟學碑）〔註127〕
遼山縣（延祐二年，縣尹李行簡，儒學）〔註128〕	上海縣（延祐元年，縣尹張如砥，學田）〔註129〕

〔註110〕《全元文》第 36 冊，頁 179～180，江公望〈石首儒學記〉。
〔註111〕程鉅夫，《程雪樓文集》卷 5，頁 8，〈漢川縣學記〉。
〔註112〕張養浩，《張養浩集》，頁 129，〈長山縣廟學碑陰記〉。
〔註113〕《全元文》第 11 冊，頁 96～97，鄭滁孫〈修學記〉。
〔註114〕《全元文》第 10 冊，頁 3～4，王思廉〈欒城縣學田記〉。
〔註115〕《全元文》第 48 冊，頁 569～570，張耆〈瀘溪縣修學記〉。
〔註116〕《全元文》第 11 冊，頁 499，劉敏中〈長山縣學田記〉。
〔註117〕《全元文》第 35 冊，頁 214～15，李天秩〈修武縣鄉學記〉；頁 216～217，〈重修修武縣文廟記〉；頁 218～220，〈修武縣閻令尹遺愛碑〉。
〔註118〕《全元文》第 35 冊，頁 228～229，李挨〈重修南部縣學大成殿記〉。
〔註119〕《全元文》第 38 冊，頁 560～561，唐泳涯〈平江路常熟州重修廟學記〉。
〔註120〕《全元文》第 9 冊，頁 78～79，張孔孫〈贍學田記〉。
〔註121〕《全元文》第 39 冊，頁 261～263，張會理〈重修廟學碑記〉。
〔註122〕《全元文》第 39 冊，頁 226～27，呂思誠〈源池廟學記〉。
〔註123〕《全元文》第 28 冊，頁 563，虞槃〈湘鄉州修學記〉。
〔註124〕《全元文》第 39 冊，頁 263～264，張道儒〈創修夫子廟堂記〉。
〔註125〕袁桷，《清容居士集》卷 18，頁 1～3 上，〈慶元路鄞縣學記〉。
〔註126〕袁桷，《清容居士集》卷 18，頁 7 下～9 上，〈建城夫子廟堂記〉
〔註127〕《全元文》第 39 冊，頁 253～255，李師道〈海寧州重建廟學記〉；頁 255～256，〈海寧州重建廟學碑陰之記〉。
〔註128〕《全元文》第 38 冊，頁 273～274，許有壬〈遼山縣儒學記〉。
〔註129〕《金華黃先生文集》卷 8，頁 13～14 上，〈上海縣學田記〉。

濟陰縣（延祐二年，縣丞朱敦武，儒學）〔註130〕	長興州（延祐三年，提調官伯帖木兒，學田租）〔註131〕
蒙陰縣（延祐二年，縣尹武秀肇，廟學）〔註132〕	上高縣（延祐三年，隱士任毅夫父子，縣學）〔註133〕
福山縣（延祐五年，主簿祁祖謙，縣學）〔註134〕	臨武縣（延祐三年，縣尹皮元，縣學）〔註135〕
廣宗縣（延祐六年，縣尹徐子琪，廟學）〔註136〕	龍泉縣（延祐三年，縣尹徐傑，縣學）〔註137〕
確山縣（延祐七年，縣尹張道明，大成殿）〔註138〕	樂會縣（延祐三年，廉訪司照磨范椁，儒學）〔註139〕
襄城縣（至治元年，縣，縣學）〔註140〕	無爲州（延祐四年，教授戴經，縣學）〔註141〕
富順州（至治元年，州判王納速歹實，州學）〔註142〕	新寧縣（延祐五年，儒紳李璋，縣學）〔註143〕
景陵縣（泰定元年，監縣阿里，縣學）〔註144〕	吳江州（延祐五年，知州高仁甫，儒學）〔註145〕
長林縣（泰定二年，縣尹程仲玉，縣學）〔註146〕	奉化州（延祐七年，縣尹馬稱德，儒學）〔註147〕

〔註130〕《全元文》第39冊，頁436～437，趙宜〈曹州濟陰縣儒學記〉。
〔註131〕《全元文》第39冊，頁557～558，陸伯閻〈長興州學經理學田租記〉。
〔註132〕張養浩，《張養浩集》，頁247～248，〈復置蒙陰縣碑記〉。
〔註133〕《全元文》第20冊，頁225～226，劉將孫〈重修上高縣學記〉。
〔註134〕《全元文》第36冊，頁77～78，張起巖〈福山縣修學記〉。
〔註135〕《全元文》第39冊，頁568，歐陽南〈臨武縣重修學記〉。臨武縣尹皮元另撰有〈重修州學記〉，收入同冊，頁636～637。顯見皮元個人對於興學極爲注重。
〔註136〕《全元文》第37冊，頁87～88，董慶隆〈廣宗重修廟學記〉。
〔註137〕《全元文》第21冊，頁60～61，鄧文原〈處州龍泉縣重修學記〉。
〔註138〕《全元文》第48冊，頁26～27，李師淵〈確山縣重修大成殿記〉。
〔註139〕《全元文》第22冊，頁164～165，王士熙〈儒學廟碑〉。
〔註140〕字术魯翀，〈襄城縣學記〉，收入〔嘉靖〕《襄城縣志》（天一閣）卷7，頁1～2，〈志詞翰〉。
〔註141〕《全元文》第37冊，頁135～137，李森卿〈重修無爲縣學記〉。
〔註142〕《全元文》第53冊，頁565～566，趙祖仝〈富順州修學記〉。
〔註143〕《全元文》第48冊，頁568～569，張肅〈新寧縣學記〉。
〔註144〕《全元文》第46冊，頁217～218，孫康〈景陵縣學記〉。
〔註145〕《全元文》第39冊，頁586～587，顧儒寶〈重修吳江州儒學記〉。
〔註146〕《全元文》第31冊，頁136～137，劉應奎〈長林儒學文廟記〉。
〔註147〕《全元文》第21冊，頁75～76，鄧文原〈奉化州儒學記〉。

新河縣（泰定二年，縣尹，縣學）〔註148〕	潛江縣（延祐七年，縣尹阮伯顏，儒學）〔註149〕
洛陽縣（泰定二年，縣尹李述，廟學）〔註150〕	浮梁州（仁宗時，縣尹萬聚生，縣學）〔註151〕
棗陽縣（泰定二年，縣尹鄧天佑，禮器）〔註152〕	長林縣（延祐間，縣尹程仲玉，縣學）〔註153〕
內鄉縣（泰定四年，教諭洪天麟，文廟）〔註154〕	臨川縣（延祐間，縣尹馬壽長，縣學）〔註155〕
岐山縣（泰定四年，縣，廟學）〔註155〕	定海縣（延祐時，縣尹李慜，縣學）〔註156〕
費　縣（泰定四年，縣尹郝源，孔子廟）〔註157〕	海寧州（延祐間，縣尹張衡，小學）〔註158〕
登封縣（泰定四年，縣尹王琇，廟學）〔註159〕	臨川縣（延祐間，縣尹馬壽長，縣學）〔註160〕
唐　縣（致和元年，縣，縣學）〔註161〕	奉化州（至治二年，縣尹馬稱德，尊經閣學田）〔註162〕
禹城縣（至順二年，縣尹臧某，大成門）〔註163〕	上虞縣（泰定二年，縣尹孫文澳，儒學）〔註164〕
平陰縣（至順三年，縣尹王曦，儒學）〔註165〕	興寧縣（泰定三年，縣，復學田）〔註166〕

〔註148〕《全元文》第21冊，頁735，郭士文〈重脩冀州新河縣學記略〉。文中載重修縣學者為漆陽魏侯，根據任官時間，新河縣尹可能為隗鑑，「隗」疑傳抄誤為「魏」。

〔註149〕《全元文》第48冊，頁27～28，李惟中〈潛江縣修儒學記〉。

〔註150〕《全元文》第39冊，頁462～463，胡宗禮〈洛陽縣重修廟學記〉。

〔註151〕《全元文》第38冊，頁563～564，李午〈浮梁縣學記〉。

〔註152〕《全元文》第41冊，頁62，任善長〈重修棗陽縣學宮增添禮器記〉。

〔註153〕《全元文》第31冊，頁136～138，劉應奎〈長林儒學文廟記〉。

〔註154〕《全元文》第46冊，頁192～193，洪天麟〈內鄉縣創修文廟記〉。

〔註155〕《全元文》第39冊，頁536～537，文禮愷〈修岐山縣廟學記〉。

〔註156〕《全元文》第39冊，頁554～555，吳志〈定海縣學記〉。

〔註157〕張養浩，《張養浩集》，頁130～131，〈費縣重修孔子廟記〉。

〔註158〕《全元文》第48冊，頁3～4，陳一鳳〈海寧州創建小學記〉。

〔註159〕《全元文》第46冊，頁489～490，吳炳〈登封縣重修廟學記〉。

〔註160〕吳澄，《吳文正公集》卷20，頁7下～9上，〈臨川縣學記〉。

〔註161〕《全元文》第41冊，頁26～27，汪希中〈唐縣學記〉。

〔註162〕《全元文》第21冊，頁76～78，鄧文原〈建尊經閣增置學田記〉。

〔註163〕《全元文》第37冊，頁21～22，姜元左〈禹城創建大成門記〉。

〔註164〕《全元文》第41冊，頁33～34，戴俞〈重修上虞縣儒學記〉。

〔註165〕《全元文》第19冊，頁654，李廷實〈重脩儒學記〉。

〔註166〕《全元文》第41冊，頁54～55，何民先〈興寧縣儒學復田記〉。

高平縣（至順三年，教諭楊鐸，學田）〔註 167〕	崇仁縣（泰定三年，縣尹史景讓，孔子廟）〔註 168〕
東阿縣（中期，監縣忙忽臺，夫子廟）〔註 169〕	崇安縣（泰定四年，縣尹劉沅祖，學宮）〔註 170〕
	武寧縣（泰定四年，縣尹史刺馬丹，儒學）〔註 171〕
	歸安縣（泰定五年，縣丞完澤溥化，縣學）〔註 172〕
	南康縣（泰定間，縣尹張株孫、教諭趙尚祖，儒學、學田）〔註 173〕
	連江縣（天曆元年，縣尹成和，廟學）〔註 174〕
	始興縣（天曆二年，主簿鄭康斗，儒學）〔註 175〕
	富　州（天曆二年，縣尹陳元凱，州學）〔註 176〕
	建德縣（至順元年，縣尹張永堅，縣學）〔註 177〕
	舒城縣（至順元年，縣尹變理溥化，明倫堂、龍眠書院）〔註 178〕
	會稽縣（至順元年，縣，大成殿）〔註 179〕
	常熟州（至順二年，州人曹君，書院、院田）〔註 180〕

〔註 167〕《全元文》第 46 冊，頁 262～243，王謙〈高平縣歸正學田記〉。

〔註 168〕吳澄，《吳文正集》卷 26，頁 24 上～26 下，〈崇仁縣孔子廟碑〉。

〔註 169〕劉岳申，《申齋劉先生文集》（元代珍本文集彙刊）卷 7，頁 3 上，〈東阿縣銅城鎮夫子廟碑〉。

〔註 170〕《全元文》第 41 冊，頁 44～45，張端本〈學宮增修記〉。

〔註 171〕《全元文》第 25 冊，頁 598～599，范梈〈武寧縣儒學記〉。

〔註 172〕《全元文》第 21 冊，頁 80～81，鄧文原〈湖州路歸安縣建學記〉。

〔註 173〕《全元文》第 39 冊，頁 508～509，王南叔〈南康縣儒學復田修造記〉。

〔註 174〕《全元文》第 41 冊，頁 71～72，林坤光〈連江縣重修廟學記〉。

〔註 175〕《全元文》第 21 冊，頁 541～542，劉岳申〈始興縣儒學記〉。

〔註 176〕揭傒斯，《揭傒斯全集》卷 5，頁 318～319，〈富州重修學記〉。

〔註 177〕柳貫，《柳待制文集》（續金華叢書），卷 14，頁 12 下～14 上，〈建德縣修學記〉。

〔註 178〕《道園學古錄》卷 8，頁 2 下～4 上，〈舒城縣學明倫堂記〉。揭傒斯，《揭傒斯全集》卷 5，頁 321～23，〈舒城縣龍眠書院記〉。

〔註 179〕《全元文》第 24 冊，頁 33～34，韓性〈會稽邑學重建大成殿記〉。

〔註 180〕《全元文》第 29 冊，頁 327～328，黃溍〈文學書院田記〉。

		廬江縣（至順二年，縣尹成克敬，明倫堂）〔註181〕
		樂成縣（至順二年，縣尹師仲，學宮）〔註182〕
		武邑縣（至順三年，監縣塔里牙赤，釋菜）〔註183〕
		永嘉縣（至順三年，縣尹左祥、士人，縣學）〔註184〕
		增城縣（至順三年，縣尹趙搭納，縣學）〔註185〕
		東陽縣（至順三年，縣尹許思忠，縣學）〔註186〕
		新昌州（至順四年，縣尹趙居仁，儒學）〔註187〕
		歙　縣（中期，教諭趙某，儒學）〔註188〕
		嘉定州（中期，縣尹王澤，明倫堂）〔註189〕
		句容縣（中期，縣尹趙靖，縣學）〔註190〕
		廬陵縣（中期，縣尹秦思，大成殿）〔註191〕
		永豐縣（中期，監縣察罕不花，縣學）〔註192〕
		分宜縣（中期，縣尹趙思順，學田）〔註193〕
定興縣（元統三年，縣，廟學）〔註194〕		開化縣（元統二年，縣令張潛，縣學）〔註195〕

〔註181〕揭傒斯，《揭傒斯全集》卷6，頁339～340，〈廬江縣學明倫堂記〉。

〔註182〕《全元文》第36冊，頁6～7，李孝光〈樂成縣重修學宮記〉。

〔註183〕《道園學古錄》卷8，頁1～2，〈新昌州重脩儒學宣聖廟記〉。《全元文》第39冊，頁267～268，孟泌〈重建廟學記〉。

〔註184〕揭傒斯，《揭傒斯全集》卷6，頁342～343，〈廣州增城縣學記〉。

〔註185〕柳貫，《柳待制文集》卷14，頁14～15上，〈永嘉縣新學記〉。

〔註186〕吳師道，《吳師道集》，頁274，〈東陽縣學記〉。

〔註187〕《全元文》第58冊，頁90～91，蔡弼〈新昌縣舊儒學碑記〉。

〔註188〕《全元文》第24冊，頁496～497，唐元〈歙縣儒學修造記〉。

〔註189〕《全元文》第7冊，頁711～712，牟〔山獻〕〈嘉定州重建記明倫堂〉。

〔註190〕《全元文》第13冊，頁139～140，王構〈建康路句容縣重建學記〉。

〔註191〕《全元文》第24冊，頁403～404，貢奎〈廬陵縣重修大成殿記〉。

〔註192〕《全元文》第28冊，頁330～331，曾德裕〈重修縣學記〉。

〔註193〕歐陽玄，《圭齋文集》卷6，頁1下～4上，〈分宜縣學復田記〉。

〔註194〕《全元文》第33冊，頁7～8，謝端〈定興縣廟學記〉。

〔註195〕《全元文》第49冊，頁359～360，魯貞〈修開化縣學記〉。

密　縣（後至元四年，縣尹何敬義，廟學）〔註196〕	德清縣（元統間，縣，縣學祭器）〔註197〕
新城縣（後至元五年，文學掾耿世榮，廟學）〔註198〕	建陽縣（後至元元年，縣尹陳天賜，儒學）〔註199〕
內鄉縣（後至元五年，縣，縣學配享）〔註200〕	句容縣（後至元二年，教諭劉德秀，大樂禮器）〔註201〕
南陽縣（後至元六年，縣，廟學）〔註202〕	慈利州（後至元二年，監縣也先海牙，學宮；師資）〔註203〕
江陵縣（至元間，監縣字顏忽都，儒學）〔註204〕	餘姚州（後至元二年，知州劉紹賢，縣學）〔註205〕
新城縣（至正元年，監縣段天祐，縣學）〔註206〕	松陽縣（後至元二年，縣尹方明安，儒學復地）〔註207〕
穀城縣（至正二年，縣尹單嘗邴，廟學）〔註208〕	績溪縣（後至元二年，監縣驢兒、縣尹劉仕毅，儒學）〔註209〕
葉　縣（至正四年，監縣閭閭，祭器）〔註210〕	烏程縣（後至元三年，縣，廟學）〔註211〕
肥鄉縣（至正五年，縣尹張皡，縣學）〔註212〕	茶陵州（後至元三年，州尹吳思義，州學）〔註213〕
天長縣（至正六年，縣尹郝俌，儒學）〔註214〕	寧海州（後至元三年，州尹李友直、同知李從善、州判王明，州學）〔註215〕

〔註196〕《全元文》第46冊，頁497～498，吳炳〈密縣新修學記〉。
〔註197〕《金華黃先生文集》卷10，頁2上～3上，〈德清縣學祭器記〉。
〔註198〕蘇天爵《滋溪文稿》（陳高華等點校，北京：中華書局，1997）卷4，頁50～51，〈新城縣廟學記〉。
〔註199〕《全元文》第53冊，頁613～614，張復〈建陽縣儒學重修地〉。
〔註200〕《全元文》第55冊，頁9～11，盧陰〈內鄉縣學增置配享記〉。
〔註201〕《全元文》第58冊，頁235，趙承禧〈句容縣學大樂禮器之碑〉。張鉉，《至正金陵新志》（宋元方志叢刊）卷9，頁5564-1，〈學校志・州縣學校〉。
〔註202〕《全元文》第46冊，頁493～495，吳炳〈南陽縣新建廟學記〉。
〔註203〕《道園學古錄》（四部叢刊）卷35，頁6上，〈澧州路慈利州修儒學記〉。
〔註204〕《全元文》第54冊，頁143～144，胡希聖〈中興路重修江陵縣儒學記〉。
〔註205〕《全元文》第24冊，頁31～32，韓性〈重建餘姚縣學記〉。
〔註206〕《金華黃先生文集》卷10，頁1，〈新城縣學大成殿記〉。
〔註207〕《全元文》第10冊，頁553～554，陶澤〈松陽縣儒學復頹地記〉。
〔註208〕《全元文》第56冊，頁168～169，白景亮〈穀城縣廟學記〉。
〔註209〕《全元文》第39冊，頁516～517，周萬石〈重修儒學記〉。
〔註210〕《全元文》第41冊，頁99，俞焯〈儒學祭器記〉。
〔註211〕《全元文》第24冊，頁403～404，貢奎〈盧陵縣重修大成殿記〉。
〔註212〕《全元文》第58冊，頁152，朱繼雲〈重修肥鄉縣學記〉。
〔註213〕《全元文》第45冊，頁504～505，李祁〈茶陵州修學記〉。
〔註214〕《全元文》第47冊，頁508～509，張以寧〈天長縣興脩儒學記〉。
〔註215〕《全元文》第36冊，頁80～82，張起嚴〈寧海州儒學記〉。

新樂縣（至正七年，劉氏兄弟，書院）〔註216〕	海鹽州（後至元四年，教授呂德裕，廟學）〔註217〕
京山縣（至正七年，縣尹泰伯顏不花，廟學）〔註218〕	長洲縣（後至元四年，陸德原，儒學）〔註219〕
三河縣（至正八年，教諭劉元皓，縣學兩廡）〔註220〕	盱眙縣（後至元四年，監縣納璘不花，儒學）〔註221〕
陵　州（至正九年，州尹賈棟，儒學）〔註222〕	慈溪縣（後至元四年，季仁壽，儒學）〔註223〕
富順州（至正十年，州尹李某，州學禮器）〔註224〕	浦江縣（後至元四年，縣尹林以順，縣學）〔註225〕
扶溝縣（至正十年，監縣紐台，廟學）〔註226〕	武義縣（後至元五年，縣，縣學）〔註227〕
鄆城縣（至正十一年，兩任監縣，宣聖廟）〔註228〕	上元縣（後至元五年，縣令田賢，縣學）〔註229〕
陽城縣（至正十二年，縣尹趙繩祖，興學）〔註230〕	固始縣（後至元五年，縣尹王思忠，廟學）〔註231〕
長山縣（至正十二年，縣尹杜雲翰，興學）〔註232〕	永新州（後至元六年，知州完顏某，州學）〔註233〕

〔註216〕蘇天爵《滋溪文稿》（陳高華等點校，北京：中華書局，1997）卷3，頁32～34，〈新樂縣壁里書院記〉。

〔註217〕陳旅《安雅堂集》（元代珍本文集匯刊）卷10，頁？，〈海鹽州儒學新修廟學記〉。

〔註218〕《全元文》第35冊，頁311，陶鑄〈京山廟學記〉

〔註219〕鄭元祐，《鄭元祐集》（徐永明點校，杭州：浙江大學出版社，2010），卷9，頁270，〈長洲縣儒學記〉。陳旅《安雅堂集》（元代珍本文集匯刊）卷4，頁4，〈長洲縣宣聖廟學記〉。

〔註220〕《全元文》第58冊，頁511，祝阿〈三河縣學創建兩廡記〉。

〔註221〕蘇天爵《滋溪文稿》（陳高華等點校，北京：中華書局，1997）卷4，頁18～19，〈盱眙縣崇聖書院記〉。

〔註222〕《全元文》第39冊，頁130～131，梁宜〈陵州重修儒學記略〉。

〔註223〕《全元文》第24冊，頁408～409，程郇〈慈溪縣重修儒學記〉。

〔註224〕《全元文》第53冊，頁566～567，趙祖全〈富順州學禮器記〉。

〔註225〕柳貫，《柳待制文集》（續金華叢書）卷15，頁19～21上，〈浦江縣修學記〉。

〔註226〕《全元文》第58冊，頁578～580，張澄〈扶溝縣重修廟學記〉。

〔註227〕《全元文》第38冊，頁586～588，張樞〈武義縣學記〉。

〔註228〕《全元文》第58冊，頁636～637，李悼〈鄆城縣重建宣聖廟記〉。

〔註229〕《全元文》第46冊，頁88～89，李桓〈上元縣學重修記〉。

〔註230〕《全元文》第58冊，頁678～679，李聰〈陽城縣尹趙侯興學記〉。

〔註231〕《全元文》第10冊，頁556，齊思恭〈修廟學記〉。

〔註232〕《全元文》第58冊，頁663～665，企徽〈杜侯興學記〉。

〔註233〕《全元文》第39冊，頁143～144，馮翼翁〈修永新州學記〉。

涪陵縣（至正十三年，縣尹僧嘉閭，學宮碑亭）〔註234〕	蕭山縣（至正元年，縣尹崔嘉訥，儒學）〔註235〕
三原縣（至正十三年，縣尹李某，廟學）〔註236〕	海鹽州（至正元年，知州陳某，大成樂）〔註237〕
完　縣（至正十三年，縣尹高存誠，儒學）〔註238〕	廬陵縣（至正三年，縣尹管文通，縣學）〔註239〕
清豐縣（至正十四年，鄉儒賈存正、賈惟明，增修廟學）〔註240〕	樂平州（至正四年，縣尹翟衡，書院學田）〔註241〕
商河縣（至正十四年，縣尹梁守忠，廟學）〔註242〕	含山縣（至正四年，縣尹榮克讓，縣學）〔註243〕
臨城縣（至正十四年，主簿失判不花，縣學）〔註244〕	南豐州（至正四年，儒戶富人彭，州學）〔註245〕
松溪縣（至正十四年，縣尹凌說，興學）〔註246〕	義烏縣（至正四年，縣尹周自強，明倫堂）〔註247〕
和順縣（至正十四年，教諭楊益，夫子廟）〔註248〕	崑山州（至正四年，州尹王士英，學宮）〔註249〕
永和縣（至正十五年，監縣達禮壁，廟學）〔註250〕	應山縣（至正四年，教諭張順中，縣學）〔註251〕
穰　縣（後期，監縣月魯不花，縣學）〔註252〕	丹徒縣（至正五年，監縣搭察兒，縣學）

〔註234〕《全元文》第58冊，頁279，賈元〈涪陵學宮碑亭記〉。
〔註235〕《全元文》第24冊，頁277～279，倪淵〈重修蕭山縣儒學記〉。
〔註236〕《全元文》第58冊，頁717，安孟齡〈三原縣重修廟學記〉。
〔註237〕《金華黃先生文集》卷10，頁3～4上，〈海鹽州新作大成樂記〉。
〔註238〕《全元文》第34冊，頁515～516，歐陽玄〈完縣建儒學記〉。
〔註239〕《全元文》第21冊，頁543，劉岳申〈重修廬陵縣學記〉。
〔註240〕《全元文》第58冊，頁344～345，馬思道〈清豐縣增修廟學記〉。
〔註241〕危素，《危太樸文集》（元人文集珍本叢刊），卷2，頁6～7上，〈樂平州慈湖書院贍學田記〉。
〔註242〕《全元文》第58冊，頁735～736，江用禮〈重修廟學記〉。
〔註243〕《全元文》第55冊，頁150～152，萬聞孫〈含山縣重脩學記〉。
〔註244〕《全元文》第58冊，頁745～46，張曾〈臨城縣學記〉。
〔註245〕《全元文》第56冊，頁211，上官綸〈至正四年重修南豐州學記〉。
〔註246〕《金華黃先生文集》卷14，頁3～5上，〈松溪縣新學記〉。
〔註247〕《金華黃先生文集》卷14，頁6，〈義烏縣學明倫堂記〉。
〔註248〕《全元文》第39冊，頁227～228，呂思誠〈和順縣重修夫子廟學碑記〉。
〔註249〕《全元文》第36冊，頁9～10，李孝光〈崑山州重修學宮記〉。
〔註250〕《全元文》第58冊，頁234～235，趙承禧〈永和縣重修廟學記〉。
〔註251〕《全元文》第58冊，頁260～261，魯璠璵〈重修學宮碑記〉；頁261～263，〈魏縣尹去思碑〉。
〔註252〕《張養浩集》，頁246～247，〈穰縣學記〉。

滑　縣（後期，縣尹諸仲仁，廟學）〔註253〕	南康縣（至正六年，監縣朶歹，廟學）〔註254〕
	黃梅縣（至正七年，縣尹喬誠齋，縣學）〔註255〕
	海鹽州（至正七年，教授黃楝，州學）〔註256〕
	句容縣（至正七年，縣尹張士貴，縣學）〔註257〕
	清江縣（至正八年，縣尹木八剌，置學田）〔註258〕
	金谿縣（至正八年，縣尹周自強，儒學）〔註259〕
	信豐縣（至正八年，縣尹崔孝思，廟學）〔註260〕
	開化縣（至正九年，監縣察迪克齊，縣學）〔註261〕
	鄞　縣（至正九年，縣尹許廣大，縣學）〔註262〕
	華亭縣（至正九年，監縣養安海涯、縣尹張得照，學宮）〔註263〕
	旌德縣（至正九年，監縣亦憐眞，興學）〔註264〕
	長興州（至正十年，監縣魯忽達，州學宮）〔註265〕

〔註253〕《全元文》第 50 冊，頁 95～96，宋訥〈滑縣重脩廟學記〉。

〔註254〕《全元文》第 58 冊，頁 150～151，張知止〈南康縣學重修廟學記〉。

〔註255〕《全元文》第 39 冊，頁 200～201，郭友直〈黃梅修學記〉。

〔註256〕鄭元祐，《鄭元祐集》卷 9，頁 268，〈海鹽州學興建記〉。楊維楨，《東維子集》（四部叢刊）卷 12，頁 7～8，〈海鹽州重修學宮記〉。鄭元祐謂主事者爲教授黃楝，但楊維楨卻說是州尹侯彥中親董其役，黃楝只是眾多助成者之一。

〔註257〕《全元文》第 31 冊，頁 102～103，偰哲篤〈重修縣學記〉。

〔註258〕《全元文》第 58 冊，頁 520～521，趙浚明〈臨江路清江縣儒學買田記〉。

〔註259〕《全元文》第 34 冊，頁 509，歐陽玄〈金谿縣重建儒學記〉。

〔註260〕《全元文》第 58 冊，頁 522～523，伯篤魯丁〈建學記〉。

〔註261〕《全元文》第 49 冊，頁 361，魯貞〈修開化縣學記〉。

〔註262〕《全元文》第 41 冊，頁 137～138，段天祐〈重修鄞縣學記〉。

〔註263〕《全元文》第 42 冊，頁 242～243，楊維楨〈華亭縣重修學宮記〉。

〔註264〕《全元文》第 58 冊，頁 545～546，許道傳〈興學記〉。

〔註265〕楊維楨，《東維子集》卷 12，頁 8～9，〈長興州重修學宮記〉。魯忽達又名火魯忽達，康里氏。

	蘄春縣（至正十年，監縣野仙普化，廟學）〔註266〕
	玉山縣（至正十年，監縣壽安忠顯，義學）〔註267〕
	潮陽縣（至正十年，縣尹雷杭，明倫堂）〔註268〕
	衡陽縣（至正十年，教官，復學田）〔註269〕
	魯山縣（至正十年，監縣徹台，廟學）〔註270〕
	長洲縣（至正十年，教諭王季倫，重修）〔註271〕
	餘姚州（至正十一年，知州郭文煜，興復學田）〔註272〕
	荔浦縣（至正十一年，簿尉石天岳，縣學）〔註273〕
	嘉興縣（至正十一年，教諭潘庭堅，大成殿）〔註274〕
	丹徒縣（至正十一年，縣尹陳遠實，置田）〔註275〕
	吳江州（至正十一年，縣尹邵子敬，儒學）〔註276〕
	歸安縣（至正十一年，監縣察罕不花，縣學）〔註277〕
	上高縣（至正十二年，縣尹吳文郁，儒學）〔註278〕
	崑山州（至正十二年，知州史文彬，儒學）〔註279〕

〔註266〕危素，《危太樸文集》卷1，頁6～7上，〈蘄春縣興學頌有序〉。
〔註267〕《全元文》第40冊，頁575～577，朱德潤〈玉山縣義學記〉。
〔註268〕《全元文》第46冊，頁67～68，林泉生〈潮陽縣學明倫堂記〉。
〔註269〕《全元文》第58冊，頁306～307，劉簡〈衡陽縣學記〉。
〔註270〕《全元文》第58冊，頁593～94，張溭〈重脩宣聖廟學記〉。
〔註271〕楊維楨，《東維子集》卷12，頁10，〈長洲縣重修學宮記〉。
〔註272〕《全元文》第58冊，頁623，孫元蒙〈餘姚縣儒學興復學田記〉。
〔註273〕《全元文》第58冊，頁634～635，石天岳〈荔浦縣學記〉。
〔註274〕《全元文》第58冊，頁671～672，陳達〈嘉興縣儒學重建大成殿記〉。
〔註275〕《全元文》第58冊，頁646～647，謝震〈丹徒縣學田記〉。
〔註276〕《全元文》第39冊，頁525～526，陸居仁〈吳江州興修儒學記〉。
〔註277〕《全元文》第58冊，頁625，儲惟賢〈湖州路歸安縣修學記〉。
〔註278〕《全元文》第58冊，頁325～326，馬存仁〈重修儒學記〉。
〔註279〕《全元文》第58冊，頁328，蔡基〈崑山州重修儒學記後跋〉。

		吳江州（至正十二年，監縣札牙進，制樂）〔註280〕
		崇明州（至正十二年，耆儒徐元鼎，捐田遷學）〔註281〕
		烏程縣（至正十二年，教諭陳鑑翁，尊經閣）〔註282〕
		海門縣（至正十六年，縣尹竇桂榮，廟學）〔註283〕
		龍岩縣（至正十七年，縣尹趙某、邑生，縣學）〔註284〕
		吳　縣（至正十九年，縣尹張經，儒學門）〔註285〕
		吳江州（至正十九年，縣尹趙仁，州學）〔註286〕
		吳江州（至正廿年，寧普、寧壽兄弟，納田）〔註287〕
		歸安縣（至正廿三年，縣尹夏昱，重修廟學）〔註288〕
		浦城縣（至正廿四年，縣尹鄒某，縣學）〔註289〕
		祁門縣（元後期，縣尹鍾友諒，儒學）〔註290〕
		蘭溪州（元後期，州，州學）〔註291〕
不明	沁水縣（時期不詳，縣尹李構，縣學）〔註292〕	吳　縣（時期不詳，縣尹曹文綱，學宮）〔註293〕

〔註280〕《全元文》第58冊，頁598～599，許從宣〈吳江州學大成樂記〉。
〔註281〕《全元文》第56冊，頁250～251，張士堅〈崇明州遷建儒學記〉。
〔註282〕《全元文》第39冊，頁213～214，宇文公諒〈烏程縣學尊經閣記〉。
〔註283〕《全元文》第58冊，頁86～87，程世昌〈海門遷學記〉。
〔註284〕《全元文》第56冊，頁72～73，徐觀〈龍岩縣學記〉。
〔註285〕鄭元祐，《鄭元祐集》卷7，頁212，〈吳縣儒學門銘有序〉。
〔註286〕《全元文》第39冊，頁279～280，蘇大年〈吳江州學記〉。
〔註287〕《全元文》第39冊，頁280～282，蘇大年〈寧氏納田新學記〉。
〔註288〕《全元文》第58冊，頁376～377，劉元佐〈歸安縣尹夏侯重修廟學〉。
〔註289〕《全元文》第48冊，頁138～140，蔣易〈重修浦城縣學記〉。
〔註290〕《全元文》第52冊，頁150～151，汪克寬〈重建祁門縣儒學記〉。
〔註291〕吳師道，《吳師道集》（邱居里、邢新欣點校，長春：吉林文史出版社，2008），頁255，〈蘭溪州新學記〉。
〔註292〕《全元文》第48冊，頁566～567，董師仲〈沁水縣重修學記〉。
〔註293〕《全元文》第58冊，頁372～373，姜漸〈吳縣修學記〉。

江津縣（時期不詳，縣尹安文憲，學宮） 〔註294〕	進賢縣（時期不詳，縣尹施皓，縣學） 〔註295〕

〔註294〕《全元文》第 59 冊，頁 315，石登〈重修江津縣學宮記〉。
〔註295〕《全元文》第 59 冊，頁 300～301，李寔〈進賢縣儒學記〉。

附表七 王惲的仕宦經歷

時 間	官 職	事 蹟
至元五～九年 （1269～73）	監察御史（7A）	a-1. 獻書曰：「憲臺執法，糾正邪枉，今無法可守，取人無路，宜講法制，以立紀綱。設科舉以取人材，體用既明，朝廷不勞而肅矣。」 a-2. 憲僚為首，前後申明典制，彈劾姦邪幾一百五十餘章，竊直敢言，不畏強禦，於政體多所裨益。 a-3. 劾劉（晸）都水（3B）怙勢作姦，陷公儲四十萬石，權貴為側目。
至元九～十三年 （1273～77）	平陽路（晉寧）判官（6A）	b-1. （臨汾）吏風盛，民囂於訟，（公）威嚴肅吏屬，作勸諭文二：一則勉飭州縣、革弊勤政；一則諄告百姓，務本畏法。致吏、民感化，奉約束惟謹，歷二考如一日。 b-2. 絳兵卒陳姓者殺同產兄，社獄因鸞緩逮，繫者三百餘人，延滯至五年之久，遠近為憤惋，省檄鞫問，廉得實跡，一問即服。時晉絳久旱，是夕大雨霑足，咸謂伸理冤抑所致 b-3. 各路設辦課官，例分門下，平陽所轄院務幾百。按籍點差，終任不易，藩府採姑射山文石，藉夫匠力，關山蹊為坦途者六十里，西山伏利由之而出，土人刻石紀其事。 b-4. 大起府學，敦勉師生傳授，暇率吏屬聽講，風俗為一不變。又復囮車嶺孔子廟、首陽山二賢祠。 b-5. 修建廨傳遞鋪以間計者千數，增戶餘三千，敕使過晉者，以政績上聞，至蒙奉公勤政之諭。
至元十三年	試官	考試河南五路儒士，以通文學第之。
至元十四～十八年（1278～82）	燕南河北——山東東西道提刑按察副使（4B）	c-1. 嘗諗僚屬，監司職在繩愆糾繆，肅清政務，惟自治而後可以治人。 c-2. 按治州郡，褰帷具瞻，有風動百城之目。部內府尹恃占名鷹房，恣為不法，公納賄賂，莫敢誰何，即按劾罪狀以聞，蒙杖而黜焉，近為肅然。 c-3. 冀州監從人因造作，掊眾利甚夥，與監逸去事白曰：行司巡歷動經歲時，俟獲而治，則姦人得計矣，質其田宅償其民。 c-4. 南宮弭筆者號尹庫，因告訐曾蒙賞賚，沮嚇官府，肆凶侔利，或言其擅殺耕牛，歷數奸惡，痛校之而死，萬口稱快。 c-5. 辨釋德平民劉氏疑獄。

至元十八～廿六年（1282～1290）	行臺治書侍御史（4A）	不赴。
	山東東西道提刑按察副使	一年疾歸。
	左司郎中	不赴。
至元廿六～廿七年（1290～1291）	福建閩海道提刑按察使（3B）	d-1. <u>黜官吏貪污不法者</u>，凡數十人。 d-2. <u>察繫囚之凥滯者，決而遣之。</u> d-3. 戒戍兵無得寓民家，而創營屋以居之。 d-4. 請立主帥、專號令，巨賊潰滅。
至元廿七～卅年（1291～1293）	翰林學士（3A）	以疾北歸。 上萬言書。
元貞元～大德八年（1295～1304）	知制誥同修國史（3A～2B）	奉旨纂修世祖實錄。 榮歸，優游鄉里，贈翰林學士承旨（2A）

※以上內容整理自《秋澗先生大全文集》附錄，〈贈學士承旨王公神道碑銘〉與《元史‧王惲傳》。

附表八　徐泰亨治績

1. 白雲宗僧沈某冒名爵、凌官府，有牾其意者兩人，將置之死地，兩人之怨家私鄰女不得，殺以滅口，棄尸桑林中。事覺，陰使以他辭引兩人，傅致其罪。君將直其冤，吏持不可曰：「此沈公意，孰敢拒也？」君盡立羣吏于前，語之曰：「吾能死，不能濫殺以求媚於人。」會使者行部，君卒白出之。
2. 沈之徒有僧某者，通民家婦，爲其夫所毆而銜之，適有遭刼殺者，賊弗得，僧爲飛書誣其夫及有他怨隙者七人，故以書墮邏卒家，七人中或以罪黥，卒得之，曰：「此警跡也」，因捕治不疑。君察其冤，而七人者苦卒虐，莫敢易辭，君命去其杻械，始垂泣自言，令以左驗已具難之，君服弊衣，佯爲賣卜至其處，悉得七人以己物實贓狀，取其家餘絲布數升，析縷以比，無不合，金竈及他物存者，又合，僧乃服罪，七人者得直。已而獲眞賊於武康，人始歡服焉。
3. 縣獄舊有以兄醉死、弟自經死誣平人者，獄已成。君親爲訪求其實，悉生之。
4. 鄰縣安吉有逐其妻之子，而夜死於盜者，意其子也。巡官捕繫而煅煉成獄，且取它衣物爲證。君爲蹤跡其事，或驚懼，以實自首，乃出其子而坐巡卒及行貨者。
5. 屬歲大侵，君夙夜施其拯救之術，凡所給寧過厚。曰：「無以法害吾仁也。」

※以上內容整理自李修生主編，《全元文》，第 30 冊，頁 291，黃溍〈青陽縣尹徐君墓誌銘〉。

附表九　縣　尉

姓　　名	背景&前職&後職	時期	任職地點	籍貫&族群	史　料
1 武善	鄉達，以城降	初	眞定路武強縣【北】	眞定路武強【北】	《靜修先生文集》
2 徐之綱字漢臣	儒戶，金代學者	初	益都路滕縣【北】	濟寧路濟州【北】	《清容居士集》
3 程隆字君熙	鄉達，保境。1276	初	徽州路休寧縣【南】	徽州路休寧縣【南】	《新安文憲志》；天一《弘治徽州府志》
4 寶萬奴	前職：昌化縣尉	初	徽州路休寧縣【南】	東平路東阿縣【北】	天一《弘治徽州府志》
5 楊三登字儀之	儒者，保境	初	吉安路吉水縣【南】	淮安路清江縣【北】	《吳文正集》
6 劉仁字寬夫	戶部勾當官（吏）	初	廣平路成安縣【北】	順德路平鄉縣【北】	民國《成安縣志》
7 杜懷玉	前職：巡檢（三任）	初	河南府路登封縣【北】	冀寧路榆次縣【北】	乾隆《榆次縣志》
8 張興	儒者	初	紹興路上虞縣【南】	眞定路深州【北】	光緒《上虞縣志》
9 蘇澤字濟民	前職：袁萍縣尉	初	紹興路新昌縣【南】	？	稀見《新昌縣志》
10 鄭德璋字子振	按：浦江義門鄭氏	初	處州路青田縣【南】	婺州路浦江縣【南】	天一《嘉靖浦江志略》
11 王諒	後職：衢州路同知1279；吳江州判官1306	初	鎮江路丹徒縣【南】	中書濮州【北】	《至順鎮江志》；《嘉靖衢州府志》；《嘉靖吳江縣志》
12 潘林	前職：紹興路學山長	初	江州路彭澤縣【南】	廣德路建平縣【南】	天一《嘉靖建平縣志》
13 孫怡老	1309 任 後職：句容主簿	中	鎮江路丹陽縣【南】		《至順鎮江志》；《至正金陵新志》
14 雷禎字彥禎	前職：美原巡檢（兩任）	中	奉元路臨潼縣【北】	奉元路高陵縣【北】	《榘菴集》
15 鄭千齡字耆卿，貞白先生	前職：延陵巡檢（巡檢前職爲美化書院山長）後職：淳安縣尉、休寧縣尹	中	徽州路祁門縣【南】	徽州路歙縣【南】	天一《嘉靖淳安縣志》、《弘治徽州府志》；《師山集》8/2 1933
16 徐方塘	欽州路儒學教授	中	田州路上林縣【南】	饒州路德興縣【南】	《芳谷集》

17 馬興	前職：武人巡檢（四任）	中	中興路公安縣【北】	廣平路【北】	《巴西文集》
18 蔣吉相字迪卿	儒者 前職：利用監知事（吏）	中	襄陽路穀城縣【北】	婺州路東陽縣【南】	《金華黃先生集》
19 張繼祖	廕泰定間任	中	眞定路臨城縣【北】	晉寧路吉州【北】	天一《隆慶趙州志》
20 袁居敬	前職：善政巡檢	中	紹興路新昌縣【南】	益都路益都縣【北】	天一《萬曆新昌縣志》
21 劉舜欽	文吏 按：胡祇遹之姨弟	中	順德路廣宗縣	濟寧路【北】	《紫山大全集》
22 周誠甫	軍功，前職：巡檢	中	信州路永豐縣【南】	吉安路永新【南】	《石初集》
23 仲寬	旌門	中	江州路彭澤縣【南】	廣平路和裕縣【北】	康熙《彭澤縣志》
24 李茂字廷實	廕，前職：觀城縣尉	中	濟寧路沛縣【北】	德州齊河縣【北】	《道園學古錄》
25 衛正父	前職：巡檢	中	廣德路建平縣【南】	大都路涿州【北】	《畏齋集》
26 烏爾圖	廕	中	慶元路鄞縣【南】	【色目】	《畏齋集》
27 高文	儒者	中	濟南路陽章丘縣【北】		《中庵集》
28 季琯	儒學世家，廕 按：君立之父	中	溫州路永嘉縣【南】	處州路龍泉【南】	《全元文》49
29 方積字叔高	儒學教授（藝文監修書） 前職：進賢縣巡檢南安簿尉時死於賊	後	將樂縣、南安縣簿尉【南】	江州路【南】	《危太樸文集續集》、《金華黃先生集》，《江月松風集》、《乾坤清氣》
30 蕭資字深之	富戶賞官，卒於任	後	婺州路武義縣【南】	婺州路蘭溪【南】	《金華黃先生集》
31 雷拱字君節	鄉舉1342。卒於任	後	高郵府興化縣【北】	建寧路建安縣【南】	天一《嘉靖建寧府志》
32 馮德淵	至正間任	後	贛州路雩都縣【南】	【南】	《麟原文集》
33 黃中玉	儒者，廕	後	衢州路江山縣【南】	嘉興路橋李【南】	《清江貝先生文集》
34 貢性之字友初	廕；按：貢師泰從子，元亡爲遺民	後	寧國路太平縣【南】	寧國路宣城縣【南】	天一《嘉靖寧國府志》
35 馬哈麻	捕盜卒	後	建寧路政和縣【南】	【色目】 按：新疆	天一《嘉靖建寧府志》
36 雷覺民字將道	進士 按：應爲鄉貢進士 後職：湖州錄事	後	漳州路漳浦縣【南】	建寧路建安縣【南】	天一《嘉靖建寧府志》

37 楊名	1352	後	眞定路臨城縣【北】		天一《隆慶趙州志》
38 楊□字之復	廕	後	太平路蕪湖【南】		《佩玉齋類稿》
39 季君立	儒學世家，廕	後	漳州路南勝縣【南】	處州路龍泉【南】	《全元文》49
40 葉楠	後職：績溪縣令		饒州路鄱陽縣【南】	池州路貴池縣【南】	天一《嘉靖池州府志》
41 劉元	廕 按：父劉讓爲深州知州		晉寧路石樓縣【北】	【北】	《金華黃先生文集》；《全元文》30
42 顧達卿	儒者，吏		安豐路【北】	保定路【北】	《全元文》37
43 朱淵甫	平民		龍興路豐城【南】	龍興路豐城【南】	《全元文》21
44 侯德源字眾芳	武人，前職：宿州巡檢		紹興路【南】		《光緒宿州志》
45 吳瓁字瑩之	廕 後職：隱居不仕		常州路晉陵【南】	嘉興路嘉禾【南】	《元詩選癸集》癸之己上，頁715
46 崔得眞	軍功		池州路銅陵縣【南】		天一《嘉靖銅陵縣志》
47 宋居敬	進士　按：應爲鄉貢進士		紹興路新昌縣【南】	紹興路上虞縣【南】	天一《萬曆新昌縣志》
48 張鼎	進士　按：應爲鄉貢進士		紹興路新昌縣【南】	龍興路南昌縣【南】	天一《萬曆新昌縣志》
49 孟順	收賊賞官		集慶路句容縣【南】		天一《弘治句容縣志》
50 鄒飛	收賊賞官 後職：丹徒縣尉		集慶路句容縣【南】	江浙汀州路【南】	天一《弘治句容縣志》；《至順鎮江志》
51 陳獻德	賞官		集慶路句容縣【南】		天一《弘治句容縣志》

註：1. 本文表格資料來源爲天一閣藏明代方志選刊、《全元文》（南京：鳳凰出版社〔原江蘇古籍出版社〕，1998～2004）1～60 冊、《全元文》漏收之元人文集、詩集、《至順鎮江志》等。時期欄空白者爲時期不詳

2. 有效樣本指有具有背景、前職與後職等資料可供探討者。

3. 時期的區分：初期指忽必烈統治時期，即 1260～1294 年；中期則爲 1294～1333 年，成宗至文宗時期；後期則爲順帝一朝（1333～1368），係採蕭啓慶教授，〈元中期政治〉（收入傅海波（Herbert Franke）、崔瑞德（Denis Twitchett）編《劍橋中國遼西夏金元史》〔北京：中國社會科學出版社，1998〕）第六章之定義，頁563。

附表十　巡　檢

姓　名	背景&前職&後職	時期	任職地點	籍貫&族群	史　料
1 霍彥深	廕為主簿，學官 1270	初	濟南路無棣縣【北】	濟南路鄒平縣【北】	《中庵集》
2 洪雷轟	儒者，以平民獲賊賞官休寧巡檢，再調當塗慈湖巡檢 1290	初	太平路當塗縣【南】	徽州路歙縣南里【南】	《師山集》
3 岳自修，字德敏	儒學教官	初	處州路松陽縣【南】	常州路宜興縣【南】	《金華黃先生集》
4 曳剌馬丹	文人	中	建寧路建陽【南】	【色目】	《鶴田集》
5 王釋	儒學官 1322 未任卒	中	潮州路揭陽縣【南】	處州路麗水縣【南】	《金華黃先生集》
6 吳福孫字子善	儒學正 1322	中	潮州路潮陽縣【南】	杭州路【南】	《金華黃先生文集》
7 陳雍字季和	儒學教授	中	贛州路寧都【南】		《至正集》
8 馬禮卿	儒者 1325	中	慶元路鄞縣【南】	大都路薊州【北】	《四明文獻集》
9 趙文榮字仁甫	釋儒服從吏 1326 後職：司獄 1333	中	松江府江陰州【南】	紹興路上虞縣【南】	天一《嘉靖江陰縣志》、《牆東類搞》12/31 下
10 范廉卿	儒生，廕	中	紹興路蘆瀝【南】	眞定路欒城縣【北】	《楊鐵崖文集》
11 崔惟祖	天曆二年	中	鎮江路丹陽縣【南】		《至順鎮江志》
12 程文字以文號黟南生	儒學教授 後職：懷孟路教授 按：奎章閣與修經世大典。	中	徽州路休寧縣【南】	徽州路婺源【南】	《師山集》；天一《弘治徽州府志》
13 袁居敬	後職：新昌縣尉	中	鉛山州弋陽縣【南】	益都路益都縣【北】	天一《萬曆新昌縣志》
14 李見翁	儒學教授，象州蒙古字學正	中	柳州路柳城東泉【南】	江西撫州路【南】	《吳文正集》
15 葉審言	衢州路明正書院山長	中	處州路縉雲、括蒼之衝【南】	婺州路金華【南】	《禮部集》
16 任瑾	儒者，文學掾，廕	中	江陰洲馬馱沙【南】	杭州路錢塘【南】	《松鄉集》

17 李子貞	儒學官	中	處州路縉雲、括蒼之衝【南】	婺州路【南】	《金華黃先生文集》
18 鄭千齡字耆卿貞白先生	美化書院山長	中	江寧四鎮；鎮江路丹陽延陵	徽州路歙縣【南】	《師山集》；天一閣《嘉靖淳安縣志》；天一《弘治徽州府志》
19 賀景文字元忠	曲阜學正 1333	後	紹興路餘姚州【南】	吉安路永新州【南】	《雲陽里先生文集》
20 余伯康	儒者。書經世家	後	邵武路泰寧縣朱口【南】	平江路吳縣【南】	《安雅堂集》
21 雷燦字景星	鄉舉 1341、死於寇按：進士雷機子	後	泉州路塗嶺【南】	建寧路建安縣【南】	天一《嘉靖建寧府志》
22 宋允恒字子成	蒙古字學正 1346	後	廣東？福園寨【南】		《蘇平仲文集》
23 江憲度字萬頃	輸粟 1347	後	徽州路婺源興賢鎮【南】	徽州路歙縣【南】	天一《弘治徽州府志》
24 敖遂初	軍功，烏程巡檢 1348	後	雷州路海南【南】	袁州路宜春【南】	《危太樸文集》
25 申觀遠	文人。廕，借注	後	楚州路遂昌【南】	婺州路【南】	《王忠文集》
26 許存衷	士人，平民抗賊賞官 1352	後	漳州路南勝定南寨【南】	漳州路龍溪【南】	《危太樸文集》
27 王介字萬石	慶元路學正 1356	後	奉元路蒲城縣【北】	紹興路上虞縣【南】	《密庵文稿》壬
28 韓伯敬	眞定路儒學正	後	紹興路上虞杜浦【南】	順德路唐山【北】	《滋溪文稿》
29 曹永字世長	儒者。蒙古字學、瑞安州學正	後	柳州路馬平縣都博鎮【南】	松江府華亭【南】	《野處集》
30 朱彥明	士人	後	保定路易州【北】	【北？】	《一山文集》
31 徐起字潛之	晦庵書院山長	後	靜江路福泉縣【南】	平江路吳縣【南】	《桐山老農集》
32 方積字叔高	儒學教授（藝文監修書）後職：將樂、南安簿尉死於賊	後	龍興路進賢縣【南】	江州路【南】	《危太樸文集續集》、《金華黃先生集》、《江月松風集》、《乾坤清氣》
33 趙嗣椿字思齊	廕	後	廣州路水𧒽鎮【南】	臨江路清江鎮【南】	《樗隱集》
34 邵南字道行	國子監生。淮安路安東州學正，卒於官	後	贛州路雩都縣印山【南】	中廣平路威州【北】	《麟原文集》

35 呂公琰	廳？	後	泉州路安溪縣【南】	徽州路婺源【南】	天一《弘治徽州府志》
36 江脫歡	廳	後	徽州路南五嶺【南】	徽州路歙縣【南】	天一《弘治徽州府志》
37 江賽因	廳	後	徽州路黃山【南】	徽州路歙縣【南】	天一《弘治徽州府志》
38 余俊字子俊	鎮江路蒙古字學正		處州路麗水縣【南】	松江府【南】	《大雅集》、《至順鎮江志》
39 郭畀	饒州路鄱江書院山長		處州路青田縣【南】	江浙鎮江路【南】	《至順鎮江志》
40 王文鍔字勝達	龍溪書院山長		廣州路南海縣【南】	撫州路臨川【南】	《金華黃先生集》
41 鄭仲賢	文學掾			徽州路歙縣【南】	《師山集》
42 孔灝字世廣	寧國路學正		建寧路政和縣【南】	江浙衢州路【南】	《桐山老農集》
43 廖拱字信中	學官		惠州路屬縣【南】	臨江路【南】	《吳文正集》
44 崔得勝	軍功		池州路銅陵縣【南】		天一《嘉靖銅陵縣志》
45 李守中	鱉溪書院山長		贛州路寧都州【南】		《安雅堂集》
46 唐子華	□州教授		處州路青田縣【南】		《瓢泉吟稿》
47 謝仲連	文學發身		小鹿？【南？】		《安雅堂集》
48 杜文裕字希大	捕盜賞官		台州大閭【南】	黃巖州【南】	《赤城新志》13/3下
49 侯德源字眾芳	武人 後職：紹興縣尉		宿州柳子鎮【南】		《光緒宿州志》
50 何正字守中	鱉川書院山長 後職：棄官歸		寧都下河巡檢	分水	《元詩選癸集》癸之柄，頁352

註：1. 本文表格資料來源爲天一閣藏明代方志選刊、《全元文》（南京：鳳凰出版社〔原江蘇古籍出版社〕，1998～2004）1～60 冊、《全元文》漏收之元人文集、詩集、《至順鎮江志》等。時期欄空白者爲時期不詳。

2. 有效樣本指有具有背景、前職與後職等資料可供探討者。

3. 時期的區分：初期指忽必烈統治時期，即 1260～1294 年；中期則爲 1294～1333 年，成宗至文宗時期；後期則爲順帝一朝（1333～1368），係採蕭啓慶教授，〈元中期政治〉（收入傅海波（Herbert Franke）、崔瑞德（Denis Twitchett）編《劍橋中國遼西夏金元史》〔北京：中國社會科學出版社，1998〕）第六章之定義，頁 563。

參考書目

一、正史、政書、地方志

1. 王圻，《續文獻通考》（中國歷史地理文獻輯刊，萬曆卅一年刊本影印）。
2. 王軒等，《山西通志》（中國省志彙編）。
3. 王崇等，《嘉靖池州府志》（天一閣藏明代方志選刊）。
4. 王鏊，《正德姑蘇志》（天一閣藏明代方志選刊續編）。
5. 王士點等，《秘書監志》（高榮盛點校，杭州：浙江古籍出版社，1992）。
6. 王元恭，《至正四明續志》（中國方志叢書）。
7. 王廷藩等，《康熙彭澤縣志》（北京師範大學圖書館藏稀見方志叢刊）。
8. 王懋德修，《萬曆金華府志》（中國方志叢書）。
9. 王贈芳等，《道光濟南府志》（新修方志叢刊）。
10. 田琯，《萬曆新昌縣志》（天一閣藏明代方志選刊）。
11. 何棠等，《萬曆續溪縣志》（萬曆九年刊本）。
12. 何東序等，《嘉靖徽州府志》（嘉靖四一年刊本）。
13. 何慶釗等，《光緒宿州志》（中國方志叢書）。
14. 余登瀛，《崇禎瑞州府志》（崇禎元年刊本）。
15. 佚名，《大元聖政國朝典章》（國立故宮博物院景印元本）。
16. 佚名，《大德南海志》（宋元地方志叢書）。
17. 佚名，《通制條格》（黃時鑑點校，杭州：浙江古籍出版社，1986）。
18. 佚名，《無錫縣志》（四庫全書）。
19. 宋濂，《元史》（新校本）。
20. 李嵩，《嘉靖歸德府志》（嘉靖間刊本）。
21. 李輅等，《正統大名府志》（天一閣藏明代方志選刊）。

22. 李賢，《大明一統志》（西安：三秦出版社，1990）。

23. 李默等，《嘉靖寧國府志》（天一閣藏明代方志選刊）。

24. 李心傳，《建炎以來繫年要錄》（四庫全書）。

25. 李光益等，《民國天臺縣志稿》（中國地方志集成）。

26. 李延龍，《萬曆南陽府志》（萬曆五年刊本）。

27. 杜槃等，《弘治句容縣志》（天一閣藏明代方志選刊）。

28. 杜鴻賓，《嘉靖太康縣志》（中國方志叢書）。

29. 汪集，《嘉靖進賢縣志》（中國方志叢書）。

30. 沈梅，《嘉靖銅陵縣志》（天一閣藏明代方志選刊）。

31. 沈作賓等，《嘉泰會稽志》（宋元方志叢刊）。

32. 車鳴時，《萬曆政和縣志》（萬曆卅七年刊本）。

33. 孟仲遴，《嘉靖清河縣志》（嘉靖卅年刊本）。

34. 房玄齡等，《晉書》（新校本）。

35. 邵遠平，《元史類編》（掃葉山房）。

36. 俞希魯，《至順鎮江志》（點校本）。

37. 姚鳴鸞等，《嘉靖淳安縣志》（嘉靖三年刊後代修補本）。

38. 柯劭忞，《新元史》（台北：藝文印書館，1955）。

39. 柳瑛，《成化中都志》（天一閣藏明代方志選刊續編）。

40. 紀昀，《四庫全書總目提要》（四庫全書）。

41. 胡謐等，《成化河南總志》（國立中央圖書館典藏國立北平圖書館善本）。

42. 范淶等，《萬曆南昌府志》（日本藏中國罕見地方志叢刊）。

43. 唐臣等，《嘉靖眞定府志》（嘉靖廿八年刊本）。

44. 唐守禮等，《萬曆望江縣志》（稀見中國地方志匯刊）。

45. 唐伯元等，《萬曆泰和志》（萬曆七年刊本）。

46. 夏玉麟等，《嘉靖建寧府志》（天一閣藏明代方志選刊）。

47. 孫仁等，《成化重修毗陵志》（天一閣藏明代方志選刊續編）。

48. 徐璉，《正德袁州府志》（天一閣藏明代方志選刊）。

49. 徐顥等，《嘉靖臨江府志》（天一閣藏明代方志選刊續編）。

50. 徐元瑞，《吏學指南（外三種）》（楊訥點校，杭州：浙江古籍出版社，1988）。

51. 徐良傅等，《嘉靖撫州府志》（中國方志叢書）。

52. 徐松輯，《宋會要輯稿》（民國廿五年北平圖書館影印本）。

53. 徐學謨，《萬曆湖廣總志》（四庫存目）。

54. 袁桷，《延祐四明志》（中國方志叢書）。

55. 馬蓉等，《永樂大典方志輯佚》（北京：中華書局，2004）。

56. 屠寄，《蒙兀兒史記》（鼎文本）。

57. 張古，《嘉靖內黃縣志》（天一閣藏明代方志選刊續編）。

58. 張淏，《寶慶會稽續志》（宋元方志叢刊）。

59. 張鉉，《至正金陵新志》（中國方志叢書）。

60. 張應麟等，《民國成安縣志》（中國地方志集成）。

61. 張蘊道等，《萬曆獲嘉縣志》（萬曆卅年刊本）。

62. 曹一麟，《嘉靖吳江縣志》（嘉靖卅七年刊本）。

63. 符觀汪，《弘治溧陽縣志》（弘治十一年刊本）。

64. 許應鑅，《光緒撫州府志》（中國地方志集成）。

65. 連鑛，《嘉靖建平縣志》（天一閣藏明代方志選刊）。

66. 陳勉，《弘治桐城縣志》（北京圖書館古籍珍本叢刊）。

67. 陳善等，《萬曆杭州府志》（中國方志叢書）。

68. 陳夢雷，《古今圖書集成》（台北：鼎文書局，1976）。

69. 傅淑訓，《萬曆平陽府志》（順治二年修補本）。

70. 嵇曾筠，《乾隆浙江通志》（四庫全書）。

71. 彭澤等，《弘治徽州府志》（弘治十三年刊本）。

72. 曾嘉誥等，《嘉靖尉氏縣志》（嘉靖廿七年刊本）。

73. 貴中孚，《嘉慶丹徒志》（嘉慶十年刊本）。

74. 黃之雋，《江南通志》（四庫全書）。

75. 黃仲昭，《弘治八閩通志》（福州：福建人民出版社，1989）。

76. 楊準修，《嘉靖衢州府志》（嘉靖四十三年刊本）。

77. 楊譓，《至正崑山郡志》（中國方志叢書）。

78. 楊士奇，《歷代名臣奏議》（上海：上海古籍出版社，1989）。

79. 董復亨，《萬曆章丘縣志》（萬曆廿四年刊本）。

80. 鄒守愚等，《嘉靖河南通志》（嘉靖卅七年刊本）。

81. 雷復，《嘉靖真定府志》（四庫存目）。

82. 雷鶴鳴等，《光緒新樂縣志》（中國方志叢書）。

83. 熊夢祥，《析津志輯佚》（北京：古籍出版社，1983）。

84. 劉璵等，《弘治建寧府志》（弘治六年刊本）。

85. 劉孟琛，《南臺備要》（永樂大典）。

86. 歐陽修等，《新唐書》（新校本）。

87. 潘迪，《憲臺通紀》（永樂大典）。

88. 潛說友，《咸淳臨安志》（宋元方志叢刊）。

89. 蔡懋昭，《隆慶趙州志》（隆慶元年刊本）。

90. 談鑰，《嘉泰吳興志》（宋元方志叢刊）。

91. 鄧韍，《嘉靖常熟縣志》（史學叢書，台北：臺灣學生書局，1987）。

92. 鄧南金等，《隆慶登封縣志》（隆慶三年刊本）。

93. 盧熊，《蘇州府志》（中國方志叢書）。

94. 蕭良榦等，《萬曆紹興府志》（萬曆十四年刊本）。

95. 儲家藻等，《光緒上虞縣志》（中國地方志集成）。

96. 謝鐸，《弘治赤城新志》（弘治十年刊本）。

97. 顧清，《正德松江府志》（四庫存目）。

二、總集、別集、筆記小說

1. 丁鶴年，《丁鶴年集》（百部叢書集成）。

2. 不著撰人，《元代法律資料輯存》（黃時鑑點校，杭州：浙江古籍出版社，1988）。

3. 不著撰人，《全元文》（李修生主編，南京：鳳凰出版社，1998～2004）。

4. 不著撰人，《江蘇金石志》（新文豐石刻史料新編）。

5. 不著撰人，《通制條格校注》（方齡貴，北京：中華書局，2001）。

6. 仇遠，《山村遺集》（嘉惠堂刊本）。

7. 孔齊，《至正直記》（點校本，上海：上海古籍出版社，1987）。

8. 方回，《桐江續集》（四庫全書）。

9. 王沂，《王徵士詩》（宛委別藏）。

10. 王沂，《伊濱集》（四庫全書）。

11. 王逢，《梧溪集》（適園叢書）。

12. 王惲，《秋澗先生大全集》（元人文集珍本叢刊）。

13. 王禕，《王忠文集》（叢書集成）。

14. 王與，《無冤錄》（續修四庫全書）。

15. 王禮，《麟原後集》（四庫全書）。

16. 王梓材，《宋元學案補遺》（叢書集成續編）。

17. 任士林，《松鄉集》（四庫全書）。

18. 全祖望，《宋元學案》（點校本，北京：中華書局，1986）。

19. 全祖望，《鮚埼亭集外編》（四部叢刊）。

20. 危素，《危太樸文集》（元人文集珍本叢刊）。

21. 危素，《危太樸文續集》（元人文集珍本叢刊）。

22. 危素，《説學齋稿》（四庫全書）。

23. 同恕，《榘庵集》（四庫全書）。

25. 成廷珪，《居竹軒詩集》（四庫全書）。

26. 朱右，《白雲稿》（續修四庫全書）。

27. 朱善，《朱一齋先生文集》（四庫存目）。

28. 朱元璋，《明太祖御製文集》（國立中央圖書館藏本，明初內府刊本）。

29. 朱存理，《珊瑚木難》（適園叢書）。

30. 朱晞顏，《瓢泉吟稿》（四庫全書）。

31. 朱緒曾，《開有益齋讀書志》（清光緒六年金陵翁氏茹古閣刻本）。

32. 朱德潤，《存復齋續集》（四部叢刊）。

33. 朱彝尊，《曝書亭集‧附1種》（台北：世界書局，1989）。

34. 何喬新，《椒邱文集》（四庫全書）。

35. 余闕，《青陽先生文集》（四部叢刊）。

36. 吳澄，《吳文正公集》（元人文集珍本叢刊）。

37. 吳澄，《吳文正集》（四庫全書）。

38. 吳師道，《吳正傳文集》（元代珍本文集彙刊）。

39. 吳師道，《吳禮部文集》（北京圖書館古籍珍本叢刊）。

40. 宋濂，《宋濂全集》（羅月霞編校，杭州：浙江古籍出版社，1999）。

41. 宋褧，《燕石集》（北京圖書館善本叢書）。

42. 李祁，《雲陽李先生文集》（北京圖書館古籍珍本叢刊）。

43. 李士瞻，《經濟文集》（湖北先正遺書本）。

44. 李元弼，《作邑自箴》（四部叢刊）。

45. 李孝光，《五峰集》（永嘉詩人祠堂叢刻本）。

46. 李繼本，《一山文集》（叢書集成續編）。

47. 汪克寬，《環谷集》（四庫全書）。

48. 沈節甫編，《記錄彙編》（明萬曆丁巳江西巡按陳于廷刊本）。

49. 貝瓊，《清江貝先生文集》（四部叢刊）。

50. 周霆震，《石初集》（叢書集成續編）。

51. 林景熙，《霽山先生文集》（知不足齋叢書）。

52. 邵亨貞，《野處集》（四庫全書）。

53. 金涓，《青村遺稿》（叢書集成新編）。

54. 姚燧，《牧庵集》（四部叢刊）。

55. 姚桐壽，《樂郊私語》（中國野史集成）。

56. 柳貫，《柳待制文集》（四部叢刊）。

57. 胡助，《純白齋類稿》（據金華叢書本排印，北京：中華書局，1985）。

58. 胡翰，《胡仲子集》（金華叢書）。

59. 胡太初，《畫簾緒論》（學津討原本）。

60. 胡行簡，《樗隱集》（四庫全書）。

61. 胡祇遹，《紫山大全集》（三怡堂叢書）。

62. 胡聘之編，《山右石刻叢編》（光緒廿七年刻本）。

63. 郎瑛，《七修類稿》（筆記小說大觀）。

64. 凌迪知編，《萬姓統譜》（四庫全書）。

65. 唐順編，《稗編》（四庫全書）。

66. 孫存吾，《皇元風雅後集》（四部叢刊）。

67. 徐一夔，《始豐稿》（武林往哲遺著本）。

68. 徐明善，《芳谷集》（魏洪丘點校，段曉華審訂，南昌：江西教育出版社，2006）。

69. 袁桷，《清容居士集》（四部叢刊）。

70. 貢師泰，《玩齋集》（四庫全書）。

71. 迺賢，《金臺集》（海王邨古籍叢刊元人十種詩）。

72. 馬祖常，《石田先生文集》（點校本，鄭州：中州古籍出版社，1991）。

73. 偶桓編，《乾坤清氣》（四庫全書）。

74. 張昱，《可閒老人集》（四庫全書）。

75. 張翥，《蛻菴集》（四庫全書）。

76. 張翼，《農田餘話》（寶顏堂秘笈本）。

77. 張以寧，《翠屏集》（四庫全書）。

78. 張養浩，《張養浩集》（李鳴、馬振奎點校，長春：吉林文史出版社，2008）。

79. 張養浩，《歸田類稿》（四庫全書）。

80. 曹本，《續復古編》（續修四庫全書）。

81. 許謙，《許白雲集》（四部叢刊）。

82. 許有壬，《圭塘小稿》（四庫全書）。

83. 許有壬，《至正集》（元人文集珍本叢刊）。

84. 陳衍，《元詩紀事》（歷代詩史長編，台北：鼎文書局，1971）。

85. 陳旅，《安雅堂集》（元代珍本文集匯刊）。

86. 陳高，《不繫舟漁集》（敬鄉樓叢書本）。

87. 陳基，《夷白齋稿》（四部叢刊）。

88. 陳榮仁，《閩中金石略》（石刻史料新編）。

89. 陶安，《陶學士先生文集》（北京圖書館古籍珍本叢刊）。

90. 陶宗儀，《南村輟耕錄》（中華書局點校本）。

91. 陶宗儀，《書史會要》（四庫全書）。

92. 陸文圭，《牆東類稿》（元人文集珍本叢刊）。

93. 傅若金，《傅與礪文集》（嘉業堂叢書）。

94. 傅若金，《傅與礪詩集》（嘉業堂刊本）。

95. 揭傒斯，《揭傒斯全集》（李夢生點校，上海：古籍出版社，1985）。

96. 程敏政，《篁墩文集》（四庫全書）。

97. 程鉅夫，《雪樓集》（叢書集成續編）。

98. 程端學，《積齋集》（叢書集成續編）。

99. 程端禮，《畏齋集》（叢書集成續編）。

100. 馮從吾，《元儒考略》（四庫全書）。

101. 馮雲鵷，《濟南金石志》（石刻史料新編）。

102. 黃溍，《金華黃先生文集》（四部叢刊）。

103. 黃溍，《黃文獻集》（叢書集成初編）。

104. 楊瑀，《山居新語》（知不足齋叢書）。

105. 楊翮，《佩玉齋類藳》（四庫全書）。

106. 楊士奇，《東里文集續編》（天順五年廬陵楊導編刊本）。

107. 楊維楨，《東維子集》（四部叢刊）。

108. 楊維楨，《楊鐵崖先生文集》（萬曆間刊本）。

109. 萬斯同，《庚申君遺事》（中國野史集成）。

110. 葉翼輯，《餘姚海堤集》（四庫存目）。

111. 葉子奇，《草木子》（點校本，北京：中華書局，1997）。

112. 董壽民，《懶翁詩集》（續修四庫全書）。

113. 虞集，《道園學古錄》（四部叢刊）。

114. 虞集，《道園類稿》（元人文集珍本叢刊）。

115. 趙汸，《東山存稿》（四庫全書）。

116. 趙翼,《廿二史箚記》（台北：世界書局，1986）。

117. 趙紹祖等,《安徽金石略》（新文豐石刻史料新編）。

118. 劉因,《靜修先生文集》（四部叢刊）。

119. 劉佶,《北巡私記》（續修四庫全書）。

120. 劉祁,《歸潛志》（崔文印點校，北京：中華書局，1983）。

121. 劉基,《誠意伯文集》（四部叢刊）。

122. 劉詵,《桂隱先生集》（元人文集珍本叢刊）。

123. 劉仁本,《羽庭集》（中央圖書館藏清抄本）。

124. 劉岳申,《申齋劉先生文集》（元代珍本文集彙刊）。

125. 劉敏中,《中庵集》（四庫全書）。

126. 歐陽玄,《圭齋文集》（四部叢刊）。

127. 蔣易輯,《皇元風雅》（北京：北京圖書館出版社，2006）。

128. 鄧文原,《巴西鄧先生文集》（北京圖書館古籍珍本叢刊）。

129. 鄭玉,《師山先生文集》（明刻遞修本）。

130. 鄭元祐,《遂昌山人雜錄》（中國野史集成）。

131. 鄭元祐,《僑吳集》（元代珍本文集彙刊）。

132. 魯貞,《桐山老農集》（四庫全書）。

133. 賴良,《大雅集》（四庫全書）。

134. 錢惟善,《江月松風集》（叢書集成續編）。

135. 錢謙益,《國初群雄事略》（筆記小說大觀）三十三編九。

136. 戴良,《九靈山房集》（四部叢刊）。

137. 戴表元,《剡源戴先生文集》（四部叢刊）。

138. 謝肅,《密菴先生詩文稿》（天啓武年重刊本）。

139. 薩都剌,《永和本薩天錫逸詩》（島田翰校，太原：山西古籍出版社，1993）。

140. 薩都剌,《雁門集》（續修四庫全書）。

141. 蘇天爵,《元朝名臣事略》（點校本，北京：中華書局，1996）。

142. 蘇天爵,《國朝文類》（四部叢刊）。

143. 蘇天爵,《滋溪文稿》（點校本，北京：中華書局，1997）。

144. 蘇伯衡,《蘇平仲文集》（四部叢刊）。

145. 釋大訢,《蒲室集》（中國國家圖書館藏元至元刻本影印本）。

146. 釋來復輯,《澹游集》（續修四庫全書）。

147. 顧瑛編,《草堂雅集》（玉海堂影刊元本）。

148. 顧瑛輯，《玉山璞稿》（叢書集成初編）。

149. 顧嗣立編，《元詩選》（秀野草堂本，台北：世界書局，1982）。

150. 顧嗣立編，《元詩選初集》（北京：中華書局，1987）。

151. 顧嗣立編，《元詩選癸集》（吳申揚點校，北京：中華書局，2001）。

152. 權衡，《庚申外史箋証》（任崇岳箋証，鄭州：中州古籍出版社，1991）。

三、近人中日文研究

（一）專　著

1. 么書儀，《元代文人心態》（北京：新華書店，1993）。

2. 丹羽友三郎，《中国元代の監察官制》（東京：高文堂出版社，1994）。

3. 王敬松（許凡），《元代吏制研究》（北京：勞動人事出版社，1987）。

4. 王鐘杰，《唐宋縣尉研究》（石家莊：河北大學出版社，2009）。

5. 方勇，《南宋遺民詩人群體研究》（北京：人民出版社，2000）。

6. 王承禮主編，《遼金契丹女真史譯文集》（長春：吉林文史出版社，1990）。

7. 王明蓀，《元代的士人與政治》（台北：學生書局，1992）。

8. 包偉民主編，《宋代制度史研究百年 1900～2000》（北京：商務印書館，2004）。

9. 申萬里，《元代教育研究》（武漢：武漢大學出版社，2007）。

10. 白壽彝，《中國通史》第八卷（上海：人民出版社，1983）。

11. 何朝暉，《明代縣政研究》（北京：北京大學出版社，2006）。

12. 李幹，《元代社會經濟史》（武漢：湖北人民出版社，1986）。

13. 李治安，《元代的分封制度》（天津：古籍出版社，1992）。

14. 李治安，《唐宋元明清中央與地方關係研究》（天津：南開大學出版社，1996）。

15. 李治安，《元代的行省制度》（天津：南開大學出版社，2000）。

16. 李治安，《元代政治制度研究》（北京：人民出版社，2003）。

17. 周良霄，《元代史》（上海：人民出版社，1993）。

18. 牧野修二，《元代勾當官の體系研究》（東京：大明堂，1979）。

19. 邱樹森，《賀蘭集》（南京：江蘇古籍出版社，1997）。

20. 柳田節子，《宋元社會經濟史研究》（東京：創文社，1995）。

21. 洪金富，《元代監察制度研究》（台北：國立台灣大學歷史學研究所，1972）。

22. 洪金富，《元代臺憲文書匯編》（台北：中央研究院歷史語言研究所，2003）。

23. 胡務，《元代廟學——無法割捨的儒學教育鍊》（重慶：巴蜀書社，2005）。

24. 胡興東，《元代民事法律制度研究》（北京：中國社會科學出版社，2007）。

25. 韋伯，《支配社會學 I》（康樂、簡惠美譯，台北：遠流出版社，1993）。

26. 徐永明，《元代至明初婺州作家群研究》（北京：中國社會科舉出版社，2005）。

27. 桂栖鵬，《元代進士研究》（蘭州：蘭州大學出版社，2001）。

28. 高樹林，《元代賦役制度研究》（保定：河北大學出版社，1997）。

29. 張金銑，《元代地方行政制度研究》（合肥：安徽大學出版社，2001）。

30. 張玉娟，《明清時期鄉賢祠研究》（河南大學碩士論文，2009）。

31. 梁方仲編著，《中國歷代戶口、田地、田賦統計》（上海：人民出版社，1980 初版）。

32. 陳垣，《元西域人華化考》（台北：世界書局，1989）。

33. 陳高華，《元史研究論稿》（北京：中華書局，1991）。

34. 陳得芝、邱樹森輯點，《元代奏議集錄》（杭州：浙江古籍出版社，1998）。

35. 程方平，《遼金元教育史》（重慶：重慶出版社，1993）。

36. 傅海波（Herbert Franke）、崔瑞德（Denis Twitchett）編，《劍橋中國遼西夏金元史》（北京：中國社會科學出版社，1998）。

37. 斯波義信著，方健、何忠譯，《宋代江南經濟史研究》（南京：江蘇人民出版社，2001）。

38. 植松正，《元代江南政治社會史研究》（東京：汲古書院，1997）。

39. 黃惠賢、陳鋒主編，《中國俸祿制度史》（武昌：武漢大學出版社，2005）。

40. 楊培桂，《元代地方政府》（台北：浩瀚出版社，1975）。

41. 楊訥、陳高華編，《元代農民戰爭史料彙編》（北京：中華書局，1985）。

42. 楊樹藩，《元代中央政治制度》（台北：台灣商務出版社，1978）。

43. 葉煒，《南北朝隋唐官吏分途研究》（北京：北京大學出版社，2009）。

44. 蒙思明，《元代社會階級制度》（北京：中華書局，1962）。

45. 鄭欽仁、李明仁編譯，《征服王朝論文集》（台北：稻鄉出版社，1999）。

46. 蕭公權，《中國政治思想史》（台北：文化學院，1980）。

47. 蕭啓慶，《元代史新探》（台北：新文豐出版社，1983）。

48. 蕭啓慶，《蒙元史新研》（台北：允晨出版社，1994）。

49. 蕭啓慶，《元朝史新論》（台北：允晨出版社，1999）。

50. 蕭啓慶，《元代的族群文化與科舉》（台北：聯經出版公司，2008）。

51. 蕭啓慶，《內北國而外中國——蒙元史研究》上下冊（北京：中華書局，2007）。

52. 蕭啓慶，《元代進士輯考》（台北：中央研究院，2012）。

53. 閻曉君，《出土文獻與古代司法檢驗史研究》（北京：文物出版社，2005）。

54. 錢穆，《中國文化史導論》（錢賓四先生全集，台北：聯經出版社，1997）。

55. 錢大昕，《嘉定錢大昕全集》（陳文和主編，點校本，南京：江蘇古籍出版社，1997）。

56. 駱承烈編，《石頭上的儒家文獻——曲阜碑文錄》（濟南：齊魯書社，2001）。

57. 韓儒林，《元朝史》（北京：人民出版社，1986）。

58. 瞿同祖著、范忠信譯，《清代地方政府》（北京：法律出版社，2003）。

59. 譚其驤，《中國歷史地圖集》（上海：地圖出版社，1982）第七冊。

60. 蘇力，《元代地方精英與地方社會——以江南地區爲中心》（天津：古籍出版社，2009）。

（二）期刊論文

1. 丁國範，〈元末社會諸矛盾的分析〉，《元史論集》（北京：人民出版社，1984），頁 583～600。

2. 丁崑健，〈元代行省制度之形成及其職權〉（台北：文化大學歷史研究所博士論文，1977）。

3. 丁崑健，〈元代的科舉制度〉，《華學月刊》第 124 期（1982），頁 46～57；第 125 期，頁 28～51。

4. 大島立子，〈元朝の湖廣行省支配——溪洞民對策の中心——〉，《東洋學報》第 66 卷第 1，2，3，4 號（1985），頁 133～156。

5. 大島立子，〈元朝官僚俸祿考〉，《祝賀楊志玖教授八十壽辰中國史論集》（天津，天津古籍出版社，1994）。

6. 王頲，〈蒙人兼善：伯牙吾氏泰不華事蹟補考〉，收入王氏《西域南海史地論考》（上海：上海人民出版社，2008），頁 423～444。

7. 王崇武，〈論元末農民起義的社會背景〉，《歷史研究》第 1 期（1954），頁 53～71。

8. 王靖華，〈元代興亡原因的探討〉（文化大學政治研究所碩士論文，1981）。

9. 王鐘杰，〈宋代的縣尉〉（保定：河北大學博士論文，2006）。

10. 仝晰綱，〈元代的村社制度〉，《山東師大學報》第 6 期（1996），頁 35～39。

11. 申萬里，〈元代學官選注巡檢考〉，《中央民族大學學報》第 5 期（2005），頁 73～79。

12. 亦鄰眞，〈元代硬譯公牘文體〉，《元史論叢》第 1 輯（1982），頁 164～178。

13. 羽田亨，〈元朝の漢文明に對する態度〉，《羽田博士史學論文集》（京都：同朋舍，1975），頁 671～696。

14. 伊藤正彥，〈元末一地方政治改革案──明初地方政治改革の先驅〉，《東洋史研究》第 56 卷第 1 號（1997），頁 97～126。

15. 吳唅，〈元帝國之崩潰與明之建立〉，《清華學報》第 11 卷（1936），頁 359～423。

16. 吳文濤，〈論元代地方監察制度的特點〉，《華中師範大學學報》第 3 期（1993），頁 102～108。

17. 吳雅婷，〈回顧 1980 年以來宋代的基層社會研究──中文論著的討論〉，《中國史學》第 12 卷（2002），頁 65～93。

18. 李治安，〈元代中央與地方財政關係述略〉，《中國古代史》第 5 期（1994），頁 45～57。

19. 李治安，〈關於元中後期的奉使宣撫〉，《祝賀楊志玖教授八十壽辰中國史論集》（天津：古籍出版社，1994），頁 370～392。

20. 李治安，〈元代行省制的特點與歷史作用〉，《歷史研究》第 5 期（1997），頁 82～99。

21. 李治安，〈論元代的官吏貪贓〉，《南開學報》哲學社會科學版第 5 期（2005），頁 32～41。

22. 李弘祺，〈什麼是中國近世的地方──兼談宋元之際地方觀念的興起〉，台灣大學東亞文明中心「中國近世的地方文化與教育」會議。

23. 李明德，〈元代司法制度概述〉，《法學研究》第 1 期（1995），頁 91～96。

24. 村上正二，〈元朝に於ける投下の意義〉，《蒙古學報》第 1 號（1940）。

25. 村上正二，〈モンゴル朝治下の封邑制の起源〉，《東洋學報》44 卷第 3 號（1961）。

26. 周莎，〈收繼婚的法理探析〉（北京：中央民族大學碩士論文，2009）。

27. 林煌達，〈宋代堂後官初探〉，《漢學研究》第 21 卷第 1 期（2003），頁 225～252。

28. 林煌達，〈唐宋州縣衙吏員之探討〉，黃寬重主編，《基調與變奏──七至廿世紀的中國》③（台北：政治大學歷史學系，2008），頁 143～148。

29. 岡本敬二著、葉潛昭譯，〈吏學指南的研究〉，《大陸雜誌》第 39 卷第 5

期（1964），頁 148。

30. 岩村忍，〈五戶絲與元朝的地方制度〉，《東方學報》32 冊（1962）。

31. 青木敦，〈評《中國元代の監察官制》〉，《法制史研究》第 47 號（1996），
頁 238～241。

32. 姚從吾，〈舊元史中達魯花赤初期的本義爲「宣差」說〉，《台大文史哲學
報》第 12 期（1963 年 11 月），頁 1～20。

33. 姚從吾，〈忽必烈平宋之後的南人問題〉，《姚從吾先生全集》（台北：正
中書局，1972）第 7 卷，頁 1～86。

34. 姚大力，〈元代科舉制度的行廢及其社會背景〉，收入《元史及北方民族
史研究集刊》第 6 輯（1982），頁 25～69。

35. 牧野修二，〈論元代廟學書院的規模〉，《齊齊哈爾師範學院學報》第 4 期
（1988）

36. 苗書梅，〈宋代巡檢初探〉，收入《中國史研究》第 3 期（1989），頁 41
～54。

37. 黃寬重，〈從中央與地方關係看宋代基層社會的轉變〉，收入《歷史研究》
第 4 期（2005），頁 100～117。

38. 洪金富，〈從投下分封制度看元朝政權的性質〉，《中央研究院歷史語言研
究所集刊》第 58 期（1987），頁 483～907。

39. 洪麗珠，〈元代鎮江路官員族群分析——江南統治文化的一個樣本〉，《元
史論叢》第 10 輯（2005），頁 251～277。

40. 胡務，〈元代廟學的興建和繁榮〉，《元史論叢》第六輯（中國元史研究會
編，北京：中國社會科學出版社，1997），頁 119～121。

41. 苗書梅，〈宋代縣級公吏制度初論〉，《文史哲》第 1 期（2003）。

42. 宮崎市定，〈宋元時代的法制和審判機構〉，劉俊文主編《日本學者研究
中國史論著選譯》（北京：中華書局，1992 年）第 8 卷，頁 252～312。

43. 祖慧，〈宋代胥吏的選任與遷轉〉，《杭州大學學報》第 27 卷第 2 期
（1997），頁 72～73。

44. 馬若孟（R.H.Myers）、墨子刻（ThomasMetzger），〈漢學的陰影〉，《食貨》，
10：10.11（1981），頁 29～41。

45. 馬玉臣，〈從縣的密度與官民對比看宋代冗官〉，《河北大學學報》（哲學
社會科學版），第 6 期（2005），頁 13～19。

46. 舩田善之，〈色目人與元代制度、社會——重新探討蒙古、色目、漢人、
南人劃分的位置〉，收入《蒙古學信息》第 2 期（2003），頁 7～16。

47. 桂栖鵬，〈元代進士仕宦研究〉，《元史論叢》第 6 輯（1997），頁 68～94。

48. 張玉興，〈從統計數據看唐代縣尉的來源與遷轉途徑——兼論縣尉的兼

任與差出及對縣政的影響〉,《甘肅社會科學》第 2 期（2007），頁 120〜123。

49. 張興唐,〈元代政治得失的研究〉,《人文學報》第 1 期（1970），頁 107〜152。

50. 張旭光,〈薩都剌生平仕履考辨〉,《中華文史論叢》第 2 期（1979），頁 331〜352。

51. 張道遠,〈郫縣發現元代崇寧縣尉司印〉,《四川文物》第 4 期（1998），頁 63〜64。張金銑,〈元代地方圓署體制考略〉,《江海學刊》第 4 期（1999），頁 118〜122。

52. 許守泯,〈從仕宦看元代江南士人的社會網絡：以黃溍爲例〉,蕭啓慶、許守泯編,《蒙元的歷史與文化：蒙元史學術研討會論文集》（台北：台灣學生書局,2001）上冊,頁 655〜679。

53. 許懷林,〈論元朝江西地區〉,《元史論叢》第 7 輯（1999），頁 111〜122。

54. 陳得芝,〈從「遺民詩」看元初知識分子的民族氣節〉,《元史及北方民族史研究集刊》第 6 輯（1982）。

55. 陳衍德,〈元代農村基層組織與賦役制度〉,《中國社會經濟史研究》第 4 期（1995），頁 10〜15。

56. 曾我部靜雄,〈宋代の巡檢、縣尉と招安政策〉,《宋代政經史の研究》（東京：吉川弘文館,1974），第 248 頁

57. 植松正,〈元代江南投下考——『元典章』文書にみる投下と有司の相克——〉,《東洋史研究》第 54 卷第 2 號（1995），頁 140〜164。

58. 堤一昭,〈元朝江南行臺の成立〉,《東洋史研究》第 54 卷第 4 號（1996），頁 71〜102。

59. 楊訥,〈元代農村社制研究〉,《元史論集》（南京：人民出版社,1984），頁 226〜254。

60. 楊鐮,〈元代文學的終結：最後的大都文壇〉,收入《文學遺產》第 6 期（2004），頁 96〜103。

61. 趙心愚,〈試論元代方志在中國方志史上的地位〉,《西南民族學院學報》哲學社會科學版,第 2 期（2003），頁 97〜100。

62. 齊覺生,〈元代縣的達魯花赤與縣尹〉,《政治大學學報》第 23 期（1971 年）。

63. 黃清連《元代戶計制度研究》（國立臺灣大學文史叢刊 45,台北：國立臺灣大學,1977）。

64. 黃會奇,〈唐明清時期律法中的女色賄賂罪〉,《喀什師範學院學報》第四期（2003）。

65. 黃寬重,〈唐宋基層武力與基層社會的轉變——以弓手爲中心的觀察〉,

《歷史研究》第 1 期（2004），頁 1～19。

66. 黃寬重，〈從中央與地方關係看宋代基層社會的轉變〉，《歷史研究》第 4 期（2005）。

67. 愛宕松男，〈元朝の對漢人政策〉，《東洋史學論集》（東京：三一書房，1989），頁 31～132。

68. 愛宕松男，〈元代的錄事司〉，《日本學者研究中國史論著選譯》（北京：中華書局，1993），頁 616～617。

69. 趙經緯，〈元代的天災狀況及其影響〉，《河北師院學報》第 3 期（1994），頁 55～58。

70. 劉子健著、劉靜貞譯，〈宋人對胥吏管理的看法〉，《食貨月刊》復刊第 14 卷第 2 期（1984），頁 135。

71. 劉元珠，〈蒙元儒吏關係：延祐之開科與抑吏〉，收入《慶祝王鐘翰先生八十壽辰學術討論會論文集》（瀋陽：遼寧大學出版社，1993），頁 432～440。

72. 劉如臻，〈元代江浙行省研究〉，《元史論叢》第 6 輯（1997），頁 95～117。

73. 劉琴麗，〈五代巡檢研究〉，《史學月刊》第 6 期（2003），頁 34～41。

74. 樓占梅，〈《伊濱集》中的王徵士詩〉，《史學匯刊》第 12 期（1980），頁 57～76。

75. 蕭功秦，〈元代理學散論——對蒙古貴族統治時代理學的社會政治作用的考察〉，包遵信等編《中國哲學》（北京：人民出版社，1985）第 13 輯，頁 21～35。

76. 蕭啓慶，〈元色目文人金哈剌及其《南遊寓興詩集》〉，《漢學研究》13 卷 2 期（1995），頁 1～14。

77. 蕭啓慶，〈元至順元年進士輯錄〉，《台大文史哲學報》第 52 期（2000），頁 1～30。

78. 蕭啓慶，〈元代科舉與精英流動——以元統元年進士爲中心〉，《漢學研究》第 5 期（1987），頁 129～160。

79. 蕭啓慶，〈元朝的區域軍事分權與政軍合一——以行院與行省爲中心〉，《中國史專題第五屆「國史上中央與地方的關係」討論會》，2000，頁 745～771。

80. 瞿大風，〈元代山西路府州縣的設治選官〉，《內蒙古工業大學學報》社會科學版，第 15 卷第 1 期（2006），頁 57。

81. 魏峰，〈從先賢祠到鄉賢祠——從先賢祭祀看宋明地方認同〉，收入《浙江社會科學》第 9 期（2008），頁 92～127。

82. 礪波護，〈唐代的縣尉〉，劉俊文主編《日本學者研究中國史論著選集》

（北京：中華書局，1992），第四卷，頁 581～582。

83. 櫻井智美，〈近年來日本的元史研究〉，《中國史研究動態》年 3 期（2004）。

四、西方漢學研究

1. Bettine, Birge. "Law of Liao, Jin, Yuan, and its impact on the Chinese Legal Tradition"，中央研究院歷史語言研究所「中國傳統法律文化的形成與轉變」研討會（2006）。

2. Bossler, Beverly J., Powerful Relation：Kinship, Status, and the State in Sung China （960-1279）（Cambridge, Mass.：Harvard University Press, 1998）.

3. Chan, Hok-lam, and William Theodore de Bary, eds. , Yuan Thought：Chinese Thought and Religion under the Mongols（New York：Columbia University Press, 1982）.

4. Ch'en, H.C. Paul , *Chinese legal tradition under the Mongols : the Code of 1291 as reconstructed*, （Princeton, N.J.：Princeton University Press, 1979）.

5. Chen, Wenyi "Networks, Communities, and Identities: On the Discursive Practices of Yuan Literati"（PhD diss., Harvard University, 2007）.

6. Chen, Wenyi "Writing as a Reference – The Social Function and Cultural Meaning of the "Preface （xu 序）" in the Yuan Dynasty," 發表於中央研究院歷史語言研究所講論會，2007 年 9 月 17 日。

7. Dardess, John W., Conquerors and Confucians; Aspects of Political Change in Late Yuan China（New York：Columbia University Press, 1973）.

8. Dardess, John W., Confucianism and Autocracy：Professional Elites in the Founding of the Ming Dynasty（Berkeley and Los Angeles：University of California Press, 1983）.

9. Dardess, John W., "Confucianism, Local, and Centralization in Late Yuan Chekiang 1342-1359" in *Yuan Thought：Chinese Thought and Religion under the Mongols t*, ed. by Hok-lam Chan and William Theodore de Bary（New York：Columbia University Press, 1982）, pp.327-374.

10.De Bary, W. Theodore and John, Chaffee eds., *Neo Confucian Education: the Formative Stage*, edited by e and（Berkeley： University of California Press, 1989）

11. Endicott-West, Elizabeth. "Imperial Governance in Yuan Times"*Harvard Journal of Asiatic Studies*, 46（1986）, pp. 523-549.

12. Endicott-West, Elizabeth. *Mongolian Rule in China：Local Administration in the Yuan Dynasty*（Cambridge, Mass：Harvard University Press, 1989）.

13. Farquhar, David M., "Structure and Function in the Yuan Imperial Government" in *China under Mongol Rule*, ed. by John D. langlois

（Princeton：Princeton University Press, 1981）.

14. Farquhar, David M., The *Government of China under Mongolian Rule：a Reference Guide*（Stuttgart：Franz Steiner Verlag, 1990）.

15. Franke, Herbert., "Chinese Historiography under Mongol Rule：The Role of History in Acculturation," *Mongolian Studies*, 1（1974）, pp. 15-26.

16. Hsiao, Ch`i-ch`ing, *The military establishment of the Yuan dynasty*,（Cambridge, Mass：Harvard University Press，1978）.

17. Hartwell, Robert , "Demographic, Political, and Social Transformations of China,750-1550*," Harvard Journal of Asiatic Studies* 42.2（December 1982）, pp.365-442。

18. Hymes, Robert P., *Statesmen and Gentlemen :The Elite of Fu-Chou, Chiang-hsi, in Northern and Southern Sung*（Cambridge：Cambridge University Press, 1986）.

19. Hymes, Robert P., "Marriage, Descent Group, and the Localist Strategy in Sung and Yuan Fu-Chou ," in *Kinship Organization in Late Imperial China, 1000-1940*, ed. by Ebrey, Patricia B. and Watson, James L.（Berkeley：California University Press, 1986）, PP.95-136.

20. Jay, Jennifer W., A Change in Dynasties：Loyalism in Thirteenth-Century China（Bellingham：W. Washington University Press, 1991）.

21. Liu, James T. C., China Turning Inward：Intellectual-political Changes in the Early Twelfth Century,（Cambridge, Mass：Harvard University Press, 1988）.

22. Little, Daniel and J. Escherick, "Testing the Testers：A Reply to Barbara Sands and R. H. Myers' Critique of G. William Skinner's Regional Approach to China, " *Journal of Asian Studies,* 48:1（1989）, PP.90-99.

23. Mote, Frederick W., "Confucian Eremitism in the Yuan Period," in *The Confucian Persuasion*, ed. by Arthur F. Wright（Stanford：Stanford University Press, 1960）, pp.202-240.

24. Sands, Barbara and R.H. Myers, "The Spatial Approach to Chinese History：A Test," *Journal of Asian Studies,* 45:49（1986）, PP.721-743.

25. Schurmann, Herbert F., *Economic Structure of the Yuan Dynasty*（Cambridge：Harvard University Press, 1956）.

26. Schurmann, Herbert F., "Problems of Political Organization during the Yuan Dynasty"In vol. 5 of *Trudy XXV Mezhdunarodnogo Kongressa Vostokovedov*（Moscow：Izdatel' stvo Vostochnov Literatury, 1963）, pp.26-30.

27. Skinner, G. William, "Regional Urbanization in Nineteenth-Century China"in *The City in Late Imperial China*, edited by G. William Skinner（Stanford：Stanford University Press, 1977）, PP.211-249.